Klaus Briegleb
Mißachtung und Tabu

Eine Streitschrift zur Frage:

„Wie antisemitisch war
die Gruppe 47?"

PHILO

Umschlaggestaltung: Gwendolin Butter nach Entwürfen
von Gunter Rambow, Berlin
Satz: Gwendolin Butter, Berlin
Druck und Bindung: Druckhaus Galrev
Printed in Germany

ISBN 3-8257-0300-2

Inhaltsverzeichnis

Die Bilanz des von Deutschen verübten Infernos offenbarte nach Kriegsende das größte staatlich organisierte Verbrechen der Geschichte. Nie zuvor waren Volk, Staat und Nation – allen voran die gesellschaftlichen Eliten – ein engeres Bündnis eingegangen als die Deutschen mit dem nationalsozialistischen Regime und dessen völkisch-rassistischer Ideologie. Diese symbiotische Verklammerung stand nach 1945 der Einsicht eigener Verstrickung in die Verbrechen des Nationalsozialismus entgegen. Die Lebenslüge der Deutschen lautete fortan: Der Nationalsozialismus war über Deutschland wie eine Naturkatastrophe hereingebrochen, so, als seien Nationalsozialisten keine Deutschen, sondern Invasoren gewesen.

Die Wirkungsmacht einer durch schnelle Straffreiheitsgesetze und Mythenbildung geschönten Vergangenheit zeigt sich am Wandel antisemitischer Vorurteile seit 1945. Sie entspringen heute weniger traditionell rassistischen Einstellungen, als vielmehr fortdauerndem Unwillen, sich immer noch und immer wieder mit dem dunkelsten Abschnitt der eigenen Geschichte konfrontiert zu sehen.

Als Abwehrreflex auf die als identitätsgefährdend empfundene Konfrontation mit der historischen Schuld des eigenen Volkes und aus dem Widerwillen, sich weiter mit ihr auseinander zu setzen, entstand ein „sekundärer" oder „schuldreflexiver Antisemitismus". Er bezeichnet unter anderem die Projektion dieses Unbehagens auf jene, die das Fortleben einer verstörenden Erinnerung verkörpern – auf „die" Juden: nicht trotz Auschwitz, sondern wegen Auschwitz. Denn kein Tag vergehe, klagt Martin Walser stellvertretend für viele, an dem „unsere geschichtliche Last, die unvergeßliche Schande ... uns nicht vorgehalten wird" – und dabei sieht er sich selbst als Opfer einer „Routine des Beschuldigens" und „eines grausamen Erinnerungsdienstes".

Das Verlangen nach einem Schlußstrich unter die nationalsozialistische Vergangenheit und deren Folgen ist so alt wie die Auseinandersetzung mit ihr. Es mündet stets in einem „Schlußstrich-Paradox", weil die Last der Vergangenheit sich willentlich nicht aufheben läßt: Jeder Versuch, der Auseinandersetzung mit der Geschichte und ihren weiterhin untergründig wirkenden Abkömmlingen auszuweichen, wird selbst Teil dieser Auseinandersetzung und verlängert sie.

(Salomon Korn, Süddeutsche Zeitung, 9./10. November 2002)

Vorwort

Der Vorwurf, die Gruppe 47 sei antisemitisch, ist so alt wie die Gruppe selbst. Er wird in diesem Buch nicht wiederholt. Denn dieser Vorwurf ist an und für sich, nicht nur im Fall der Siebenundvierziger, zu einem Stereotyp geworden, der die wichtigen Fragen, die an den deutschen Antisemitismus nach 1945 noch zu stellen sind, nicht einmal berührt.

Der für das Buch gewählte Untertitel dagegen, „Wie antisemitisch war die Gruppe 47?", schiebt das Stereotyp beiseite. Das ist angesichts der Dokumente nötig. Sie sind in jeder Beziehung fragwürdig. Sie enthalten, was ein stereotyp erhobener Antisemitismus-Vorwurf unter Verschluß hält und überdeckt. Besuchen wir die Gruppe 47 im Archiv ihrer Selbstüberlieferung, so bekommen wir ihr hinter vorgehaltener Hand geführtes Selbstgespräch zu hören. Mit ihm aber sind jene verschlossenen Fragen in aller Schärfe aufgeworfen. Sie verweisen auf einen deutschen Kontext, der den historischen, noch nicht erstarrten Antisemitismus-Vorwurf gegen die Gruppe 47 in Deutschland wieder lebendig und auskunftsfähig machen dürfte.

Wie zum Beispiel ist man mit den jüdischen Emigranten umgegangen? Warum diese notorische Haltung der Mißachtung gegen Juden und Judentum und die kaltschnäuzigen Ausdrucksformen dieser Haltung? Warum ist die großmächtige Entschuldungs-Kampagne des Alfred Andersch in den Gruppen-Manifesten 1946/47 nie besprochen, vielmehr beharrlich fortgesetzt worden? Warum wurde die Mitgliedsfrage: „Uns zugehörig?" mit besonderer Sorgfalt gegenüber Juden gestellt, die sich bewußt als Juden der Gruppe genähert haben, und warum wurde sie z.B. gegen Hermann Kesten oder Paul Celan so verklemmt und niederträchtig ins Feld geführt? Warum konnte Hans Werner Richters Kriegsroman „Sie fielen aus Gottes Hand" in der Gruppe (z.B. von Martin Walser) zum literarischen Muster erklärt werden – und das, obwohl dieser Roman ein Machwerk ist, das einen erwachsenen überlebenden Juden, den Partner eines Gesprächs mit dem Autor, in die Allegorie eines tumben Judenjungen einsperrt, eines absurden Todes sterben läßt und als Heimkehr-Engel nach *Palästina* schickt? Warum kehren *deutsche* Roman-Landser ohne jegliche Autor-Reflexion oder kritische Debatte in der Gruppe über jüdische Leichen heim, wie in Bölls

„Wo warst du, Adam?", einem Roman, den Joachim Kaiser noch
1966 wegen seines Mitleids mit einem mörderischen Lager-Kom-
mandanten rühmt und spöttelnd gegen Wolfgang Hildesheimers
diskreten Umgang mit Wehrmachts-Bildern ausspielt („Masante"),
auf denen wir gewiß nicht zu Unrecht deutsche Soldaten am Rande
jener Gruben zu sehen meinen? Warum haben alle Sprecher der
Gruppe 47 jeglichen Anteil an einem deutschen Antisemitismus
nach 1945, und sei es den Anteil einer Verantwortung für seine
‚Aufarbeitung', reflexartig von sich gewiesen, während aus den
Gruppensitzungen jegliche *andere* als die ‚authentisch' eigene
Kriegs-Erinnerung ausgegrenzt blieb? Und was verbirgt das rituali-
sierte Grundgesetz, in der Gruppe über ‚Grundsätzliches' nicht zu
diskutieren?

Werden Gruppenmitglieder heute mit dem stereotypen Antisemitismus-Vorwurf konfrontiert, weil eines ihrer Produkte dazu die Veranlassung gibt, so reagieren sie mit Empörung. Das ist verständlich.
Aber wieder wurden die wichtigen Fragen nicht aufgeworfen.
Davon profitiert selbst ein Martin Walser. – *Zusatz am 9. Oktober
2002:* Heute am Abend in der ARD nach den „Tagesthemen", in
einer braven Befragung durch Fritz Pleitgen, kommt Günter Grass
auf den Antisemitismus-Vorwurf gegen Walsers Buch „Tod eines
Kritikers" zu sprechen. Weder ist er dazu konkret gefragt worden,
noch wurde in diesem ‚Gespräch' der sogenannte neue Antisemitismus-Streit thematisiert; sondern lediglich auf Stichworte aus dem
ewigen Selbstlob der Gruppe 47 brauchte wie gewöhnlich Grass zu
antworten: wie schön kollegial und immer tolerant es in der Gruppe zugegangen und alles eitel Freundschaft gewesen sei, die bis heute währt usw. Dergestalt eingenebelt in Selbstbezogenheit und
verstellt von Geschichtsklitterei, eingebettet in eine Huldigung des
Jahrgangs 1927, dem beide Freunde, Walser und Grass angehören,
erwähnt der Autor der Novelle „Krebsgang" seine Lektüre des
Walserschen Romans und befindet: „Keine Zeile antisemitisch."
Kein Argument, kein Erwägen, keine historische Einblendung wirklicher Konflikte in der Gruppe 47, z.B. mit Marcel Reich-Ranicki,
der in seinen Memoiren zur Frage des Antisemitismus in der Gruppe nicht ganz geschwiegen hat – immer nur dieser Reflex, ungefragt,
scheinbar beiläufig: Antisemitismus? nein!
   Martin Walser hat nicht in Abrede gestellt, daß mit seinem „Tod
eines Kritikers" das „*Problem*", dem Buch könnte Antisemitismus
vorgeworfen werden, ins Spiel kommen mußte. Das ist aber auch

schon alles, was ihm ein Problem ist. „Die Medien" könnten auf den Gedanken kommen … Nicht nur er, der Autor, läßt sich dergestalt auf die Frage der literarischen Grenznähe zum Terrain des Antisemitismus erst gar nicht ein und bleibt auf dem Niveau reflexhafter Empörung und Abwehr, wie es unter Siebenundvierzigern stets notorisch war und ist. Auch seine Kritiker-Kollegen aus der Gruppe, die zur Verteidigung des Buches gegen den Antisemitismus-Vorwurf zur Stelle sind, nehmen dieses Niveau dankbar an – und stellen keine Fragen; nicht F. J. Raddatz im Verriß („Keine einzige Zeile gehört in die Rubrik ‚Literatur'. Keine einzige Zeile allerdings gehört in die Rubrik ‚Antisemitismus'"), nicht Joachim Kaiser in seiner Begeisterung („Man kann immer nur blinde oder überscharfsichtige Wut aus manchen Worten herauslesen. Doch keinerlei Antisemitismus"). Diese Art abwehrender Reflexe hat man in der Gruppe 47 einüben können.

Was sie vortäuschen, nämlich offensive Selbstverständigung auf Treu und Glauben unter Freunden gegenüber pauschalen Vorwürfen dieser Art, ist in Wahrheit tief verkrampft und blind defensiv. Sie scheuen bis heute die Auseinandersetzung mit den Problemen, die sie mit dem Antisemitismus haben.

Es geht in diesem Buch um den deutschen Antisemitismus nach der Shoah und um das Phänomen, daß die Gruppe 47 sich nicht um ihn gekümmert hat.

Alle die braven Leute, ob jung ob alt, die diese Gruppe vor ihren Kritikern jahraus jahrein bis auf den heutigen Tag verteidigen, sie lassen dieses Phänomen links liegen. Es ist aber wert, von rechts *und links* befragt zu werden.

Wenn im Streit der Generationen ein *Siebenundvierziger* wie Günter Grass noch 1990 den *Achtundsechzigern* vorhält, ihren „angelernten Antisemitismus" in einen „angelernten Philosemitismus" umgemünzt zu haben („Schreiben nach Auschwitz"), dann bedient er sich der notorisch absichtsvollen Gedankenlosigkeit in seiner Gruppe: Als handele es sich beim deutschen Antisemitismus nach 1945 noch um den der „Väter". Mit dem aber, so glaubten Hans Werner Richter, der Gruppen-Chef, und sein Ensemble, habe man allein deshalb nichts zu tun, weil man ein im „europäischen Bruderkrieg" (so Heinz Friedrich 1962) geläutertes junges Deutschland von lauter revolutionären Nichtnazis vertrete! Aber ist das eine Antwort auf die Gretchenfrage des Antisemitismus nach 1945?

In Wahrheit sind die vorgebliche Unbefangenheit gegenüber allem „Alten", die diese Jungen durch „entschiedene" Trennung von den „Vätern" sich erworben haben wollten, und ihre „spannende Unmittelbarkeit" zum westdeutschen Literaturbetrieb (so Joachim Kaiser 1997) dafür verantwortlich, daß in der Gruppe *darüber*, was an diesem Betrieb im Blick auf „Auschwitz" nicht in Ordnung war, nicht nachgedacht worden ist. Das hatte zur Folge, daß die unvermeidlichen *eigenen* Befassungen mit „Auschwitz", z.b. *anläßlich* des Frankfurter Prozesses 1963-1965 und des Zitat-Oratoriums von Peter Weiss („Die Ermittlung"), wiederum reflexartig bloß zu Anlässen wurden, sich in deutsche Narzißmen (Walser, „Unser Auschwitz") zurückzuziehen oder Autoren wie Weiss aggressiv anzugehen, die die „blutigen Dokumente" (Kaiser), die der Prozeß ans Licht brachte, in künstlerische Verantwortung genommen hatten. Die Gruppe 47 hat, indem sie die Shoah ausblendete, in ihrer literarischen Elementarbeziehung zum „großen europäischen Krieg" (Alfred Andersch) eine innerste Leere geschaffen und sie zur Tabu-Zone erklärt. Ihre Gründungsmanifeste sprechen darüber rituell in *unbegriffenen* Chiffren („Hohlraum", „Vakuum" usw.).

Gerade in ihrer Unfähigkeit, mehr zu begreifen als ihre engherzig sortierten Erlebnisse, die sie „Erfahrung des Erlebnisses" nannten, haben die Siebenundvierziger der Anfangsjahre die Ausblendung der Shoah so gründlich betrieben wie keine andere kulturelle Agentur in der westdeutschen Nachkriegs-Zeit. In einer einzigartigen Praxis des Vergessens hat die Gruppe 47 im Nachkrieg aus ihrer leeren Mitte heraus agiert und mit vereinten Kräften ihr Großes Tabu gepflegt: die Angst vor einer wirklichen Begegnung mit *Juden und Judentum nach der Shoah*. Aufmerksamkeit auf diese Angst hätte sich zu einem Moment der Darstellung im Prozeß eines literarischen Erwachsenwerdens in der Gruppe entwickeln können. Aber dieser Prozeß hat nicht stattgefunden, seiner Möglichkeit stand etwas Schwer-Faßliches im Wege; keines der zugänglichen Dokumente aus der Gruppe formuliert es. Aber es spricht in den mittelbaren Formen der Vermeidung aus all diesen Dokumnenten: Die *jüdisch-deutsche Differenz nach der Shoah* wurde nicht thematisiert. Diese Vermeidung geriet logischerweise, da sie von jener Angst begründet war, mit unter Tabu-Verschluß. Wäre es anders zugegangen, dann hätte sich ein ‚guter Nachkriegs-Geist' gewiß der Gruppe 47 angenommen – der Hegelsche „Weltgeist" hatte jüngst eine andere Bahn gewählt! – und ihr die revolutionäre Chance einer intellektuellen

Gemeinsamkeit mit zurückgekehrten deutsch-jüdischen Schriftstellern zugespielt, einer Gemeinsamkeit in gewußter, angenommener Differenz und in gesuchter Auseinandersetzung. In der Tat haben sich der Gruppe zu diesem Zweck *Freunde und mögliche Freunde* genähert, z.B. Hermann Kesten, Paul Celan oder Erich Neumann. Aber mit dem Satz „Wo kommen wir da hin?" hat der Gruppen-Chef da schlicht und stellvertretend abgewinkt.

Die dergestalt bekundete Ignoranz der Gruppe 47, die auf die unterschiedlichsten Gesten von Vermeidung und Abwehr verteilt und zugleich vom allgemeinen Debattenverbot bei Gruppensitzungen gedeckt war, steht in einem deutschen Kontext, den die Gruppe zugleich initiativ mitgeprägt hat. Das vorliegende Buch versucht dieses Wechselverhältnis zu beschreiben. Es möchte eine *Selbstanzeige der Gruppe 47 in diesem deutschen Kontext* zur Debatte stellen. Ihre Selbstanzeige, das sind Akte der Ab- und Ausgrenzung, die aus der Gruppenmitte heraus gegen jüdische Schriftsteller und Kritiker gerichtet waren, nicht selten vorgetragen mit sowohl rabiat-grober wie intriganter ,Methode'.

Die These des Buches ist, daß die Gruppe 47 am Gedeihen des besonderen deutschen Antisemitismus nach der Shoah aus der Position einer angemaßten moralischen Unbescholtenheit und Sprecherkompetenz heraus mitgewirkt hat, mitgewirkt auf dem Untergrund von Mißachtung, Desinteresse und Verdrängung – und daß dies nur zu begreifen und zu veranschaulichen ist im Blick auf den *deutschen Kontext* der Vergeßlichkeit und der Ignoranz gegenüber Juden und Judentum nach 1945.

Von dieser These geleitet ist auch der folgende Umkehrschluß: Die Befragung des deutschen Kontextes wird die exemplarische Funktion erhellen, die die Gruppe 47 bei seiner Ausbildung und Härtung und bei allen seinen Nachhärtungen gehabt hat und bis heute nicht aus der Hand geben will.

Zuerst also von diesem Kontext handelt das einführende Kapitel, „Mißachtung". Im deutschen Kontext der Vergeßlichkeit sehen wir ein Subjekt der Erinnerung am Werke und schließlich verdämmern, das ich „Niemand" nenne. Niemand hat sich im deutschen Nachkrieg um ein Wissen gekümmert, das er *auch* aus dem Krieg heimgebracht hat und das er bald, nämlich im Nachkrieg, hätte vertiefen können: ein Wissen, das den *anderen* Krieg betraf, den „Weltanschauungskrieg", den deutschen Vernichtungskrieg gegen die Juden Europas. Nach der deutschen Wiedervereinigung wurde auf diesen Niemand der Erinnerung (man könnte ihn auch den deutschen Michel nach der Shoah nennen) eine bestimmte Erwartung gerichtet, die auf seine aktive Gedenktätigkeit zielt, ihn aber tatsächlich endlich einschlummern macht, verdämmern läßt (siehe das Heilschlaf-Bild am Schluß des Buches). Dieser deutsche Herr Niemand wird nämlich von fürsorglichen Mahnmal-Planern, die die hunderttausend deutschen Krieger-Denkmäler satthaben, gedanklich vor eine projektierte zentrale Stätte geführt, wo er der ermordeten Juden Europas *abschließend*, d.i. gut-nachkriegsdeutsch und im Normalisierungs-Trend gedenken soll. *In welches ,Licht der Welt'* wird Niemand von den Befürwortern dieses Projekts auf diese Weise gestellt? Er soll sich rituell zu neuem Deutschsein reinigen, wie die Gruppe 47 es schon in ihrem Ursprungsjahr nach Ernst Jüngers Vorbild zu tun vorgeschlagen hat (siehe das Schlußkapitel), und er soll es tun indem er seine Schuld an den Juden bekennt, auf daß sie von ihm abfalle. Als fiktiv bereits Entschuldeter – also wie ein echter Siebenundvierziger – steht er als erwünschter Mitspieler in der Debatte um das Projekt. Dessen Kritiker nennen den imaginierten Augenblick, da er, der Niemand, auf die vollendete Gedenkstätte treten wird, um als Entschuldeter davonzugehen und zu verdämmern, eine „Endlösung der Erinnerung".

Wenn wir vom extremen Sarkasmus dieser Formulierung einmal absehen, so hat sie unabweislich den unbestreitbaren Nutzen einer erkenntnisfördernden Schockwirkung. Die jüngere Kritik des deutschen Kontextes der Vergeßlichkeit hat angesichts des Projekts einer steinernen National-Erinnerung an die Shoah folgerichtig eine solche äußerste Schärfe erreicht. Und eben diese Zuspitzung ist es, die auch den signifikanten Punkt im deutschen Kontext aufreißt, an dem die Gruppe 47 ihre Mitte hat. Darauf haben *ihre* Kritiker längst hingewiesen. Es ist die innere Leere, „das hohle Wunder" (so z.B. G. Steiner 1959) einer Kriegserinnerung ohne die reflexive Suche nach dem *Selbst*-Wissen im *anderen* Krieg, die Leere, die sich im Innern einer Nachkriegs-Literatur der Angst vor Juden und Judentum bis zur „Ödigkeit" (Celan) dehnen wird (Kapitel „1962. Nach Niendorf"). Die Gruppe hat sich 1947 mit großem rhetorischen Aufwand – das ist ihr Gründungs-Pragma – abgedichtet gegen Dialog, Einrede und Kritik. So hat sie für ihre Dauer gesorgt.

Wer sich bei Lektüre des Buches nicht leiten läßt von einem oberflächlichen Interesse an den kompromittierenden Belegen, die aus einer Überfülle, die uns beim Gang in die Archive bedrängt, ausgewählt wurden, der wird es richtig finden, daß allem Individuellen, Persönlichen, Zufälligen, das zur Sprache kommt, am Anfang des Buches zuerst einmal ein objektives Bezugsfeld vorgegeben wird. Dies geschieht mit dem Kapitel „Mißachtung. Einführung in einen deutschen Kontext".

Doch, so wie in dieser Einführung als erstes die Gruppe 47 am Beispiel zweier repräsentativer *Szenen*, die zwei ihrer Exponenten (Grass und Walser) jüdischen Gesprächs-Partnern geben, im allgemeinen Kontext der Mißachtung konkret vor Augen geführt und sodann ihre nicht weniger konkrete *Politik* einführend beleuchtet wird, so auch bleibt auf dem Weg durch die folgenden empirisch-polemischen Kapitel der allgemeine Kontext stets im Konkreten des Gruppengeschehens gegenwärtig. Der Kontext ‚spricht' aus allem, was Mitglieder dieser Gruppe unternehmen, um denjenigen ihrer Affekt-Energien Abfuhr und Objekte zu verschaffen, die der tabuisierten Angst geschuldet sind, sie könnten Juden und *ihrer* Geschichte nach der Shoah einmal wirklich *begegnen* müssen – bis hin zu M. Walsers „übermütigem Haß gegen einen Kritiker", der, so J. Kaiser, „aber"(!) nicht „Haß auf einen Juden" sei. Diese Sophistik zur Rettung des „zumindest enorm witzigen" *Tod eines Kritikers* („eine solche Komödien-Welt braucht nun einmal ein Opfer") hat der „Duz"-Kritiker des Autors im hübsch konsensuellen Interview-Gespräch mit einem Redakteur der „Jungen Freiheit" hervorgebracht.

Der vom ‚Retter' beschönigte Haß des Autors aber, Haß auf den Kritiker, dessen Judesein angeblich Zufall ist, ist Rache an der Angst, die beide noch vor dem ‚Zufall' haben, daß es sich wirklich um einen Juden handelt.

Mit dieser Pointe einer Entwicklung zur sich lässig gebenden Mißachtung der Geschichte und der Erfahrungen jüdischer Personen, die allein durch ihr Dasein und Wirken unter uns an das Angst-und Differenz-Tabu rühren – weil *sie* sich erinnern! – , sind die Siebenundvierziger bereits am Ort des projektierten Berliner Mahnmals angelangt – und stellen seine Funktions-Möglichkeiten noch in den Schatten: Nie *wollte* man über die Differenz des einen und des anderen Krieges hinweg sich „mahnen" lassen, nun glaubt man – als stünde die steinerne Stätte schon – , es nicht mehr zu *müssen*. Da ist eins wie das andere. Man „steht", wie Alfred Andersch es wollte, fest im Dauerritual des Gereinigtseins *von* Schuld *durch* Krieg und hält Schuldfreiheit als heiliges Dogma der Gruppe 47 hoch. Das ‚Ende' eines nicht enden wollenden Kreisens um sich selbst ist: nichts. An diesem ‚Ende', das so ist, wie der Anfang vor einem halben Jahrhundert war, steckt man also noch immer fest: im leeren Zeit-Block eines Selbstbewußtseins, das sich aus Schuldverneinung nährt. Daher habe die Gruppe in ihren „besten Zeiten" im *Literaturbetrieb*, wie Kaiser zum Jubeljahr 1997 verkündet, „unbefleckt" da gestanden.

In einem möglichen deutsch-jüdischen Dialog aber, der allein eine lebendige kulturelle Zeit wieder erwirken könnte, dürfte die Schuld, um die es geht, weder verneint noch aufgehoben oder in solch absurden Selbstbildern versteckt werden, wie Kaiser sie 1997 in seinem Jubelartikel für die Gruppe aufgeblendet hat; Näheres dazu im Zusammenhang seiner Anti-Antisemitismus-Manöver. Was ist das für eine Vorstellung, sich im Spiegel eines funktionierenden deutschen Literaturbetriebs der Nachkriegszeit „unbefleckt" zu sehen!

Dergestalt betriebs-narzißtisch ist die Gruppe 47 im Jahr 2002 ‚nach wie vor' das Musterexempel des deutschen Kontextes, den sie initiativ mitgestaltet hat: Ersatzhandlungen wie die Mahnmal-Politik bezeugen das Phänomen, daß die jüdische Geschichte ‚nach wie vor' von deutschem Entschuldungsbegehren verdrängt wird.

Der Zeit-Block der Verdrängungen wurde 1945 bis 1947 zementiert. Eine Heimkehrer-Gruppe, die sich jungdeutsch nannte und ausdrücklich den Generationsrahmen von 20- bis 40-Jährigen in Anspruch nahm – Landser, Flakhelfer, Hitlerjungen – , wollte sich „Etwas von der Seele schreiben (...): reinen Tisch machen mit der Vergangenheit (...); man hatte nichts zu verlieren, man bewies Mut" (H. Friedrich). Eine mögliche Aufmerksamkeit für Befreiung und jenes ‚andere' Wissen wurde verhindert vom Wirken eines einzigen Empfindens, das „dem Debakel des Zusammenbruchs" nachhing.

Diese ganze Geschichte – Anfang, Ende, Anfang – geht uns an. Halten wir uns an die Objektivität der Kontextgeschichte, so erscheinen die Dokumente aus den deutschen Untiefen der Gruppe 47 nicht weniger objektiv, so schwer *erträglich* es auch oft sein mag, sie zur Kenntnis nehmen zu müssen. Seite für Seite im Fortgang des Buches begegnen die Zeugnisse der Mißachtung. Wer sie unglaublich findet, weiß dann gewiß, weshalb dies eine Streitschrift ist. Sie ist aber zugleich ein kleines Geschichtsbuch mit Situationsbildern und analytischen Erzählungen, die zur Szenen-Wanderung einladen, zum nachdenklichen Innehalten, zur Einsicht in den eigenen Anteil an der Geschichte, die erzählt wird. Sie ist nicht zuletzt in Erinnerung gebracht, um anzuregen, das Gedenken an die ‚andere' Zeit vor 1945, das die Gruppe 47 verweigert hat, auch auf die Zeit danach auszudehnen. Dabei geht es auch um eine nachgetragene Parteinahme für die ausgegrenzten jüdischen ‚Partner' im Gruppengeschehen, ausgegrenzt von Gruppenmitgliedern, die wie Abgesandte aus dem deutschen Kontext agiert haben, den sie selber stetig fortdokumentieren. So wächst die Nachschuld, die in den Dokumenten nun schon länger als ein halbes Jahrhundert zum Greifen nahe ist. Dies zu begreifen, begründete vielleicht doch noch eine ‚Methode'; eine Methode, die anders ist als die oben angezeigte, die von Siebenundvierzigern in die Literaturgeschichte der deutschen Nachkriegszeit so bedenkenlos wie burschikos eingebracht worden ist. Sie würde einer anderen, mit der Zeit gehenden Weise der Erinnerung dienen, welche die eine und andere der Brücken wieder baut, die wir *nach dem Krieg* abgebrochen haben.

Berlin am 3. Oktober 2002

Mißachtung
Einführung in einen deutschen Kontext

Yoram Kaniuk und Günter Grass am 7. März 1991 im Berliner Literaturhaus

Aufnahme: Till Bartels

„Aber das gehört wohl nicht hierher ...“
Wolfgang Hildesheimer[1]

Ehe im Hauptteil des Buches eine erste Urszene begegnet – „Ein
Preis für literarische Nachverfolgung" – , in der erzählt und analysiert wird, was es in der Praxis der Gruppe 47 bedeuten konnte, jüdische Menschen und ihre jüngste Geschichte zu mißachten, ist in
den folgenden einführenden Passagen auf Zusammenhänge hingewiesen, an die erinnert werden muß, wenn die Titelfrage „Wie antisemitisch war die Gruppe 47?" ihren objektiven Gehalt entfalten
soll. Die Frage zielt nicht auf einen Streit um Personen und Gesin-
nungen, wie er beim Anekdotenerzählen im Salon und in Memoiren
gelegentlich für Unterhaltung sorgt und im unendlichen Selbstlob
der Gruppenmitglieder rasch wieder verschwindet. Sie hat einen
nachkriegsdeutschen Kontext, den ich wenig unterhaltend finde.

Über die Jahrzehnte bis heute hat er sich zu einem Zeit-*Block* der
Gedenk-Trägheit verfestigt, in der eine lebendig bewußte Ge-
schichtszeit, die sich im Inbegriff des Jüngstvergangenen entfaltet,
nicht gedeihen konnte. Es ist Zeit-Starre. Sie ist in der Gruppe 47 in
den Jahren ihrer Anfänge nach 1946/1947 vorgeprägt worden. Das
Charakteristische dieser Prägung war, daß eine Zeitvorstellung von
„Neuanfang" verabredet wurde, in der für Begriffe wie „Realismus", „Revolution" und „Läuterung" viel Platz war, jedoch in der
Tat kein Gedenken des Jüngstvergangenen angelegt worden ist, aus
dem ein Gedächtnis für die *ganze* Geschichte des NS-Faschismus
hätte *wirklich entfaltet* werden können.

Um diese Beobachtung kreist alles in diesem Buch. Vorab nur
dies: Begreifen wir den hier so genannten deutschen Kontext unter
dem Aspekt von nachkriegs-geschichtlicher Zeit, so steht die hier
eingeführte Sichtweise eines starren Zeit-Blocks 1945 bis 2002 auf
dem Prüfstand als dienliche historische Kategorie. Die Hypothese
ist, daß im selben Maße, wie im Nachkrieg eine *sich entfaltende
Rückerinnerung* als mögliche gemeinkulturelle Praxis blockiert war,
die Vorstellung eines deutschen Neuanfangs eng-national begrenzt
blieb und sich also in die Zeit, als Gedächtnisraum gedacht, nicht
dehnen konnte. Die Nachforschungen in den manifesten Texten
zur Selbstverständigung der Gruppe 47 ergeben in der Tat dieses

Bild. Deshalb haben wir es bei einer zeitgeschichtlichen Beschäftigung mit ihr zugleich, auf der Grundlage ähnlichen Quellenmaterials, mit jenem deutschen Kontext zu tun. Die Gruppe ist sein frühest ausgebildetes und sein haltbarstes Organ. Im Vorwort ist darüber Vorläufiges gesagt.

Es ist so gesehen auch kein Zufall, daß es Exponenten der Gruppe 47 sind (Grass, Walser, Kaiser, Raddatz), die im sogenannten neuen Antisemitismus-Streit die deutsche Literatur in der Weise vertreten, daß sie sich „blind verstehen", wie es in der Fußballsprache heißt. Sie verstehen sich zum xten Mal in der Geschichte der Gruppe blind und reflexhaft darin, daß niemand von ihnen auch nur das geringste mit Antisemitismus zu tun habe. Auch sind sie sich gewiß, nie in die Nähe der Grauzone geraten zu sein, gar sie betreten zu haben, wo sich deutscher Narzißmus, Geschichtsvergessenheit und Unkenntnis jüdischer Geschichte und Kultur zu jenem „Assoziationsraum" amalgamieren – ein Begriff der Antisemitismus-Forschung –, in dem die Sprache der Anspielungen gemixt wird, die auch von Antisemiten gesprochen wird.

In diesen Assoziationsraum hinab reichen manche Beiträge zu den Diskussionen um das Berliner Mahnmal-Projekt, das den deutschen Kontext des erstarrten Rückblicks vollenden wird. Und mit ihm hat Ignaz Bubis in der Gedenkstätte des deutschen Nationalliberalismus, in der Paulskirche zu Frankfurt am Main, Bekanntschaft gemacht. Erschrocken fand er sich inmitten eines brausenden Beifalls, der Martin Walsers Absage an ein vorgeblich veraltetes Gedenkgebot gezollt wurde. Bubis kämpfte fortan bis zu seinem Tod, den wir nicht ohne Nachdenklichkeit über seinen deutschen Kontext betrauern sollten, um die Klärung dessen, was er die Einkapselung des deutschen Antisemitismus in seine vielfältigen Vermittlungen genannt hat. Schließlich meinte er, nur noch resignieren zu können. Und zuletzt hat er Walser parodiert, der von der „befreienden Wirkung" seiner Paulskirchenrede auf das deutsche Volk gesprochen hatte. Was Walser als Lösung aus Gedenkzwängen sehen wollte, befand Bubis als die Befreiung des deutschen Antisemitismus aus dem Zwang, nach der Shoah stille schweigen zu müssen.

Ein Aufriß beider Debatten ist der Orientierungspunkt der folgenden Einführung. Beide verliefen sie von seiten schnellzüngiger und national denkender Deutscher nach dem Muster der kümmerlichen Erinnerungsweise, die in der Gruppe 47 ausgebildet worden ist und sie als das literarische Primär-Organ des deutschen Kontextes der Vergeßlichkeit ausweist.

22

Diese Gruppe hat dessen ungeachtet als literarisches Ensemble in der deutschen Geschichte nach 1945 eine dauerhafte symbolische Ausstrahlung; seine Berühmtheiten werden nicht müde, ihre Gruppen-Zugehörigkeit auszuposaunen, dankbar für so viel kostenlos erworbenen Einfluß in der Öffentlichkeit. In unserem Zusammenhang interessiert, welchen Anteil die Gruppe habe an der von Bubis ins Auge gefaßten Einkapselung des Antisemitimus in seine vielen öffentlichen Vermittlungen im Deutschland nach der Shoah. Sind Ausstrahlung und guter Ruf der Gruppe 47 symbolisch, d.h. unabhängig von ihrer literarisch konkreten Produktvielfalt wirksam, dann ist zu vermuten, daß auch ihrem Anteil an besagter Einkapselung eine symbolisch wirksame, d.i. eine nicht unmittelbar greifbare Form eigen ist: in keinem Programm verzeichnet, in keinem Text erörtert – konkret, wenn auch meist fragmentiert vernehmbar nur bei ihren Selbstgesprächen hinter vorgehaltener Hand. In der Tat, was da in den Schein von Ungreifbarkeit gehüllt ist, *es ist* das Ungreifbare in der Gruppe, das Unaufgeklärte für die Gruppe selbst: ein Tabu. Auch darüber ist im Vorwort Vorläufiges gesagt.

Was tabuisiert worden ist, nämlich die Angst vor Juden und Judentum nach der Shoah, Angst vor etwas Unheimlichem, das im Raum der *Differenz* zum Angstobjekt vermutet wird (das Gerücht des Jüdischen), das dringt allenfalls nach außen ins kulturelle Umfeld in symbolischen Formen des Schweigens. Dergestalt kann es dort nur willkommen sein. Es stört nicht das auch dort vorherrschende Schweigen. Betrachten wir diese friedliche Korrespondenz, dann allerdings wird die Einzigartigkeit der symbolischen Ausstrahlung der Gruppe 47 erkennbar. Es ist *die nahezu absolute Unauffälligkeit*, hinter der das Tabuisierungsgeschehen in der Gruppe sich verbirgt, seine Repräsentanz und Vorbildlichkeit wahrt und seine Energien an alle aussenden kann, die auch der Kraft bedürfen, jene Angst, die verbindet, vor sich selbst zu verbergen.

Allenfalls an der Oberfläche dieses Wechselgeschehens könnte man ironischerweise von einer *Auffälligkeit* sprechen: Dort an der (geschwätzigen) Oberfläche nämlich ‚ergeben sich‘ immer wieder Situationen, die ihre ‚Offenheit‘ darin haben, daß von Antisemitismus geredet werden *könnte* aber nicht geredet wird; oder: geredet werden könnte, aber Abstand davon genommen wird unter dem Vorwand, es werde schon zu viel oder fahrlässig oder inflationär ‚darüber‘ geredet. Es wird dann aber natürlich gar nichts klar. – Man könnte dann jeweils kritisch anmerken, vielleicht auch definieren: Es handle sich um eine allgemeine und einvernehmliche

Tabuisierung des Problems eines deutschen Antisemitismus überhaupt. Kein Intellektueller wolle etwas von ihm wissen oder in diesem Kontext von sich selber reden. So wäre es erklärt, warum das
gute Einvernehmen zwischen Teilen des Feuilletons (und der Germanistik) und Siebenundvierzigern nicht beeinträchtigt ist, wann
immer jenes reflexhafte „Keinerlei Antisemitismus!" ertönt und
Argumente Fehlanzeige sind oder niemand nachhakt im ‚Gespräch'
mit prominenten Abwieglern aus der Gruppe 47.

Aber eine solche Sicht auf die Tabuisierung der *Frage* nach dem
deutschen Antisemitismus nach 1945 erscheint mir so oberflächlich
wie seine wortreiche Leugnung selbst. Was hier als ‚Tabu' und seine
Abriegelung im Vorbewußten gelten mag, ist wohl eher ‚schlichte'
und vollbewußte Vermeidung, vielleicht Verdrängung. Es ist jedenfalls eine subjektiv praktikable *Dynamik*, eine Art Folgetätigkeit des
psychischen Apparats, der aus den Energien gespeist wird, die frei
werden, wann immer die Entlastung durch eine Tabuisierung funktioniert. –Tabuisierung als Leistung in der Gruppe 47 ist die Sache
Weniger (vor allem des Chefs H. W. Richter selber). Gefolgschaft
und Nutzen ist die Sache der Vielen. Das Tabu selbst, mit dem in
diesem Buch Bekanntschaft gemacht werden kann, ist mit den Formeln, die bisher verwendet sind und auch weiterhin leitmotivisch erscheinen werden (Angst-Tabu etc.), zwar vorerst zureichend avisiert,
eine weitere theoretisch-definitorische Erörterung schon hier vorweg wäre jedoch fruchtlos. Wir müssen in die *archivierte* Aura der
Gruppe 47 eindringen – in die Aura, die sich die Gruppe selber vormacht – , müssen ihrem Selbstgespräch lauschen, dann wird die vielfältig gebrochene Stimme der tabuisierten Angst vor Juden und Judentum vernehmbar, und wir erkennen dann vielleicht auch in den
einschlägigen Zeugnissen und Fragmenten, die längst bekannt sind –
z.B. in Joachim Kaisers Bericht über seinen Walter Mehring-Verriß
im verbreiteten Ausstellungskatalog „Dichter und Richter" von
1988 – , wie jene Einkapselung und Wirkung vermittelter Antisemitismen in der Gruppen-*Geschichte* funktioniert.

Und noch ein Wort zum Begriff des Antisemitismus. Die Antisemitismus-Forschung wäre längst beendet, *gäbe* es einen solchen
Begriff, der nicht schillerte und schwankte bei je genauem, leider
immer wieder erneut herausgefordertem Hinsehen auf das Phänomen. So wie der stereotyp gebrauchte Antisemitismus-*Vorwurf*
beiseitegeschoben werden sollte, weil er der Arbeit an unserem Thema nicht dient (siehe das Vorwort), so auch ein Begriff vorweg und
per Definition; ein Begriff, der Klarheit über das Phänomen ‚an

sich' vortäuscht. Alle nennenswerten Beiträge zum sogenannten neuen Antisemitismus-Streit gehen mit dem ‚Begriff' offen um, so daß *dies* klar wird: In einer den Beobachtungen gegenüber offenen Form ist er brauchbar; als Hilfshinweis darauf, daß Geschichte im Aktuellen mitzudenken und umgekehrt die Geschichte am Aktuellen zu überprüfen sei. So ist es zu verstehen, daß z.b. Moshe Zimmermann mit anderen begrifflichen Varianten sich des Streit-Themas im vergangenen Sommer angenommen hat, als z.b. Dan Diner. Die Titel ihrer Beiträge sprechen in dieser Hinsicht für sich: „Eine Frage der Haltung. Der neue Antisemitenkatechismus" (Süddeutsche Zeitung, 24. Mai 2002) und „Es redet aus ihnen heraus. Grass, Walser, Möllemann – über die Entstehung einer neuen Form des Antisemitismus in Deutschland" (Die Literarische Welt, 15. Juni 2002). Allerdings können ein auch stereotyp erhobener Vorwurf und ein unflexibel gebrauchter Begriff ein Test darauf sein, wie das Phänomen des Antisemitismus zur Zeit in die öffentliche Debatte gelangt und ob, in unserem Fall, die Gruppe 47 von Intellektuellen vertreten wird, die genügend Distanz zu sich selbst haben, um aufmerksam auf die *Frage* des Antisemitismus und bereit zu sein, sie mitzunehmen, wenn sie ihr Allerheiligstes betreten: ihre Erinnerungen an die schönen Zeiten in der Gruppe. Die bisher erwähnten Beispiele weisen auf einen eher negativen Ausgang eines solchen Tests.

Die somit skizzierte besondere Besonderheit der Gruppe 47 – besonderes Organ des allgemeinen deutschen Kontextes (Vermeidung, Verdrängung, Vergeßlichkeit ...) und besondere Leistung: fast absolut unauffällige Wache über das jüdische Tabu – , sie ist es, die erklärt, weshalb die Titelfrage des Buches zunächst im Kontakt mit dem historischen Kontext nur ihre Begründung, und aus konkreten Zeugnissen der Gruppe dann erst schrittweise ihre Antworten finden kann. Die folgende Einführung in den Kontext bedient sich der Methode einer Darstellung von hinten her, aus der Sicht von Resultaten einer ‚Entwicklung' und von Fixierungen eines ‚Abschlusses', und faßt also das Jahrzehnt nach der deutschen Wiedervereinigung ins Auge. Stars der Gruppe 47 – nachdem sie ein letztes Mal getagt hat[2] – bringen das öffentliche politische Renommee, das sie ihrer „Zugehörigkeit" zur Gruppe im wesentlichen verdanken, nun verstärkt in den Kontext ein, um den es hier geht – Walter Jens gedenkt zum 9. November 1988 eines deutsch-jüdischen „Vaterlands" des Humanismus vor 1938 (!)[3], Walser reklamiert seit der Wiedervereinigung eine ideelle Gesamtbilanz deutsch-jüdischer Kriegsopfer[4],

Günter Grass, während des II. Golfkrieges 1991, poltert mit Kriegsgegner-Pose gegen Yoram Kaniuk, der ihn an deutsches Gas im Gedächtnis der Juden in Israel erinnerte[5], usw.

Wer die Gruppe 47 ein wenig kennt und kritisch sieht, wird ihre Art, sich zum deutschen Nachkriegs-Antisemitismus zu verhalten, auch in der folgenden Kontext-Studie wie in einem Subtext stets mitangesprochen sehen, selbst dort, wo ausdrücklich von ihr die Rede nicht ist, und mag den gewählten Ausgangspunkt anerkennen, wonach es unter den Aspekten unseres Themas keinesfalls mehr sinnvoll ist, das liberale Literar-Ensemble und seine vielen (Groß)Sprecher isoliert vom genannten Kontext zu betrachten.

Mit zwei Situationsbildern um Günter Grass und Martin Walser beginne ich. In ihnen offenbart sich beispielhaft das Verhältnis deutscher Intellektueller zu Juden in Deutschland in seiner verdeckten Unredlichkeit und selbstbezogenen Verstocktheit. Zur Klärung dieses Tatbestands wird die Annahme nützlich sein, daß hier „Mißachtung" im Spiele sei. Mit dieser Wortwahl möchte ich zudem ein Vorverständnis anregen. Was könnte der Kompliziertheit des Themas einschließlich seines einschüchternden Pauschalitäts-Anscheins angemessener sein, als dem vorbegrifflichen Vorwurf, der in der Titelfrage mit dem Gewicht eines historisch gegebenen Verdachts ja steckt, aber nicht einfach auf Personen übertragen werden kann, mit Offenheit und Vorsicht zu begegnen?! In diesem Sinne im Kontext der langen Zeit seit dem Ende des II. Weltkriegs nach Äußerungen und Haltungs-Nuancen im deutsch-jüdischen Verhältnis zu sehen, die auf Mißachtung hindeuten, wird für das Phänomen des deutschen intellektuellen Antisemitismus nach der Shoah, das es ohne Zweifel gibt, die nötige Sensibilität wecken; der pauschal gebrauchte Antisemitismus-Vorwurf nebelt es ein. Das betrifft auch die Kritik an der Gruppe 47. In diesem Zusammenhang ist auch der reflexhafte Abwehr-Gestus gegen den Vorwurf zu verstehen, der von außen kam, wovon schon die Rede gewesen ist. Die ‚positive' Voraussetzung dieses Gestus ist ein Konjunktiv: Die Gründer der Gruppe wären gar nicht auf den Gedanken gekommen, *in ihren eigenen Reihen* nach ‚Spielarten' des Antisemitismus zu fragen. So ‚naiv' war man wirklich, ehe dann der Vorwurf kam!

In den weiteren Erzählungen, Situationsbildern und Analysen des Buches wird der Anschein von Naivität und gar Unbescholtenheit, um den im Kontext unsres Themas Gruppensprecher bis heute besorgt sind, sich in Nichts auflösen.

Immunisierung gegen einen Vorwurf

Eine kritische Einstellung auf die Gruppe 47 ist nicht neu; im Vorwort ist davon schon die Rede gewesen. Der Grund, weshalb der Antisemitismus-Vorwurf im innersten Gruppen-Kreis nie wirklich für Unruhe gesorgt hat, ist in der Hochstimmung des Anfangs 1946/47 gelegt worden, als man zu neuen Ufern aufbrach, dies in grandiosen Manifesten festhielt und sich keinen Gedenk- und Rückbesinnungsraum offenhielt. Dies hatte zur Folge, daß man sich gegen den Vorwurf, den man auf die Dauer nicht ganz ignorieren konnte, mehr oder weniger geschichts- und gedankenlos immunisierte; mit festem Stand auf dem Fundus der Manifeste und gebettet in die narzißtische Anhänglichkeit an ihre Inhalte.

Aus der Selbst-Immunisierung der Gedankenlosen wurde eine erfolgreich sich fortzeugende Strategie. Sie war so erfolgreich, daß im Verlauf der aktivsten Gruppen-Zeit, der fünfziger und sechziger Jahre, als im Zuge der inzwischen üblich gewordenen Meidung des Themas überhaupt der Vorwurf in ungeschminkter Form bald nicht mehr öffentlich gehandelt wurde, er sich nur noch ,gedeckt', verschoben in ,andere' Themen geäußert hat. Er sorgte also, verborgen in den Diskursen, für Unruhe wie die Wahrheit in den allegorischen Rhetoriken der Macht. Die antiautoritäre Bewegung der Achtundsechziger seit etwa 1965 hat die jüngeren Siebenundvierziger mitsamt ihren Verstrickungen in unseren Thema-Kontext in einigen Fällen mit sich gezogen, hat jedoch die Gruppenführung um Richter und Grass mit dem Antisemitismus-Vorwurf nicht behelligt. Erst in der Zeit „nach 68", als die Epoche der Selbstdokumentation des deutschen Nachkriegs begann, kam der Vorwurf wieder zum Vorschein, meist zunächst im Netz der Rede vom „linken Antisemitismus". Sobald er aber gegen Personal der Gruppe 47 erhoben oder auch nur ins Spiel gebracht wurde, wurde er groteskerweise im Feuilleton mit dem ,Argument', er sei inflationär im Gebrauch, ausgekontert. Inflationär, nein, das war der Vorwurf nie. Vergessen ist bloß, daß er in den Jahren unmittelbar nach 1945 nichts Besonderes war. Beiläufigkeit war ihm sicher. Die Feuilleton-Öffentlichkeit im geschlagenen Land befand sich, rezeptiv wie produktiv, im Stadium von Selbstversuchen, war parzelliert, in den Parzellen extrem offen, als ,ganze' extrem föderativ und besonders als Debatten-Öffentlichkeit in pro und contra extrem unübersichtlich und erst in Ansätzen vernetzt. In dieser Umwelt stand die Gruppe 47 nicht unter Druck, wenn es um das ,Problem' des Antisemitismus gegangen ist.

Das Problem war ‚atmosphärisch‘ stets gegenwärtig, aber niemand sah sich genötigt, in der Öffentlichkeit zu reagieren. Und dort fiel es nicht auf, daß es nicht geschah. Die erwähnte Behauptung, der Antisemitismus-Vorwurf werde inflationär erhoben, verrät, wie ‚organisch‘ jene Immunisierungs-Strategie unseres Freundeskreises sich zur deutschen Angelegenheit auswachsen konnte; auch dieses Buch wird mit dieser Strategie zu tun bekommen. Wird die Behauptung im vergangenen Jahrzehnt geäußert, so verrät sie zudem, was Abwehr jetzt heißt: Seit der Wiedervereinigung Deutschlands rumort der Antisemitismus-Vorwurf wieder, er ‚liegt in der Luft‘; unsicher ist geworden, wer gern geglaubt hatte – ob er sich nun persönlich betroffen fühlte oder nicht –, daß es grundlos sei, den Vorwurf zu erheben.

Wenn solche ‚Gutgläubigkeit‘ also ins Schwanken geraten ist, dann rückt der Tatbestand, daß die Gruppe 47 so lange ihr Bollwerk gewesen ist, auch unter dem Gesichtspunkt einer Frage ins Licht der historischen Kritik: Gehen die Zeiten, da diese Gruppe beispielgebend für die Naivität im deutschen Kontext der Vergeßlichkeit gewesen ist und gewirkt hat, endlich zuende? Ist es nicht wirklich an der Zeit, dieser Beispielhaftigkeit den Boden zu entziehen und das Rätsel ihrer Herkunft zu lösen?

Ein Wink aus der Gruppenmitte scheint uns Auskunft über die absolute Banalität dieser Herkunft geben zu wollen. Unter den Würdigungen, die zu Hans Werner Richters 70. Geburtstag 1978 verfaßt worden sind, finden sich ein paar Notizen mit einem etwas kryptischen Inhalt. Ihr historischer Quellenwert war bisher vergraben. Beigesteuert hat sie einer der genauesten Beobachter der Gruppe, ihr Frühmitglied Hans Josef Mundt, seit 1949 Cheflektor des Kurt Desch Verlages in München, der die Linzenznummer 1 der amerikanischen Besatzungsmacht trug. Jüdische und nichtjüdische Autoren wurden dort betreut, auch Richter seit seinem Nachkriegs-Erstling „Die Geschlagenen“. Es war einer der wenig beachteten Geburts-Orte der Gruppe und Ort deutsch-jüdischer Begegnungen, wie wir noch sehen werden. Mundts Hinweise sind daher von besonderem Gewicht. Er notiert unter anderm:

Emigranten und jüdische Autoren – ein außerhalb seines Kreises (gemeint ist Richter) viel diskutiertes, im eigenen Kreis nie erwähntes Thema. (...)
Es war einfach nicht auszumachen, wer Jude war, weil es niemanden interessierte, weil niemand danach fragte, niemand darüber sprach (...).
Irgend etwas war geschehen, das verband oder trennte.

In Wirklichkeit war alles ganz einfach – so einfach, wie das wohl immer ist, wenn sich zwei Kreaturen begegnen, sie kommen entweder vom selben Stern – oder aber von zwei verschiedenen Sternen, die vielleicht nur ein paar Lichtjahre voneinander entfernt sind.[6]

Die Gruppe 47 hat ihre intern-nichtjüdische Selbstsicht bis heute nicht korrigiert. Zu diesem Befund gehört, daß sie sich nach außen mit ihrer Selbst-*Bewertung* behauptet hat, repräsentativ zu sein für das Beste und auch für das durchschnittliche, normale Gute und vor allem für das Freie, Neue, das die deutsche Literatur in der Zeit nach dem II. Weltkrieg in Westdeutschland hervorgebracht hat. Auch im Osten des Landes, noch vor dem Datum 1989, hat sich diese Bewertung durchgesetzt und Verwunderung löst heute gerade hier aus, wer die Gruppe kritisch sieht. Der Blick nach Westen war und ist auch in diesem Fall ein Schaufensterblick.[7] Die Gruppe 47 steht für das ideologisch Positive dort. Antifaschismus, Opposition gegen den Adenauerstaat, Vergangenheitsbewältigung sind die Schlagworte. Sie sind der westdeutschen Gruppe vom Osten nicht ‚aufgesetzt‘ worden, sondern entsprechen haargenau ihrem überdauernden Selbstbild. Im wesentlichen unangefochten, trotz einer größer werdenden Zahl kritischer Aspekte in westlichen Einzeluntersuchungen seit den achtziger Jahren des letzten Jahrhunderts, ist das Selbstbild in die Geschichts- und Schulbücher übernommen worden.

Was ist ‚wahr‘ an diesem Bild, was verbergen die Schlagworte?

Über eine gruppen-interne und auch akademische Aufmerksamkeit hinaus, die solche Fragen noch wecken konnten, war zur Jahrhundertwende hin kaum noch irgend ein rückgewendetes öffentliches Interesse an der Gruppe zu entdecken.

Jedoch: Etwas hatte nach dem Fall der Berliner Mauer zu rumoren begonnen.

Vollendete Grobheit – Der Kontext konkret

Es ist im Hinblick auf die Anstrengung, die in der Gruppe 47 unternommen worden ist, sich um den deutschen Antisemitismus *nicht* kümmern zu müssen, ein beachtenswertes Indiz, daß es zwei prominente Siebenundvierziger gewesen sind, die wiederum angestrengt bemüht waren, die ‚Frage des Antisemitismus‘ auch im wiedervereinten Deutschland niederzuhalten. Man kann spekulieren, ob sie damit auf jenes beginnende Rumoren reagiert haben; vielleicht auch auf das genannte Anwachsen kritischer Veröffentlichungen zur Gruppe. Ein Zufall aber ist es keinesfalls, daß der Gruppe 47 ‚pünktlich‘ wieder ein öffentliches Interesse entgegengebracht wird, seit auch jene ‚Frage‘ infolge der deutschen Vereinigung wieder ‚interessanter‘ geworden ist, und daß angesichts dieser Festigkeits-Krise im deutschen Kontext der Verdrängungen zwei Vertreter des innersten Kreises um Hans Werner Richter in kritischer Auseinandersetzung mit Juden, deren Kritik sie nicht ertragen konnten, die Nerven verloren haben.

In Anbetracht unseres Themas ist es ebenfalls kein Zufall, daß deutsche Schriftsteller ‚1947er Herkunft‘ bei dieser Gelegenheit Signale eines neudeutschen Nationalismus gesetzt haben, den Kritiker immer schon im ‚privat‘ gehaltenen Innenleben der Gruppe aufgespürt hatten – eines Nationalismus, der sich aus dem ideologischen Rechts-Links-Schema gelöst hat und sich nährt aus einem ‚neuen‘ Konkurrenz-Gefühl, das deutsche Intellektuelle in ‚Gesprächen‘ vornehmlich mit Juden zum Ausdruck bringen, die in deutscher Kultur eine Heimat (gehabt) haben.

Die öffentlichen Sprechsituationen, aus denen die ersten prominenten Signale dieser Art gekommen sind, ließen also einen Differenz-Zusammenhang aufblitzen, der uns in diesem Buch beschäftigen wird. Dabei wird es ziemlich zentral und in vielen Brechungen um den Aspekt eines ‚intellektuell‘ verbrämten neudeutschen Barbarentums gehen.

Wenn deutsche Schriftsteller gegen jüdische Gesprächspartner, die jene kulturelle Bindung haben, öffentlich grob werden, wird man ihren Worten selten eine Abkunft aus den bekannten antisemitischen Klischees unterstellen können. Man muß aber nach den ‚Themen‘ fragen, um hier klarer sehen zu können. Geht es um jüdische und deutsche ‚Identität‘ nach der Shoah und müssen sich die deutschen Partner anhören, daß Juden, *weil* sie jene Bindung haben, seither Probleme mit (ihrer) *Geschichte* haben (sprechen wir in diesem Kontext nicht von Gott), dann ist auf deutscher Seite primär auffällig die Heftigkeit der austretenden Affekte.

Reisenotiz Kaniuk, 1:

> ... Als ich jetzt nach Deutschland kam, (...) um die Wurzeln meiner Kultur auszukundschaften, wollten sie in mir nur den mahnenden Zeigefinger, den Moralisten sehen.[8]

In der Zeit nach der deutschen Wiedervereinigung verlor zunächst wie unvermerkt ein öffentliches Reden über Antisemitismus seinen ‚akademischen' Anstrich. War, ‚darüber' zu reden, unabwendbar geworden? Jedenfalls fand es statt. Das verbreitet schlichte Selbstverständnis in manchem prominenten Falle, in eigener Sache dabei nicht mitreden zu müssen, bekam Legitimations-Probleme. Unter diffus-öffentlichem Druck, manchmal sogar angeregt von kritischen Schreibtisch-Analysen entstanden mehr oder weniger kleine Debatten mit Anteilen eines sich dabei aufdrängenden Antisemitismus-Verdachts. Auch der Druck auf manche der prominenten Sprecher der Gruppe 47 war gewachsen, sich in die schon vor 1989 ‚immer deutscher werdenden' Debatten zu mischen.[9] Sie erbrachten dabei den lebenden Beweis, daß die Vergangenheit dieses westdeutschen literarischen Vorzeige-Ensembles in Gestalt seiner verdrängten ‚reindeutschen' Prämissen wiederzukehren im Begriffe war.

Grass

Der berüchtigste unter jenen austretenden Affekten ist aggressiv belehrende Rechthaberei in jüdischen Angelegenheiten (vor allem seit der Staatsgründung in Palästina), im Kern aber handelt es sich bei solchen Affekten gegenüber akuten Empfindungen der Partner um „zornige Gleichgültikeit" – eine Formulierung von Yoram Kaniuk nach einem ‚Gespräch' mit Günter Grass in Berlin am 7. März 1991, als Israel sich von irakischen Raketen bedroht sah, deren Bewaffnung mit aus Deutschland geliefertem Gas vermutet werden mußte. Betrachten wir zuerst dieses Beispiel.[10] – Einige Bemerkungen dazu im Voraus:

Das Gespräch ist in Ausschnitten (55 Minuten) vom Fernsehen übertragen worden, dauerte aber um ein Dreifaches länger. Konnte, wollte sich einer der anwesenden 600 Grass-Fans vorstellen, daß das Treffen für Kaniuk eines seiner „finstersten Erlebnisse" werden mußte? Ihr Held, als er gefragt wurde, wo er war, als jüdische Demonstranten vor den Toren deutscher Chemiekonzerne standen, polterte hochgereizt los und sprach nur noch am Partner vorbei, der auf dem Podium neben ihm saß, zu seinem Publikum. Die Parole „Blut für Öl" stand im Raum, gestellt gegen die Erzählung von der Angst in den abgedichteten Zimmern Tel Avivs, Amerika-Kritik stand gegen das Trauma „deutsches Gas gegen Juden". Die tiefere Differenz, eine Differenz zwischen kaltem und ungeschütztem deutsch-jüdischen Geschichtsgefühl, schien mir diese zu sein: Kaniuk sprach als Schriftsteller über seine Affekte des Schmerzes auf der Deutschlandreise, Grass trumpfte als Politiker auf, „als habe er persönlich den Frieden erfunden".

Kaniuk hat hier einen wunden Punkt am ‚Herzen' der Gruppe 47 berührt. Eine Literatur-Gruppe macht Politik, wird politisch geführt. Wer macht die Politik, ist sie von den Mitgliedern ‚getragen', ‚gewußt'? Wie wird das Problem der Spannungen zwischen literarischer Produktivität und politischer Programmatik gesehen, besprochen, gar gelöst? Was geschieht mit ‚Freundschaft', wenn sie diesem Spannungsfeld ausgesetzt wird? Diese Fragen können in diesem Buch nicht zentral thematisiert werden, sie blitzen aber immer wieder auf. Denn ‚Freundschaft' ist das Medium, das die jüdisch-nichtjüdischen Beziehungen gruppenintern geregelt hat, aber immer dann zu zerbrechen drohte, wenn ihre Konsens-Garantien dementiert erschienen unter dem Einfluß von politischen Aktivitäten, die für das Mitgliedsverständnis der jüdischen Mitglieder das Entscheidende gefährdeten: eine primär *literarische* Kommunikation unter Freunden.

Weder Freunde noch Kritiker der Gruppe 47 haben diesen Gefahrenpunkt aufgenommen und ernsthaft untersucht. Sie wären darauf gestoßen, daß H. W. Richter, der vielgerühmte Meister der Freundschaft, genau an diesem Punkt gegen den Geist der Freundschaft verstoßen hat. Im Kapitel „Ein Preis für literarische Nachverfolgung" wird dies ein Thema sein, vorbereitet schon gegen Ende dieser Einführung. – Auf sehr unterschiedliche Weise haben z.B. Peter Weiss und Wolfgang Hildesheimer unter der Unfähigkeit Richters zu leiden gehabt, bei seiner Politik den Primat der Literatur zu begreifen und zu beachten. Die Konfliktsituationen, die daraus folgen mußten, sind dann regelhaft von den Betroffenen ‚gekittet' worden: Sie hielten an einer Freundschaft fest, die Richter (auch Grass) in Affekt-Augenblicken politischer Rechthaberei zu opfern bereit war. Weiss, wegen seiner stärker provozierenden politischen Literatur, erfuhr offen und auch öffentlich feindselige Abfuhren (von Grass, Kaiser, Georg Seidel), Hildesheimer dagegen hörte meist privatim oder las in Briefen, was seine Freundschaft nur noch wert war, sobald der Dissens aufbrach, der ihn von seinen Freunden in Betracht ihrer ‚Politik' immer trennte.

Daß Hildesheimer und Weiss (und nicht nur sie) im deutschjüdischen Freundschaftsbund 47 sich bis zuletzt ‚konziliant' verhielten, hat einen Grund in ihrer Einschätzung, als jüdische Schriftsteller deutscher Sprache in der Gruppe einen besonderen Schutzort zu haben; so war es aber auch in besonderer Weise schmerzhaft für sie, bei Freund Richter, dem Gruppen-*Moderator*, keinen Rückhalt für ihre Auffassung des inneren Verhältnisses von Literatur und Politik zu haben. Ich kenne keine Formulierung, die diesen Auffassungskonflikt besser kennzeichnet, als den etwas in Vergessenheit geratenen Satz Walter Benjamins aus seinem Vortrag „Der Autor als Produzent", den er im Pariser Exil vor dem kleinen Club „Institut zur Erforschung des Fascismus" 1934 gehalten hat: „Zeigen möchte ich Ihnen, daß die Tendenz einer Dichtung politisch nur stimmen kann, wenn sie auch literarisch stimmt." Sollten solche Einsichten spezifisch sein für eine Literaturtheorie im Exil, so ist die Vorstellung nicht ohne Reiz (auch nicht ohne tragische Assoziationen), sie hätten von dort zurückkommen können in den Ideenkreis ‚revolutionärer' literarischer *Neu-Anfänge* nach 1945. Doch dies wäre, wie wir wissen, eine in der debattenfeindlichen Gruppe 47 fremde Vorstellung gewesen. Es ist nicht auszudenken, was aus Begegnungen mit großen freundschaftlich gesonnenen Partnern wie Kesten, Celan oder Kaniuk sich hätte entfalten können, wäre den Siebenundvierzigern aus dem Jenseits ihres politischen Selbstverständnisses, als es für ein Aufsprengen ihrer reindeutschen Politikauffassung noch nicht zu spät war, so etwas wie die exilierte literaturtheoretische Einsicht Benjamins „ins Wort gefallen" – um abermals eine Wendung dieses unausschöpflichen Autors zu gebrauchen (aus dem Aufsatz über Goethes „Wahlverwandtschaften"). Aber eben an diesem empfindlichsten Punkt jeglicher „Literaturpolitik", da es um den Primat des Literarischen gehen sollte, ist es der Gruppenführung primär darum gegangen, „gemeinsam" politisch handeln zu können (Richter) und kollektiv „strapazierfähig zu bleiben" (Grass), wie wir es unverblümt formuliert finden, als man sich 1961 über einen Ausschluß Marcel Reich-Ranickis aus den Gruppensitzungen verständigte (siehe Göhrde im Kapitel „Anfang").

Yoram Kaniuk empfindet bei seinem Deutschland-Besuch das Land als „feindlichen Boden", den er jedoch als Dichter betrat: als Schöpfer eines großen, das jüdisch-deutsche Geschichtsverhältnis nach 1945 offensiv herausfordenden und soeben vollendeten Roman-Projekts: Ein „Deutschautor" wird gesucht, der mit einem hebräischen gemeinsam die Geschichte des „Letzten Juden" zu schreiben versuchen soll. Der Deutsche soll das versuchen trotz dem, daß er das einzige Ansinnen nicht werde erfüllen können, das der Nachbar seines israelischen Co-Autors ihm übermittelt: ihm seine beiden Töchter wiederzugeben.

Kaniuks Wunsch war es, als er die Geschichte erfand, die er auf dem Podium nun seinem Freund Grass erzählt, daß dieser der Rolle des deutschen Co-Autors gewachsen gewesen wäre und daß er nun *zuhöre* und vielleicht auch für den Nachbarn *eine Gebärde* gewußt hätte (wie Heinrich Böll tatsächlich bei einem Besuch in Israel). Grass wütet. Kaniuk deutet die Wut des Freundes (die Freundschaft endet jetzt im Austausch der ungleichen Affekte) als Ausdruck des Eingeständnisses, der deutsche Schriftsteller nicht zu sein, der gedenkfähig und dergestalt in konkreter Nähe zu den gemordeten Töchtern des Nachbarn und gemeinsam mit dem jüdischen Co-Autor die Universalgeschichte des Letzten Juden gestalten könnte. Kaniuk hatte den Letzten Juden für die Co-Produktion im Roman entworfen als einen figürlichen Widerruf des ewig wandernden, alles erfahrenden und für alles beschuldigten Stummen (,herr niemand', Ewiger Jude). Dieser „Letzte" hat als Folgeschaden aus dem Vernichtungslager die ,Gabe' davongetragen, den Universalismus der Toralektüre bewußtlos zu parodieren: alles Wissen der Welt mechanisch sowohl zu speichern als wiederzugeben, bis zur „letzten" Gasrechnung der Nationalsozialisten, 159 Kg Zyklon B 27,50 Mark. „Das Leben eines Juden war also für 1,833 Pfennig zu haben."

In solch zugespitzter Weise habe er, so Kaniuk in seinem Bericht über die Konfrontation, den gegen ihn anwütenden Grass seinerseits kalt agressiv provozieren wollen. Er gibt dies im Geiste Heines und Celans – „... Und ich werde fast wie Du"[11] – als selbstkritische Erinnerung an die Dialog-Situation zu bedenken, wiederholt diesen Affektzug im Bericht aber nicht. Er löst vielmehr seine reaktive Affekt-Gegnerschaft, über die er berichtet, nun auf und bietet ein

Fragment zur Poetik einer jüdisch-deutschen Co-Autorschaft nach der Shoah:

> „Er wußte, wie viele *Deutsche* die Finsternis meines Lebens bevölkern und ihren Weg in meine Bücher gefunden haben", dort stünden sie aber gestaltet im ererbt „inneren Dialog" mit ihm, ihrem jüdischen Autor, gebunden an „das prachtvolle und traurige Kapitel gemeinsamer Geschichte, das so verführerisch auf mich wirkt"; gebunden an einen „Abschnitt, in dem Juden und Deutsche ausgerechnet in der deutschen, nicht der jüdischen Kultur aufeinandertreffen"; gebunden aber auch an die *andere Erfahrung*, die durch die Shoah hindurchgegangen ist - - -

Reisenotiz Kaniuk, 2:

> In Weimar, neben Buchenwald, habe ich mich in einen Deutschen verwandelt. Wir alle haben es getan - - -

Grass, so Kaniuk weiter, gehe einen solchen Dialog mit *Juden* literarisch nicht ein, er vermeide deutscherseits eine des Dauer-Rückblicks in den Abgrund fähige Bindung an die Shoah, habe nur jüdische Kunstfiguren, keine „Juden" in seine Bücher hineingelassen. Der Deutsche sei nach Israel gereist, „um letzte Überlebende (aus seiner Danziger Kindheit) zu treffen", nicht den „letzten Juden". Ihn, den „letzten Juden" in das Innerste einer Bücherentstehung zu rufen, hätte bedeutet, die Geschichte der Shoah wirklich aufzusuchen, wenn er über Juden schreibt. „Er fürchtete die Tatsache, daß es sich hierbei um jüdische Geschichte handelt."

Reisenotiz Kaniuk, 3:

> Es läßt sich nicht ändern, es gibt Leute, die in der Geschichte leben, und andere, die möchten, daß sie möglichst bald vorrübergeht. Als Grass bei dem Treffen versuchte, die Angst vor dem Gas mit imperialistischer Weltpolitik zu beschwichtigen, und er immer wieder die Palästinenser erwähnte, erinnerte ich mich an das Museum in Buchenwald. Unter den dort aufgezählten Volksgruppen, von denen es im Lager Gefangene gegeben hatte, wurden Ägypter und Chinesen, aber keine Juden erwähnt.

Schließlich lesen wir beim Deutschlandreisenden Yoram Kaniuk eine wiederum an Heine erinnernde Erörterungsweise. Er hatte die Affektaustritte bei Grass zwar zu erleiden gehabt, portraitiert sie dann aber betont situations-nah deskriptiv – was der Deutsche nicht habe sagen wollen, es sei „trotzdem" aus ihm „herausgebrochen", „herausgeplatzt"; „aus den Tiefen seiner Seele jemand anderes" – ; dieses an der Affekt-*Form* orientierte Verfahren vermeidet den Anschein, der Gesprächsbericht wolle den grobianischen Akzent bei Grass so deuten, als gehe es um ein psychoanalytisches Interesse an seinem Wüten. Kaniuk liegt an einer *moralischen* Bewertung, die er an eine *religionsgeschichtliche* Sichtweise des Streits zurückbindet! Dies sei die Konstellation, in deren riesenhafter, grauenhaft säkularisierter Dimension *sie beide* gefangen und verirrt seien und ihre Großväter nocheinmal miteinander streiten.

> Aus Grass' Worten brach der alte Teufel hervor, der auf dem Wipfel der geheiligten Eiche hockt und den Juden bis heute nicht verziehen hat, und zwar nicht nur deren eigenes Sein, sondern etwas weitaus Tieferes und Mysteriöseres, nämlich das Christentum, das sie den Göttern Wotans aufgezwungen haben.

Kaniuk hat das *Niveau* der Auseinandersetzung gedeutet und zugleich festgelegt. Und hat den Abstand angegeben, der ihn als jüdischen Schriftsteller von Grass trennt in Kenntnis der geschichtlichen Negativität ihrer beider ‚Identität' als Angehörige ihrer Völker.

> Dort, neben Grass, spürte ich die Sehnsucht nach dem, was uns verband, und ich werde ihn deshalb auch auf seinem Bauernhof besuchen. Diese Sehnsucht ist stärker als die zum vierten Regiment der Palmach, in dem ich bei der Befreiung Jerusalems gekämpft habe und verletzt wurde.

Die Überlegenheit des einen, der unter den Affektschlägen des anderen zu leiden hatte, kann nicht nachdenklich anregender, aber auch nicht reflektiert ungeschminkter zum Ausdruck kommen als in einem solchen Bild. Der deutsche Barbar auf seinem Bauernhof im Norden und ein reisender Überlebender des Volkes, das „der Welt einen Gott und eine Moral gegeben" (Heine), werden in einer Weise, die der Deutsche nicht begreift, ‚versöhnt' von der Sehnsucht des einen, der dem anderen konzidiert, in „den Tiefen seiner Seele" zu wissen:

> daß ihr Dialog „möglich und notwendig" ist, *literarisch*; Dialog über den Abgrund hinweg, „von *beiden* Seiten des Absurden, von *beiden* Seiten des Todes" („Der letzte Jude"). „Genau wie ich spürte auch er, daß die Erde unter unseren Füßen noch immer bebte."

Betrachten wir am Eingang des Buches noch ein zweites Beispiel.

Walser

„... daß jeder frei bleibt jedem Thema gegenüber."

Auch dieses Beispiel hat das Beben des Antisemitismus unter unseren Füßen angezeigt. Anders als das erste hat es immerhin für Luft-Wirbel gesorgt, ist zum (für viele unterhaltsamen) Skandal eskaliert. Es ist, wie man es anfangs nennen konnte, die Auseinandersetzung zwischen dem deutschen Trivialschriftsteller Martin Walser und dem Vorsitzenden des Zentralrats der Juden in Deutschland Ignaz Bubis. Sie hat ihre dichte Form erhalten am 13. Dezember 1998 im Haus der Frankfurter Allgemeinen Zeitung. Auch dieses ‚Gespräch' ist – in voller Länge allerdings – vom Fernsehen übertragen und danach schriftlich dokumentiert worden.[12] Es hatte nicht den ‚Zufalls'-Charakter der Kaniuk-Grass-Begegnung sieben Jahre zuvor, kurz nach der Wiedervereinigung. Der rumorende Antisemitismus in Deutschland – ich spreche von der im großen und ganzen intellektuellen Sphäre, in der kein Pöbel zugelassen ist, der Friedhöfe seit langem schändet – gab sich inzwischen *befreiter* nach einer Rede Walsers zum Empfang des Friedenspreises des Deutschen Buchhandels am 11. Oktober 1998 in der Frankfurter Paulskirche.[13]

Die offizielle deutsche Prominenz vom Bundespräsidenten bis zu achtbaren Feuilletonisten hatte stehend der Innerlichkeits-Eskapade des Neopatrioten applaudiert, von der man in den nächsten Tagen in der Presse lesen konnte, sie sei die fällige öffentliche Gewissenserforschung eines „hervorragenden Repräsentanten des heutigen Deutschlands" gewesen – von den Tübinger Rhetorikfans um Walter Jens prompt zur „Rede des Jahres" gekürt – und zeuge vom Recht des „einsamen Gewissens" auf nationale Selbstentschuldung, wovon „Herr Bubis und seine Juden" nichts verstünden, wie sie überhaupt wieder einmal nicht verstanden hätten, was ein deutscher Intellektueller zu sagen hat.

Das junge Deutschland erlangte Talkshow-Reife mit Wortmeldungen wie diesen: „Es ist Erpreßbarkeit, die auf uns jungen Deutschen lastet. Bin ich Nazi, weil ich meine Kultur liebe und es ablehne, für alles Mögliche in der Welt bezahlen zu müssen?" Der Friedensredner, der sich später mit Vorliebe auf derlei Zusprüche (und ihre große Zahl!) berief, hatte vorgelegt: „Manchmal, wenn ich nirgends mehr hinschauen kann, ohne von einer Beschuldigung attackiert zu werden (...,) in den Meinungsdienst" genötigt von „Meinungssoldaten (...) mit vorgehaltener Moralpistole", möchte er einen Kunstvorbehalt in Anspruch nehmen, der ihn vor ich-überschreitenden Bindungen an die jüngste deutsche Schuldgeschichte sicherstellt. Ein Schriftsteller sei „nur für sich selbst zuständig, und auch das nur, wenn er sich das nicht ausreden läßt."[14] Natürlich ging es um Auschwitz (die von Walser gefürchtete „Moralkeule")[15]. Massiv hatte sich nach dieser Rede eine defensiv-aggressive Stimmung zwischen das vielstimmige öffentliche Diskurrieren gelegt, nachdem Bubis in die allgemeine Walserstimmung interveniert hatte. Intellektuelle und Gerne-Intellektuelle rührten pretiös an die Haßlatenz des Pöbels („wir sind nämlich alle verletzbar!", K.v.Donanyi). Der dabei zutagegetretene Nachkriegs-Antisemitismus ging über die Grenze des Erträglichen für Ignaz Bubis, der keine der Situationen, in denen man als Jude das Verletzendste zu Hören bekommt, auf sich zu nehmen gescheut hat.

Als Walser schließlich zum ‚Gespräch' mit seinem Preis-Laudator Frank Schirrmacher und mit Ignaz Bubis und Salomon Korn ins Haus der Zeitung für Deutschland kam – er mußte hingetragen werden –, war er stolz gebläht und redete in einem Haltungsgemisch aus Starrsinn und Selbstwiederholung, Wortklauberei, Selbstmitleid und Beziehungslosigkeit, Populismus, Geplänkel und dem Erlöserwahn eines Bezirksparlamentariers. Noch ein gutes Stück fiel er unter das intellektuelle Niveau seiner narzißtischen Rede zurück. „Das muß ich leider sagen, das haben die Leute gesagt, nicht wahr, daß man sich einfach als Deutscher in einem Beschuldigungszustand fühlte und durch seine Repräsentanten daraus nicht erlöst wurde ..."[16]

Der Assoziationshintergrund

Was sollte Walser bewogen haben, mit Bubis *zu sprechen* nach all den zufriedenstellenden neudeutschen Zusprüchen zu seiner Rede? „Die Mehrheit hat mich richtig verstanden. Entschuldigung, ich laß' mir das nicht nehmen. (...) Meine Briefschreiber sind in der Mehrheit ehrenwerte Leute. Also bleibt es dabei. (...) Sie müssen mir nicht anbieten, Herr Bubis, daß ich mißverstanden worden bin, denn das kann ich als Schriftsteller nicht ertragen. Ich habe in all diesen Jahren noch nie so etwas Volksabstimmungshaftes erlebt. Vielleicht erleben Sie das öfter – ich nicht ..." (455 und 457).

Grobschlächtig zum Teil, immer hochmütig zurechtweisend reagierte er auf den Wunsch des Moderators Salomon Korn nach einem „klärenden Wort" zum „riesigen Assoziationshintergrund" seiner Rede und zu ihren „befreienden" Wirkungen. Man könnte ein eigenes Assoziationsdurcheinander des von diesem Wunsch gereizten Redners zusammenstellen („Herr Bubis [...], wenn Sie irgendwo auftauchen ..." – „Ich war in [!] diesem Feld [Auschwitz, Treblinka] beschäftigt, da waren Sie noch mit ganz anderen Dingen beschäftigt ..." – „Ich will mir nicht vorschreiben lassen, wie ich mich zu erinnern habe ..." – „Entschuldigung, auch Leute, die sich nicht an Sie wenden, haben ein Gewissen ...", usw.). Aber das Dokument dieser Begegnung und solchen Durcheinanders hat seine geistige ‚Mitte', sein Konzentrat an dem Leerpunkt, auf den die Hoffnung des Moderators gerichtet war und ohne Antwort blieb: „Ein klärendes Wort, wäre das so schwierig gewesen, ein klärendes Wort?" (460)

Des Befragten von Zorn gezeichnetes Gesicht auf dem Bildschirm im konkreten Augenblick dieser Frage war sprechender als seine unmittelbar ‚antwortende', selbstbezogene Litanei: „Es muß einen Ausdrucksbedarf gegeben haben (...), Ich bin nicht mißverstanden worden!" Falscher Applaus bei der Nationalzeitung? bei den Antisemiten und Neonazis? dem „Mob"? „– nein, ich nehme das nicht zur Kenntnis."

Konnte nicht das alles in den folgenden Jahren nur noch gröber werden?

Oder war es bloß die Selbstwiederholung eines Siebenundvierzigers, ein wenig geöffneter ‚inzwischen', Ausgeburt lang bewährter Verschlossenheit?

Am Leerpunkt des Dokuments vom 13. Dezember 1998 ist jene „befreiende Wirkung", die Walsers Paulskirchenrede nach seiner eigenen Einschätzung *im Volke* ausgelöst habe, als unaufgelöstes Problem hängen geblieben: In die Debatte hätte gehört das Befreiende der Rede (oder ihres Gerüchts) für ein Volk, *dem zu hassen (die Juden zu hassen) nach 1945 ‚verboten' worden ist.*

Hatte man in der Gruppe 47 sich aber nicht über *dieses* Tabu-Problem kraft Unschuldsbewußtsein von Anfang an hinweggesetzt?

Ignaz Bubis und Salomon Korn haben es tunlichst vermieden, den alten Judenhaß anzusprechen oder ihn, gar ad personam, aktuell mit „Antisemitismus" zu übersetzen, denn nichts lag ihnen ferner, als dem empfindsamen Schriftsteller, der sich von Juden (Reich-Ranicki, Bubis) „geschmäht" sah, mittelbar zu unterstellen, er *sei* ein Antisemit. Sie ließen nur von einem nicht ab: die *Wirkung*, die Walser mit seinem „Selbsterkundungssprachgebrauch" (442) auf seine „ehrenwerten Leute" erzielt hatte und weiterhin erzielen werde, für objektiv und allerdings unmißverständlich, und deshalb für gefährlich zu halten. Aus diesem Grund haben sie ihn unablenkbar ständig auf diesen Punkt öffentlichen *Verantwortlich-Seins* zu verpflichten gesucht.

Vergeblich. Der Redegewandte wußte sich einer ‚Antwort im Gespräch' stets zu entziehen. Und befragt zu seinem öffentlichen Schweigen gerade über diesen Punkt seither, reagierte er mit Verschweigen seiner ‚Meinung' zu gerade diesem Punkt auch jetzt. Die wortreich variierte Nichtantwort hingegen, die dem selbsternannten Sprecher aller „einsamen Gewissen" im Lande immerhin zu entlocken war, sie hat das Bild vom „riesigen Assoziationshintergrund" bekräftigt, der nach Korns Diagnose von der Rede-"Unschärfe" eines Martin Walser aufgerissen worden war (458): Nicht geantwortet zu haben, war am Ende von einem Satze simpelst angezeigt: „Ich habe nur gesagt, wie es mir geht." (456)

Das Differenz-Tabu

Die heftigste Reaktion des Befragten im Frankfurter ‚Gespräch' betraf gerade diesen Punkt der „Unschärfe" einer öffentlichen Rede, die spontan von einer nationalen Elite wegen ihrer (kalkuliert) betonten Ich-Bezogenheit gerühmt worden ist. Dies sei ihre „Unmißverständlichkeit". Der Autor hielt sich an diesem zweifelhaften Ruhme fest. Wir können daraus auch dies machen: hielt unter dem Druck der Nachfragen fest an der kalkulierten Schärfe seiner Mißverständlichkeit. Doch über eine solche Unterstellung, die auf Demagogie abzielt, ließe sich mit einem Martin Walser nicht reden. Dieser Demagoge möchte Poet sein, auch wenn er verletzt. Bemerkenswert ist es, daß die Unmißverständlichkeit, auf der er verkrampft in sein Selbstlob beharrt, untrüglich auf das Niveau einer Poetik des Trivialen verweist. Und auf diesem Niveau nun möchte der Demagoge ausdrücklich und unanfechtbar das ‚Gespräch' mit seinen jüdischen Partnern führen, die sich von seinen Äußerungen als Juden in Deutschland, wohl vor allem aber als *deutsche Juden* verletzt fühlen und in der Hoffnung, beim Autor vielleicht doch auf Verständnis für den Vorbehalt des *Mißverständlichen* in literarischer Sprache zu treffen, um Erläuterungen nachsuchen.

In der Tat kam Salomon Korns Wunsch nach einem klärenden Wort aus einer anderen Auffassung von öffentlicher, literarisch verantworteter Rede in Deutschland als der vom Autor selbstbelobigten; und einer anderen Auffassung von Gespräch. Und wegen dieser Differenz ist Walsers Starre eine im besonderen Konflikt symptomatische und untersuchenswerte Dialog-Verweigerung, und wegen des ihm bedrohlich erscheinenden Fremden in dieser Differenz ist er durch des Moderators Wunsch unwillig unter Druck geraten. Wir mögen im zitierten simplen Satz, „Ich habe nur gesagt, wie es mir geht", „nur" oder „mir" betonen, in ihm, in seiner hochgespielten Tiefstapelei, ist der Beweggrund zur kontrollierten Anspannung und unkontrollierten Heftigkeit, die das Dokument belegt, wirklich ‚*un*-mißverständlich' angezeigt; in eine andere Richtung weisend ‚unmißverständlich' allerdings, als es uns die journalistischen Nachlober nach dem Paulskirchenauftritt der Walser-Applaudeure weismachen wollten.

Wir müssen diese unkontrollierte Heftigkeit als eine authentisch durchgehaltene, „siebenundvierziger" Positionsstarre würdigen, um der Frage der vorgelegten Streitschrift auf den Grund zu kommen, weshalb die hier zur Sprache kommende beispielhafte Grobheit im Umgang mit Juden ihrer Mißachtung gleichkommt: Da Walser seine Selbstgefühle gegenüber seinen Gesprächspartnern ständig re-inszeniert, so daß sie zwangsläufig ‚affektiert' wirken, muß auf ein erhebliches Affektvorkommen geschlossen werden, das paradoxerweise *defensiv* auf den Schauplatz drängt und die Partner der Differenz attackiert. – Warum also, so müssen wir fragen, hat der Wunsch nach einem klärenden Wort dem Künder eines „noch unblamiert Deutschen"[17] die Galle so besonders heftig übergehen lassen? Ist der Grund ein solch besonderes, ‚unbeschämtes' Deutschseinwollen, das aufs Ganze geht, oder liegt er tiefer, in einer seelischen Region, wo das nationale Moment nur der heimelige Wärmeanteil an einer ansonsten uralt-kalten, im Nachkrieg besonders unbequemen, da ‚verbotenen' Gegnerschaft ist?

Ich gebe zu, dies ist eine rhetorische Frage. Ich vermute nämlich, daß Walsers Nähe zur ‚rechtsextremen' Gesinnungsschlacke, wie man sie in Organen wie der „Nationalzeitung" oder der „Jungen Freiheit" ausgestreut findet, zwar eine faktische Nähe zum antisemitischen Pöbel, aber ein historischer Zufall ist. Er müßte dem

Autor als einem der belletristischen Köpfe der Suhrkamp-Kultur zwar hochnotpeinlich sein, aber er „interessiert" ihn nicht, und dieser nunmehr dokumentierte Umstand läßt auf jene tiefere Schicht eines ‚Denkens' schließen, dem das Judentum ein feindlich Fremdes, ein nicht angestammt-Fühlbares ist mit all seinen ‚alttestamentarischen' Gepflogenheiten; ein Fremdes, gegen das man sich im Nachkriegsklima tabuisierter Unbefangenheit durch angestrengtes Desinteresse zu schützen und abzugrenzen gelernt hat.

Das ‚Positive' dieses Desinteresses war, daß im Rückzugsgebiet der Restkultur rasch sich eine nationelle Geborgenheit entwickelt hat, aus der sich ein deutsches Identitätsgefühl, auch ein christlich schuldbewußtes speisen konnte; gerade westdeutsche Intellektuelle haben von dieser Möglichkeit in weltmännischen Attitüden und mit Gesten modern-ironischer Gebrochenheit gern Gebrauch gemacht. Ironisches Weltbild, kritische Solidarität, Verfassungspatriotismus u.ä. waren Schlagworte, die sich später für dieses Gefühl gefunden haben. Ein wirklich gebrochenes, ein negativ-offenes Identitätsgefühl war das bei weitem nicht; also kein Gefühl einer nationellen Gebundenheit, an dessen Brechungslinien Ansätze eines neu aufgenommenen deutschen Dialogs mit dem jüdisch Fremden sich hätten bilden und Formen unbefangener Auseinandersetzung hätten hervorbringen können oder Haltungen eines beschwerlich gemeinsamen Konfliktwissens.

Vielmehr war, vor allem in Westdeutschland, nationelle Geborgenheit rasch kulturell verallgemeinert und hatte allein in einem kulturpolitisch *defensiv* moderierten Gefühl der Wiederauferstehung der Nation ihren Ich-überschreitenden Halt. Diesem Lande sich zugehörig zu fühlen bedeutete allerdings bei all den kollektiven, dumpf mitgefühlten Bestrafungsängsten ‚im Rücken', daß Intellektuelle wie Walser, die besonders eifrige Demokraten zu sein glaubten, in der Regel nicht einmal fähig waren, den Begriff der nationalen Identität auch im nationalen Maß, also historisch verantwortlich zu diskutieren. Ihre nationelle Geborgenheit äußerte sich in den unterschiedlichsten, meist vermieft provinziellen Verschiebungen. Dies ist das kulturelle Feld der Pluralität von Zugehörigkeit, das Feld der Verengungen und Abgrenzungen, auch der verheimlichten, nicht nur ‚verbotenen' Mißachtung des jüdisch Fremden in der deutschen Rest-Kultur. „Nicht uns zugehörig" – ein Schlüsselwort in der Dokumentarschicht dieses Buches zur Gruppe 47.

Der Geist in der Flasche oder
Kleine Botschaft von talmudischem Umgang mit Menschen

Von einer solchen oder ähnlichen Tiefenschicht-Vermutung zu Walsers deutschem ‚Denken' wohl frei war der Botschafter Israels, als er den Einfall hatte, dem Paulskirchen-Redner, der Herr seiner Wirkungen zu sein sich dünkte und zugleich vorgab, nicht zu wissen, wie seine „ehrenwerten Leute" sein Begehr nach dem wieder „normalen" und „noch unblamiert Deutschen" ihrerseits verstanden hatten, ein Erkenntnis-Angebot aus dem Talmud zu machen, ein Angebot zum Nachdenken, das keinen Raum läßt für Positionsstarre und Letztendlichkeiten. Aber was will Walser wissen vom Talmud?

Der Botschafter hatte ihm eine „talmudische Lehre" vorgelegt. „Ein geistig Hochstehender, der auf seinem Rock einen Fleck duldet, hat die Todesstrafe verdient." Walser: „Das sei natürlich eine Metapher, sagt der Botschafter, er benutze den Talmud, um zu betonen, wie verhängnisvoll eine Nachlässigkeit eines Menschen, der als Vorbild gilt, sein kann." (460) Darüber zornentbrannt noch immer zeigt sich der Literat, als ihm Bubis und Korn wieder mit einem Bild zum Denken kommen; sinngemäß: Er habe den Ungeist aus der Flasche gelassen.(458)

Das war zwar nicht talmudisch akzentuiert, sondern der Bildwelt Arabiens verpflichtet, aber vielleicht gerade daher – weil Juden die orientalisch-*arabische* Bildherkunft so selbstverständlich nutzten: mit Differenz umgehen konnten – rührte das Flaschengleichnis an die Haßlatenz in Walsers germanischer Seele: genügte als Anschub zum Affekt-Austritt aus jenen Tiefen peu à peu: „Moment, ich lasse das Bild nicht zu, daß die psychische und mentale Befindlichkeit der Majorität der hiesigen Bevölkerung so dargestellt wird, als sei sie in eine Flasche gesperrt..."– Bubis: „Doch, die Befreiung war ja da, heraus aus der Flasche..." (Walser möchte um alles nicht, daß es um Ungeist gehe, der in der Flasche war, sondern, und so dreht er den Bildsinn um, daß es etwas ‚zutiefst' Positives sei, etwas Deutsches, das *er* hat befreien wollen:) „... Dann haben Sie *das deutsche Gewissen* in eine Flasche gesperrt, zu der Sie den Stöpsel haben."

So aus der Angst vor jüdischer Macht und zugleich unmißverständlich verständnislos angegangen geht Bubis nun *offen* ins Talmudische zurück, versucht, die Komik, die in der Wechselrede steckt, zu nutzen, um doch noch bildgedeckt von Antisemitismus sprechen zu können, in der Hoffnung auf die Radikalität des erkenntnisöffnenden Schmunzelns – „Nein, nein, die Leute haben geglaubt, sie müßten in der Flasche stecken, und haben erwartet, daß *ich* ihnen den Stöpsel öffne [sie entschulde, befreie]. Und nun haben Sie es eben gemacht".

Aber natürlich war die Hoffnung vergebens angesichts des bierernsten Deutschen, der in der Defensive feststeckt. Er ist sprachlos angesichts der Bildkonkurrenz, eines solchen in sich selbst sich drehenden, jüdisch-deutschen Spiels mit einem Entschuldungsbild; er lenkt ab, gibt seiner Seele Zeit, sich zu sammeln für weitere kontrollierte Ausdrücke ihrer Wut. Der vom deutschen Gewissen geredet hat, muß geahnt haben, daß seine Gesprächspartner auf die Kraft des Talmud bauen könnten (es blieb ihnen nichts anderes übrig!), er verhaspelt sich, tief gereizt von ihrem Bildgebrauch, auf den er sich nicht einlassen darf, will er nicht rühren müssen an die 1945 ‚verbotene‘ Rede über den gehaßten „Juden" der deutschen Volksgemeinschaft nach 1933 und an seine eigenste Zugehörigkeit zu einem ‚schlafenden‘ noch immer hassenden Deutschsein nach 1945, das ohne jegliche Differenz-Neugier ist. Differenz-Neugier und Schuldwissen doch aber hätten dem deutschen Antisemitismus nach der Shoah mit einem wirklichen Neuanfang zum Dialog ans Leben gehen können.

Es ist ein anderes Schlafendes, dem Walser sich zugehörig fühlt, eine „neue Sprachstufe" nennt er es (461), die die Wieder-Erweckung eines „eingeschlafenen Sprachgebrauchs" wäre (455), des Gebrauchs einer Sprache des „einsamen Gewissens", des deutschen: „Sie denken nicht an die vielen, die eine Sprache brauchen, die nicht vorgeschrieben ist. Das ist zum Beispiel meine Sprache. Die Sprache der Literatur ist (...) die einzige, die einem nichts verkaufen will [z.B. „Auschwitz zur Einschüchterung"]. Ich habe nur gesagt wie es mir geht. Und darin [!] haben andere gesehen, wie es ihnen geht." (456) Allein das sei die „befreiende Wirkung" seiner Rede. Bubis: „Befreiende Wirkung sehe ich ganz anders, ganz anders." Walser: „Nein, diese befreiende Wirkung heißt: Unser Gewissen ist unser Gewissen, und das lassen wir uns nicht von Anderen vorschreiben." (449).

Und die Keimzelle der Nation wird angerufen: „Gewissen wird in der Familie entwickelt." (448) (Echo aus dem Talkshow-Publikum: „Bin ich Nazi, weil ich Mutter werden will?")[18]

Walsers „Nein" zu Bubis wirkte hier wieder sehr authentisch grob. „Mein Gewissen bleibt mein Gewissen. Oder ich pfeiffe drauf. Dann schenke ich es Ihnen." (449). Zwei schlafende Riesen erhoben sich in der Seele des mit Juden endlich streitenden Deutschen gegeneinander, das schlechte und das gute Gewissen. Die Grobheit kam aus dem guten. Daß auch – möglicherweise: vor allem – das schlechte ein deutsches sei – das war es, was Walser auf seine Weise zu beenden gedenkt. Um wieder so recht von Herzen deutsch-grob sein zu können (unbefangen??), dazu braucht es, wozu es Zeit ist: eine gereinigte Weste. Eine Weste ohne Fleck. „In welchen Verdacht gerät man", so hieß es in der Friedensrede, „wenn man sagt, die Deutschen seien jetzt ein normales Volk, eine gewöhnliche Gesellschaft?" Ja, in welchen Verdacht?

Die Leichen auf der jüdischen Seite der Differenz

Vor den störenden Bildern, auf denen in der Streitrede die jüdische Seite beharrt, staut sich die deutsche Wut Walsers. „Ich kenne sie." (463) Seit Bergen-Belsen, Buchenwald und Dachau kennt man sie und hat sie, ohne sich zu öffnen für einen Dialog mit den Toten, abgelegt. Und Auschwitz, Treblinka - - -? Von dort kamen die Bilder später, man hätte gereifter sein können in Deutschland, sie zu sehen. Sie kamen durch Strafprozeß und Lager-Didaktik. Man war aber nur noch deutscher geworden. Walser nach dem Prozeßbesuch in Frankfurt am Main 1965: „Unser Auschwitz"! – Unser deutsches Auschwitz heißt für einen deutschen Intellektuellen, meint Walser: die Bilder *einmal* sehen und nicht wieder – „diese mittelalterlich bunten Quälereien" [19] – , ein zweites Mal seien sie keine Information mehr, sondern es beginne die verordnete „Routine des Beschuldigens", wie es in der Rede in Frankfurt am Main 1998 geheißen hatte. Ironisiert wird nun im Gespräch mit Bubis, wer die Bilder ein weiteres Mal einem aufdrängen will. Sind sie denn nicht längst gut aufgehoben im einsamen deutschen Gewissen? Und nun kommt der Ratsvorsitzende der Juden in Deutschland 50 Jahre danach daher und läßt sich in ein neues Bild, das er uns zum Vorwurf macht, auch noch selber mittenhinein stellen (Medien!): „empörten, ergriffenen Gesichts", spöttelt Walser, „begleitet vom Schein der brennenden Häuser, das war sehr heroisch!" Rostock-Lichtenhagen 1992, unter dem Beifall der Nachbarn zünden Deutsche ein Asylantenheim an. „Jetzt frage ich Sie: als was waren Sie dort?" (451) Die Wut ist, unverblümt: ,Sie waren als jüdischer Gaffer dort und haben uns („im Fernsehen"!) an uns Gaffer in der Nacht vom 9. zum 10. November

1938 erinnern wollen.' Salomon Korn hatte genau in diesem Sinne bei Walser die akuteste Bildschärfe angemahnt: „Schärfe der Erinnerung" (448): Flammen, verbrannte Fremde - - -

Bubis: Sie wollen „kein schlechtes Gewissen haben", Walser: „Moment, *muß* ich ein schlechtes Gewissen haben?" (449) „Jede europäische Gesellschaft (...) hat nun einmal diesen Bodensatz von Ewiggestrigen" (450), Sie aber wollen uns fixiert sehen an Nicht-Normalität, „zurückgebunden ans Nazitum", an 1933, 1938, 1933-1945, „die deutsche Vergangenheit" – „*Und das können die Leute nicht mehr ertragen (...) denn sie haben mit diesem Spuk nichts mehr zu tun. Wir haben heutige Probleme und die müssen eine heutige Sprache finden.*"

Martin Walser wehrt sich gegen alte Bilder, weil sie veraltet seien. In der ‚Tiefe' seiner Wut sieht er: In die neuen Bilder *stellt sich* der Jude Bubis auf die Seite der neu Gequälten und erinnert sich – ob er wolle oder nicht, sagt er, und primärgeschichtlich nur er allein erinnert sich an die alten. Von ihm aber, trotz solch offenkundiger, Achtung heischender aktueller Subjektstellung zur Verfolgungsgeschichte, läßt sich ein Walser nicht erinnern. Diese Weigerung auf der „einen Seite des Todes" mißachtet das Totengedenken auf der anderen Seite und die Mahnung, die von dort kommt. Es ist das Differenz-Tabu der Gruppe 47, vor dem Walser noch immer erstarrt, und zurückweicht.

Auch Walser könnte, wie Grass, mit Yoram Kaniuk nichts anfangen. Wir erinnern uns: „Als ich jetzt nach Deutschland kam (...), wollten sie in mir nur den mahnenden Zeigefinger, den Moralisten sehen."

Jüdische Denkbilder

Walsers „heutige Sprache" (1998) kann nur auf der einen Seite der deutsch-jüdischen Kluft, der deutschen „Seite des Todes", gesprochen werden, seit 53 Jahren, weil die ‚anderen' Bilder nicht in sie eingelassen worden und ihnen äußerlich geblieben sind. So ist es noch. Gegen die germanisch-militärischen Keulen- und Pistolenbilder aus Walsers Munde in der Paulskirche („nach langem Nachdenken"!) kommen schöne alte und immer noch offene, vielleicht auch witzige (jüdische) Denkbilder nicht an. Beim germanischen Barbaren kommen sie nur prosaisch an, übersetzt ins Witzlose, Aussichtslose; in die blanke Frageform. Immerhin! ‚Ist der Geist in der Flasche, Herr Bubis, ein Ungeist? Haben Sie dessen Befreiung gemeint?'

Der Botschafter Israels kommt Walser einen guten Schritt entgegen, hat die barbarischen Pointen in des Sonntagredners Bilder-Sprache (Auschwitz „ein Katastrophenprodukt") nicht für ein letztes Wort genommen. Dafür ist „eine alte talmudische Lehre" das rechte Medium. Es zeugt hinwiederum von ‚tiefer' Gegnerschaft, sich darauf nur im Gegenmedium affektiver Abwehr-Rhetorik einlassen zu können.

Als Walser die talmudische Botschaft nun ins Frankfurter Gespräch zitiert, kann er sich vor Wut nicht mehr fassen („Unverschämtheit!"). Der Fleck auf der deutschen Weste, „... Nachlässigkeit eines Menschen, der als Vorbild gilt" – Bubis: „Damit hat er Sie gemeint." Walser versteht nicht, daß mit dem Angebot, die „Todesstrafe" im jüdischen Gleichnis als Metapher zu nehmen, ihm die Chance gegeben worden ist, mithilfe dieses nichtjüdischen Begriffs „Metapher" die Differenz wenigstens zweier *Bild*sprachen zu akzeptieren, indem er eintrete in den Raum dazwischen, wo er zur nachträglichen Beachtung dessen bereit sein könne, was an seiner Rede verletzend für Juden war.

Sondern der deutsche Nichtjude verschluckt sich am Begriff. Indem er seine Wut auf den Botschafter selbst kommentiert, kommt er überm Begriff „Metapher" zudem ins Stottern (460) und verrät, wie er ihn nur verstehen kann: Als trösteten Metaphern über ihr ‚Gemeintes', wenn es hart ist, mildtätig hinweg.

Dahingehendes allerdings ist tatsächlich im angewandten Falle nicht zu erhoffen. Um die paradoxe Bild-Friedfertigkeit des Gleichnisses von der *Todesstrafe für eine Nachlässigkeit* aufnehmen zu können, hätte es einer anderen deutsch-jüdischen Nachkriegsgeschichte bedurft, je subjektiv entschieden und erprobt.

Der Frieden zwischen Streitern im Talmud läßt die Abmilderung, gar Zurücknahme gerade eines gesagt *Radikalsten* nicht mehr zu, denn dessen Kraft, das unumwundene Lernen durch Reizfreude anzuregen, hat sich *im Zuhören* schon mitgeteilt, und eine so aufgenommene Radikalität dementierte sich selbst, vertrüge sie es, nachträglich abgemildert zu werden. Walser kann gut barbarisch dem ‚Gemeinten' sich nicht öffnen, kann also auch nicht nachfragen, denn der offene Frage-Geist des Talmud erscheint ihm an und für sich feindlich: Er sagt „Unverschämtheit"; vermag nicht, die grundsätzliche Friedfertigkeit der Botschaft und des Botschafters auch nur für möglich zu halten, hält sich, feind-selig devot vor den jüdischen Wörtern, wie erstarrt daran, daß ihm das radikale Bild, die Todesstrafe für eine Nachlässigkeit, *sofort*, also unumwunden, vorgehalten wurde. Er kann es nicht fassen, daß es ein Denkbild ist, das ihm anvertraut wurde zu unumwundener Aufnahme und nachhaltigem Bedenken.

Und so kommt es stattdessen dazu, daß der Nachkriegs-Deutsche unter Druck, da er sich in die Enge getrieben fühlt, sein deutsches Wissen selber hinter dem Datumschleier „1933" hervorbrechen läßt und das Bild, ehe er sichs versieht, wachgerufen hat, das wir alle kennen – und dabei nicht an der Seite der darin verewigt Gedemütigten ist: „Deutsche, wehrt euch, kauft nicht bei Juden!", und der ewig Bedrohten: „Deutschland erwache, Juda - - - „

Klänge unter anderen Umständen vielleicht zum Lachen, wie der störrische Talmudschüler sich gegen das Gleichnis von der Todesstrafe für „eine Nachlässigkeit" wehrt, so erstarren nun wirklich die Mienen der jüdischen Gesprächsteilnehmer in ihrer vom Friedensredner zurückgewiesenen Rück-Sicht auf 1933, als sie ihn sodann hinübergleiten hören in einen Text, der sich antisemitisch verspricht aus der Wut dessen, der im angebotenen Bilde vom Fleck auf dem jüdischen Rock erkannt sieht, daß sich in seiner einen Nachlässigkeit seine Mißachtung der *anderen Erinnerung* ausgesprochen habe: „Wo ist der Fleck auf meinem Rock? Wo ist die Nachlässigkeit? Ich sage Ihnen, diesen Umgang mit Menschen ertrage ich nicht. Und wenn das einer bisher eingeführten Umgangsart entspricht, dann müssen Sie sich nicht wundern, wenn die Leute sich wehren."

Offene Zwischenfragen

Die Öffentlichkeiten für den Streit, den die zwei Recken der Gruppe 47 mit ihren jüdischen Kritikern ausgetragen haben, waren relativ klein. Würde sich das in einem „befreiten" Klima ändern? War nicht zu erwarten, daß die große Zahl der öffentlich Sprachlosen, die sich von Walsers barbarischen Pointen zu seiner Freude nun gut vertreten fühlen durften, bald von anderen Fürsprechern im demokratischen Schafspelz entdeckt wird? Denen würde es ein Leichtes sein, auf dieselbe Wahrnehmung zu bauen, die Walser genutzt hat: Im Volke wird hinter vorgehaltener Hand geredet, was dieser Redner als „Selbsterkundung öffentlich vorgeführt" hat und ein Deutscher vor Juden nicht zu rechtfertigen brauche (Walser).[20] Bei einer Verstärkung solchen Fürsprecher-Trends würde mit Sicherheit der verbreitete ‚Antisemitismus hinter vorgehaltener Hand' noch ein Stück weit „nachlässiger" genützt. Wie würde Walser auf eine solche Entwicklung reagieren? Würde er sich zurückziehen und das Feld den ‚besseren' Demagogen überlassen, Demagogen mit schlechterer Rhetorik? Oder würde er endlich einmal stutzig werden? Es war kaum zu erwarten. Was war so alt und fest in ihm, daß es sich nicht mehr verändern konnte? – Auch das eine rhetorische Frage.

Wie aber in einer solchen Entwicklung würde sich Günter Grass verhalten, der anders als Walser an die Wiedervereinigung die Befürchtung geknüpft hatte, „Auschwitz" könne nun ganz aus dem deutschen Gedächtnis verdrängt werden, und fast im gleichen Atemzug den polternden Barbaren gab, als Yoram Kaniuk ihn an das irakisch-deutsche Gas gemahnte? Für wie repräsentativ in der Kultur des wiedervereinigten Landes müssen wir siebenundvierziger Leitfiguren halten, die sich selbst repräsentieren wie Grass und Walser?

Gab es im deutsch-jüdischen Verhältnis nach der Wiedervereinigung nicht auch Offenes, Geöffnetes zwischen den Tatorten der „Ewiggestrigen" in Rostock und am Kaiserstuhl, neben einem Bürgermeister, der Bubis auf seine Heimat Israel hinweist, und den Schändern des Grabsteins seines Vorgängers im Amt, Heinz Galinski – Offenes für jenen „möglichen und notwendigen Dialog", auf den Yoram Kaniuk gesetzt hatte? Offenheit vielleicht sogar für eine talmudische Fragekultur, in der es ‚normal' ist, Antworten als Fragen zu erleben und Fragen und Widersprüche stehen zu lassen? Gab es ‚Entwicklungen' in der deutschen Nachkriegskultur, an denen Walser, der sich von Juden verfolgt fühlt, teilhatte und deren ‚Kind' er ist, die aber dennoch Vernünftigeres hervorzubringen fähig sind als das überflüssige Geschwätz vom „unblamiert Deutschen", das es „noch gibt"?[21] Ignaz Bubis ist tot und kann uns mit einfachen Fragen in widersprüchlichen Situationen und mit seinen verzweifelten Attacken (Walser „geistiger Brandstifter") keine Anstöße zum kontrovers-gemeinsamen Debattieren in Deutschland mehr geben – mit einer sarkastisch öffnenden Anknüpfung an die ‚Walser-Bubis-Debatte' hat er sich verabschiedet: „Ein bißchen [„bekennender"] Antisemitismus ist befreiend."[22]

Antisemitismus 2002!

Während einiger Wochen im Frühsommer des Jahres 2002 konnten wir Nachrichten von einer „Antisemitismus-Debatte" verfolgen. Hat sie wirklich stattgefunden? Wer hat „debattiert"? Sogar die *veröffentlichte* Öffentlichkeit war jetzt, wie zu erwarten, ‚breiter' als 1998.

Man wird nicht behaupten können, daß ein demagogischer Parteifunktionär debattenfähig gewesen sei, der nach den ersten Reaktionen auf eine seiner antisemitischen Äußerungen ins Mikrophon speit: „Die haben die Hosen so voll, daß sie nur noch braun sehen". Dennoch haftet an seinem Namen („Möllemann") die Zuschreibung, er habe die Debatte ausgelöst. Aber es ist in Deutschland keine „Debatte", wenn eine öffentliche Wieder-Wiederholung der ältesten antisemitischen Pöbel-Parolen vom Schlage *Die Juden sollen sich nicht wundern* der Frage gewürdigt wird, ob sie antisemitisch sei.

Die in unserer jüngsten Geschichte letzte öffentliche (sehen wir von Walsers hierhergehöriger Wortwahl 1998 ab), ja amtliche Wiederholung der Parole hat den Minister für Volksaufklärung und Propaganda Dr. Joseph Goebbels zum Autor. In der Wochenzeitung „Das Reich", am 16. November 1941, hatte er unter dem Titel „Die Juden sind schuld!" der deutschen Bevölkerung erklärt, daß die Menschen mit dem gelben Stern, die zu den Sammelstellen der beginnenden Deportationen durch die Straßen geführt wurden, dem „Vollzug" dessen entgegengehen, was in diesem von den Juden selbst angezettelten Krieg das ihnen zugedachte „Schicksal" sei. „Jeder deutsche Soldat, der in diesem Kriege fällt, geht auf das Schuldkonto der Juden. Sie haben ihn auf dem Gewissen, und sie müssen deshalb auch dafür bezahlen. (...) Sie erleiden durch die Behandlung, die wir ihnen angedeihen lassen, kein Unrecht. Sie haben sie mehr als verdient. "

Die diese Sätze und ihren eiskalten Kontext lasen, hatten die Reden ihres Führers im Kopf; eine dieser Reden, perfekt verbreitet (Volksempfänger, Film, Zeitungen) und auch von Goebbels jetzt wörtlich seiner Verlautbarung vorangestellt und neu aufgeladen – und auch heute noch viel zitiert – , war die im Reichstag am 30. Januar 1939 gehaltene mit dem wütenden Finale: Sollte es dem „internationalen Finanzjudentum" gelingen, „die Völker noch einmal in einen Weltkrieg zu stürzen, dann wird das Ergebnis nicht (...) der Sieg des Judentums sein, sondern die Vernichtung der jüdischen

Rasse in Europa". Ich habe als Kind den Rausch, den diese Worte im Familienkreis erzeugt haben, an der Seite meiner Mutter, eingehüllt in eine kuschelige Decke wie es zur Stunde der Führerreden üblich war, mitgefühlt. Später, bei ‚dokumentarischen‘ Wiederholungen, habe ich die ebenfalls übliche Verwunderung über den Rauscheffekt des Hitlertons geteilt, den Wortlaut aber wohlbehalten erinnert.

Kann konkrete Empfindsamkeit für das „Schicksal" der Juden im seelischen Kreislauf eines Volkes wieder entstehen, das sich an seinen Antisemitismus in der von den Natinalsozialisten ausgeführten Form erinnern soll, der es prinzipiell zugestimmt hat?

Welche Rolle hätten die „organischen" Intellektuellen (um in diesem Kontext einmal an Antonio Gramscis Begriff zu erinnern) angesichts dieser Frage wohl einzunehmen (gehabt)?

Und kann von diesem Volk, wenn es in den Generationen der „Täterabkömmlinge" sich regeneriert hat, der „beschwerliche Akt *negativer* Identifikation" mit sich selbst als Nation[23] überhaupt erwartet werden, den seine kritische Elite von ihm fordern könnte, oder nicht fordern wird?

Es ist hier nun, nach den vorangehenden Situations-Bildern, an die vielbeschriebene Vorstellung von einem kollektiven Gedächtnis gerührt und an Fragen, die sich mit ihr verbinden.[24] Weniger ihre theoretische Plausibilität, ihr Begriff, steht auf dem Prüfstand, wenn wir an den ‚Volksempfang‘ der NS-Kriegserklärungen an das jüdische Volk denken, als vielmehr die konkrete und bewußtseinsfähige Qualität der Informationen in einem *individuellen* Gedächtnis, wenn anzunehmen ist, daß es an den Stromkreis der Daten angeschlossen war, dem das *Kollektiv* intensiv und willig, und schließlich berauscht ausgesetzt gewesen ist. Wie lange und wie ausdrücklich oder verdeckt-erregend melden sich die auf solche Weise kollektiv gespeicherten Informationen noch? Melden sie sich unwillkürlich wieder, unter welchen Bedingungen? Müssen sie ‚herausgereizt‘ werden, unter welchen Umständen könnte das ‚gelingen‘? Ist es andrerseits ‚gesund‘ oder macht es ‚krank‘ (neurotisch), wenn Individuen das ‚Vergessen-*wollen* danach‘ in Ruhe lernen konnten und sich auf diese Weise dem Datendruck im kollektiven Gedächtnis und seiner Potenz eines endlosen Wissen-*könnens* entzogen haben? Ist ‚gesund‘ dies, daß ein neu formiertes Kollektiv sich je individuell freizusetzen vermag vom Instanzendruck neuer ‚Führer‘, nämlich der Erinnerungsführer?

Oder: Wie bekommt es dem ‚neuen‘ Kollektiv, wenn individuelles Vergessen-wollen massenhaft praktiziert wird, unterstützt von

Agenturen (Parteien, Schulen, Massenmedien usw.), die einer sozialen ‚Normalisierung' der individuellen Lebenswelten und Zeitbeziehungen in der Gegenwart das Wort reden? – oder wenn ein solches Vergessen-wollen in (Herren-)Zirkeln und (kulturellen) Gruppierungen wie der Gruppe 47 sinnstiftend verabredet, schließlich von einzelnen Volksrednern wie Möllemann oder Walser aufgegriffen, vorangetrieben und einem national organisierten Neubeginnen angetragen wird?

Schaffen es solche Agenturen, das nationale Gedächtnis zu überlisten – von seiner vermutbaren Überforderung in sich selbst als kollektives einmal abgesehen –, indem sie seine ‚ruhenden' *Bestände* nachhaltig kompromittieren oder umdeuten, schließlich in Verruf bringen? Ist Vergleichbares – *tatsächlich*, frühzeitig im Nachkrieg und kontinuierlich – in kulturellen, literarischen Gruppierungen geschehen, die somit den Agenturen zugearbeitet hätten bei ihrem Geschäft, eine Kulturnation neu zu erfinden, die sich ihrer ‚barbarischen' Selbstoffenbarungen entledigen könne wie einer geschlossenen Aktensammlung, die man beiseitelegt?

Die Nachrichten von einer sogenannten Antisemitismus-Debatte im Frühsommer 2002 enthielten derlei Fragen und Erwägungen nicht. Wer sich an sie halten wollte – um sie aktuell zu prüfen, um sich selbst zu prüfen –, mußte Bücher und gutes Feuilleton lesen oder in seinem Archiv blättern und mit Freunden sprechen.

Was geschah in den Tagesmedien? Das Erwartbare. Nachdem auf die prominenten Auslöse-Grobheiten einige einlenkende Heucheleien und Höflichkeiten gefolgt waren, verschwand der deutsche Nachkriegs-Antisemitismus wieder von den Bildschirmen und den Titelseiten der Zeitungen.

Doch jenes Rumoren am Ende der 90er Jahre ist nicht mehr wegzudrücken. – Etwas ist jetzt anders als in den Jahrzehnten zuvor, als ‚Anlässe' (Äußerungen, Schändungen, Schmierereien) zu Nachrichten wurden und die kurzen Nachrichten-Ketten das Vergessen-wollen ‚beantworteten', indem sie rasch wieder rissen. In diesem Kreislauf des Verdrängens nämlich ist schon vor der sogenannten Debatte des Jahres 2002 eine Energie eingedrungen, die sich als Enthemmung beschreiben läßt und beschrieben worden ist. Die deutsche Wiedervereinigung hat den Energieschub gebracht. Er hat viel Aufwand an Vergessensleistungen überflüssig gemacht. Das Star-Mitglied der Gruppe 47, Walser, hat dazu 1998 seinen Beitrag geleistet, mit „befreiender Wirkung". Er hatte den richtigen Riecher gehabt für den Zeitpunkt, da er sich ins Benehmen setzen könne mit

dem Kollektiv, symbolisch: mit seinen *tausend ehrenwerten Leuten,*
wenn er „einfach" sagte, wie seine Befindlichkeit sei als ewig sich
beschuldigt fühlender Deutscher. Im Hochgefühl seines Wahns, einer großen Gemeinde das führerhafte Ichideal zu sein und stellvertretend vor dem Differenz-Tabu ungebeugt und mit abgewandtem
Gesicht auszuharren („Herr Walser, lassen Sie sich nicht verbie-
gen!"), hatte er sich dazu verstiegen, dem Volke aus der Paulskirche
heraus, dem Symbol-Ort des deutschen Nationalliberalismus, zu
predigen, „Unerträgliches" müsse man nicht ertragen wollen. „Im
Wegdenken" müsse man sich üben und an der „Disqualifizierung
des Verdrängens" sich beteiligen zu sollen, sei eine Zumutung an einen zur Normalität gekehrten Deutschen.[25] Er war stolz auf die tausend Zuschriften, die „erschütternd" seien und die er sich weder
„schlecht" noch „madig machen lassen" wollte (449, 456), stolz
auf Zuschriften also wie diese:

> Ich bin übrigens kein Antisemit (...):
> Es ist ein Genuß, Ihren Reden und Diskussionen zu lauschen. Ihre feine
> Ausdrucksweise und der gewaltige Wortschatz weisen auf einen Groß-
> geist hin (...). Meine Freunde und ich können ebenfalls die Bilder, die Sie
> ansprachen, nicht mehr sehen und die instrumentierten Worte nicht
> mehr hören (...). Warum lassen Sie sich auf Diskussionen mit Ignaz Bu-
> bis ein? (...) Erschreckend die Erkenntnis, wie jüdische Kreise unser
> Denken und Äußern manipulieren (...). Gedanken sind frei. Herr Walser,
> erheben Sie deshalb auch zukünftig Ihre Stimme! Vor allem unserer Ju-
> gend sind Sie das schuldig. (468)

Walser damals zu Bubis: „Entschuldigen Sie, Sie haben keinen
dieser Briefe gelesen. Das erste, was Ihnen einfällt, das sind Antisemiten (...). Das ist der herrschende Unsinn, das ist herrschende
Denkroutine." (449)

Eine dem Scheine nach endgültig wieder souveräne Nation schaut
auch ‚souveräner' zurück, sogar in die Geschichte ihres größten
Verbrechens. – Ist das das Fazit der Wiedervereinigungsgeschichte
am Ende des vergangenen Jahrhunderts?

Ignaz Bubis, der 1998 durch seine mutigen Interventionen die
Anmaßung Walsers, für die Mehrheit im Land gesprochen zu haben,
bloßgestellt, zugleich aber den weithin im öffentlichen Interesse ver-
harmlosten beträchtlichen Antisemitismus-Vorrat in Deutschland
als Streitgegenstand öffentlich befestigt hatte – Rudolph Augstein:

Jetzt seien Leute zu Antisemiten geworden, die zuvor keine waren (463) – , er mußte kurz vor seinem Tode die Nachricht einer Tat erdulden, die er nicht mehr kommentierte. Getrieben worden war auf den Alexanderplatz in Berlin, nicht weit von dem Ort entfernt, wo das Mahnmal zur Erinnerung an die Ermordung der europäischen Juden errichtet werden soll, ein Schwein mit der Bemalung auf seinem Körper: BUBIS.[26] Wenig später hörten wir nocheinmal den Unverwechselbaren: Nun baut es mal, das Mahnmal! „Die Debatte darum erinnert mich an die um das Ladenschlußgesetz."[27] Rückblick auf eine wieder nur sehr deutsche Debatte um den deutschen Antisemitismus? – Eine Debatte war es jeden Falls!

Wie wurde nach 1989 debattiert?

Wenn es wahr ist, daß der deutsche Antisemitismus nach 1945 ein anderer ist als anderswo, und wenn es wahr ist, daß seine endliche „Befreiung" zum Debattengegenstand nach dem Mauerfall 1989 ohne jüdische Dialoginitiativen nicht denkbar gewesen wäre und dank ihrer aber auch nicht rückverkehrt werden konnte zu einer „Normalisierungs"-Kampagne, wie Martin Walser in der Tradition der Gruppe 47 sie schon losgetreten hatte, dann hätte sich die Frage eigentlich längst aufdrängen müssen: Warum DEBATTE mit Juden so spät?

Und: Die Gruppe 47 hat es als Freundschafts-Club, in dem deutsche Literatur von *Nichtjuden und Juden* geschrieben, diskutiert und ,betrieben' wurde, zu literaturgeschichtlichen Ehren gebracht. *Mußte* es da nicht spätestens während der ,Bubis-Walser-Debatte' aufgefallen sein, daß in dieser Gruppe keine Debatte über den deutschen Antisemitismus nach 1945 stattgefunden hat, an die positiv anzuknüpfen sei?

Sie hatte dazu, gelinde gesagt, die beste Chance unter allen vergleichbaren kulturellen Ensembles in der deutschen Nachkriegszeit. Lag es an der dort gepflegten Freundschaftsweise, daß es nicht geschehen ist? Wie dem auch sei (wir werden sehen), die Debatten-Fehlanzeige verknüpft historisch die Gruppe 47 unwiderleglich mit der Tatsache, daß *erst* nach 1989, aber auch mit der Frage, *wie* dann ,darüber' debattiert worden ist.

Gemessen an der Mahnmal-Debatte (begonnen 1988) waren die Attacken Grass' gegen Kaniuk (1991) und Walsers gegen Bubis

(1998) gewiß von geringerer historischer Bedeutung. Als negative Sensibilitätsproben aber sind sie wichtig für dieses Buch, das die Aufmerksamkeit von heute zurück auf die Gruppe 47 lenken möchte. Denn sein Blick ist gerichtet auf eine Art von Mißachtung, deren Rückraum der deutsche Antisemitismus nach 1945 ist, und die Grundthese im Buch ist, daß diese Mißachtung im Freundschafts-Club 47 eingeübt worden ist. Ausgerechnet dort!

Zu meiner eigenen Überraschung hat die Lektüre der Mahnmal-Debatte mir die Augen dafür geöffnet, daß auch sie von Mißachtung geprägt ist, so interessant aspektreich sie sonst noch sein mag. Unter *diesem* Aspekt öffnet sich der Zusammenhang zwischen nationalen Spätdebatten und den Nichtdebatten in der Gruppe 47 als Kontext und kausales Mitschuld-Verhältnis. Was in der Gruppe 47 tabuisiert worden ist, nämlich

– das Gespräch mit Juden als „Juden", also über die jüdisch-deutsche Differenz,

– die Selbsterkundung der literarischen Intelligenz als eines Organs, das sich übt im Dialog mit dem jüdisch Fremden, das sich nach der Shoah nicht mehr als bloß interessantes Salon-Thema abgrenzen ließ,

– und eben nicht zuletzt die im Gruppenspektakel anonymisierte (in der Öffentlichkeit aber nicht immer retuschierte, in den Archiven zeugniskräftig abgespeicherte) Mißachtung der jüdischen Freunde mit ihrer „anderen Erinnerung" (deren Offenlegung und kritische Aufnahme im literarischen workshop die Gruppe gesprengt hätte),

dies und noch mehr, der ganze tabugehemmte Komplex der provinziellen Deutschkunde, die wir aus der Gruppenmitte heraus so lange verblendet genossen haben, kommt in der Mahnmal-Debatte zum Vorschein: auf der einen Seite unbearbeitet und daher grobschlächtig, auf der anderen Seite, mit zunehmender Offenheit der Auseinandersetzungen, kritisch bearbeitet und mit dem tragischen Akzent: Es ist zu spät. Unter den Initialbedingungen des Berliner Neo-Nationalismus aber hat die Kritik am Mahn-Projekt zumindest für den intellektuellen Ruhm einer historischen Nachdebatte gesorgt.

Dies muß nachgezeichnet werden, damit die in diesem Buch ausgemachte Mitschuld der Gruppe 47 am Scheitern jenes „möglichen und notwendigen Dialogs" am Ende der Geschichte dieses Scheiterns überprüft, bzw. in die große Nachdebatte eingetragen werden kann. Es scheint mir möglich und notwendig zu sein, wenigstens dies zu tun; und es zu tun geleitet von der Hoffnung, daß ein ‚Anderes' als nur wieder deutsche Kontext-Routine, das in dieser Debatte *auch* zum Vorschein kam, eine Zukunft habe.

Der antisemitische Kern der Debatte

Die Gewohnheit, die konkreten Schmerzen des jüdischen Volkes zu mißachten, hat das ‚Verbot' des Antisemitismus nach 1945 in Deutschland unbeschadet überstanden. Sie ist in die immer vollständiger über die „Maßnahmen" der Nazis aufgeklärten Jahrzehnte nach Goebbels hineingewachsen. In diesem Prozeß ist die kollektive Wahrnehmung des „Holocaust" (Wahrnehmung dokumentierten Leids) kontinuierlich noch stumpfer geworden, als sie es unter NS-Bedingungen schon gewesen ist. Nach der Wiedervereinigung erwies sie sich als abgestumpft genug, aus einem (so will ich die erreichte Mentalitätsstufe nennen) diffus-abstrakten Verantwortungsdruck befreit werden zu können, der von Opfern ausgeht, die man vom Hörensagen und Fernsehen kennt. Auch die Nachrichten aus einem nun offeneren Osteuropa, die die Möglichkeit anzeigten, eine bislang im allgemeinen unzureichend bekannte Topographie und (vom Verfall bedrohte!) Zeichenfülle der konkreten Schreckenszeugnisse kennenzulernen, konnten im massenhaft stumpf gewordenen deutschen Schuldgedächtnis kein Aufmerken mehr wecken. Die Zeit war reif für eine gesamtdeutsche Politik der Gedächtniswende, die einer abstrakt einheitlichen Verantwortung für die Ermordung der Juden Europas Form geben könne und jedes Individuum im Tätervolk aus einer persönlichen Schuldteilhabe endlich entlasse.

Der antisemitische Kern der Verkehrtheit dieser Politik war so ungeheuerlich, daß niemand seine Wahrheit ordentlich aussprach. Ich werde sie hier zu formulieren, eher: zu umkreisen versuchen, um der Fragestellung dieser Streitschrift den ihr angemessenen Platz im ideologischen Kontext der Nachkriegsgeschichte zuweisen zu können. Der Antisemitismus, der der Gruppe 47 seit ihrem Bestehen vorgeworfen worden ist und dessen verschobenen ‚uneigentlichen' Ausdrucksweisen im Gruppengeschehen nachgegangen werden soll, enthüllt sein Gesicht keiner isolierten Betrachtung. Darauf habe ich zu Anfang hingewiesen.

1989: Wieder einmal hatte sich eine deutsche Wende in einem kollektiven Schrei manifestiert: „Wir sind ein Volk." Im Schrei löste sich der Affekt „Glück!" Glück, daß wir es wieder sind – nach all den Ängsten (aufgrund dumpf verarbeiteter Zuschreibungen), schuldig zu sein, weil wir „ein einigVolk" einmal mit Gewalt gegen die ‚Anderen' haben sein und bleiben wollen.

Die offizielle, deutschtumbe Nachformulierung des Affekts, die der Regierende Bürgermeister Berlins dann an der geöffneten Trennmauer zum Osten nachliefert („Wir sind das glücklichste Volk der Welt"), hat den Abgrund, aus dem der Affekt emporgeschrien worden war, überspielt und aus Funktionärsmund das kurze Gedächtnis Deutschlands für seine Geschichte seit 1933 belegt: ‚Politik' und ‚Massenseele' vereinte *die Leere und Unbewußtheit* ihres nationalen Selbstausdrucks *wieder* in Aufbruch und Rausch!

Ihr gemeinsames „Glück" jetzt 1989 wurde paradoxerweise sprachlich repräsentiert von einer Nichtachtsamkeit auf dieses geschichtswahre, aber verdeckte Wörtchen im Volksmund: „wieder". Die Vorstellung „wieder" war im Schrei „Wir sind ein Volk" nicht offen hinausgejubelt worden, und diese ‚Vergeßlichkeit' der Straße war, nüchtern ausgefahndet, die schlau genutzte demokratische Legitimation für die monströse Gedächtnislücke, die von der nachfolgenden offiziellen Verbannung der Erinnerungsrichtung „Wieder-" aus dem Begriff der deutschen Vereinigung bestätigt und gefestigt worden ist. – Der sprachpolitische Trick würde sich in der Kampagne für ein nationales Täterdenkmal, die ohne die Wieder-Einigung versandet wäre, als ideologisch förderlich erweisen. Es ist in der Tat die sprachliche Leerstelle „wieder", die im politisch-unbewußten Gesamtpotential der Wende-Aktionismen den Unterschied markiert zum Jubel 1933, 1935 und 1938 ff. Der Jubel damals hatte eine massen-habituelle Loyalität zum mörderischen Antisemitismus-Befehl in hellbewußtem Nationalrausch artikuliert, der aber die Massen zugleich über den Ausgang dieser „Auseinandersetzung" mit dem jüdischen Volk, die sie zu decken hatten, im Ungewissen ließ. Daß sie einmal mit ihren Schuldnöten nach der Tat ‚alleingelassen' sein würden, diese Sorge war ihrer mit Führer-Identifikation gesättigten Gefühlswelt fremd.

Die Verfasser der Manifeste für die Gruppe 47 haben auf diese massenpsychologische Ernüchterung um das Jahr 1945, die einer Umpolung sehnsuchtsvoller Führer-Identifikation in Erschöpfung und Leere gleichkommt, intuitiv gebaut; dort ist die Klage artikuliert, *vor und nach* 1945 alleingelassen worden zu sein: von den NS-

Generälen, aber auch von den Emigranten aus dem NS-Reich seit 1933. Auf der syntaktischen Subjekt-Position dieser Klage suchen wir vergebens nach einer näheren Bestimmung, die auf eine verantwortungsfähige Ich-Instanz verweist, an die gedacht gewesen wäre beim Schreiben dieser Texte. Auch das gehört zu unserem Thema. Wie sollte in dieser Subjekt-Lakune eine Aufmerksamkeit gedeihen für Signale aus dem deutschen Nachkriegs-Antisemitismus, gar aus dem eigenen Kopf?

Das geschichtlich Neue mit Namen „1989" allerdings scheint zunächst aller Beachtung wert zu sein: Zwar hatte der Jubel „(wieder) Ein Volk!" den im Nachkrieg demoskopisch stets variabel meßbaren antisemitischen Akzent dumpf enthalten, aber dieser Antisemitismus erschien friedlich verdeckt.

Doch mußte sich ein solches ‚friedliches' Signalement nicht bald als trügerisch erweisen? Die Massen als solche sind und bleiben für das Leid der Verfolgten fühllos, und sie wurden insgeheim aus *diesem* Grund nun wiederum ‚alleingelassen' (wenn nicht insgeheim verachtet) von denen, die sie vor dem Zentral-Denkmal versammeln wollten, das eine kollektive Schuld definiert. In Wahrheit wollte man mit dem Kollektiv, dem ideellen Konstrukt größt anzunehmender Gefühlskälte, gar nichts zu tun haben. Volksaufklärer (oder introvertierte Künstler) gaben vor, dem deutschen Volk („Bürger" genannt) die Begegnung mit seiner Schuld nun leicht machen zu wollen. Dies sollte kraft ästhetischer Motivation geschehen: Ein einzigartiges Kunstgebilde, dessen Entstehungsgeschichte seine einzigartig intellektuelle Qualität unter Beweis stellt, wird auf dem Gelände errichtet, wo der deutsche Staat eine bestialische Mordplanung zentriert hat. Dorthin wird das Volk geladen. Dort soll es Schuldgefühle bearbeiten (seine Schuldängste überwinden?) durch Teilhabe an einer *wieder* zentral organisierten ‚Einkehr'- - - Von den politischen Einkehrplanern hörte man nichts dazu, wie man verhindern wollte, daß dem Volk vor dem Mahnmal die Erinnerung an die besiegte *antisemitische Volksgemeinschaft* in die Quere komme. – Gewiß hatten die Initiatoren damit recht (wenn sie überhaupt so weit dachten), daß Schuldängste in der Massenseele noch festgeklemmt waren, im großen und ganzen auch mit der Annahme, daß seit der Niederlage 1945 die deutsche kritische Elite keine populär zugängliche Schuld-Deutung geschaffen hatte.

Aber volksferner als eine zu Einkehrzwecken nachgebaute Schuldzentrale konnte, auch unter ‚didaktischem' Gesichtspunkt, im gewählten Augenblick nichts sein. So volksfern im Sinne von realitätsfern die Initiative war, so real verletzend war sie für Juden; viel Höflichkeit war wiedereinmal aufzubieten, um *dies* nicht Thema werden zu lassen.

Unter Beweis gestellt wurde diese abstrakte und zugleich diffusemotionale wie weithin ungebildete Aufklärungshaltung von einem TV-Projekt, das in den Zusammenhang der Werbung für das Denkmal gestellt die europäische Topographie des NS-Vernichtungskrieges gegen die Juden Europas in großer Serie locker vergegenwärtigen wollte, wobei man schoneinmal durcheinanderbrachte, ob das Bild einer Massenerschießung aus Litauen oder der Ukraine stammt.

Wer sich an die unvergleichliche Haltung der Film-Autorin erinnert, die in Saloniki, in der Mitte jenes jetzt leeren Platzes stehend, wo am 11. Juli 1942 Tausende jüdischer Menschen von deutschen Soldaten gedemütigt und gequält und in der Folgezeit 80 000 Sephardim zur Deportation zusammengetrieben worden waren, nun an dieser Stelle nichts Einfältigeres zu beklagen hat als mangelnden Widerstand gegen die Wehrmacht und nichts konkret ‚Vergangenes‘ zu berichten weiß von dieser Stadt, der Heimat einer der reichsten jüdischen Kulturen aller Zeiten, die wie das Leben der Menschen vernichtet worden ist – der muß in das Urteil wohl einstimmen, daß der Gestus solchen Filmwerks und seiner Zentralkommentatorin nicht geeignet war, die geschichtliche Bildung zu bezeugen und einzufordern, die zu den Voraussetzungen eines auch *kundigen* Gedenkens gehört. – Alles deutet darauf hin, daß in das monumentale Konzept eines ‚Holocaust‘-Denkmals die Borniertheit eingeschrieben worden ist, für die das ‚literarische‘ Pilotunternehmen „Gruppe 47" in der deutschen Nachkriegsgeschichte symptomatisch ist mit seinem leeren Gerede von (Nicht-)Schuld und (Nicht-)Antisemitismus, geschichtslos, ungebildet. Oder ist das das Kalkül in Berlin: an das verborgene Leben der Schuld-Ängste im Volke ohne Anspruch an positives Wissen und geschichtliche Bildung rühren zu wollen, damit die kollektive Schuldabfuhr auch wirklich, d.i. ohne Realgedenken an Juden und jüdische Kultur funktioniert?

Die Initiatoren hatten nicht einmal das intellektuelle Format, wie es *1945* erforderlich gewesen wäre; ein Format, das eine *rechtzeitige*, den *Anfängen* deutscher Nach-NS-Kultur zugeführte Erinnerungsarbeit gebraucht hätte, wenn sie ihrer aktuellen Aufgabe in kulturgeschichtlichen Bildungshorizonten nachgekommen wäre. Wir reden von dem Prozeß der Abspaltung deutscher Selbst-Erinnerung von ihrer deutsch-jüdischen Gesamtgeschichte als dem zentralen antijüdischen Geschehen nach der Shoah, wofür die Gruppe 47 als Agentur in der Tat eine Primär-Verantwortung trägt.

Für die Plausibilität dieses Zusammenhangs, dieser Ähnlichkeit von Wort und Stein steht dieses Buch ein. Wenn nun zu Stein werden soll, was als literarisch-literaturpolitischer Block länger als ein halbes Jahrhundert schon Bestand hat und zu betrachten ist, dann dürfte eine Erhellung des *literarisch* blockierten Gedenkens aus dem Gesichtswinkel des *Mahnmal*-Projekts auch Aufschlüsse geben über jene Fragen, die von den Sprechern der Gruppe 47 so wacker unter Verschluß gehalten werden. (Das Vorwort spricht darüber.) Ich erinnere aber auch nocheinmal daran, daß der Blick auf die Momente von Gedenk-Starre in diesem Zusammenhang von Wort und Stein nicht ohne die Hoffnung gelenkt ist, daß Aus-Blicke aus der Starre heraus erkennbar werden.

In der langen auch deutschen Verfolgungsgeschichte vor der Shoah war Schuld nicht aufgenommen worden in eine kulturelle Nationalgeschichte ihrer Annahme und Bearbeitung. Wie hätte das ‚danach‘ geschehen können, 1945, 1968, 1977, 1989 – ‚danach‘: unter niedagewesener neuester Schuldlast? Warum sollte nach der Wiedervereinigung, so spät nach den ‚inländischen‘ Leichenbildern von Bergen-Belsen, Buchenwald und Dachau 1945, eine *breite* individuelle Empfindsamkeit für die jüdischen Opfer des gesamteuropäischen deutschen Vernichtungskrieges plötzlich vorauszusetzen sein? Und wie sollte, medientheoretisch gefragt, eine solche individuelle Empfindsamkeit über wiederholtes Bildergaffen an eine politische Gedenk-Allegorie zu binden sein, die schon der zaghaft *schmalsten* eigenen Empfindung nur einen abstrakten ‚kollektiven‘ Ausdruck verspricht? Und wie hat man sich in Rücksicht auf alle massenpsychologischen Kenntnisse, die wir haben, für die Zeit des Mahnmal-Gebrauchs eine Übertragung abgenützter Bildsprache auf die steinernen Reize des Mediums Gedenkstätte im Kollektiv der Nation eigentlich vorgestellt – so ganz ohne Entwurf einer gutgebildet intellektuellen Obhut?

Wenn eine Nation sich anschickt, mit einem Metropol-Monument ihrer ‚vergangenen‘ Schuld nur noch ‚politisch‘ oder ‚diplomatisch‘ zu gedenken, nämlich zum Zweck, einem gewünschten flachen Selbstbild in Gegenwart und Zukunft Geltung zu verschaffen, dann ist eine allgemeine Empfindsamkeit für die Bilder aus der Vergangenheit tatsächlich gar nicht mehr im Blick.

Nein, es war zur Zeit der Denkmal-Initiative zu spät geworden, von Gefühlen zu *schwärmen*, die ein gedenkprotziger Stein erweichen soll, zu *schwadronieren* von „Phantasie und Erbarmen und Anstand" aller, die für ein solches Denkmal seien, wobei wiederum ans Volk gedacht und appelliert wurde.[28] Die Naivität solcher Appelle ist unglaubhaft. Der kritischen Gedenkintelligenz der Bundesrepublik Deutschland war die Problemgeschichte einer Erinnerung, die über Bildzeugnisse die Shoah ‚erreichen' soll, bekannt; wer nicht selbst zu diesen Kreisen gehörte, hätte bei ihnen anfragen sollen. Wer jetzt die Probleme ‚vergaß', vergaß nicht wirklich, sondern kraft Routine; kraft der Berufseigenschaft einer geschäftigen Intelligentia, die jeglicher auserwählten Beschäftigungslust Raum und Maß zu geben und Dignität zu verschaffen gewohnt und geübt ist. Vergessen z.b. war mit Sicherheit nicht „Bergen-Belsen" oder „Buchenwald" oder „Dachau" 1945: der Befreierbefehl, der die Leichenbilder aus dem Lager als Anschauungsgut den Deutschen ins Gedächtnis drücken wollte. Und nun sollten all die kritischen Diskussionen und Bestandsaufnahmen der Wirkung solcher Maßnahmen vergessen sein? Selbst ein Martin Walser hätte bei soviel Ignoranz noch hilfreich sein können als Theoretiker der Bilder-Skepsis. Spätestens aber seit den in die Debatte gebrachten Begründungen einer *Ablehnung* des konzipierten Zentraldenkmals, also etwa seit 1995, die das Beste waren, das im deutschen Kontext der Vergeßlichkeit je aufgetaucht ist[29], ist den Befürwortern solche Vergeßlichkeit keineswegs mehr zuzubilligen.

„Bergen-Belsen 1945" ist das bekannteste Frühdatum, das unser mögliches Erschrecken vor uns selbst im Deutschland der darauf folgenden Jahre markiert. Erschrecken darüber, wie unter uns allen der Reflex sich formte und verallgemeinerte, die Beantwortung der Bilder am besten zu *delegieren*, die vermittelt kamen oder in uns aufstiegen. Wir hätten sie unserem subjektivsten Gedächtnis tatsächlich an-*vertrauen* können. Dergestalt begabt wäre es ein geschichtliches geworden. Denn es mag sein, daß eine Haltung des Vertrauens in die andere Kriegsüberlieferung, also in die Bilder der Shoah, allmählich sich zu einer empfindsam denkenden Geschichtstauglichkeit ausgewachsen hätte, wenn wir das *Problem* jenes Befreierbefehls auch an uns selbst erkannt und bearbeitet hätten. Das Problem der Differenz-Fähigkeit angesichts eines dergestalt unerhörten, bildlich vermittelten Schuldschocks.

Das unfreiwillige Bildsehen – von der gutgemeint didaktischen Torheit solcher ‚Aufklärung' abgesehen – hat bestenfalls Fassungslosigkeit als Form der Schuldangst, in der Regel aber Widerstand gegen Schuld-Gefühle zur Folge gehabt, Gefühle, die seither, eingeklemmt in lotternden Fragmenten, in der Massenseele hausen und von keiner nach-goebbelschen Volksaufklärung erreichbar sind. Wir – das Volk und seine organischen Eliten – haben die *Voraussetzung* für diesen Zustand, das Verlottern der Bilder in ihrer langen Wirkungsgeschichte, auch in uns selber nicht wirklich ernst genommen, gar ausgeräumt, während wir zugelassen haben, daß das Gedenken der Shoah im wesentlichen abgeschoben wurde auf unpopuläre Projektkultur, die von Außenseitern gepflegt wird, oder den Versöhnungsideologen überlassen blieb, deren Gelaber an den ‚runden‘ Gedenktagen wir vornehm verachteten.

Der Allgemeinheits-Charakter unserer Vergeßlichkeit ist die Konstante, die von den Befürwortern des Zentraldenkmals 1989 geleugnet worden ist. Die Stunde des Begehrens hatte geschlagen, die Erinnerung der deutschen Schuld an der Ermordung der europäischen Juden – kollektiv unbearbeitbar und im allgemeinen intellektuell ausweichend oder zu spät bearbeitet – in Stein schlagen zu lassen. In einen Schlußstein. „Schuld, längst im Vergessen getilgt" (Heiner Bastian)[30], das wird er dokumentieren.

Die Erwartung im übrigen ist zum Lachen, er werde – fertiggestellt und sobald genügend Millionen Besucher ihre „emotionale Aufgewühltheit" in seine „Ereignisstruktur (...) integriert" haben werden (74) – die Kraft ausstrahlen, symbolisch vor der Geschichte die Entschuldung der Nation einzufordern,

und werde somit „dem Rest der Welt die moralischen und politischen ‚Lehren aus Auschwitz‘ verkünden"

(Hanno Loewy, Süddeutsche Zeitung, 10. November 1995).

Nicht ernsthaft auch ist zu erwarten, das Mahnmal werde, indem es eines schönen Tages überflüssig geworden sein wird, weil seine politische Funktion erfolgreich erfüllt ist, mit dieser ganzen Schuldgeschichte wie nach einem Heilschlaf ‚vergehen‘, als Mahnzeichen außer Kraft gesetzt sein. (Vgl. dazu den Schluß des Buches.) Das steinerne Mal, sollte es einmal sein wie erdacht, wird nicht vergehen können mit dem Weitergang einer Geschichtspolitik im Land, die einmal auf „emotionale", also subjektgeschichtlich folgenreiche „Aufgewühltheit" durch das Mahnmal gesetzt hat. Seine steinerne Physiognomie wird vielmehr trutzig den besten Absichten ihrer Planer (sollten sie ‚erlösende‘ Subjektgeschichten des Gedenkens vom Projekt je ungeheuchelt erhofft haben) ewig im Wege stehen. Denn einerseits würde ein Steinmal, das weder sprechen noch weichen kann, tatsächlich (wenn ein Regime es nicht sprengt) über Generationen stehen bleiben, und es würde dergestalt wahrlich sein, was ein Fürsprech, der von der „skulptural-kommemorativen" Funktion des Projekts überzeug ist, *die künstlerische „Synthese" eines zweitausendjährigen Antisemitismus und aller jüngsten Greueltaten* nennt. Synthese! Abstraktion! Allegorie! Abtötung! Andererseits soll der Stein nach den Worten desselben Fürsprechs eine Synthese sein, die *zugleich* „das Unfaßbare auf Einzelschicksale zurückführen und individuelles Miterleben provozieren" soll. (74) Wenn das nun aber wirklich gelingen sollte, dann ist auf eine abschließbare Entschuldungsgeschichte nicht mehr ohneweiteres zu hoffen, denn „aufgewühlte" und „individuell" in eine persönliche Erinnerungsgeschichte geladene Menschen sind ein Sicherheitsrisiko in jeglicher verallgemeinerten Gedächtnispolitik, die in ihrem staatlich fürsorglichen Wesen auch gar nicht darauf baut, daß die Individuen, deren Schuldfähigkeit vorgeblich das gesteckte Ziel ist, „das Unfaßbare" fassen werden.

Das „Unfaßbare" ist die rhetorische Formel im deutschen Kontext des Vergessens, die in eine Aura von Heuchelei oder Naivität getaucht ist und den Überlebenden der Lager so weh tut.[31] Wenn wir in den nächsten Kapiteln Hans Werner Richter beobachten, wie er an den Rand des „Unfaßbaren" in besonderen Augenblicken herantritt, dann wird uns die naive Variante begegnen. ‚Unfaßbar' ist *niemand und nichts.* An niemand und nichts zu denken, dahin lenkt zwangsläufig die Abstraktion von konkreter Verfolgungsgeschichte.

Wer die Formel spricht, verkapselt stets aufs Neue jene auch dem Mahnmal-Projekt eigene, ungeheuerliche antisemitische Wahrheit der Mißachtung. Naiv hat ihn ein kautziger Ästhetiktheoretiker ausgesprochen. Fast unverkapselt aber, mit dem besonderen naiven Tonfall, der ungebildeten Politikern eigentümlich ist, wurde die antisemitische Wahrheit der Denkmal-Kampagne bei ihrem Beginn erkennbar, als ein bald *regierender* Politiker, der an der geöffneten Mauer ein Jahr später den Satz vom Glück des deutschen Volkes sprechen wird, das Projekt in den Wahlkampf *November 1988* stellt mit den geflügelten Worten, seine Partei sehe die „historische Lektion" eines zentralen Denkmals gefährdet, wenn es „den Holocaust zu sehr auf das Verhältnis von Täter und Opfer reduziere." (53) Da hat ein Funktionär wohl gemerkt, daß „das Unfaßbare" faßbar werden könnte, wenn das Verhältnis *nicht* reduziert wird, und dem soll didaktisch vorgebaut werden.

> „weil wir nichts unternahmen, um es zu wissen"
>
> (Agnes Heller)[32]

Die Rhetorik des Berliner Politikfunktionärs ist kaum kritikfähig, weil sie so alt ist wie der deutsche Kontext der Vergeßlichkeit und der Mißachtung. Der Vergleich zu Funktionären der Gruppe 47 drängt sich auf. Die Wortberührungen zur Shoah, die zwischen Naivität und absichtsvoller Heuchelei oszillieren, sie sind es, die nicht faßbar sind. Denn sie sind nichts. Sie geistern herum in einem ‚gedanklichen' Niemandsland ohne Begrenzungen, in dem sich keine Differenzen feststellen lassen, die bedacht werden müßten. In diesem Niemandsland hausen jüdische Figurenfiktionen, die einer Begegnung mit „wirklichen" Juden vorbauen, wie Kaniuk im Streit mit dem Dichter jüdischer Figuren, Günter Grass, zu bedenken gegeben hat. Phantomhafte Wortberührungen mit der Shoah gleichen Annäherungen an das Gerücht, daß Juden noch unter uns leben. Ein von Didaktik nicht verstelltes „Verhältnis" zu ihnen und ihren Toten aber, so hat es jener Funktionär wohl gefürchtet, ginge zu weit, zu tief, und zu unmittelbar heran an die noch immer mögliche Offenheit für ein Wissen, dessen Informationsbasis längst gelegt ist, und an ein Differenzgefühl Juden gegenüber, das im deutschen Kontext der Mißachtung und Verdrängung tabuisiert ist.

Der ‚natürliche' Neigungswinkel des Herzens – stellen wir uns Herzen vor: verbracht auf das steinerne Gelände – , er gehört im Ansatz der Denkmal-Idee sofort zu ihren Störfaktoren; so errät es der Funktionär, der die „historische Lektion" der Idee ins Auge faßt und in einem Wahlkampf aufnimmt, der um das Datum des 9./10. November herum geführt werden mußte. Als historische Lektion ließe sich das Gelände nicht herrichten, müßte man auf ihm mit je individuellen Neigungswinkeln der Herzen wirklich rechnen, planerisch umgehen. Weil das so ist, ist in den Befürwortertexten der Debatte dann so gebetsmühlenhaft und reichbeblümt vom „individuellen Miterleben" die Rede. Auf diese Weise bannt man sein ‚besseres Wissen', wie unmöglich nämlich die beschworene „Individuation"[33] auf diesem Gelände sein wird, auf dem architektonisch nicht für ein ausschließlich differenzbewußtes Mit-Erleben im individuellen Täter-Opfer-Dialog gesorgt werden soll, sondern für eine ‚Reinigung' der Besucher im tragischen Stil, für die ‚theatralische' Abstraktion von historisch-kollektiver Täterschuld ebenso wie von der subjektiven Fähigkeit, sich zu entscheiden, die Ansprüche auf dem Gelände besuchsweise auf die eigene

Lebensgeschichte zu beziehen, *sich also subjektgeschichtlich zu verhalten.*

Vergleichbar dem Ausweichen vor einer subjektiv verantwortlichen Rückwendung zur *Schuld im Krieg,* wie es die Manifeste der Gruppe 47 durch den Verweis auf die deutsche Entsühnungs-Chance im Verbund eines Jungen Europa bewerkstelligt haben (referiert im Kapitel „Anfang"), haben die ersten Anregungen zum Berliner Mahnmal noch vor der Wiedervereinigung traumwandlerisch abstrakt die künftige ‚europäische' Dimension einer ungeteilten deutschen *Schuldfeierlichkeit* vorweggenommen und haben darauf gesonnen, die nationale Schulderinnerung auf den historischen Ort der Mordplanung in Berlin-Mitte zu konzentrieren. (53 ff.) Wo der Massenmord geplant wurde, soll der Opfer gedacht sein! Das gleicht im Ansatz haargenau der eigenen Entschuldung durch die Anprangerung der einzig Schuldigen, wie vor allem Andersch sie in den „Notwendigen Bemerkungen zum Nürnberger Prozeß" 1946 vorgenommen hat.

Abstraktion von den Qualen der Juden in der vollkommenen Abgeschiedenheit der Lager ist die Voraussetzung solch flotten Selbstentzugs aus dem Gedächtnisraum des anderen Kriegs und sie war der Gedenkpolitik im geteilten Land stets gegenwärtig dank der zitierbar vorgängigen Leistung der Vergessenskulturen in beiden deutschen Staaten – Abstraktion war die Generallinie ihrer Erinnerungs-Experten seit 1945 – Abstraktion ist das Formprinzip der nationalen Erinnerungs-Idee 1988 ff., die „den Vorgang" der Vernichtung in hierarchisierter Ordnung erfaßt, auf den Punkt gebracht in der akademischen Amtssprache eines ihrer Befürworter der ersten Stunde: „Für einen Ermordeten ist es gleich, warum er getötet wurde [ob „Zigeuner" oder Jude]." Der Holocaust aber, weil „Kernstück" des Nationalsozialismus und zugleich „Höhepunkt eines jahrhundertelangen [!] Antisemitismus", gehöre an die Spitze des Katalogs der NS-Verbrechen. „Was wir hierarchisieren, ist der Vorgang."[34] Vom „Höhepunkt" herab, der als nachfolgestaatlicher Instanzort vorgedacht wird, möchte eine autorisierte Sühnebotschaft garantiert sein.

Mustergültiger erfunden kann ein Steinmal, das Zeit und Orte vergessen macht, nicht sein. Als Nationalsymbol darf es auch seine Entstehungsgeschichte nicht reflektieren. Es wird auch unter diesem Aspekt funktionieren, wie die Gruppe 47 funktioniert hat, die in ihrem Gründungsjahr sofort damit begonnen hat, vor ihren Gründungsvoraussetzungen die Augen zu verschließen. Die später auftretenden Gruppen-Größen von Böll, Bachmann und Hildesheimer bis zu Johnson oder Grass kennen den Anfang der Gruppe nicht und haben merkwürdigerweise nie nach ihm gefragt. Das Debattenverbot in dem aus dem Stand ‚fertigen' Freundeskreis hat bewirkt, daß die literarpolitische Abspaltung des anderen Kriegs und der anderen Kultur aus seinem Programm eines Neuanfangs als ein ‚Ereignis', das aus Mißachtung und Tabuisierung erwachsen war, bald gar nicht mehr hätte Thema werden können, weil ‚niemand' es im Kreis der Freunde erinnerte oder erinnern wollte. Spätestens 1952 war dieser unsichtbare Selbstverschluß vollendet. Jegliche Schulddebatte war somit ausgeschlossen und blieb es bis heute. Auch daher und weil dieser Verschluß kein Naturvorgang war, ist dieses Buch geschrieben, in dem es unter anderem um die Nachschuld der Schuldverdrängung geht. – Die Wiederkehr des verdrängten Anfangs im Sinne eines Ereignisses der selbstgeschichtlichen Reflexion hat es in der Gruppe 47 nicht gegeben und dazu wird es wohl auch kaum noch kommen. Muß sich das um die Geschichte des Mahnmals herum wiederholen? Wird, wie zu befürchten ist, der fertige Stein eine reflexiv-dialogische Haltung der Antwort und Offenheit zu all dem nachdenkenswert Konkreten zurück abgetötet haben, das in der Zeit zwischen Plan und Ende in die kritische Debatte gebracht worden ist? Eigentlich kann doch der Glanz seiner vollendeten Gestalt, ihre allegorische Glätte, einen konkreten Blick zurück in die Geschichte gar nicht mehr ‚durchlassen', nicht den kritischen Blick auf die entstehungsgeschichtliche Vielfalt der inhaltlichen Erörterungen pro und contra, nicht den fragenden in den Gedenkraum selbst; den Blick, welcher fragt: Welche Schuld sprechen die steinernen Zeichen dem Besucher zu, der zum Gedenken der Abermillionen ausgelöschter Lebensgeschichten gekommen ist, das auf dem Gelände von ihm erwartet wird?

Sieht man auf die Vorstellungen, die sich die Mahnmalplaner am Anfang, um 1990, vom fertigen Objekt gemacht haben, so *symbolisiert und resümiert* ihr Projekt an der Schwelle zur Wieder-Vereinigung den deutschen Nachkrieg als eine Geschichte perversabstrakter, didaktisch vermittelter Wissens-Erinnerung an die Opfer der Shoah. Und die Geschichte der Gruppe 47 dokumentiert als Längsschnitt-Beispiel diesen Tatbestand auf das beschämendste.

Aber nach dem Anfang kam die Debatte. Das unterscheidet diese Projektgeschichte vom Umgang der Gruppe 47 mit ihrem Anfang. Dies ist der Aspekt der Hoffnung. Vielleicht nimmt eine kritische Intelligenz im Land die Debatte mit in die Zeit nach der Errichtung des Mahnmals und hilft dann vielleicht auch, den Denkmalschutz lächerlich zu machen, den die prominenten Siebenundvierziger bis in diese Tage permanent für sich beanspruchen. Man muß ihnen nur die alten, in der Denkmaldebatte erneuerten Fragen stellen. Sie selber haben sie sich nicht gestellt. Der Zauber, der von einem unreflektierten Anfangsmythos ausgeht, hat ihnen dabei geholfen. Sollten sie tatsächlich einmal auf Fragen einer neuen Generation ehrlich antworten wollen, wird der Zauber plötzlich gewichen sein. Treten sie dann vor den Spiegel ihres so lange Zeit geklitterten Selbstbildes, werden sie, mit Heine zu reden, Veteranen mit verschollenen Gesichtern erblicken.

Kehren wir diesem hoffnungsvollen Ausblick den Rücken. Er ist – so paradox ist Hoffnung – der Hoffnungslosigkeit der bisherigen Befunde geschuldet. Ich fasse sie zu einem Zwischenresümee zusammen:

Das Denkmal-Projekt ist zugleich *Kulminations-, Schluß- und Wende*-Punkt in der Gedächtnisgeschichte seit 1945 in Deutschland.
- Es vollendet die Geschichte der Mißachtung der „anderen Erinnerung"[35],
- rückt den Holocaust jetzt aber abrupt ins Zentrum des offiziellen Gedenkimperativs
- und befreit damit im Handstreich die Individuen, vor allem die Experten in der Kultur, endgültig von dem *Druck*, sie müßten vor der Allgemeinheit verantworten, wie sie ihre nationalen Schuldgefühle bearbeiten.

Die in einen deutschen National-Stein möglicherweise verschwindende kulturelle Identität

Dank dieser Dreifachfunktion markiert das Projekt die Wende der deutschen Gedächtnis-*Politik* einleuchtend für den Gesetzgeber, der es mehrfach verabschiedet hat. Er erwartet zu Recht, daß die „Bürger" jetzt mit der nationalen Schuld bequem umgehen können, weil sie sich nicht mehr bedroht fühlen müssen von föderativ und unkontrolliert herumschwirrenden Moralkeulen, geschwungen und geworfen von Experten und ‚Medien', sondern künftig zureichend schuldbewußt und schuldsolidarisch verbunden sein dürften im ‚Denken an das Denkmal', behütet im symbolischen Raum der

„neutralisierten Erinnerung" (Bastian, 537). In diesem historischen Augenblick kommt die deutsche Identität erfrischt ins Spiel. Und ist doch auf lange verloren gegangen.

Als wäre das Nacherleben des zerbrochenen jüdisch-deutschen Verhältnisses – als Voraussetzung zum Dialog allerdings – nicht das A und O einer regenerativen nationalen Identität! Aber in den leidenschaftlichsten Plädoyers für das Mahnmal fehlt nicht nur dieser „negative" Identitätsgedanke[36], sondern sie belegen ein gedanklich spezifisches „Verhältnis" zu den Opfern des Holocaust, das zum Phänomen der Nachverfolgung gehört, wie es in diesem Buch besprochen werden wird, hier in subtil-monumentaler Gestalt. Mit herrischen Argumentationsgebärden, die seit der Befreiung 1945 beispiellos sind, eignet sich deutscher Eifer im Vakuum des Vergessens das Gedenken der Shoah an. Damit dieser „Vorgang" das nun ganze Volk, das Volk der Mörder, ergreifen könne, dazu müßte es – diese ,Option' ist nur in der Sprache der Karikatur zu fassen – zum Judentum übertreten. Anders könnte es nicht authentisch, d.i. *in jedem subjektiven Gestus* der Teilnahme selbstbezogen, das Angebot annehmen, beim Betreten der „Ereignisstruktur" des Geländes kollektiv seiner selbst zu gedenken, des „gemordeten Volks" schlechthin[37]: und dies als Begegnung mit einer differenzlos *eigenen* Geschichte zu erfahren.

Daß neurotisierte „Täterabkömmlinge" (Salomon Korn) in Deutschland dazu neigen, sich mit ,ihren' jüdischen Opfern zu identifizieren, ist bekannt. Daß sich dieses Phänomen auch in politischer Rede im Tempo der Figur ,Ich-denk-mal-ans-Denkmal' würde äußern können, lehren uns die Dokumente.[38]

Man muß im Ernst die deutsche Denkmaldebatte, gerade auch in ihren amtlichen oder offiziösen Auswüchsen und Anleihen, aus der Perspektive der europäischen Antisemitismen lesen, und zwar ihres alt-radikalsten Ausdrucks: des wahnsinnigen Begehrens, das *begnadete* Volk schlechthin zu verschlingen, um seine Gaben sich anzueignen; sich seiner zu entledigen, um die Angst vor der Differenz zu ihm loszuwerden: die „Auseinandersetzung" mit ihm (wie Goebbels das nannte) endgültig zu beenden.

Aus der Perspektive dieses archaisch radikalen Antisemitismus gesehen ist auch die welt- und religionsgeschichtliche Tragödie auf deutschem Boden nach 1945 als *nachschuldiges* Scheitern an einem Postulat beleuchtet, das Agnes Heller aus dem Schuldgefühl (im Westen) überlebender *Juden* formuliert hat.[39] Was haben *wir im Tätervolk* unternommen, „um es zu wissen"? Und wieder stehen wir vor der verzweifelten Erkenntnis, die wohl letzte Chance, wie Yoram Kaniuk fürchtet, mißachtet *und ausgeschlagen* zu haben, nämlich angesichts des geschichtlich Äußersten, der Shoah, in ein Wissen der Differenz zu treten, das uns befähigt hätte, den vernichteten kulturellen Dialog wiederaufzunehmen und gemeinsam von beiden Seiten des Todes her[40] die Verfolgungsgeschichte radikal umzukehren.

Das nachschuldige Scheitern solcher Umkehr in Deutschland liegt in der Innen-Geschichte der Gruppe 47 wie monolithisch verkörpert vor und ist von den Denkmal-Entscheidungen in Berlin pointiert worden. Ihr Subtext ist: Eine allgemeine nationale Verantwortungskultur, die die populären antisemitischen Voraussetzungen jenes „allmählichen Vernichtungsprozesses" nach 1933, d.i. die kollektive Unfähigkeit zu einem Gefühl für die Opfer (das nicht christliche Bußfertigkeit wäre)[41], allmählich hätte abtragen und umkehren können in ein angeleitetes Trauern darüber, was wir wirklich getan und verloren haben – während die Informationen darüber nach 1945 anschwollen – , eine solche allgemeine Verantwortungskultur war in einem halben Jahrhundert nicht zustande gekommen.

Was zu hoffen gewesen ist, läßt sich angesichts dieses Befunds und im Blick auf das Datum der Bundestagsdebatten seit dem 9. Mai 1996[42] vielleicht so benennen:
Eine lebendige soziale Empfindsamkeit in der deutschen Tätergemeinschaft hätte entstehen können
– auf der Voraussetzung, die zuletzt brutal verschuldete *Geschiedenheit* von der Opfergemeinschaft erkannt und akzeptiert zu haben,
– dargestellt und in Umlauf gebracht in einer Fülle wahrhaftig subjektgeschichtlicher Äußerungsarten,
– kultiviert von einer moralisch-ästhetischen Elite der individuellen Selbstreflexion und Darstellungskunst
– und gemessen und in der Nachkriegszeit entwickelt an den Ideen einer von der Allgemeinheit getragenen Gedenkpolitik, deren Vorgaben von einer ‚föderativen' Besuchs- und Bewegungskultur im Inter-Text der europäischen Zeugnisstätten genutzt worden wäre.
Auf Lebenszeichen von einer national-regenerativen und differenzbewußten Schulderinnerung noch zu warten, wäre 1988/1989 im

großen und ganzen wohl tatsächlich zu spät, jedenfalls eine Hoffnung gewesen, die nicht mehr zu politisieren war. Das vielstimmige Trachten nach Normalisierung des neonationalen Selbstgefühls – Begleitmusik zur Denkmal-Debatte – und das im allgemeinen miserable Niveau des Zustimmungs-Palavers in den Zeitungen der Provinz scheinen mir der Beweis dafür zu sein, daß auf den Geist einer kulturell offenen Empfindsamkeit für die jüdischen Opfer der Deutschen, alternativ in der hier umrissenen Begründung und praktischen Form, nicht mehr zu bauen gewesen wäre, als die Entscheidung für das Steinkonstrukt legislativ Stück um Stück abgesegnet worden ist.

Das ungebrochene antisemitische Kontinuum

> *„Wer von Antisemitismus nicht reden will,*
> *sollte von nationaler Identität schweigen."*
> Detlef Claussen (November 1988)[43]

Blicken wir aus der Perspektive der europäischen Antisemitismen auf den Nachkrieg zurück, so sticht hervor, daß der deutsche einen besonderen Charakter angenommen hat. Man hat ihn einen Antisemitismus ohne Juden genannt. Ein bitteres, aber verkehrt herum pointiertes Bonmot. Als habe er sich nach den Nachrichten aus den Lagern brav nach innen gekehrt, habe sich dort verkrochen, eingeschüchtert von Bestrafungsangst, und als müsse man von einem Gespenst reden, auf das selbstkritische Deutsche mit der Laterne des Diogenes Jagd machen, als hätten sie keinen Grund, in ihr eigenes Innere zuerst hinabzuleuchten. Nein, der deutsche Kollektiv-Antisemitismus lag seit 1945 nicht weniger offen und agressiv zutage als zuvor. Das Besondere nur ist dies: Kein Deutscher, mehr oder weniger persönlich nach ihm befragt und mehr oder weniger bis in die Wiedervereinigung hinein, wollte ihn wahrhaben. Dieses Sichstumpf-Stellen ist es. Aber wie das? Wie funktionierte die Dissimulation, dieses ‚so tun als ob nicht‘, rein sinnes-physiologisch? Er war doch allenthalben wahrzunehmen, der ‚allgemeine‘ Antisemitismus auch in Deutschland! Er hat sich stets *unbefragt* zu erkennen gegeben, und *überall*: Juden gegenüber. Ihr Gedächtnis, ob sie im Land geboren wurden, zurückgekehrt sind oder hier auf Reisen waren, ist voll von Beispielen artikulierter Pöbeleien, aber auch feiger Anspielungen; nicht nur der sogenannte niedere Pöbel hat sich in dieser Weise antisemitisch hervorgetan. Wer hier Belege verlangt, hat sich in der Zeit wirklich taub gestellt oder tut es jetzt. – Deutscher Antisemitismus nach 1945: Weiter-pöbeln, -drohen, -schänden als sei nichts gewesen, bestenfalls befangen tun - - -

Heinrich Böll, der angenehmste, weil absolut redlichste Philosemit, den die westdeutsche Nachkriegsliteratur hervorgebracht hat, hat sich dem gestellt. Dank dieses seines Markenzeichens beauftragt ihn Hans Werner Richter, für „Eine Deutsche Bilanz 1962" – die zum 15-jährigen Bestehen der Gruppe 47 ihr repräsentativ gutes Gewissen feiern und zugleich der Nation empfehlen wollte, aus ihrem „Büßergewand" zu schlüpfen – den Artikel über die „Juden im Nachkriegsdeutschland" zu schreiben. Böll, der in Yoram Kaniuks „Letztem Juden" als ein *möglicher* Partner im Projekt jüdisch-deutscher Co-Autorschaft *verewigt* werden wird, hält sich mit seinem Artikel, den er „*Über das Problem* der Juden im Nachkriegsdeutschland" genannt hat, selber in freundlichem Erinnern, denn mit glaubhafter Unbefangenheit nimmt er sich aus der Perspektive eines Rabbiners und seiner Frau des Phänomens der deutschen Befangenheit an – und bleibt in einer traurig artikuliert hilflosen Beschreibung stecken, die wir getrost auch symptomatisch simpel nennen dürfen. Thematisch wird geklärt: Befangenheit signalisiert Schuldwissen, in ihr geht aber auch, wie in einer sozialen Epidemie, ein Wissen unter, wie man mit der Schuld umgehen solle. Über den Autor wird deutlich: Literarisch begütigend, mit dem voranalytischen Gestus des guten Deutschen tritt das Äußerste an Einfühlung hervor, das von Nichtjuden aus der Gruppe 47 hervorgebracht worden ist; zugleich: ehrlich preisgegebene Mystifikation des Schuldwissens. „Da ruft ein Schulleiter an, ein jüdischer Schüler, fünfzehn oder sechzehn Jahre alt, hat den Lehrer geohrfeigt, und man fragt Dr. Azarja, was mit dem Jungen geschehen soll. Gibt es nicht eine Disziplinarvorschrift für Schulen? ‚Machen Sie mit ihm, was Sie mit jedem anderen Schüler machen würden.' Aber man hat den Schüler nicht bestraft, weil er ein jüdischer Schüler ist. ‚Und das', sagt Atarja, ‚ist das Problem unserer Existenz hier.' Die unheimliche Schuld, die nicht personifizierbar ist, wird zum unheimlichen Kredit, wird zum Schutzbrief."[44]

Mit solch anekdotisch kritischer Vereinfachungs-Belletristik kam man unserem intellektuellen Antisemitismus ‚danach' nicht an die Haut. Böll, all der Grobheiten fern, die sich wie ein roter siebenundvierziger Faden durch dieses Buch ziehen, gehört ebenso wie die anderen Gruppengrößen, die hier schon genannt (Richter, Grass, Raddatz, Walser, Kaiser, im Vorübergehen Walter Jens) oder noch nicht genannt sind (Rühmkorf usw.), zu dem Typus von Vergangenheitsbewältigern, die, der Radikalität des Selbstdenkens und deutscher Selbstkritik im Angesicht des Judentums unkundig, sich über die Motive ihres Tuns und die Spannweite ihres Themas, das sie ‚bewältigen' wollten, von Grund auf täuschen. Sie haben, selbstverliebt in ihre Tugenden (Liberalität, Kritik, Ironie etc.), die Spangen des ‚Nationalismus danach', die um ihren Vergessenskopf geschmiedet sind, nicht abgesprengt. Deshalb gehören sie zu den Intellektuellen, die einem in neonationale Gefühlsweisen geflohenen Antisemitismus nicht gewachsen sind, ja ihn womöglich selber in sich tragen.

Es ist also kein Zufall, daß sich einer der ihren zur Beispielhaftigkeit eines Martin Walser entwickeln konnte. Man trifft bei ihnen auf einen Nationalismus des ‚Gedenkens', wie er im Berliner Denkmalstreit, inzwischen ohne alle Befangenheit, extrem ausformuliert worden ist. Auf dieser letzten Stufe des historischen Kontextes, von dem diese Einführung handelt, war dann auch die Kritik, die er immer auf sich gezogen hat, auf der Höhe der Entwicklung. In Form einer polemischen Spitze, die zur versteinerten Unbefangenheit in den Reihen der Denkmals-Befürworter gegenformuliert wurde, war dieser Höhepunkt einer wirklichen Debatte, die radikal ans Problem ging, angemessen angezeigt: Sie arbeiteten an der „Endlösung der Erinnerung" (538).

Der Sarkasmus könnte nützlich sein. Er reißt den Kontext des eingekapselten Antisemitismus am Ende einer langen Entwicklung an den ‚Stellen' des Verdachts auf, er werde von einem besonders schuldunbefangenen Nationalismus des Gedenkens aufs neue befestigt.

Der Zeitpunkt könnte also doch gekommen sein, die Hoffnung nicht fahren zu lassen und der Kritik im Land noch zuzutrauen, den alten Kontext so gut zu durchdenken und zu durchschauen, daß es mit seiner Neubefestigung seine Schwierigkeiten haben könnte?

Ich versuche, die Schnittstelle zu bezeichnen.

Im alten Kontext sind Intellektuelle in einer besonders ausgesuchten Art und Weise mit dem deutschen Nachkriegs-Antisemitismus umgegangen: Er wurde in der Regel nur mit der äußersten Vorsicht *angefaßt*, ja mit der eigentümlichen Umsicht im kritischen Feuilleton, er könnte – z.B. bei Besprechung dokumentierter Grobheiten gegen Paul Celan im unkritischen Feuilleton (ich komme darauf zurück) – „inflationäres" Unmaß annehmen - - -

Andere haben, mehr oder weniger philosophisch, mehr oder weniger hegelianisch, oder eben katholisch und gütig wie Böll, dafür gesorgt, daß man nur vermittelt über den deutschen Antisemitismus spreche. So tritt er denn also vermittelt auf, in den Texten derer, die so behutsam redeten, *und an ihren Gegenständen*: In vermittelter Gestalt war er *gemieden*, oder *verneint*, ohne daß darob ein schlechtes Gewissen entstünde. Dergestalt vermittelt war er, wenn man sichs recht versehen hat, fast schon ein ‚offener‘; er lugte aus den Gegenständen intellektueller Analysen hervor, wenn sie Phänomene bevorzugt haben, die zum deutschen Nachkriegs-Antisemitismus ‚nur‘ *gehören*, im Modus von An-Teilen, oder ihn in sich *bergen*. Die „Denkmal"-Debatte hat dafür ein Beispiel nach dem anderen geliefert. Deshalb ist sie der in vieler Hinsicht auch imposante Abschluß der Entwicklung unseres Kontextes, noch ehe ein Mahnmal steht. Es wird also in der Tat, wie weiter oben erörtert, ein Schluß-Dokument schlechthin sein. Dokument eines vormals vielfältig schuldbefangenen, jetzt befreiten Sorgens um eine neue nationale Identität.

Die genauesten Begründungen *ablehnender* Analysen im Streit um das Denkmal diskutieren einen Zusammenhang, dem nur sie kritisch gewachsen sind: den Zusammenhang einer zentralen Gedenk-Architektur mit Motiven der nationalen Identitätssorge. Sarkastische Zuspitzungen, wie sie Gerhard Matzig in der Süddeutschen Zeitung am 11. 8. 1998 protokolliert hat (538), konnten da nicht ausbleiben. „Endlösung der Erinnerung" ist die ungeschminkteste.

Sie weist daraufhin, daß der Denkmal-Beschluß letztlich ein objektiver Zynismus in politisch nicht eingestandener Ohnmacht ist. Das Berliner Denkmal-Theater lenkt massiv von seinem eigenen Kontext ab, von der gescheiterten Gedächtnisgeschichte nach 1945 - - -

und zugleich von einem geschichtsphilosophischen Fehlschluß der Beschlußverantwortlichen. Dessen Analyse verdanken wir Heinz Dieter Kittsteiner. Eine Kunst (eine nicht mehr erzählende), wie sie im Wettbewerb um die Mal-Gestaltung ihre Dienste angeboten hat, gehöre nicht in die NS-Erinnerung, weil sie „den Einbruch der Geschichte nicht erträgt." In ihren Entwürfen rede sie *dem Ende* der Geschichte das Wort, „weil das unüberbietbar Böse in ihr offenbar geworden ist". Dieser Denkweise sei es angemessen,

„einen steinernen Schlußpunkt hinter das Erinnern zu setzen". Aber: „Die Geschichte ist nicht zu Ende; sie geht weiter. Kunst geht ebenfalls endlos weiter."[45]

Das ist kein unbedingtes Plädoyer für erzählende Kunst, die wohl aber – in der Literatur – noch die einzige („letzte") Chance böte, zu einer ideellen jüdisch-deutschen Co-Autorschaft zu kommen. Aber diesem Projekt steht im Wege, was nirgends so hermetisch und zugleich so ausstrahlungskräftig verabredet worden ist wie im innersten Kreis der Gruppe 47: die engherzig deutsche Gedenkperspektive. Sie bürgt im Kontext der gescheiterten Gedächtnisgeschichte nach 1945 für den tendenziellen Zusammenfall von literarischer Ästhetik und antisemitischem Stammtisch.

Auch hierfür liefert Walsers Rhetorik die Belege. In der Paulskirchenrede 1998 versimpelt er das literarische Problem, über Auschwitz zu sprechen (er hatte dazu einmal, 1965 und 1977, Nachdenkenswertes zu bieten)[46], mittels unfair verkürzender Zitierweise bis zur Unkenntlichkeit, einer Unkenntlichkeit, die unter Beifall seinen Attacken nützlich war. Einem Kritiker, der ihm vorgehalten hatte, daß in seinem letzten Roman „Auschwitz nicht vorkomme", entgegnet er mit der ihm eigen gewordenen Häme: „Nie etwas gehört vom Urgesetz des Erzählens: der Perspektivität. Aber selbst wenn, Zeitgeist geht vor Ästhetik"[47] - - -

In der Tat, simpler kann es nicht gesagt werden. Die Ästhetik, von der die Rede ist, ist eine deutsche.

Die Befreiung des antisemitischen Stammtisches

Natürlich werden literarische Ästhetik und (antisemitischer) Stammtisch nie wirklich zusammenfallen. Das Beängstigende ist etwas anderes.

Der Schlußstein in Berlin wird es zunächst einmal verewigen. Insofern ihm nämlich das Planungs-Soll assoziiert bleiben wird, ein nationales Schuldeingeständnis zu verkörpern, kann von ihm nichts ausgehen, das den Stammtisch positiv erreichen könnte, ihm ein wenig Würde verliehe in der Weise, daß er mitdächte, mitfühlte, mitginge. *Die Ideologie*, die den Grund zum Stein gelegt hat, wird auf den Stammtisch wirken, sonst nichts.

Denn es ist Nationalideologie - - -

Sie hat in ihrer *intellektuellen Exklusivität* einen ebenso groben Motivkern wie der es ist, der die *Kneipensprache* vor sich her treibt.

Dumpf wird das Volksempfinden dort wahrnehmen, daß auf dem Berliner Gedenkgelände Juden bloß stören. Als Gespenst, als Gedanke, als Abwesende! Sie werden in der Tat das Denkmal nicht betreten. Den Stammtisch wird das freuen als das einzige, das sie am Denkmal interessiert: daß es eine deutsche Sache ist.

Die Nationalideologie der Intellektuellen treibt eine ‚gebildetere‘ Reaktion auf ein Fernbleiben jüdischer Besucher vom Gelände hervor. Diese Nichtbesucher werden über ihre Motive womöglich sprechen – *spätestens das wird stören.* Sie werden durch Fernbleiben und Sprechen an sich selbst erinnern und die Intellektuellen-Fraktion der Projektbefürworter in ihrer exklusiven Gedenkleere allein ‚zurück‘-lassen – allein und verprellt. Keine andere Geste nämlich verprellt den guten Willen philosemitischer Geister nachhaltiger als die einer Selbstbewahrung von Juden, deren ‚deutsches‘ Gedächtnis unter anderem beinhaltet, wie grausam in der kurzen Geschichte ihrer Kooptionserwartung und kulturellen Verwurzelungen und vieler wunderbarer Freundschaften mit Nichtjuden sie von einem ‚aufgeklärten‘ Assimilationsangebot ent-täuscht worden sind, in das die Erwartung einer Selbstaufgabe jüdischer ‚Identität‘ von Anfang an eingeschrieben war. Die verprellten Philosemiten werden sich zurückziehen und das Feld einigen interessierten Real-Politikern überlassen und der zentralen Gedenkverwaltung. Diese wird dann wohl oder übel die National-Beziehung zum Stammtisch verantworten müssen und den Rückzug der verprellten Ideal-Ideologen kompensieren - - -

Zu verantworten sein wird dies:

Am Stammtisch stellt sich im Schatten, den die Diskurse bis vor die Kneipen geworfen haben, das hauptstädtische abstrakte Schuld(st)eingeständnis paradoxerweise als Freibrief dar. Die diffus allgemein motivierte Politikverdrossenheit nämlich, die an diesem Tisch ihre Heimstatt hat, nimmt die Schuldnachrichten aus Berlin mit Erleichterung auf. Sie treffen auf eine konkret schwärende Stelle im Gemüt der Verdrossenen und heilen sie. Stets waren die Leute frustriert gewesen, wenn man ihnen irgendwie von oben her mit der Schuld an den Juden daherkam, denn man kam über die Generationen hin immer weniger damit zurecht, nicht aufbegehren zu dürfen. Angestaut und selten frei herauszusagen war das Begehren, das abwesende Gespenst „Jude" laut beim Namen zu nennen und als Affektadresse („wieder") in Gebrauch zu nehmen; der Stammtisch hat immer geglaubt, in einer Not zu sein, die man ihm doch eigentlich nehmen könnte. Das geschieht nun. Gunnar Heinsohn hat sie im November 1988 als „die Not der Unschuldigen" gedeutet, die „mit Groll diejenigen verfolgen, wegen deren Schicksal sie mitbeschuldigt sind."[48] Das ist vorbei. Alle Schuld wird in Stein gesteckt. Die nationale Schuld-Souveränität ist hergestellt, den Politikern alles weitere überlassen.

Der Stammtisch stellt befriedigt fest, daß man ihn fortan in Ruhe lassen wird mit dem neudeutschen Schuldgeschwafel. Er kann sich seinem alten Judenhaß, in einer neuen Beziehung zu Berlin, der Tatzentrale, wieder überlassen – ohne Schuldgefühle.

Die Kneipen der Nation haben, während ‚die da oben' in der Kriegerdenkmal-Tradition des Einvolk-Staates einen nationalkulturellen Identitätsverlust von noch unausgedachtem Ausmaß inszeniert haben, ihre affektive Unbescholtenheit ergattert. Isolierter sind die Stammtisch-Antisemiten von den Intellektuellen und Politikern nie gewesen, umso entspannter achten sie, wie wir beim abendlichen Umtrunk aus der Kneipenecke hören, auf Walser- und Möllemann-Signale und werden sie in die erneuerten Affektformen ihres auf alte Weise verfolgungsbereiten Nationalismus aufnehmen.

„Vorbei"[49]
Über die Gruppe 47 als Symptom

Was das Mahnmal in Berlin im Idealfalle hätte sein können –
„Zeugnis eines verunmöglichten Erbes" *und* ein bescheiden-vor-
läufiger Anstoß zu gemeinsamer Trauer über „die Folgen des Genozids" für das jüdische und das deutsche Volk[50] – das ist nicht deshalb gescheitert, weil es ganz unmöglich sei, *trauernd* über die
Schuldfrage hinwegzukommen, sondern weil es für eine Verwirk-
lichung solcher Trauer um Vergangenes, Vernichtetes – es war ein
wenig Wachstum der jüdischen Kultur in der deutschen und der
deutschen in der jüdischen – zu spät war. Selbst wenn die Pläne in
diese Richtung gegangen wären.

So muß wohl, bis ins Hoffnungsloseste, die nun abgeschlossene
Skizze pointiert werden, die den antisemitischen Kontext einer gescheiterten Gedächtnisgeschichte nach 1945 ins Auge gefaßt hat.

Ich habe an verschiedenen Nahtstellen gezeigt, daß in die Entfal-
tung dieses Kontextes die Gruppe 47 tief verstrickt ist. Ja sie ist im
Horizont der Literatur dieser Kontext selbst, denn sie hat in stolzer
Eigenregie seine gröbsten Ausartungen von ihrem Start weg stilprä-
gend ausgebildet.

Als Agentur und Autor-Ensemble, ohne Aufmerksamkeit auf die
spätere Arbeit mancher ihrer Mitglieder, hat die Gruppe durchweg
die einzigartigen Möglichkeiten der Literatur nicht darauf verwendet, jene Trauer um die „Folgen des Genozids" für Juden und Deutsche differenz-bewußt zu bearbeiten und ihr in der Nachkriegsgesellschaft früh genug Raum zu schaffen. Man sagt, im nationalen
Elend der frühen Nachkriegszeit wäre es eine Überforderung gewesen, das Scheitern der intellektuellen Eliten an einem Widerstand
gegen die NS-Vernichtungspolitik bewußt als eine literar-reflexive
Aufgabe anzunehmen und sie in ein neues Lernen an der jüdischen
Kultur und in die Trauer um das „verunmöglichte Erbe" gestalte-
risch einzubetten. Ich glaube nicht an die Naturgegebenheit einer
solchen Überforderung der ästhetischen Intelligenz. Was ich im
Buch versuche, sei eine Probe dieser Sicht auf die Gruppe 47.

Daß und wie demgegenüber ein ‚linker' siebenundvierziger Star-
kopf (Walser) vor und nach 1989 für die „Befreiung" eines deutschen Geschichtsgefühls aus den Fesseln verordneter Schuldgefühle

zu schwärmen begann, ohne offenbar wissen zu *wollen*, daß er den eher ‚rechten‘, rabbiat nationalistischen und geschichtsvergessenen Entschuldungsdiskurs in den Manifesten des Gruppen-Anfangs wiederholt, das gehört zur deutschen Symptomatik der Zeiterstarrung im Innenkreis der Gruppe 47. In ihm gab und gibt es kein geschichtliches Jenseits ihres borniert deutsch-europäischen Ideal-Horizonts, in dessen offenes dunkles Andere ihr Literaturbegriff sich hätte dehnen müssen, sondern eben nur die zwanghafte Wiederholung jener Selbstisolierung des deutschen Zeit- und Kulturgefühls. Daß dies der Beitrag der Gruppe 47 zum Scheitern der deutschen Gedächtnisgeschichte nach 1945 ist, wie sollten die Gruppen-Ersten das begreifen, die heute noch immer wie zu Adenauers Zeiten sich die Rolle anmaßen, als kritische Nationalintellektuelle zu sprechen? Sie wirken dabei teils wie Märchenonkels, teils wie wütige Teutonen.

Ein erster, über die Auftritte von Grass und Walser hinausweisender Blick auf die Grobheiten in der Gruppe 47:
Es ist noch keine Analyse – der Streit um unser Thema braucht allerdings eine analytische Grundlage – , wenn auf die Grobheiten bloß hingewiesen wird, die das Klima der Gruppenzusammenkünfte mitbestimmt und auch im Umgang mit jüdischen Mitgliedern haarsträubende Exempel hervorgebracht haben. Aber solche puren Hinweise sind wohl zunächst nötig, um unser *Thema* der Interpretation durch diejenigen Wortführer zu entziehen, die es als Thema der *Gruppe* mit munterer Selbstgefälligkeit von der Hand zu weisen pflegen. Rühmkorf ist ein Beispiel unter anderen. Wie sie das machen[51] zu analysieren, ist aufschlußreich; von größerem Belang wird es sein, mithilfe analytischer Versuche, die in das Buch eingestreut sind, das Phänomen zu verstehen, das ich schon angesprochen habe: daß jüdische Mitglieder, die solchen Grobheiten ausgesetzt waren, wie Peter Weiss, Erich Fried, Marcel Reich-Ranicki (aber auch andere, die ihnen nicht unmittelbar ausgesetzt waren), den Wunsch und die Fähigkeit hatten, ihre Freundschaften in der Gruppe dennoch nicht aufs Spiel zu setzen und der Gruppe als solcher gegenüber loyal zu bleiben. Ihre Loyalitätsprobleme offensiv ausgetragen haben Paul Celan und Wolfgang Hildesheimer; die freundschaftliche Beziehung vor allem zu Hans Werner Richter bis zuletzt bewahren konnte Hildesheimer, nicht Celan.
Das Celan-Kapitel („Nach Niendorf") hat ein besonderes Gewicht. Es zu schreiben hat, wie man so sagt, besonders viel gekostet. Das Wort Grobheit assoziiert eine Vorstellung, die nicht annähernd

trifft, wie dem größten Lyriker deutscher Sprache im 20. Jahrhundert von Gruppenmitgliedern, angeführt von Richter, mitgespielt worden ist. Es war *auch* grob. Offene Agressivität ‚brach durch'. Aber auch fintenreich ausgetragene Verachtung, sprunghaft überschnappend in „Freundschafts"-Beteuerung. In allen Windungen und Wendungen erkennbar: das nachkriegstypische Desinteresse an Juden und Judentum, gepaart mit besonderer Empfindungslosigkeit. Eine Mixtur gruppeneigener Tugenden, versetzt mit dem Gesten-Durcheinander der subtil verklemmten Art, die zum Habitus der westdeutschen Salon-Gespräche über diesen Dichter überhaupt gehörte und im Feuilleton sich breit machen konnte, wie die sogenannte Goll-Affäre bezeugt.

Das „Verhältnis" der Gruppe zu Celan ist also, wie vorerst nur angedeutet werden sollte, in seiner Negativität vielschichtig und nicht nur oberflächlich grob. Grobheit gibt den Ton an, das ist beispielhaft für dieses Schriftsteller-Ensemble; auch die Plumpheit, wie seine Sprecher bis heute diesen Ton als gruppentypisch beschönigen möchten. Frei davon scheint Walter Jens gewesen zu sein, als er das Schweigen über Celan in siebenundvierziger Kreisen einmal durchbrochen hat, festgehalten in nichtveröffentlichten Protokollen.[52] Aus dem wohl pochenden christlichen Gewissen heraus, das der Gruppen-Strategie gegenüber Juden (Sicherung des Differenz-Tabus durch Schweigen) nicht immer gewachsen sein mag, erzählt Jens, daß Celan, als er beim Treffen in Niendorf 1952 *ein erstes Mal in Deutschland las* und mit seiner bald über Rundfunk und Lesereisen bekannt gewordenen singenden Stimme („Der liest ja wie Goebbels") unter anderen Gedichten die „Todesfuge" vorgetragen hatte, ausgelacht worden ist – „sodaß dann später", so Jens, ein Mitglied der ersten Stunde (es war Walter Hilsbecher) die Texte „nocheinmal vorlesen mußte."

Mitglieder der Gruppe, denen *Hinweise* auf eine spezifisch „siebenundvierziger" Grobheit, die ihnen zu Ohren kommen, noch nie gefallen haben, pflegen zu betonen ohne aus dem üblichen Selbstlob-Gehabe herauszufallen: Grobheiten – „Burschikosität", „ein rauher Ton" etc. – seien ein Merkmal des Umgangs unter ihnen überhaupt gewesen. In der Tat. Dieser generelle, schon in den ersten Rezensionen der Gruppentreffen 1947/48 auftauchende Befund ist jedoch kein Argument gegen die vorgetragene Betrachtungsweise. Einen Barbaren auf seine Motive und Haltungen hin zu befragen, wenn man ihn trunken spielerisch seine Keule schwingen sieht, ist zwecklos; man muß darauf achten, wie und gegen wen er Anstalten macht, ernsthaft zuzuschlagen. Dann ist sein Keulenschwingen ein Aspekt, der im Verein mit anderen sein Tun charakterisiert. Dann auch gehört es in die kritische Überlieferung. – In ihrer Nibelungentreue übersehen jene Siebenundvierziger die *vielen* Aspekte, denen diese Streitschrift zur Gruppe 47 ihr Thema ,verdankt' – Aspekte eines vielfältig *vermittelten*, von Grobheit gegenüber Juden unter anderem, aber besonders *symptomatisch* angezeigten Anteils deutscher Intellektueller am Nachkriegs-Antisemitismus. Auf dieses Phänomen der Vermitteltheit und Symptomatik hat diese Einführung mehrfach hingewiesen. Kein besonnener Mensch, ich betone es an dieser Stelle noch einmal, käme aber auf den Gedanken – eben das allerdings pflegen die Getreuen der Gruppe 47 stets leichthin zu unterstellen – , irgend Jemanden einer subjektiv antisemitischen Gesinnung zu bezichtigen, allein weil er sich persönlich dem Antisemitismus-Thema gegenüber abwehrend verhält oder einschlägigen analytischen Betrachtungen mit Unsicherheit und Ablenkungsmanövern begegnet. Es gibt aber eine ziemlich deutliche Grenze des höflichen Respekts vor einem solchen Mimosentum. Sie ist berührt, wenn Fragen des vermittelten Antisemitismus mit defensiver Agressivität ,beantwortet' werden. Im deutschen Salon ein häufiger Vorfall. Die Gereiztheit gehört zum Thema.

Eine in dieser Hinsicht schwierige, personenbezogene Frage begleitet das ganze Buch und prägt einen Gutteil seines Charakters als einer Streitschrift, die den Ort der Gruppe 47 in der nachkriegsdeutschen Kommunikations- und Gedächtnisgeschichte zu bestimmen sucht, aber auf Gesinnungs-Portraits nicht erpicht ist. Es handelt sich um die Frage nach dem Grund der außergewöhnlichen Gereiztheit, die den ob seiner Gelassenheit als Gruppenmoderator vielgerühmten „Chef" Hans Werner Richter überkam, wenn Kritik an seiner Gruppe von Juden vorgetragen worden ist.

Diese Frage bleibt eine besondere, auch wenn Richter den inneren Gruppen-Halt, den er als sein Werk betrachtete, gefährdet sah durch *nicht* von Juden vorgetragene Kritik und dann nicht weniger gereizt reagierte; etwa als der „Begabteste der Clique", der einst ,salon-linke' Martin Walser mit seinem Appell „Sozialisieren wir die Gruppe 47!" *zu weit* nach links gegangen war („Bodensee-Narr!")[53], oder als der unabhängige Statthalter der Gruppe auf dem „Zeit"-Forum, Rudolf Walter Leonhard, im Ausland kritisch über Verfallserscheinungen in der Gruppe berichtet hatte[54]. *Allen* Fällen war gemeinsam, daß Richter den Kritikern gern unterstellt, sie seien beleidigt wegen einer Nicht- oder Nichtmehr-Einladung zu den Gruppentreffs und rächten sich durch Diffamierung. Hier hört die Gemeinsamkeit aber auch schon auf. Jede konkrete Gereiztheit gehört für sich betrachtet, und dann tritt die Besonderheit, um die es hier geht, ans Licht. Wir werden sehen.

Grobheit gegenüber jüdischen ‚Partnern' scheint aber auch unvermittelt für sich selbst zu sprechen; nämlich dann, wenn sie in den Schein von Unbefangenheit gehüllt ist. Muß man ihnen besonders grob kommen, um Unbefangenheit unter Beweis zu stellen? Das wäre z.b. das Markenzeichen des „Bodensee-Narren" – bei oberflächlicher Betrachtungsweise. Auch sie jedoch erhellt durchaus schon ein wenig das tiefer begründete Phänomen der Gereiztheit gegen Kritik von Juden. Richter selbst läßt sich auf diese Weise ein Stück begreifen. Schnoddrig wegwerfend, als sei Unbefangenheit überhaupt kein Problem für ihn, werden Gemeinheiten ausgestreut, besonders locker von der Hand vor allem im besonderen Reiz-Fall: wenn Kritik von Emigranten vorgetragen wurde, die der Gruppe nahe, wenn auch nicht allzunahe standen. Wenige Briefzeilen von Richters Hand oder Gesprächsfetzen – sie genügen dann oft, uns tiefer blicken zu lassen. Der dunkle Motivgrund des Richterschen Gruppenhandelns, zum Bersten gespannt vor Befangenheit, wird unter der Oberfläche schnoddriger Formulierungen erkennbar.

Spontan grob konnte Richter werden (und in der Folge diplomatisch intrigant), wenn Emigranten mit ihrer Kritik die Gruppe wirklich ‚meinten' – weil sie literarisch *und politisch* etwas von ihr erwarteten! – und selber Autoren (nicht nur Kritiker) waren. Es lag dann nahe, sie zu Lesungen in der Gruppe einzuladen. Das hätte sie nach der ‚Vereins'-Regel (wer eingeladen wird, gehört dazu) zu ‚Mitgliedern' gemacht. Richter scheute diesen Schritt und verwickelte sich in Inkonsequenz und Widersprüche. Hans Habe etwa oder Robert Neumann lud er nicht ein. Aus Opportunität (die Details dazu im Kapitel „Nachverfolgung") machte er den ‚Fehler', Hermann Kesten einzuladen. Der fühlte sich zunächst ganz wohl als ‚Mitglied' – und wurde ein „gefährlicher" Kritiker. Das hier angeleuchtete Bild erscheint verworren. In kleinen Schritten wird es klarer, wenn die analytische Erzählung mit ihrer Leuchte lange genug hinter den Kulissen des Gruppenlebens umhergeht, wie es in den vier empirischen Kapiteln des Buches geschehen wird.

Richter hat sich von jüdischen Emigranten nicht in die Karten seiner Gruppen-*Politik* schauen lassen wollen. Diese Vorsicht deutet überraschender Weise ins Herz des Antisemitismus-Komplexes, der zu untersuchen ist. Ich habe viele Jahre gebraucht, diese Untersuchungsrichtung zu erkennen und den Zusammenhang zu begreifen und befragen zu können, der zwischen Richters verdeckter Politik und dem Nachkriegs-Antisemitismus in Deutschland besteht. Mal mehr mal weniger an der Person Richters orientiert arbeitet die Streitschrift an der Darstellbarkeit dieses Zusammenhangs. Eine Skizze dazu vorab. Sie beschließt die Einführung.

Die Juden sind schuld
Antisemitismus und Homogenität der Zeit
„Re-emigration" – welch ein Versprecher!

Selten hat Hans Werner Richter im Freundeskreis über seine wahren Absichten, mit denen er in die Begegnungen mit jüdischen Emigranten gegangen ist, offen gesprochen. Wenn er sich etwa mit Kaiser oder Jens darüber verständigt, die Zurückgekehrten seien alt, unzuständig oder reaktionär, so lenkt das von der *Frage* ab, warum er einer ernsthaften Auseinandersetzung mit ihnen von Grund auf abgeneigt war und mit dieser Haltung weithin diskussionslos auf ein ‚tragendes' Einverständnis in der Gruppe zählen konnte? Ein Hinweis, der die Frage zwar keineswegs unmittelbar beantwortet, enthält wohl aber die Perspektive, die beim Weiterfragen hilft. Richter gibt den Hinweis einem jungen Helfer, der seine politische Bewährungsprobe in der Intrige gegen Celan bestanden hat: Seine Absicht, sagt Richter, sei es immer gewesen, im Kreis der Gruppe 47 „eine Art Corpsgeist zu pflegen" und eine „Beschäftigung mit der Literatur so, daß ein indirekter politischer Einfluß entsteht."[55]

Zur Zeit, als die Gruppe sich formierte, während der vielbesungenen Aufbruchsstimmung in München 1946/1947, war spontan wie aus dem Nichts ein Umgang ihrer Begründer mit literarischen Vertretern des ‚inneren' und ‚äußeren' Exils entstanden, in dessen Bild bei späterer Betrachtung eine Klischee-Prägung auszumachen ist, die auf thematische Gemeinsamkeiten schließen läßt. Das Klischee hat zu Recht lange gehalten. Lebendig wurde diskutiert, Wohlwollen, Heiterkeit prägten die Stimmung an den wenigen Orten, wo man sich in der Trümmerstadt treffen konnte: Schellingstraße, Romanstraße – eine zaubrisch verklärte Topographie der Erinnerung; Walter Kolbenhoffs Wohnung, Redaktion der Neuen Zeitung, Desch Verlag. Auf den Erinnerungsspuren, die zu jenen Stätten der Begegnung zurückführen, hat man einen festen Anhalt, wenn man glauben möchte, von dorther Geisterstimmen zu vernehmen, die ‚politisch' gleichgestimmt waren und einen nicht mißdeutbaren Kern hatten: Gemeinsamkeitsgefühle unter Feinden des Nationalsozialismus, Geist der Erneuerung. Die Grundaussagen aus dem Kreis der Beteiligten haben in der Tat diesen stimmungsvollen Unterbau. Auf ihm gründeten die Hoffnungen, die von Rückkehrern aus dem Exil der literarisch-politischen Arbeit der Gruppe 47 entgegengebracht worden, bis 1952/1953 konsistent geblieben sind und schließlich eine historische, überlieferungswürdige Gestalt angenommen haben. Welche Reaktion diese Hoffnungen in Richters Kopf ausgelöst haben, wird genauer im Kapitel „Ein Preis für literarische Nachverfolgung" rekonstruiert.

Das Klischee thematischer Gemeinsamkeiten hat den Status eines Dokuments. Es belegt *begrabene* Hoffnungen. Es ist schwer auszumachen, auf wann wir die ersten Enttäuschungen auf der Seite der Emigranten zu datieren haben. Feststeht, daß die *Wiege* der Gruppe 47 das Grab schon war. Es trägt den Namen „Der Ruf. Unabhängige Blätter für die junge Generation" (August 1946 bis März 1947). Hier wurde die Sprache literarisch manifest, die auf den Nationalsozialismus mit einem Neonationalismus reagiert, den schon Heinrich Heine beschrieben hat: Das Herz des Deutschen zieht sich in Krisenzeiten zusammen „wie Leder in der Kälte". Deutsche Engherzigkeit ist das Krankheitszeichen der Kommunikation, die Richter mit den ‚Münchner' Emigranten unterhielt. Über das Jahr 1952 hinaus hat sie den Schein von „literaturpolitischen" Gemeinsamkeiten nicht wahren können. Die unkontrollierten Ausfälle häufen sich dann. Die Anlässe sind bemerkenswert: Jüdische Emigranten tragen Fragen an die Gruppe kritisch heran, die ihr politisches Selbstverständnis als antifaschistische Nachkriegs-Avantgarde berühren und auf Richters Kalkül aufprallen, die links-politische Rolle seiner Gruppe in der Öffentlichkeit zu monopolisieren.

Dem aufrechten Nicht-Nazi genügten kritische Andeutungen, um grob zu werden und beispielsweise Hans Habe und Robert Neumann als „trübe und miese Figuren" zu titulieren (an Jens)[56]; Andeutungen dieser Art waren: Mangelt es der Gruppe an antifaschistischer Radikalität, zumal in der ‚Vergangenheitsbewältigung'? warum hält sie sich aus der Debatte um die Verjährung der NS-Verbrechen heraus? warum bricht sie nicht mit ihren *macht*-politischen Tendenzen? u.ä.

H. Habe, der als Autor wie u.a. Kesten, R. Neumann und Richter bei Kurt Desch publizierte, als amerikanischer Presse-Offizier in München zum oben genannten Kreis gehörte, den „Ruf" genau kannte (und vermutlich mit dem Gerücht gut leben konnte, am Verbot der Zeitung mitgewirkt zu haben), er hatte die Anfänge der Gruppe 47 aus der Nähe beobachtet und für ihn stand der Antisemitismus in der Gruppe fest. Dort kannte man diese seine Einschätzung sehr genau. Wenn nun Richter ihn später als „indirekten Faschisten" denunziert (an Wolfgang Hildesheimer)[57], so könnte das noch als Retourkutsche durchgehen – müßte wohl aber gerade dergestalt im Kontext ‚politisch' vermittelter (verschobener) Antisemitismen genauer analysiert werden. Im Kern müßte es um die Frage gehen: Worauf deutet der gegenkritische Gestus gegen einen deutsch-jüdischen Angehörigen der amerikanischen Befreiungsarmee, er sei ein „Verräter der Linken" und störe die Gruppe 47 beim Kampf gegen die „Gefahr und Möglichkeit einer Wiederkehr des Alten" (ebenfalls an Hildesheimer)[58]?

Wollte Richter bloß den Alleinvertretungsanspruch für seine „Politik" wahren? „(...) Ich wollte von Anfang an, daß in Deutschland die linken Schriftsteller dominieren, daß sie die öffentliche Meinung beherrschen oder mit beherrschen..."- - -

Oder spricht in der Wortwahl „Verräter" usw. der alte Wahn in neopolitischer („linker") Programmvermittlung sich naiv-verdeckt ein wenig frei (im Augenblick eines prinzipiellen Konflikts mit dem jüdischen Freund Hildesheimer über den Sinn der Gruppe!), die Juden seien schuld an – ja an was? Oder verheddert sich in der vermittelten Form bloß ein diffuser Ärger über Habes manchmal etwas simplen Gestus, wie er den Antisemitismus-Vorwurf zu erheben pflegte? Aber was hieße das? Wie „simpel" ist es, wenn ein relativ konservativer Stilist wie Hans Habe, der als Unterhaltungsschriftsteller nicht schlechter war als bald darauf der Gruppen-Star Walser sein wird, in seiner Kritik an der Literatursprache der jüngeren Generation nicht allein sein Unverständnis für die europäische Moderne eines Beckett oder Joyce mit zum Ausdruck bringt, sondern an einem ‚Punkt' konkret wird, der hier der entscheidende sein könnte: Er spricht von einer „Flucht vor dem Menschengesicht" und wendet sich gegen Autoren, die eine Sprache schreiben, die zu erzählen vermeide, „was sie als Deutsche mit Scham erfüllt"[59] - - -

Wenn Richter Hans Habe und Robert Neumann als „Emigranten" bei jeder sich bietenden Gelegenheit beschimpft – es handelt sich um konkrete, bis an die Schwelle zu „1968" verpaßte Gelegenheiten, sich mit ihnen auseinanderzusetzen – und sie als rechte Gefahr bedenkenlos in Verbindung bringt mit der Polemik der Rechten am Ende der Weimarer Republik, und im gleichen Zug ihre Kritik mit den Methoden des „schwarzen Korps" vergleicht, dem Organ der Reichsführung der SS[60], dann müssen wir uns fragen, welcher Aufwand an Verdrängung der wahren Motive zu solcher defensiven Aggressivität vonnöten war in all den Jahren seit dem Stapellauf des Schiffes „Gruppe 47", das mit solchen Kapitänssprüchen auf Kurs gehalten werden sollte? Denn es handelt sich nicht um Sprüche im luftleeren Raum, auch schützt sie rechtens nicht die Lizenz zum nächtlich-genüßlichen Stammtisch-Geschwätz, in dem die Gruppe sich gefiel. Grobe Vergleiche der genannten Art stammen wie viele ähnliche Äußerungen, die in diesem Buch zur Sprache kommen, in der Regel aus Leitlinien-Texten, Briefen, die Richter an seine jungen Genossen verschickte (im letzten aktiven Jahrzehnt vor 1968 mit Vorzug an F. J. Raddatz)[61], denen er das publizistische Geschütz übertragen hatte (ein wenig Heine-parodierend gesagt): ‚die Gruppe, die Gruppe zu schützen‘ - - -

So ist es die innere Korrespondenz (im bildlichen und konkreten Sinne) zwischen den ehrgeizigen Jungen mit der spitzen deutschen Zunge der Jahrgänge nach 1926 (Raddatz, Rühmkorf, Hey, Kaiser u.a.) und dem altlinken Kapitän mit seiner Sehnsucht nach einer schönen unschuldigen Demokratie, eine Ingroup-Korrespondenz also, die das Tarnnetz gesponnen hat um das nachkriegs-ursprüngliche, seither innerst gehütete Gruppen-Tabu: *Angst vor der Rückkehr jüdischer Emigranten?* Meine Beobachtungen gehen dahin, daß in der Gruppe sich eine Apparatur der Tabu-Sicherung mit hohem, unwillkürlich funktionierenden Zuverlässigkeitsgrad eingespielt hat. Die Angst selbst spricht unwiderleglich aus unzähligen Momenten einer gruppentypisch verdeckten Selbstdarstellung. Entsprechende Äußerungen Richters, der als der unbeirrt seine Bahn ziehende Chef-Ideologe der Gruppe 47 gelten kann, sind mit Blick auf seine Angstgefühle besonders schwer lesbar. Liest man seine Briefe berufsbedingt immer wieder, setzt sich der Eindruck fest, daß er die Selbstdarstellung der Gruppe gegenüber Juden entscheidend prägt mithilfe seiner Fähigkeit, Affekte, auch die eigenen, gruppenförderlich zu moderieren und in einen groß angelegten Schauspielplan umzusetzen. Spielbar soll sein: Selbstsicherheit nach außen und nach innen. Die eigenen Affekte kompensiert Richter ‚politisch‘, nämlich in einem Stil im Umgang mit Emigranten und nicht zur Gruppe „gehörigen" Juden, der pragmatisch gemischt ist aus

Courtoisie, Diplomatie und Intrige. Unverkennbar dabei ist ein Leitmotiv: Verweigerung einer Partnerschaft, die von ‚draußen' angeboten wird mit dem Wunsch, Anteil zu nehmen an der Idee, eine „linke" Literatur auferstehen zu lassen mit Einfluß auf die Politik.

Es spricht einiges dafür, daß im Streben nach politischer Autonomie und Macht der Gruppe 47 eine psychische Disposition Richters ihren Ausdruck fand. Die Fixierung auf einen blockförmigen Begriff von Nachkriegsepoche, über dessen Anwendung auf die zu gestaltende Zukunft er eine Richtlinien-Hoheit begehrte, sie schloß ein Feindbild der vor allem jüdischen Emigranten ein, die mit Vorstellungen aus dem Exil zurückgekehrt waren, wie sie bei der Wieder-Errichtung des ‚anderen, besseren Deutschland', das sie mit hinaus genommen hatten, mitwirken können. Richter machte keine gute Figur, wenn er sich solcher ‚Einmischung' gegenüber dankbar, gelehrig und im (gespielten) Interesse einer gemeinsamen Sache geschäftig gab. Denn im Grunde seines Herzens war Haß.

Den Haß trug er durch die Nachkriegszeit, die ihn nicht lindern konnte. Anläßlich des letzten Gefechts, das er dem Kritiker an der Machtentfaltung seiner Gruppe, Robert Neumann, 1966 gerne geliefert hätte, ist ein 33 Jahre alter Misch-Affekt noch frisch und fließt in Worte, die uns, aber wohl nicht dem Sprecher selbst, Aufschluß über die Problematik seiner selbstbiographischen Geschichtsauffassung geben, die 1933 ihre Urszene und möglicherweise zwangsläufig eine nicht mehr auflösbare politische Verkrampfung gegenüber den Emigranten begründet hat. Er habe, so heißt es in einem Brief an Fritz J. Raddatz, „als ganz junger Mann" erfahren, „wie sie uns im Stich ließen" - - -: „wie sie davon liefen".

Das sind in unserem Fragezusammenhang wirklich kostbare Formulierungen. Als „ganz junger", also gerade erwachsener Mann und Sozialist erlebt Richter (25) die Niederlage der Linken, Stichjahr 1933; angesichts solchen ‚Eltern-Entzugs' im weltgeschichtlichen Maßstab ist das Selbstmitleid des ‚verlassenen Kindes' nachvollziehbar. Vielleicht nicht der Haß; es sei denn, es handelt sich um das, was in der Psychoanalyse eine Neurosenwahl heißt, der kaum zu entkommen sei, so subjektiv autonom sie vor sich geht. Haß als Affektmedium, das den dauerhaften Umgang mit der politischen Primärvereinsamung moderiert? – Dauerhaft zu besänftigen ist ein so funktionierender Haß nicht, er wird stets hervorzureizen sein in blanker, grober Beschaffenheit; und er wird die alten und neuen Schuldigen ‚erkennen', deren Re-Inkarnation in diesem Fall die zurückgekehrten Exilierten waren. Über einer selbstanalytischen Arbeit an solcher ‚Heimsuchung‘ wäre aber eben auch ein nachkriegspolitisches Erwachsenwerden möglich gewesen - - -

Der jungen Gefolgschaft Richters fehlte jegliches Interesse an dergestalt subjektiven Aspekten, die das Handeln des Chefs bestimmen mochten. In Abwandlung eines Satzes von Alfred Andersch im „Ruf", dem wir im letzten Kapitel begegnen werden, können wir sagen: Richters Gefolgschaft stand für eine undurchschaute Sache, aber sie stand. Sie stand längst, als das Gefecht mit Neumann 1966 zu koordinieren war. Sie stand und funktionierte in vorauseilendem Gehorsam, wenn das Tabu „Shoah" oder „Exil" ‚politisch‘ angerührt wurde und wenn das Differenz-Gespenst namens „Remigration" es wagte, Kritik am Macht-Habitus der Gruppe zu üben, oder wenn die Rückkehrer eine Kritik nur aufnahmen, die auch von Nichtjuden geübt wurde. Die Gefolgschaft hatte nur das eine Begehr: Machtteilhabe, Nutzung der geborgten Macht, die jedem Einzelnen aus seiner Zugehörigkeit zur Gruppe abzuzweigen möglich war, wenn seine Eitelkeit oder sein Ehrgeiz darauf epicht waren. Das wäre hier ohne Interesse, überlagerten Eitelkeit und Machtfreude der Gefolgsleute nicht den wunden Punkt unseres Themas: In den Fällen, die in dieser Streitschrift beschrieben werden, kam die Erfüllung gruppenpolitischer Aufträge der persönlichen Mißachtung jüdischer Streitgegner gleich.

Ja, die Dokumente sagen noch Schlimmeres: Die Erfüllungsgehilfen handelten ohne Fragen zu stellen. Haben sie nie an sich selbst gezweifelt, wenn sie der Stimme ihres Herrn so überaus eifrig gefolgt sind? Ich habe in den Archiven keinen Brief mit einer Widerrede gegen eine der Richterschen Grobheiten gefunden, welche sich bis in Vergleiche jüdischer Personen mit Nazi-Monstren verirren; eher das Gegenteil. So im hier berührten Fall, als die Reihen gegen Neumann und andere Kritiker zu ordnen waren. Da nimmt Richard Hey einen (nicht überlieferten, offenbar sehr direkten) Hinweis Richters auf und bietet die Übersetzung einer Grobheit in brauchbare Rhetorik an: „Neumann (... schreibt) so wie Streicher behauptet, daß Juden schreiben, nämlich wie Streicher"[62] (Julius Streicher, Herausgeber des antisemitischen NS-Organs „Der Stürmer"), eine Formulierungsanregung, die Richters Sichtweise so genau trifft, daß er ihren Autor mit dergleichen Affektladung in die Öffentlichkeit treiben möchte (mit Erfolg). Er habe gegen die Emigranten „mehr zu sagen als Hildesheimer"! Dessen Äußerungen gegen Robert Neumann[63] seien „grämlich". Hey nimmt diesen Wink auf[64] und

attackiert wie gewünscht öffentlich mit Gesten wie „(Diese Kritiker) gehören abserviert".[65]

Am 29. Oktober 2002, einem unglücklichen Tag – ich gehe diesen
Text vor dem Umbruch durch, fühle mich elend über ,meinem'
unschönen Material, das an dieser Stelle gegen klärende, besonne
Darstellung besonders störrisch bleibt –, an diesem Tag kam auch
noch das Pech dazu. Ich geriet vor dem TV-Schirm in die „Bühler
Begegnung" des Intendanten Voß mit dem Musikkritiker Kaiser
(3sat). Wie dauerhaft doch in den individuellen Charakteren des In-
nenkreises der Gruppe 47 die Spuren des einst blind-reflexhaften
Gehorsams gegenüber dem obersten Tabu-Wächter Hans Werner
Richter ,eingemerkt' bleiben! Es sind Dauerspuren. Das Shoah-
Tabu in der Gruppe hatte bis an die „achtundsechziger" Zeit heran
bewirkt, daß das erregende Wort „Auschwitz" aus dem siebenundvierziger Vokabular verbannt blieb. Eine große Erregungsmenge
hatte sich so angestaut und brach sich seit 1965 Bahn in Befrei-
ungsschlägen wie in Kaisers Peter Weiss-Verriß („Auschwitz auf
dem Theater nicht konsumierbar", darüber Näheres im letzten
Kapitel) oder in Walsers „Unser Auschwitz" (Kaiser: „ein wunderbarer Aufsatz!"). Aber in der Folgezeit blieb die Erregungsmenge
in summa unbearbeitet und konvertierte, wurde sie gereizt, in
körpersprachliche Abwehrhaltungen, die bis in hysterische Formen
der Beschwörung ausarten konnten, wie schön die alten Zeiten
doch waren, als man, beim Wasser des Styx! von Auschwitz nicht
sprach. – Meine beiden älteren Herren auf dem Bildschirm nun versuchten sich im Plauderton, um reden zu können worüber zu reden
ihnen niemand verbot. Vergebens. Der Schatten des Hades lag über
ihnen. Was ich sah, war so unheimlich, wie ich mir aufgrund der
verfügbaren Dokumente die verspannteste Situation am Stammtisch der Gruppe 47 nicht vorgestellt hatte, wenn „Auschwitz" in
der Luft lag, aber – beim Knurren des Kerberos! – das Wort auszusprechen tatsächlich verboten war. – Kaiser versuchte als Kritiker
über die Leerstelle in Walsers Kind-Roman „Ein springender Brunnen" zu sprechen: „Auschwitz". Nicht ,eigentlich'. Sondern deshalb, weil über die Beschwerde eines anderen Kritikers, im Roman
komme Auschwitz nicht vor, Freund Autor sich empört hatte (Walser in der Paulskirche: „Nichts von Erzählperspektive gehört[?]").
Kaiser sprach unversehens selbst als Kind, das von Auschwitz nichts

wissen konnte, sprang plötzlich vom „Brunnen" zum „Tod eines Kritikers" und erstickte fast an einem Wutwort, mithilfe dessen er den Antisemitismus-Vorwurf gegen Walsers jüngstes Buch hinters Kinn zu stopfen suchte, sein Kopf wurde von Bewegungskrämpfen hin- und hergeworfen, ich sah einen Mund, der sich an Empörungslauten verschluckte und Sätze zu bilden versuchte, die sogleich zerbrachen. Im Wirrwarr der Worte immer wieder: „Auschwitz!" „Ach so", würde Helmut Heissenbüttel jetzt wohl gesagt haben. „1945", so meinte dieser kühle Beobachter der Kritikerkomödie bei Gruppensitzungen einmal, „1945, das ist noch immer." Damals, 1945, kannten zirka hunderttausend höhere NS-Schergen den Namen des Vernichtungslagers, wir alle wußten von Auschwitz nichts. Darüber könnte man heute ruhig und von der Sache her sprechen, in Form eines Ansetzens, das zur Debatte über das Wesentliche, was nämlich in der Epoche nach 1945

aus unserem Nichtwissen wurde, erst führen müßte. Doch wieder keine klare Geste von einem Gruppensprecher! Sondern hysterische Abwehr und maßlose Eitelkeit. Vor diesen schrecklichen Körperbildern frage ich mich, warum ich das vorliegende Buch geschrieben habe. Die schwierigsten Fragen, die es bearbeitet, wurden da in Bühl womöglich beantwortet. Fragen, die deshalb so schwierig sind, weil sie auf der Suche nach Antworten in das historische Phänomen des nach 1945 verdrängten Antisemitismus zurückdringen müssen. Dort im Gestrüpp doppelter Verneinungen (Antisemitismus nein, jüdische Kultur und Geschichte nein) höre ich auch die unbestimmten Stimmen leibhaftiger Antisemiten. – Aber am Bildschirm waren sie wieder nicht bestimmt auszumachen. Wie in diesem Buch.

Als in Bühl das hektische Kauderwelsch schließlich abebbte, wobei man sich gegenseitig auf dem Niveau zweier nicht mehr ernst genommener Nazi-Onkels ernsthaft versicherte, daß die Deutschen wirklich nichts wissen konnten und „ja auch" durch die großen existenziellen Sorgen im Nazi-Reich abgehalten waren, von den „schlimmen Dingen", die natürlich passierten, etwas wissen zu wollen, und nachdem der Leser Joachim Kaiser seine Wut über die Walser-Kritiker nachträglich damit legitimiert hatte, daß er einer der fünf „Starkritiker" der Gruppe 47 gewesen sei – daß er aber, als ihn diese Qualifikation für die deutsche Literatur zum Feuilleton der Süddeutschen Zeitung gebracht hatte, er dort trotz dem sogleich über Hans Knappertsbusch und Richard Wagner zu schreiben begonnen habe – : Bei diesem hübschen musikalischen Übergang mögen Zuschauer inzwischen ihre Müdigkeit bemerkt und abgeschaltet haben und sie werden vielleicht doch dieses Buch lesen. Ich habe abgeschaltet, als Richters Knappe unaufgefordert von den „klugen Juden" zu schwadronieren anfing (Adorno, Bloch), die nach 1945 unbefangen über die Musik des Antisemiten Wagner geschrieben haben. Kaiser bemüht ironisch: „Dann durften wir das ja auch."

Vielleicht muß man den jungen Gefolgsleuten, die gegen das Vokabular der Mißachtung nicht protestierten, zugutehalten, daß die Faszination stark war, die von Richters Formulierungen ausging. Sie waren simpel, setzten kein ausgeprägtes historisches Bildungswissen über die Weimarer Republik und das Exil voraus und waren frei von jeglicher Fragehaltung gegenüber sich selbst. Nichts konnte dienlicher sein, Richters Politik der Tabu-Sicherung in die Gemüter der Jahrgänge 1926 bis 1929 einzupflanzen, die gerade dann, wenn es um die Zurückweisung der Kritik an der Gruppe seitens großer alter Autoritäten ging, stolz über ihre „Zugehörigkeit" und die Hilfe waren, die sie dem Chef dabei leisten durften, zumal ihnen vertraulich mitgeteilt wurde, daß nur sie es seien, denen er „solche persönlichen Dinge" schreibt und zu den „wenigen" gehörten, die „die politische Seite der ganzen Angelegenheit begreifen", einer Angelegenheit, die Richter „meine Konzeption" nennt, die an andere Mitglieder „hinauszuplaudern" er „immer vermieden" habe! So in einem Brief an Raddatz zur Einstimmung in dessen Anti-Neumann-Beiträge, aus dem hier zitiert ist.[66] „Meine Konzeption", nichts anderes war sie, als die Differenz zu den Juden nach der Shoah nicht in eine Aktualisierung ausarten zu lassen, die der Gruppe eine Auseinandersetzung mit Zurückgekehrten hätte aufnötigen können. Die Jungen waren intuitiv Nutznießer dieser Schutzpolitik und haben sich wissentlich der „Bevormundung" unterworfen, die Richter im zitierten Brief ausdrücklich ihnen, seinen verständigen Politikhelfern, zumutet. Sie haben sich bis heute dazu nicht geäußert!

Richter hat auch (vergebens) versucht, den moderaten Walter Höllerer in seine Politik der groben Gangart gegen „Neumann und Cons." hineinzuziehen – „Ich meine, es ist an der Zeit, daß mit denen mal Tacheles geredet wird" – und auf dessen geplantes Projekt für seine Zeitschrift „Sprache im technischen Zeitalter", Neumanns Polemik-Stil durch Gruppensprecher analysieren zu lassen, Einfluß zu nehmen. Höllerer reagiert darauf nicht. Sein eigener Beitrag in der Zeitschrift ist durchweg sachlich, verkennt aber wie die anderen den Kernpunkt der Attacke Neumanns: den Zusammenhang von Macht im Literaturbetrieb und deutschem Kontext der Verdrängungen.[67] Auch Höllerer muß sich fragen lassen, ob ihm die Worte, die Richter im Brief an ihn wählt, nicht den Aufschluß über diesen Zusammenhang hätte geben *müssen*, den der Text Neumanns ihm nicht gegeben hat? Konnte man unter Freunden Haß nicht wahrnehmen, der sich gegen andere richtet und bei Richter den sprachlichen Ausdruck eines wütenden Doktrinärs annimmt, der beim Adressaten auf Beistimmung in seinen Haß dringt? Und wie ist es möglich, die antisemitische Herkunft von Schuldzuschreibungen wie den folgenden nicht zu erkennen?

> Mir schwebt (...) immer vor, daß es nunmehr an der Zeit ist, etwas über die Re-emigration zu sagen, über ihr völliges Versagen, ihre politische Instinktlosigkeit, ihre Glorifizierung der goldenen zwanziger Jahre, die gar nicht golden, sondern schrecklich waren, dadurch, daß sie durch eigene Schuld den Anschluß versäumt haben.[68]

Hildesheimer, Hans Mayer, Walter Maria Guggenheimer hatten keine Kenntnis von der seit 1946 im Innern des Mannes mitgeschleppten „Konzeption". Hildesheimer immerhin, der Briefe wie die an Raddatz oder Höllerer nicht erhalten hat, aber doch die Invektive gegen Hans Habe kannte („indirekter Faschist"), er las ahnungsvoll zwischen den Zeilen und zwischen den politisch verschobenen Konflikt-Äußerungen des Freundes – denn er hofft einmal, „auch die Zwischentöne zu vergessen", die er in einem Richterschen Brief zu hören bekam, nachdem er gegen dessen *neueste* Politisierungs-Kapriolen protestiert hatte.[69] Es gibt aber meines Wissens keine Belege dafür, daß diese jüdischen Freunde Richters auch nur die leiseste Ahnung davon hatten, wie er über deutsche Geschichte, Juden und neue Politik in seinem Herzen wirklich dachte. Und gewiß wußten sie nicht, daß Richter, immer wenn er entrüstet über lästige Kritik war und seine Sorgen um die bleibende Stabilität „seiner" Gruppe in Briefen (und anders?) aus sich herausbrechen ließ und dabei die Zeit von 1946 bis zum Augenblick des Affektausbruchs gedankenlos zusammenraffte – daß er dann in der Lage war, seine jüdischen Freunde in der Gruppe aus seinen Gedanken zu räumen und das ältest-furchtbare ‚Ressentiment' in Worte zu fassen, dem er mit herzlicher Unschuld in der Tat anzuhängen schien: Die Juden sind schuld. Schuld an der

Niederlage der linken Intelligenz 1933, *und schuld* an ihrer Isolierung nach 1945 in (West)Deutschland: Sie haben „durch eigene Schuld den Anschluß versäumt."
Raddatz hört sich das alles an, u.a. im zitierten Brief, und stützt es in seinen Beiträgen; nur er könnte erinnern, was er an Ähnlichem telefonisch sonst noch zu hören bekommen hat. Mag der gelernte Literaturwissenschaftler den wirren Satz: „Die Polemik à la Neumann" habe politisch „die intellektuelle Linke zerschlagen bevor Hitler sie zerschlug"[70] in seiner asyntaktischen Furchtbarkeit nicht begriffen haben, die mehrdeutige kristalline Affektfigur „auch" im gesamten Brief hätte er interpretieren können:

- Wie 1933 so 1945 und auch jetzt dieselbe Polemik
- also doppelt und dreifache Schuld
- Zerschlagung der intellektuellen Linken vor 1933 und nach 1945, also doppelte Schuld
- schuldig an der Spaltung der Linken = selbst-schuld an der „Nichtanerkennung der Re-emigration" heute.

In diesem rhetorischen „Auch"-Durcheinander irrt der Grundgestus der Nachdenkverweigerung umher, der für die Geschichtsauffassung in der Gruppe 47 verantwortlich ist, in der die Zeit nach 1945 als homogener Zeitblock figuriert. Auch die Erinnerung an „1933" ist in ihm homogenisiert. Anstatt anläßlich der letzten Attacke aus den Reihen der zurückgekehrten Exilierten wenigstens jetzt noch, 1966, zu versuchen, der Differenz der NS-Erfahrungen ‚draußen' und ‚drinnen' auf den Grund zu kommen, und den deutschen Antisemitismus vor und nach 1933 wenigstens ins Auge zu fassen, geschweige den feststeckenden nach 1945 – anstattdessen wird die Differenz in die affektiv gesteuerte Verdrängungsfigur ‚Selbstschuld' der Emigration verschoben. Ihr seid uns fremd, wir mögen euch nicht, ihr seid selber schuld: Uraltform des Antisemitismus. Überbaut wie sie ist, konnte niemand im Umkreis Richters diese wirkende Form erkennen? – überbaut (siehe das Kapitel „Literarische Nachverfolgung") von der Rhetorik einer ‚draußen' geträumten „Zusammengehörigkeit", die Richter im Frühjahr 1952 den „Re-emigranten" einmal kurz nachgesprochen hat: „Einheit der deutschen Literatur" – deren Scheitern der Richtersche Be-/Entschuldungskurzschluß in den Briefen an Höllerer und Raddatz wiederum den Emigranten aufbürdet.
Anläßlich eines verbalen Ausrutschers von Neumann (er operierte gegen personifizierte Grobheit in der Gruppe mit dem Diminutiv „Fürzchen", gegen literarische Unbedarftheit mit „Würstchen")[71]

hebt der Gruppenchef ab in schräge weltgeschichtliche Dimension. So wie die jetzt remigrierten Polemiker à la Neumann Hitler und Co. vor 1933 verniedlicht hätten: „ – ein Jahrzehnt später beherrschten die Würstchen fast ganz Europa" (vom „Holocaust" natürlich kein Wort) – , so zerstöre „man jetzt leichtsinnigerweise" *sein Werk,* nämlich zunutz der „linken Literaten" dem alt-neuen Korpsgeist der jüdischen Emigranten „den Nimbus der Gruppe 47" *entgegenzusetzen.* Das ist Konfrontations-Gehabe anstatt differenzbewußter Intelligenz!

Und was für ein Feindbild! Es verrät dieselbe bedenkenlose ‚Logik', die Richter im Wahn, ein geschichtsvergessenes Gruppen-Selbstverständnis ‚geschichtlich' definieren zu müssen, veranlaßt hatte, den politischen Gegner Neumann vergleichsweise dem „Schwarzen Corps" der SS zuzuschlagen.

Erst als Richter dergestalt im „Konzeptions"-Brief an Raddatz den ‚logischen' Rahmen der „Niederlage" 1933 gezogen, nämlich die Hauptschuld der „Polemik à la Neumann" an der Zerschlagung der Linken festgelegt hat, wirft er einen Blick auf diffus autobiographisch verbürgte „Fehler" der Linken selbst.

Warum „Corpsgeist" und keine „Grundsatzdiskussion" in der Gruppe 47?
„Womit man sich nicht auseinandersetzte, war die Sache selbst, war die Tatsache, daß Hitler und sein Nationalsozialismus nicht vom Himmel fielen, sondern aus der Fehlentwicklung der deutschen Geistesgeschichte (von der politischen ganz zu schweigen) entstanden, die schon vor oder zumindest mit der deutschen Romantik beginnt. Dazu kam noch etwas, der polemisch zerrissenen Linken stand der ‚Corpsgeist' der Rechten gegenüber, er mußte ganz natürlicherweise dabei siegen.
Ich war mir nach 1945 dieser Gegebenheiten voll bewußt. Das klingt überheblich, aber Du darfst nicht vergessen, daß ich auch im dritten Reiche einem jungen Kreis von Marxisten angehörte, der sich zwölf Jahre lang fast ausschließlich mit den Ursachen der Niederlage von 1933 beschäftigte. Meine Überlegung war, auf keinen Fall dürfen die Fehler wiederholt werden. Das war die eigentliche Ursache für die Entstehung der Gruppe 47. Deshalb versuchte ich eine Art Corpsgeist auch unter den linken Literaten zu züchten."
(Brief an F. J. Raddatz, 3. 8. 1966)

Ausgerechnet dieser ‚logischen' Ableitung zufolge sei es geboten gewesen, das Hauptgesetz des Gruppenlebens zu erlassen: „Vermeidung jeder Grundsatzdiskussion"! Nichts ist im Zuge einer analytischen Entzauberung Richters nun wirklich logischer angesichts der affektiven Homogenität des Briefes an den Schüler, als den Grundsatz der Grundsatzlosigkeit, dem sich die Gruppe nie widersetzt hat, mit Richters ‚Analyse' der Emigrantenschuld „à la Neumann" zusammenzusehen. Diese Schuldzuweisung, nicht eine tatsächlich fortgesetzte (ja auch nie in die Gruppenarbeit eingeführte) reflexive Fehleranalyse, hat die von Anfang an enggezogene Außengrenze der Gruppe 47 dicht gemacht. Die „Fehler" vermeiden, indem nichts Grundsätzliches diskutiert wird? Was für ein kläglicher Anschluß an die historische Arbeit der im Untergrund nach 1933 die Fehler der Linken *wirklich* besprechenden Gruppen, wie „Neu Beginnen" und andere!

Die „eigentliche Ursache für die Entstehung der Gruppe 47" und für ihre Grundsatzlosigkeit war ihre Abgrenzung von den „Re-emigranten" und aller Erfahrung im Exil und war die Einwickelung dieser Abrenzung in die groteske Rede von der Schuld der „Re-emigration", von „*ihrem* völligen Versagen".

Man vermag sich die seelische Katastrophe bei den vertrauenden Anderen in den eigenen Reihen nicht auszudenken, wenn sie, Richters jüdische Freunde, allen voran Hildesheimer, Klarheit gehabt hätten über seine politische Manipulation ihres Freundschaftsbundes durch all die Jahre.

Man mag Richters Phantasie von der „eigentlichen Ursache" des Siebenundvierziger-Projekts bagatellisieren, mag die hanebüchenen ‚historischen' Formeln bei Erteilung des Auftrags, gegen Neumann zu schreiben, nicht ernst nehmen; bringt man sie aber in ihre ‚Ordnung', zeigt sich ihre Rückbindung an die „Konzeption" der Richterschen geheimen Gruppenführung und an ihre Methode.

Der Erfolg der Methode als konsolidierende Dynamik in der Gruppe 47 kann das historische Gewicht eines erfolgreichen deutsch-kulturellen Wahn-Produkts beanspruchen: Eine jüdische Doppelschuld – 1933 haben sie uns im Stich gelassen („Emigranten"), 1945 sind sie als Emigranten unverändert wiedergekommen („Re-emigranten") und verkörpern mit erhobenem Zeigefinger die „Wiederkehr des Alten", wogegen wir kämpfen – diese Zuschreibung ist wahrlich eine Allschuld-Zuschreibung, hinter der das Gerücht von der Schuld „des Juden" lauert und die – wir wollen annehmen: undurchschaut – das Kernmotiv einer Abgrenzung ist, die nicht nur dieses Literaten-Ensemble begründet und zusammengehalten hat, sondern auch seine repräsentative Schuld am Scheitern der deutschen Gedenkkultur bis über die Schwelle der Wiedervereinigung anzeigt. Denn der ganze Abgrenzungsaufwand, den viele Verantwortliche in der Gruppe unter Richters Anleitung betrieben haben, verrät weder in öffentlichen noch in ‚privaten‘ Quellen die geringsten Anzeichen eines Stutzens, das die Abschottung vor einer Wahrnehmung und „Diskussion" der wahren Gründe der Emigration hätte durchbrechen können. Von einer Neugier auf die ‚anderen‘ Erfahrungen ganz zu schweigen.

Wir könnten staunend sagen, daß es sich doch ‚nur‘ um die Erfahrungen der (West)Emigration handle, gegen die man sich da so berserkerhaft abgeschottet hat, nicht um Osteuropa, nicht um Ostjudentum – nicht um die Shoah.

Aber eine solche Begrenzung ist außer aller Denkbarkeit und wird, wie wir fortschreitend erkennen werden, von den wesentlichen Denkfiguren im Gruppenhirn faktisch widerlegt. Kann es eine sprechendere Verkehrtheit geben, als in den lebend zurückgekehrten Emigranten eine „Wiederkehr des Alten" zu sehen, gegen die zu kämpfen die emphatische Verabredung in den Gründungs-Manifesten der Gruppe ist? – oder eine sprechendere Wahngeburt, als in diese Denkfigur die Assoziation vom „Schwarzen Korps" einzubringen und all die anderen Vergleiche, die uns veranlassen möchten, mit dem Bild der „Re-emigranten" die Hauptschuldigen der nationalsozialistischen Formierung in Deutschland zusammenzusehen?

EINGESTREUT (GESCHRIEBEN 1996)
Zeit-Block oder Periodisierung? Einwurf zum siebenundvierziger Zeitverständnis

Nehmen wir „Epoche" im buchstäblichen Verstande als „Haltepunkt", so ist für diesen theoretischen Einschub vorab wohl zureichend geklärt, daß Epochenbestimmungen und Rede von Epochen Zuschreibungen sind und von Betrachtern (Historikern) vorgeschlagen werden zur allgemeinen Verständigung über spezifische (Abgrenzungs-)Merkmale großer geschichtlicher Perioden: Sie werden datiert mit Hilfe von Zäsuren, die der Differenz zwischen den Epochen Ausdruck und Nachdruck verleihen sollen. Vor allem dann, wenn solche Zäsur-Vorschläge Anerkennung finden, erhöht sich die Chance, daß dergestalt angeschnittene Zwischenräume unterm Titel der ihnen zugeschriebenen Haupteigenschaften zu historischen „Epochen" aufsteigen. Die Festsetzung einer solchen

Würdigung hat ihren Ausgangs- und Haltepunkt stets bei einer plausiblen Zäsur.

Wie plausibel ist die Differenz zwischen Shoah und deutschem Nachkrieg?

Es gibt mehr oder weniger globale Epochenzuschreibungen. Mittelalter/Neuzeit ist klassisch global; in Intention und Geltung. Gerade dies aber schließt eine Menge von Fragen ein. Wann endet die Neuzeit? Wo auf dem Globus gibt es keine Zäsur? Wo wird sie anders datiert als in Europa? Die *Ungleichzeitigkeit* der geschichtlichen Merkwürdigkeiten im Weltmaßstab, die zu „Epoche"-Verabredungen führen, wiederholt sich in Regionen. Als in ‚Deutschland' das Mittelalter seine Zeichen noch in die Kultur eines ‚Gesamttextes' Barock einschrieb und erst im 18. Jahrhundert kulturell und wissenschaftlich ausgetrieben worden zu sein schien – so glauben viele und ein Streit darüber jedenfalls bringt die Stabilität einer „Epoche"-Zuschreibung in die Krise –, da stand in den Niederlanden die Neuzeit schon in Blüte. Eine gegen Unendlich gehende Differenzierung beginnt, wenn in solcher Weise Ungleichzeitigkeiten verfolgt und in der Richtung global / regional aufgefächert werden, so daß eine Fülle weiterer Aspekte hervortreten – wie z.B. Ereignis-Relevanz für Kultur- und Sozialklassen oder das Phänomen des Zufalls in der Wirkungsgeschichte wissenschaftlicher Entdeckungen –, Aspekte, die das Konstrukt „Epoche und ihr immanente Umschichtungen" so beleuchten, daß es differenziert werden müßte und tendenziell zerbrechen würde, wären Verabredungen nicht so stabil, und ideologisch so gut zu gebrauchen. Vgl. zu diesen Andeutungen den neuesten und wirklich neuen Beitrag zur alten Problematik der historischen Periodisierungsdebatten: Wolf Schäfer, Ungleichzeitigkeit als Ideologie. Beiträge zur historischen Aufklärung, Frankfurt am Main, 1994, Teil III, S. 113 ff.

In der neuesten Zeit ist unbezweifelt 1945 eine epochale Zäsur. Aber ist die Epoche des NS-Faschismus in Europa, ist sie in Deutschland mit der Zäsur beendet? Wann hat diese Epoche begonnen? Hat sie Binnen-Zäsuren? Welche subpolitischen Prozesse unterlaufen die geläufigen Datierungen 1933 und 1945? Wie sollen sie heißen? Wie heißt, wenn sie als *Epoche* bestehen soll, die Nachkriegszeit am angemessensten? Nach-NS-Kriegsepoche? Nach-Holocaust? Wie in Deutschland, wie anderswo? Hat überhaupt nach 1945 eine neue Epoche begonnen?

So wie im Zuzugsbereich allgemeiner historischer Zuschreibungen und ihrer Diskussionen ist es auch unter dem besonderen

Aspekt der Literaturentwicklung vor, in und nach dem Nationalsozialismus in Deutschland nützlich, die Epochenfrage kleinschrittig in Periodisierungsfragen aufzulösen. Dann sind Vielfalt und Dissens-Freude gewährleistet bei der historiographischen Mühe um eine Binnen-Periodisierung der Epoche, in der wir stecken. Wie bei der Festlegung des Datums 1945 als Epochenzäsur braucht man dazu nicht die Spezial-Kompetenz des Historikers. Alle Menschen wußten, als es *so weit* war, daß 1945 etwas *vorbei* war *und* daß ‚etwas Anderes' *begann*. Die literarische Öffentlichkeit machte da keine Ausnahme; sie bildete sich über diesem Wissen sogar besonders rasch als über-familiale konkret aus. Texte gingen in Umlauf - - -

Der End-, Durchgangs-, Anfangspunkt 1945 hat, kaum waren ein paar (Hunger-)Jahre verstrichen, seinen Dienst als Haltepunkt auch für literarhistorische Periodisierungs-Debatten geleistet. Daß eine Epochen-Zäsur auch ‚zuschlagen' könne, stellten Literaten brav reaktiv mit ihrer Metaphern-Schöpfung „Kahlschlag" unter Beweis. Auch die Umschrift des ‚Punkts' ist ihr Werk: „Nullpunkt."

Es ist des Bemerkens wert und nur das soll hier Ausgangspunkt einer These sein: Beide Wortschöpfungen geben den Ton an, der nie mehr gebrochen werden wird, auch als das Wort aus der Mode kommt. Es ist ein national-reflexiver Klageton: ‚Wir sind geschlagen. – Es ist kahl.' Es ist aber Hoffnung: Kommt man von unten, kann es über Null nur noch aufwärts gehen. Es beginnt eine Zeit der deutschen Neubesinnung; auf die Zeit vor 1933, auf Wiederaufbau, auf Sicherheit, Frieden, Versöhnung, Zukunft usw. Im Kontext dieser Unterpunkte, die alle der Deutung des Hauptpunktes, des Haltepunkts 1945 entspringen, arbeitet auch die Literatur. Sie trägt weitere Unterpunkte bei, z.B. Merkmale für Phasen und deren Beendung wie: Härte, Nüchternheit, Arbeit, Neorealismus, Antifaschismus, Humanismus, Klassizität, Geist, Revolution usw. Das Lexikon der Theoreme und Parolen, die dabei zur Sprache kommen, schöpft aus den Quellen deutscher Ideologie bis zurück zum germanischen Altertum. Der Diskurs, der aus ihm gespeist ist, wehrt sich gegen Schuldwissen und radikale Selbstkontrolle an den ‚neu' in Umlauf gesetzten Geschichtsbildern. Es wird behauptet, die Zeit nach 1945 sei literarisch von Erinnerung geprägt. Die Behauptung stimmt nur für eine Selbsterinnerung an Soldaten- und Nachkriegselend, Elend am eigenen deutschen Leib. Heinz Friedrich, H. W. Richter und andere Sprecher der Gruppe 47 läuten 1952 das Ende der Erinnerungsliteratur ein. „Ende der Kahlschlag-Periode" lautet der Zungenschlag Richters für dieses Jahr als Zäsur in der Nachkriegsliteratur und so könnte auch der Vorschlag für eine erste Markierung innerhalb unserer Epoche nach 1945 heißen. Es würde sich jedoch um eine intern deutsch selbst-verkapselte Periodisierung handeln, zu der man auf diese Weise gelangte. So wird es auch gemacht. Ich will es hier nicht diskutieren. Allen gemachten Vorschlägen haftet derselbe Mangel an: Es fehlt der Blick auf eine andere als die selbstische Erinnerung an die Zeit vor der Zäsur.

Obwohl zu keiner ‚deutschen Zeit' eine Zäsur auf die jüdischen Gemeinschaften in Europa so schlagend aufmerksam gemacht hat wie nach 1945, als endgültig das Wissen Fuß gefaßt hatte, daß solche Aufmerksamkeit aus der Perspektive deutscher Mord-Täterschaft kommen müsse, hat gerade jetzt ein literarischer Nationalismus sich etabliert, der sich vom Ausschluß einer anderen Erinnerung abhängig macht. Es wäre der Zeitpunkt gewesen, mit der Kultur des Gedenkens in einen Wettstreit zu treten, wie sie im wortgestützten Geschichtssinn des Judentums zugänglich ist. Ein aktueller Wettstreit solcher Art nach 1945 hätte bedeutet, die Literaturgeschichte überhaupt, auch die deutsche, primär unter dem Gesichtspunkt ersteinmal *zu studieren*, wann und wie sie Beispiele einer Kraft und Form des Gedenkens hervorgebracht habe, die der jüdischen vergleichbar seien. Daran wäre literarische Textarbeit anzuknüpfen gewesen: Aus *eigener Kraft* fähig zu einem Gedenken, das die Spur des Anderen im kulturell Eigenen nachzieht im Augenblick, da es unter die Gewalt des real wütenden Eigenen geraten war; in einem Augenblick von Jetztzeit, die, literarisch erinnert, noch gegenwärtig gewesen wäre: *jetzt ist noch Zeit*, da Literatur nach-verantwortend schreiben muß, indem sie in sich selbst vertieft denken lernt in den Bildern dessen, *was* sie zu verantworten hat.

So gesehen müßte eine Periodisierung der westdeutschen Nachkriegsliteratur ersteinmal aus der nachwirkenden Dynamik einer Vergessenskultur befreit werden, wie sie von der Gruppe 47 in den literarischen Neuanfang nach 1945 hineingetragen worden ist. Dann wird eine Periodisierungs-Debatte, als nicht erledigte ihre Aktualität entdeckend, über Markierungen der ersten und folgenden literarischen *Ansätze* zu einer anderen Erinnerung sich entfalten können. Es wird keine unkomplizierte Aufgabe sein. Aber sie könnte beginnen. Denn sie hat Stoff und ‚wartende' Probleme genug.

(Nachtrag September 2002:) Das Konstrukt eines Zeit-Blocks von einem halben Jahrhundert, in dessen Verlauf die deutsche Kultur von der durch die Shoah hindurchgegangenen jüdischen weniger gelernt hat als es in wenigen Jahren glücklicherer Dialogizität schoneinmal möglich gewesen war, ein Konstrukt der national-kärglichen Selbstbehauptung nach der Vernichtung des Anderen, hochgradig mitverantwortet von dem Kalkül, das die Gruppe 47 bis heute zusammenhält, es eignet sich nicht, binnengegliedert periodisiert zu werden. Ist es zu spät, die Markierung „1945" nocheinmal in die Debatte zu rufen? Wenn das Mahnmal steht?- - -

Im Zusammenhang dieser kurzen Erörterung sei das große Studienwerk nocheinmal hervorgehoben, dessen Unentbehrlichkeit für eine produktive Beschäftigung mit dieser Streitschrift unabweisbar sein dürfte:

Stephan Braese, Die andere Erinnerung.
Jüdische Autoren in der westdeutschen
Nachkriegsliteratur, Berlin 2001.

Jeder Jude als Dialog-Partner (wenn nicht jeder Jude ‚überhaupt') verkörpert für die Aufbruchs-Deutschen im Kreis der Gruppe 47 die Frage: Was *war* vor dem Aufbruch, wo *warst* du, Adam? ja peinigender noch: Was im Denken ‚danach', im Denkraum der Träume, der Traumen, der Liebe und der Ängste *kommt* ins Bewußtsein zuerst, kommt *vor* der rhetorisch formierten Aufbruchsstimmung 1946/1947, drängt ‚von hinten' in ihren Zeitentwurf hinein und bleibt da stecken?

Wir werden sehen, daß der ‚politische' Konfliktmanager Richter auch mit seinen literarischen Absichten für das „Konzept" politisch manipulierter Abschottung vor den Juden als Juden einsteht. Der Tiefengrund all der Manöver rund um das Tabu, das wir hier besprechen, ist Angst vor den jüdischen (West)Emigranten, ist die Shoah. Hätte man sich mit ihnen zwischen 1946 und 1952, zur Zeit der publizistischen und menschlichen Nähe in München, über eine neue deutsche Literatur wirklich auseinandergesetzt, dann wäre man im Dialog auch unabweisbar in den logischen Raum jener Frage getreten: was war vor dem Aufbruch?! Und man wäre in dem Raum tatsächlich erst angelangt, wo hätte entstehen können, was die Siebenundvierziger bis heute verweigern: Die Rückkehr in eine jüdisch-deutsche Nähe, welche den tastenden Schritt in eine Co-Produktivität erlaubt, die jenes kulturelle ‚Etwas-voneinander-zu-haben-wünschen', ‚Ich ein wenig von Dir, Du ein wenig von mir', nun nach der Shoah wieder in Gang brächte. Nicht aufhören zu können, an eine solche Rückkehr ‚danach' zu glauben, das trägt in diesen einführenden Erörterungen über das Negativ von Mißachtung und Enttäuschung den Namen Yoram Kaniuk und auch, trotz allem, Paul Celan.

Mit dem Haß allein?

Celans Bemühungen um die Gruppe seit 1952 haben im Januar 1965 ein Ende. Das Schreckliche, das sich gegen Ende dieser Zeit zugetragen hat, beweist, daß Richters Management auf die (West)Emigranten gar nicht begrenzt bleiben *konnte*. Das Jüdische an und für sich, das heißt nach den Jahren 1938 bis 1945: die jüdische Stimme aus der Shoah war die Bedrohung und mußte tabuisiert werden.

Daß Celans 1952 in der Gruppe vorgetragene Gedichte ihn „berühren" („Todesfuge"!), kann Richter 1981 erzählen[72], Celans *Stimme*, wenn er las, war ihm verhaßt. Er verrät den Haß bei der Konfliktzuspitzung in derselben grobschlächtigen Sprache, die er gegen die „Re-emigranten" wählt, und seine jungen Helfer tragen gegen Celan auf dieselbe Weise wie gegen jene ihre publizistischen Attacken vor und intrigieren für den Chef.

An dieser Weise fällt etwas auf, das die interne Funktionskraft des Tabus in der Gruppe erhellt und zugleich seine Erfolgsgeschichte im deutschen Nachkrieg erklären hilft.

Der sonst abgedichtete, z.B. aber im Auftragsbrief an Raddatz oder im Bedrängen Höllerers aus den Worten tretende Haß überträgt sich nicht auf die Beauftragten und Bedrängten! Cool tun die Jungen ihren Dienst an der Gruppe. Niemand, der sie liest – vielleicht nichteinmal sie selbst –, hört noch den Affektlaut der verächtlichen Worte und pseudo-analytischen Formeln, die ihrem Text vorgegeben worden sind. Niemand weiß, daß ich Rumpelstilzchen heiß. Der Weg von der Wahrheit der Affekte zum Bluff der Argumente ist zwar kurz – denn man ist bis zur Textveröffentlichung ja wirklich unter sich –, aber er ist am Ende der Textabfassung dann doch lang genug gewesen, jede Spur eines möglicherweise im Spiel gewesenen antijüdischen Gefühls wegzufahnden – nach dem Selbstkontroll-Prinzip, das Martin Walser erst spät verraten hat: Das Problem, daß „der Vorwurf des Antisemitismus" angesichts eines antijüdischen Textes erhoben werden könne, ist mir bewußt, wäre aber „auch nur ein Satz in dieser Richtung" in das Manuskript geraten, hätte ich ihn „sofort rausgestrichen"![73]

Wollte man diesem Manöver gutgläubig folgen, könnte man meinen: An einer Gruppe, deren Chef sich mit Juden *herumprügelt* und dessen Gehilfen gegen sie *bloß argumentieren* – an so viel ‚Unbefangenheit' pralle jeglicher Antisemitismus-Vorwurf ab. Ihn ‚persönlich' gegen welches Mitglied auch immer zu erheben, verbiete sich ohnehin – Wo also faß ich dich, unendliches Problem?

Ist Richter eine tragische Gestalt, weil man ihn mit seinem Haß auf die Emigranten allein gelassen hat? Für die Gruppe war die Kraft dieses Hasses existenzerhaltend, gerade weil die Immunität gegen den *Haß* allgemein und er als *geheimer* Kraftquell unentbehrlich waren für das deutsche Programm der Gruppe. Der innere Ring um Richter half ihm, das Gruppen-Tabu zu hüten. Ein jüdischer Mitkämpfer am Ring wäre der Gruppe gefährlich gewesen. Hildesheimer machte eine unglückliche Figur, ließ er sich, in „grämlichen" Texten, zum Mitstreit herbei. Die Funktion der Juden in der Gruppe war eine andere, als für sie zu streiten. (Erich Frieds Verhalten ist in dieser Hinsicht ‚gemischt'.) Sie genügten dem rudimentär von Richter aufrechterhaltenen deutsch-kulturellen Assimilations-Anschein und halfen auf diese Weise selber mit bei der Wache vor dem Tabu der Angst vor Juden. Der Anschein konnte aufrechterhalten werden, solange die jüdischen Freunde im Freundschaftsbund dieser Funktionsrolle nicht gewahr wurden. Als Hildesheimer etwas merkte, bekam die von seiner Seite verzweifelt beschworene Freundschaft zu Richter eine nie mehr heilbare Rißwunde.

Andrerseits isolierte sein Haß den Chef auf produktive Weise in seinem engsten Zirkel. Er war dergestalt affektzentriert der einzige *Garant* für die Unberührbarkeit des Tabus. Angst und Haß teilten ihr Einsamkeits-Geschick als verdrängte Affekte und vermengten sich dabei im psychischen Rechtfertigungshaushalt der Sorge um die Gruppe. Allein diese Sorge wurde zuweilen von Freunden wahrgenommen – besorgt. Hildesheimer kennzeichnete sie in seinem erwähnten Konfliktbrief vom 28. Oktober 1964 als Richters Ehrgeiz, die Gruppe 47 „über das internationale Parkett zu steuern." Richters junge Offiziere fanden den ‚*außenpolitischen*' Kurs prima. Was sollte die Mischung aus Opportunismus und Gedankenlosigkeit, woraus ihr Mitwirken auf der Kapitänsbrücke motiviert wurde, auch anderes hervorbringen als das Desinteresse von Toren an der wahren Kurs-Begründung, die Richter gelegentlich ausplauderte – die eine ‚*innenpolitische*' war?

Was wollten die „Re-emigranten" von der Gruppe 47?

Wir studieren Richters ‚Innenpolitik' beispielhaft am durch und durch paradoxen Geschehen um den Schickele-Preis, den die „Reemigranten" Richter 1952 verleihen, ausgerechnet für einen Roman der Nachverfolgung.

Die Preisurkunde, die in dieser Streitschrift nachzulesen ist, sagt, was die Stifter *von der Gruppe 47* erwarten, denn die Ehrung hatte auch diesen repräsentativen Zweck. Sonderbar, Hermann Kesten, der Hauptbetreiber der Ehrung an Richter (dieser klammerte sich daran, es sei Thomas Mann gewesen[74]), Kesten wäre als Partner in Frage gekommen bei einem Versuch, ein jüdisch-deutsches Literaturprogramm aus dem preisgekrönten Roman kritisch zu entwickeln, denn er fand das Werk „von allen den deutschen Nachkriegsromanen neuer Autoren" am preiswürdigsten. Richter bemerkt die sanft relativierende Ironie nicht, genießt das Lob. Aber kurz darauf schleudert er den Bannstrahl gegen Kesten, weil er die Gruppe kritisiert hat, und der Nichtnazi wird sagen: „Kesten ist Jude und wo kommen wir hin, wenn wir jetzt die Vergangenheit untereinander austragen, d.h., ich rechne Kesten nicht uns zugehörig, aber er empfindet es so."[75]

Die jüdischen Emigranten, die der Gruppe die gröbsten Reaktionen entlockten, waren Remigranten in eine Nachkriegsliteratur, die sie – so wenig sie ‚Anti-Linke' waren – als eine nicht unbedingt ‚linke', aber ausdrücklich als eine *deutsche* Literatur ‚danach' sich wünschten, die aus den ‚draußen' und ‚drinnen' gemachten Erfahrungen während der Nazizeit entworfen werden müßte und dergestalt gemeinsam einen humanen Neubeginn in die alte, in eine unbeschädigte deutsche Kultur werde einschreiben können. Damit war – so fragwürdig, nämlich seinerseits nicht differenzgeneigt dieses Konzept auch war, aber vielleicht gerade deshalb – ein Monopolanspruch der innerdeutschen Heimkehrer-Literatur berührt. Ihre Proklamateure fühlten sich als die einzig realistische Avantgarde eines Neubeginns, nahmen den Schickele-Preis als PR-Hilfe gern mit und mißachteten die Motive der Stifter. Die siebenundvierziger Literatur-Auffassung entpuppt sich am kritischen Punkt ihrer einzigen Berührung mit einer deutschjüdischen ‚Konkurrenz' als eitel programmatisch, starr in ihrer engen kriegsliterarischen Ausgangslage. Undzwar im konkreten menschlichen Verhalten; in den Manifesten sowieso. Die Siebenundvierziger hätten sich, wären sie auf den Wunsch der Emigranten eingegangen, eine gemeinsame neue

Literatur zu begründen, mit einem anderen Nachkriegs-Deutschsein auseinandersetzen müssen als dem, das für sie unter dem Stern stand: ‚eine mißbrauchte Jugend kehrt unschuldig und geläutert heim aus dem Krieg'.

Und sie hätten ihre literarische Intelligenz an dem Phänomen *kritisch schulen* können, das ihnen gerade ihre unmittelbaren Gesprächspartner in der Münchener Neu-Beginnen-Zeit, Hans Habe, Robert Neumann, Hermann Kesten, Alfred Neumann vor Augen geführt haben: Ich meine das Phänomen des höchst problematischen idealistischen Blicks, den die Remigranten aus dem Westen, irritiert von Nazismen und vom kurzen Nachkriegsgedächtnis in der westdeutschen Kultur, auf die jungen Nicht-Nazis in der Gruppe 47 als Hoffnungsträger geworfen haben. Einleitend zum Kapitel „Nachverfolgung" ist darauf am Quellenmaterial eingegangen.

Allem Anschein nach waren Richter und die Seinen gedanklich überfordert von der Aufgabe, motiviert vom erwartungsfreudigen Blick, der auf ihnen ruhte, an die Grenze ihrer spätpubertären Manifeste über Neuanfang und ‚realistische' Sprachhärte zu gehen und dort gemeinsam mit den ‚Anderen', denen an ihren deutschnationalen Programmpunkten nichts lag, ihre literarischen Motive zu reflektieren.

Das mußte Folgen für die Moral der ‚Jungen' im Umgang mit ‚den Emigranten' haben; bis hin zu devoten Gesten, in die man floh, weil die Scham des Versagens vor einem kritischen Dialog einen dazu drängte; bis hin zu unfreien Gesten also, die dennoch selbstbestimmt geheuchelt, weil begleitet waren von anderswo offen geäußerter Verachtung der ‚Anderen', denen jegliches Recht, nachkriegsdeutsche Themen vorzugeben oder kritisch zu kommunizieren, abgesprochen war. Das „völlige Versagen" der „Re-emigranten", jene anläßlich der Angriffe Robert Neumanns später noch mit so viel Haß artikulierte Schuldzuweisung an Juden, die das selbsterlebte Versagen in der junglinken ‚inneren Emigration' 1933 und das schlechte Gewissen 1945 verdrängen sollte, verschwand für einen Augenblick taktischer Unterwerfung im peinigenden Gefühl der eigenen Nichtigkeit und löste sich hier in den wahren Wortsinn von „versagen" auf (‚versprechen', ‚verliegen', ‚vertun'). Die Totenrede des soeben preisgekrönten Gruppen-Chefs Richter auf Alfred Neumann, gehalten am 3. Oktober 1952 im Kurt Desch Verlag, ist für dieses psychische Verdrängungs-Elend ein abstoßendes Beispiel.

Die von der Gruppen-Elite einhellig und verächtlich zurückge-
wiesene Attacke Robert Neumanns 1966, machtkritisch offensiv
anhand aktuell gerade greifbarer Befunde, die, nicht immer sorgfältig recherchiert, austauschbar gewesen wären, ein im Grund aber
pessimistisch-trauernd verfaßter Text des Zweifels an der Existenzberechtigung der Gruppe 47 so wie sie geworden ist, sie trägt
nocheinmal vor, was die Remigranten vom jungdeutschen Programm erwartet haben. Keiner der Gegen-Polemiker geht darauf
ein. Allem Anschein nach in weitem Abstand vom Kessel der Be-
schimpfungen, den Richter angeheizt hatte (Neumann, wie ein
Schreiber des SS-Kampfblattes ...), befassen sich Kaiser, Raddatz,
Höllerer u.a. (zu Richters unverhohlen bekundeter nicht besonderen Zufriedenheit) mit Detailwiderlegungen der Treffer und Finten
des Fechters; übrigens durchweg auf niedrigem Niveau. Das ist kein
Wunder, denn die Verfasser hatten das Thema nicht erfaßt; ihre
Texte strahlen bei aller Häme und Aufregung Langeweile aus. Ich
glaube nicht, daß dies darin begründet ist, daß Neumanns Duktus
etwas reizlos, ja harmlos ist und das Attackenziel nicht gerade ori-
ginell (die Gruppe eine Interessen-Gang). Warum die Riesen-Aufre-
gung?! Eine Dokumentation des ganzen Hin und Her schien notwendig zu sein und erschien unter unangemessen hochgestochenem
Titel.[76] Wer heute die Texte unvoreingenommen liest, der übersieht
gewiß nicht, daß ihre Motivation ständig zusammenbricht und wieder mühsam sich aufrafft – um zu nichts Anderem zu gelangen als
sich erneut beweisen zu müssen. Keinesfalls zu übersehen, wie verkrampft um einen herablassenden Gestus gegen Neumann gerungen
wird und wie oft er, scheint er gefunden zu sein, geheuchelt wirkt.
Da gibt es in spürbarer Leere etwas, an das nicht gerührt wird, ein
heißes Eisen.

Tatsache ist, daß nirgends in den Verteidigungen der Gruppe
ausgesprochen wird, daß es sich um den Angriff eines Juden handelt; alle reden über die zwanziger Jahre, die Antiquiertheit Neumanns und die Fehlerhaftigkeit seiner Recherche, – so ist es der
dokumentierte Skandal vor allem: Daß niemand in der Gruppe vom
passionierten Gehalt des Angriffs spricht, der aus jener Erwartung
an eine „gemeinsame" deutsche Literatur ‚danach' motiviert und
schließlich absolut *offen* akzentuiert ist, am Ende des Angriffsarti-
kels und als seine kritische Pointe[77].

Neumann hütet sich, irgend von Antisemitismus zu sprechen.
Umso klarer ist der entscheidende Hieb gesetzt und als umso un-
verschmerzbarer hätte er eingestanden werden müssen – wenn man

bereit gewesen wäre, jenes Tabu anzurühren, Angst vor Juden und Verdrängung der wirklichen Differenz. *Neumann zitiert,* greift zu seinem Markenzeichen, zu einer „fremden Feder": überliefert in die Gegenwart des Jahres 1966 hinein, da die Gruppe als repräsentierendes Literatur-Ensemble im In- und Ausland für das gute (West)Deutschland selbst- und machtbewußt steht – für das demokratische, das interessante, das intelligente neue, das antikommunistische Deutschland – , ein Zeugnis des „Zorns" aus dem Jahr 1954. Es war nach Deutschland abgesendet worden von jenem „Posten" eines „Weltdeutschtums", den sein Halter, Thomas Mann, einen vorgeschobenen genannt hat, „den vorgeschobenen Posten deutscher Kultur".

Thomas Mann war gegen die Gruppe 47 unverblümt aus sich herausgegangen mit der Deutung, sie *hänge zusammen* mit dem, was sie emphatisch bekämpft, „mit der lächerlichen Wirtschaftsblüte der amerikanischen Lieblingskolonie ‚Westdeutschland' (…), diesem frechen und unmoralischen Wohlsein nach Schandtaten, die mit der Höllenfahrt von 1945 schlossen, und an die heute zu erinnern nichts weiter als bolschewistisch ist."

Niemand aus der Gruppe hat *darauf* geantwortet, niemand wenigstens für einen Augenblick der Introversion, des Selbstzweifels gestutzt und den machtanalytischen Gehalt der Polemik durchblickt bis auf sein kritisches Kernmotiv: den deutschen Nachkriegs-Antisemitismus zu konfrontieren mit der Idee einer Erinnerung, die es in Deutschland nicht gibt. Daß dieser Mangel mit dem inzwischen (sozialdemokratisch bis antikommunistisch) weiterverengten, aber seit ihrer Gründung gewollten politischen Gebaren der Richter-Gruppe zusamenhängen könnte, die eine primär literarische, parteifreie Erinnerungsaufgabe gehabt hätte, eine plausible deutsche *Leit-Aufgabe,* ist darauf wirklich niemand gekommen?
Kein Gestus dieser Art hat den Redeschwall unterbrochen, der sich auf der Oberfläche der polemisch gegen die Gruppe verwendeten Informationen hielt. Richter selbst, nachdem er seinen wahren Empfindungen gegen Neumann den oben beschriebenen Ausdruck gegeben hatte, dunkelt auf seine Weise Thomas Manns / Robert Neumanns Erinnerung an die deutschen Schandtaten und die Höllenfahrt 1945 ab, indem er die ‚Beschwichtigungs'-Parole ausgibt, „Neumann, der alte Trottel"[78], sei auf Fehlinformationen hereingefallen, herzhaft auf die „Tessiner Emigranten", auf dieses „Scheiß-

Tessin" schimpft , sich über eine persönliche Geste der Rückenstär-
kung durch Alfred Andersch freut[79] – und zur Tagesordnung übergeht. Das heißt für ihn, daß er sich mit erneuertem Elan eben der
Politik zuwendet, deren unübersehbare Zeichensetzungen der
Grund zu all der Kritik gewesen sind, die seine Wut gereizt hatte.
Nach außen hin war diese Politik inzwischen zur offenen SPD-Poli-
tik geworden. Keine schien in der Tat, kraft Antikommunismus, In-
tellektuellen-Feindlichkeit und linkem Schein, geeigneter zu sein,
Richters ‚eigentliche' Politik der Tabu-Sicherung zugleich zu stützen
und zu verschleiern. Er bietet jetzt der Partei an, das siebenundvierziger Projekt in eine „AUFBAU"-GRUPPE 47 für Willy Brandt und
Karl Schiller aufgehen zu lassen.[80] Keine Notiz nahm er von An-
mahnungen eines Paul Celan, der sich mit der Absage an eine solche
Politik ein Jahr zuvor, 1965, von der Gruppe schon verabschiedet
hatte, oder, unmittelbar jetzt zum Neumann-Aufruhr, eines Wolfgang Koeppen, der daran erinnert, daß die emigrierten Schriftsteller
nicht abgehauen, sondern ihren „Mördern entkommen waren" und
sich nun aus der Tragik eines „gestohlenen Lebens" heraus in eine
„nazifreie" Literatur einbringen wollten. „Sie, Herr Richter, wissen,
was ich meine" - - -[81]

„Sie hätten uns alles das zu sagen, was wir uns selber nicht zu sagen wagen ..."

(Heinz von Cramer)

Natürlich hat er es gewußt. Es gab genug gute Freunde, neben
Hildesheimer, die ihm eine Stütze in diesem Wissen hätten sein können. Er hat sie ignoriert oder beim leisesten Herzöffnen gerüffelt.
Wer unter den Freunden ihm in Auseinandersetzungen wie den hier
erörterten keine begütigenden oder (wie etwa Heinz Friedrich oder
Walter Jens) stets beflissen treue Briefe schreiben, sondern für sich
selbst sprechen wollte und dafür eine andere Öffentlichkeit als die
interne der Gruppe wählte, konnte bei Richter nicht auf Antwort
hoffen. Solche Unabhängigen vertreten die große, meist anonym
bleibende Zahl der Siebenundvierziger, die am Geschäft der Ta-
bupflege ohne persönlichen Anteil sind. Es sind die *wahren* Zeugen
jener vielbeschworenen Nicht-Homogenität, stets beschworen, wenn
es gilt, eine verantwortliche Identität ‚der' Gruppe 47 *abzuwehren*.
Die Unabhängigen gaben auch das Beispiel, wie eine Auseinander-

setzung mit Robert Neumann hätte aussehen (1) oder wie deutscher Philosemitismus nach der Shoah hätte überwunden werden können (2) oder der „Platz für Emigranten" in der Nachkriegsliteratur zu bereiten gewesen wäre (3) und für all das zusammen. Deuten wir die Reihe möglicher Beispiele wenigstens an - - -

(1) Hildesheimer, der mit Robert Neumann zu dessen 60. Geburtstag 1957 auf eine Gedankenreise nach Saloniki gegangen war[82], ihn anläßlich seines Streitgesprächs mit Alfred Andersch im August 1959[83] an diese „Gratulation" erinnert in der Absicht, ihn zu einer *radikaleren* Betrachtung des Arbeits-Problems der Gruppe 47 zu bewegen, nämlich zur Betrachtung des *Projekts für eine moderne Literatur*, für das Hildesheimer wie kein anderer in der Gruppe zuständig war; und ohne altväterliche Toleranz zu urteilen: ob die Arbeit daran dem „jüngst Vergangenen" gerecht werde – (2) Paul Schallück, der als ein Schüler seines Über-Ichs Böll als braver Freund der Juden auf eine wiederaufgelegte „Symbiose des deutschen mit dem jüdischen Geist" hofft, diese *Hoffnung* dann im Zweifel an einem einschlägigen deutschen Nachkriegsbeitrag („aktive" Arbeit an der Vergangenheit!)[84] revidiert – er hatte Richters Abwicklung des gruppen-internen Celan-Problems wohl zu seinem Leidwesen nahe miterlebt – und sie als „angeschlagene" in eine deutsche Hoffnung trotz alledem verwandelt: „aus der vergangenen Bewegung zwischen Juden und Deutschen für die Zukunft unseres Volkes ein wenig retten zu können"[85] – (3) Heinz von Cramer, ein Vertrauter Richters, der die Feinde des Freundes nicht im Vertrauenskurzschluß zu den seinen macht, der in einer Deutlichkeit, die ich nicht anders als auch mit Blick auf Richters Ausfälle artikuliert sehen kann, Hermann Kesten nach einer umstrittenen Attacke von Walter Widmer auf dem „Zeit"-Forum zur Seite steht und seinen Polemik-Stil prononciert verteidigt – „Abrechnung, solange Schuldposten offenstehen (...), Rehabilitierung des so vielbeschimpften Intellektuellen" usw. – und zur Person sagt: „Ein Minimum an Achtung sollte wohl der Ausgangspunkt einer jeden kritischen Auseinandersetzung mit ihm sein. Und nicht Haß." Und wie in einer kompakten kritischen Randbemerkung zur Richterschen Politik der Verdrängung der Erfahrungs-Differenz zu ‚den Emigranten' sagt H. v. Cramer:

Die Erfahrungen, die sie sammeln mußten, sind weiß Gott noch aktuell. Sie hätten uns alles das zu sagen, was wir uns selber nicht zu sagen wagen ...

Daß die Emigranten bei uns nicht mehr heimisch werden konnten, nachdem das Hitlerreich zerschlagen war, liegt nicht daran, daß sie sich selbst überlebt und uns nichts mehr zu sagen hätten. Es ist unsere Schuld vor allem. Wir haben es nicht verstanden, kaum versucht, kaum gewollt, für sie Platz zu schaffen hier, sie einzubeziehen ohne Ressentiment in unser Nachkriegsleben, ihnen unser Land wenigstens einigermaßen wieder geistig attraktiv zu machen, ihnen Vertrauen zu uns zu geben.

Viele haben vielmehr nach Kräften das Ihre dazu beigetragen, die Möglichkeiten einer solchen Rückkehr ein für allemal zu zerstören. Wobei einige Ungeschicklichkeiten einiger Emigranten herzlich wenig zählen – geschickt hatten allein wir zu sein. Dazu verpflichtete schon unsere Vergangenheit. Und wir hatten alles zu gewinnen. Das verlorene wiederzugewinnen.

Das ist ein Fazit. Auch H. von Cramer aber weicht der Trauer und dem Sarkasmus nicht aus beim Blick in seine Gegenwart, 1964: Es scheint zu spät zu sein. „(...) Was haben wir denn zu bieten (...)?" In diesem Kontext will der Autor den (von den Faschisten erniedrigten) Begriff „Geist" nicht aufgeben. Er sei in diesem Lande recht eindeutig: „das was uns fehlt. Was wir verachtet, vertrieben – verspielt haben. Was nicht mehr zurückkehrt – eben als unser Geist."[86]

Dies ist nicht allein nobler Text. Es sind mit Blick auf „unsere Vergangenheit" unverblendete Worte aus der Mitte und Widersprüchlichkeit der Nachkriegs-Zeit, die Richter und seine Erben bis hin zum gelehrigen Hasser Martin Walser zu einem Zeit-*Block* umgedacht haben, in dem nationaler Aufbruch kontinuierlich imaginiert wird, aber das größte Verbrechen der Nation eingekapselt bleibt.

In diesem Zustand wurde das Denken an den „Holocaust" nachgehärtet von den affektierten Grobheiten in ‚Gesprächen' (die eher ein Geplänkel waren) mit nähebereiten ‚deutschen' Juden – Remigranten, bis zu ihrem Tode, jüngere Zurückgekehrte, Reisende oder Hiergeborene sodann. Die Mißachtung, die sie erfuhren, die Ignoranz gegenüber Juden und Judentum, die offen zur Schau getragen wurde, sind ein Indiz für das Rechthabegefühl derer, die in Angriff oder Begegnung an nichts mehr interessiert zu sein schienen als am national-ideologischen Profit, den die Einkapselung des Gedenkens der Verbrechen aus jüdischer Sicht, Einkapselung der Shoah, intellektuell-ökonomisch bis heute verspricht. Dieses Interesse beleuchtet den leitkulturellen Prozeß im deutschgefühlten Zeit-Block des halben Jahrhunderts. Er ist fortschreitende Versteinerung. Die Gruppe 47 war ihre Avantgarde.

Und doch - - -

Die größere Hoffnung

> *„Der Rat,*
> *die Stille des Rats zu Schweigen,*
> *wenn einer das Schreiben*
> *und das Lesen zu Euch gebracht hat"*
> Ilse Aichinger

Unter anderen Heinz von Cramers Text und seine Haltung belegen den Umstand, daß unsere Befragung dieses Zeit-Blocks auch dann noch mehrsträngig und offen differenzierungsfähig orientiert bleiben müsse, wenn die Zeichen, die wir wahrnehmen, den Befund „Zu Spät" bestärken, bestärken bis zum Grad von Unwiderleglichkeit, der aus Begegnungen wie denen von Yoram Kaniuk mit Günter Grass oder Ignaz Bubis mit Martin Walser und aus den Verlautbarungen der Berliner Denkmal-Befürworter zu sprechen scheint.

Wenn in solcher ‚methodischen' Erwägung Hoffnung ist in Rücksicht auf jenen „möglichen und notwendigen Dialog" (Kaniuk), dann aus einem ‚einfachen' empirischen Grund. Die Einkapselung der Shoah im deutschen Kriegsgedächtnis ist schon in der Gruppe 47 fast zu Stein erstarrt gewesen. Die Mitgliedschaft jüdischer Schriftsteller deutscher Sprache hat daran nichts ändern können. Ja sie *verstellt* auch das Problem der Erkennbarkeit dieser Versteinerung, die aus dem politischen *Verdrängungskalkül* Richters, des Genies der Freundschaft, ihre negative Energie bezog.

Aber selbst dann, wenn jüdische Mitglieder trotz der gut funktionierenden Tabuisierung der Angst vor Juden etwas von diesem Kalkül zu spüren bekommen haben (wie mit Sicherheit, vermittelt über die Angst vor Kommunisten, Peter Weiss), haben sie im Bunde mehr oder weniger getreulich ausgeharrt. Stephan Braese hat diesem Tatbestand am Beispiel Hildesheimers eine unübertrefflich differenzierte, im Ergebnisbild sensationelle Würdigung angedeihen lassen.[87] Ohne ihre Kenntnis kann ein künftiger Blick auf die Gruppe 47 als ganzer nicht annähernd gerecht sein; schon allein wegen der bei Braese erzielten *Offenheit* der Problemlage, in der jüdische Mitglieder sich bewegt und ihre andere Literatur hervorgebracht haben.

Die Bedingung ihrer besonderen, einer im Grund tragischen Zugehörigkeit, daß sie nämlich in paradoxer Weise, beladen mit nicht austauschbaren Erinnerungen, auf Freunde und Rückhalt in der Gruppe angewiesen waren, mag einer Einschränkung ihrer persönlichen Ausdrucksfreiheit nahegekommen sein – die herausragend schöpferisch Tätigen unter ihnen, Peter Weiss, Hildesheimer, Celan (der nur einmal dabeigesessen ist) schwiegen in der Runde (mit „Fassung", wie Hildesheimer einmal sagte). Ihre bewußt gewahrte, selbstdefinierte Zugehörigkeit aber hatte gerade deshalb eine besondere Ausstrahlung auf den Schauplatz der Gruppentreffen – nicht zuletzt auf die Erscheinung, die Verhaltensweise ihrer unberedt redseligen Zentralgestalt selbst, den Freund Hans Werner Richter, der dies Angestrahltsein in seiner sentimental sprachholperigen Art beim Erzählen über die Gruppe selten unerwähnt ließ (auch wenn das, wie im Falle Celans, peinlich werden konnte[88]). Ihn würdigt denn auch die vorsichtige Treue eines Wolfgang Hildesheimer wohl angemessener als alles Lob aus dem Munde vaterländischer Engherzigkeit im Jens-Stil. Das bleibe bei aller analytischen Strenge, die sein Tun uns abverlangt, an seinem Bilde haften. Dann mag es nicht im Wege sein, wenn der Blick nach ‚Anderem' in der Gruppengeschichte weiter-sucht, weil die Archive – das jedenfalls ist zu hoffen – auch Quellen bergen könnten, die nicht Mißachtung und die Wache über das Shoah-Tabu allein bezeugen.

Zu einem Wort-Gebinde für Richter beim Geburtstagstreffen der Gruppe in Saulgau, November 1978, kam nach einigem Zögern noch diese vielsagende Ergänzung:[89]

Lieber Hans,
weil ich nun doch nicht fehlen wollte, habe ich mich soeben von Deiner Kaffeerunde weggeschlichen, um dies zu schreiben.
In trostbedürftigen Situationen denke ich oft an Dich, und zwar anhand zweier Deiner Lieblings-Statements, eines die Zukunft, das andere die Vergangenheit betreffend.
Vergangenheit: „Wir haben viel gelacht."
Zukunft: „Ich habe ein gutes Gefühl."
Hoffen wir, daß wir bis an unser Lebensende *noch* mehr gelacht haben werden, so daß das „Gute Gefühl" bleibe.
Dein Wolfgang (Hildesheimer)

1952

Ein Preis für literarische Nachverfolgung

„angesichts der Propagandawogen des Hasses in Amerika"
H. W. Richter[1]
„unsere Aufgabe (...), Brücke zu sein"
Alfred Neumann[2]

Analytische Erzählung vom Schickele-Preis 1952 an die Gruppe 47 und – über Thomas Manns Blick auf Richters Roman „Sie fielen aus Gottes Hand"

Alfred Neumann an Thomas Mann, California; aus München / Zürich am 23. Januar 1950. Der Verleger Kurt Desch habe ihn und Hermann Kesten im Dezember 1949 mit der „sogenannten Gruppe 47" zusammengebracht, einer Gruppe junger deutscher Schriftsteller, „die mir zu den sehr wenigen erfreulichen Eindrücken in Deutschland verhalfen."[3]

'Die Szene ist München', bedeutendster deutscher Standort der US-amerikanischen Kulturadministration und Ausgangspunkt der Gruppe 47, die bekanntlich ihre Entstehung Sommer 1947[4] dem Umstand verdankt, daß der Versuch der Besatzungsmacht gescheitert war, mit Hilfe einiger der in ihrem Gewahrsam gewesenen und ,umerzogenen' Jungdeutschen den Anfang mit einem neuen, moralischen Deutschland zu machen. „Das sind junge Leute," so Alfred Neumann weiter, „nach Deschs Meinung der einzige begabte Nachwuchs, wie etwa Hans Werner Richter –, die erstaunlich klar und kämpferisch die unselige geistige Situation in Deutschland sehen, zumal in dem Duumvirat der Jünger und Benn und ähnlich gefährlicher Neonazi-Mystifikanten."[5]

Wir sind gewohnt, das Lob der Gruppe 47 nur aus den Reihen ihrer Mitglieder und Sympathisanten zu hören, nachformuliert von sonderbar nachkriegsstolzen deutschen Germanisten; hier haben wir es schwarz auf weiß von einem Emigranten. Seine Sätze sind frei von Mißtrauen, in keiner Rücksicht taktisch, bloß ein wenig erstaunt. Gerade das unterstreicht ihre Treuherzigkeit und Moral, ja die Reinheit ihres Tons, der Dankbarkeit ausstrahlt. Zögerlich und, wie viele Besucher ihres Vaterlands von einst, teilweise angewidert von den Menschen und Zuständen jetzt im befreiten Land[6], hat Alfred Neumann Westdeutschland soeben bereist, in Berufsangelegenheiten eines deutschen Schriftstellers zweier Märkte. Er ist im Begriff zurückzukehren „in die amerikanische Heimat", wie der Empfänger des Briefes Thomas Mann es ausdrückt; dort, so hoffen die Freunde, werde man bald sich wiedersehen. Neumanns Tod am 3. Oktober 1952 verhindert das Wiedersehen.

Thomas Mann, der, als er den Brief liest, um den Entschluß zu einer weiteren Europa-Reise noch kämpft,[7] ist von der Freude Neumanns über die Münchner Eindrücke *nicht* sonderlich beeindruckt. Aus seinen privaten Aufzeichnungen wissen wir, wie wenig, gelinde gesagt, er von der ‚jungen' deutschen Literatur hält. Entsprechend mißgelaunt mögen wir uns den Leser des Briefes vorstellen, wie er nun auch das Weitere verdauen soll:

> Aus dieser Begegnung kristallisierte sich die Idee eines Literaturpreises, der von uns Außerdeutschen zu stiften sei (...). Ich wurde gebeten, zusammen mit Hermann Kesten die Verantwortung für diesen neuen deutschen Literaturpreis zu übernehmen und seine Organisation in die Wege zu leiten. Ich gab meine Zusage, weil ich glaube, daß es unsere Pflicht ist, das gute junge Element unter den deutschen Schriftstellern in unserm Sinn zu fördern.

Ich werde in den folgenden Abschnitten die Lektüre des Briefs durch Thomas Mann im Januar 1950 rekonstruieren und stelle dem eine eigenen voran. – Das Lob der Gruppe wird briefintern verständlich, wenn wir betrachten, wie es nun in der Begründung der Preis-Idee aufgeht. Wäre es unter anderen Umständen in dieser Form festgehalten worden? – Vor allem Hermann Kesten, aber auch Alfred Neumann, wie die Zuspitzung seiner Diagnose beweist ("zumal in dem Duumvirat..."), sahen die Gefahr der westdeutschen Restauration an der ideologischen Oberfläche nachbeständiger NS-Gesinnungen à la Klüter-Kreis und holzköpfiger Selbsttreue einiger ‚innerer Emigranten' à la Ernst Jünger, Ina Seidel, Gottfried Benn usw. Bemerkenswerterweise aber entging ihnen die tiefsitzende Niedergeschlagenheit eines gesellschaftlichen Antisemitismus, der auf die Dauerspur kollektiver *und* individueller, auch ‚intellektueller' deutscher Abarten des Philosemitismus verschoben war. Daher *glaubten* Kesten und Neumann (die als Juden den Deutschen vergeben wollten, dazu aber deren „gutes Element" brauchten) an die Moralisierungsfähigkeit der Deutschen und trafen sich in diesem Glauben im allgemeinen mit den Kulturoffizieren der westdeutschen Besatzungsmächte.

Auf dieser Oberfläche, nach solchem Glauben, genügte es, im Stil der Zeitschrift Der Ruf „klar und kämpferisch" zu sein; „kämpferisch" auch gegen falsche Tendenzen des *reeducation*-Programms;

„klar" vor allem gegen unbehelligte und, mehr noch, wieder mächtige Alt-Nazis (was genau aber ist ein „Neo-Nazi-Mystifikant"?).

Und was wir nicht außer acht lassen dürfen: Auf der Oberfläche genügte es auch, *angenehme* Leute getroffen zu haben, *interessante* junge Leute; man male sich das nach eigenen Erfahrungen aus. Eine Theorie kommunikativer Stimmungen nach dem sogenannten Zusammenbruch in Deutschland könnte uns in dieser Hinsicht manches verständlich machen, das uns im Rückblick nicht weit genug gegangen, nicht genau genug gewesen ist.

Sodann: Mag die deutsche Literaturgeschichte es verschmerzen, daß sie das Lob der Gruppe 47 aus dem Exil nicht als spezifisches, das einer historischen und kritischen Überprüfung standhielte, in ihren Annalen festhalten kann. – Wollen wir etwas Anderes in diesen Annalen lesen als geschichtliches Vergessen und borniertе Selbsteinschätzung ‚drinnen', fänden solch Anderes aber nicht, dann sind wir doch wenigstens entschädigt durch eine schöne Spontan-Eintragung von ‚draußen', auch wenn sie heute eine Aura von Vergeblichkeit, Trauer um sich hat.

Ein Preis als Hoffnungszeichen?

Ein Preis, der

von uns Außerdeutschen zu stiften sei

und zugleich als Memorial

für die in der Emigration gestorbenen Dichter - - -

Alfred Neumanns Stimme

Vertreter einer Literaturgruppe, zur Zeit ihrer hier erzählten Entdeckung durch „die Emigranten" noch ohne Macht und ohne „Börsen"-Wert[8] und als Subjekt einer öffentlichen Debatten-Teilhabe (etwa zur Schuldfrage)[9] nicht existent, machen auf Alfred Neumann einen guten Eindruck, und das regt ihn zur Niederschrift darüber an, welchen Gehalt die „Idee" des Schickele-Preises haben könnte.

Neben der Freude über die paar netten Nichtnazis im Hause Desch in der Romanstraße zu München spielt der Zufall Neumanns Worten und Absichten in die Hände. Was wäre gewesen – eine hübsche törichte Frage? –, wenn er auf seiner Reise durch die westdeutschen Besatzungszonen in Frankfurt Glück gehabt und z.B. Eugen Kogon getroffen hätte? Der hatte zur Jahreswende 1946/47, als die Gruppe 47 ihr forsches Gesicht zu formen beginnt, von der „Gnade der Niederlage" geschrieben und von einer „deutschen Nacht", die sich von der „Nacht", die den bald preisgekrönten siebenundvierziger Roman einleitet, unterscheidet wie Vernunft von Kitsch oder Schlimmerem. Es ist die Nacht der Einsicht, daß es den guten alten „Humanismus" nicht mehr gebe und wir alle am Nullpunkt des radikalen Nach-Denkens nach den Gaskammern uns befänden, dort wo die Niederlage ihren Sinn offenbart: „an der unteren Grenze des wachen Bewußtseins", wohin die niedergeschlagene Seele sich zurückzieht, wenn unsere „aufrechte Haltung zerbrochen" ist.

> Wer darf vor einem höheren Forum behaupten, diesem Ende einer Epoche in nichts verfallen zu sein?[10]

Aber in der Konstellation Desch-Kesten-Neumann trat nun einmal die Gruppe 47 in Erscheinung. – Der Schickele-Preis sei, so Alfred Neumann, angemessen verliehen, das Zeichen eines Gedenkens, unter welchem sich die deutschen Literaturen ‚draußen' und ‚drinnen' zusammenfinden mögen. Alfred Neumann glaubt an diese fragliche *Möglichkeit*, die ich mir etwa so ausgedrückt vorstelle: ‚Ein junger deutscher Nachkriegsdichter schaffe ein Werk, das wir auszeichnen, damit es ein Denkmal für die Toten des literarischen und antifaschistischen Exils sei. Der Nationalsozialismus darf nicht postumus gesiegt haben; das literarische Exil stiftet die wahre Tradition einer deutschen Versöhnungskultur; die Ausgewanderten und Vertriebenen, Tote und Lebende als Vorbilder der jungen deutschen „Schriftsteller-Generation" aufgestellt! Das ist es, was *in unserm Sinn zu fördern* heißt.' Und René Schickele ist keine Attrappe! Er verkörpere *und* repräsentiere, den Tod überdauernd, den Stiftungsgedanken:

> Indem wir diesen großen Dichter, der sowohl Ihnen als auch mir freundschaftlich nahe gestanden, ehren und ihn als Vorbild für die junge Schriftstellergeneration aufstellen, ehren wir auch alle anderen toten Dichter der Emigration.

Thomas Mann legt, nachdem er dies womöglich mit gemischten Gefühlen gelesen hat, Alfred Neumanns Brief ersteinmal beiseite und vergißt die Sache; ein Artikel im New Yorker *Aufbau* über Neumanns Deutschland-Aufenthalt und das Gespräch in München mit der Gruppe 47 erinnert ihn wieder. Seine Antwort am 18. Februar 1950 räumt ein, daß sein Interesse „nicht sehr brennend" sei. In vollkommenem Mangel einer Emphase für die „Idee" erfindet er ihren Namen, „Zusammenwachsen der beiden Literaturen," auf den wir nun aber auch alle *Zurückhaltung* seinerseits zu beziehen haben.

Kesten und Alfred Neumann hatten diese Haltung vorausgesehen und Mann lediglich die Rolle eines stillen Dritten, des „Protektors" angetragen, die ihm keine Mühe machen werde. Es ging, etwas krude gesagt, um die Funktionalisierung von Thomas Manns Weltruhm.

Die beiden Planer täuschten sich. Sobald es zur Sache ging und Hans Werner Richter als der bereits Auserkorene kenntlich wurde, *machte* sich Thomas Mann die Mühe, seine Skepsis zum Projekt am Text des zu preisenden Buches zu überprüfen. – Zunächst aber begnügte er sich mit der ihm zugewiesenen Rolle, die er allerdings sofort einsetzte, eine ihm unangenehme Personalie zu korrigieren: Nicht Erich Kästner, den zu den Sympathisanten der Emigration zu zählen Thomas Mann nicht bereit war, sondern Ernst Penzoldt solle die ‚innerdeutsche Instanz' im Beratergremium der drei Hauptjuroren vertreten.[11] Kesten, obwohl Kästners guter Freund, schluckte das, und Alfred Neumann beeilte sich, die Bereinigung des Casus zu melden. Beiden ging im Augenblick ihre Idee über alles; auch ihre personellen Vorstellungen waren dem ganz angemessen: erweiterte Jury (d.i. der Kreis der individuellen Spender), also neben Mann – Kesten – Neumann: Hermann Hesse, Curt Goetz, Bruno Walter und „(um eine Frau und zugleich Schickeles älteste Freundin dabei zu haben)"[12] Annette Kolb. Auch das Sponsoren-Fundament, die angefragten 10 inländischen und 10 ausländischen (und Exil-)Verlage,[13] war idee-gemäß und vornehmlich vom Beziehungs-Universalisten Kesten erdacht. Die Preissumme von DM 5.000 sollte zu einem ganzen Jahr Arbeit an etwas Neuem frei machen.[14]

Welch ein Augenblick! Welche Konstruktion, Chance, Unbefangenheit! Oder war es politischer Idealismus der „Geistigen,"[15] die, meist abgehoben von ihrer Form-Arbeit am Schreibtisch, am Text, als Gesinnungsautoritäten einem Appell-Diskurs frönten, dessen pragmatischen Aspekt die jüngere Geschichte erledigt hatte? Ich meine, eine solche Idealismus-Unterstellung geht im selben Maß ins Leere, wie es gelingt, Alfred Neumanns Stimme unbeeinträchtigt vom Humanismus-Geschwätz der Zeitgenossen um 1950 zu hören: wie sie von einem orientierenden *literarischen Totengedenken* spricht.

Zwei Jahre, bis zur Preis-Verleihung am 29. Februar 1952, blieb diese Stimme den *Beteiligten* hörbar im Kontext eines mit den klassischen Mitteln des Kultur-Betriebs organisierten, also auch nicht zu *übersehenden* Konzepts, das den literarischen Anfängen in Deutschland (nicht nur der Gruppe 47) ein Totengedenken anempfahl *wenigstens* in dem Verstehens-Umriß, wie ihn der Name René Schickele anbot und hätte zugänglich machen können; leichter zugänglich wohl jedenfalls, als es Namen wie Ernst Toller, Ernst Mühsam oder Gertrud Kolmar vermocht hätten; oder in diesen frühen Nachkriegsjahren Carl von Ossietzky. Während der winterlichen Gespräche 1949/50 in Zürich zwischen Kesten und Neumann, als die Benennung des Preises ausgetüftelt wurde, standen solche Namen wohl auch nicht zur Debatte.

In diesen an und für sich (ideologisch) erträglichen Relationen war die Gruppe 47 also herausgefordert. Inhaltlich gestoßen von einem Gedenk-Appell im Programm des René-Schickele-Preises, lautete *politisch* die Frage über die (erste)[16] Preisverleihung 1952 hinaus: Würde die Gruppe, im öffentlichen Diskurs und bei der „harten" Urteilsarbeit an Texten während ihrer Tagungen,[17] die Preis-Idee (Exil und Nachkrieg literarisch verknüpfen – Gedenken der Exil-Toten – Maßstab das Vorbild Schickele) aktiv aufnehmen: begreifen, erproben, debattieren? Und würde, dies war die *erste* Probe, das Verleihungsteam, zu dem auch eine „unabhängige" Lektoren-Gruppe als Preis-Sekretariat bei Desch gehörte, der Stifter-Idee nun auch bei der Wahl des Preisträgers und bei Formulierung ihrer Begründung konkrete Geltung verschaffen?

Daß H. W. Richters Roman *Sie fielen aus Gottes Hand* gewählt wurde, nicht Ilse Aichingers *Die größere Hoffnung* oder Heinrich Bölls *Wo warst du, Adam?* oder die Arbeiten von Siegfried Lenz, Luise Rinser, Franziska Becker, Heinz Risse oder Alfred Andersch[18] – das nach seinem vermutbaren Entscheidungs*gehalt* formal-ästhetisch genauer aufzuklären, ist nicht möglich, auch nicht mit retrospektiv gefundenen Argumenten psychologischer oder thematischer Art; das Faktum steht ‚in der Geschichte' und nur Kommentar und Kritik können sich seiner annehmen, indem sie Idee und Buch vergleichen. – Die Entscheidung als solche also nur (als Vorgang, Diskursereignis) ist zu erklären.

Nämlich offenkundig ‚schon jetzt' und ‚so früh', zwischen 1950 und 1952, hat an diesem ideell so kräftigen und bedeutsamen Projektgedanken der lebende Beweis dafür sich statuiert, daß der Kultur-*Betrieb* den Geist ergreift, der ihn für seine guten Zwecke bloß in den Dienst zu nehmen geglaubt hatte. Zu belegen ist dies schon aus dem ersten Brief Neumanns selbst; liest man ihn gegen den Strich seiner sehr persönlichen Zeugniskraft, die in ihrer ‚einseitigen' Erfahrungsbindung und Moral ja nun wirklich nicht geschichtslos ist, so zeigt in seinem Wortlaut und Kontext doch zugleich eine ‚heimliche' Logik ihre Herrschaft an. Sie ist, ein Modus des Betriebs, einer anderen Geschichte als der Erfahrungsgeschichte eines deutschen Exilschriftstellers im 20. Jahrhundert eigen, nämlich der Kulturgeschichte des gesellig hergestellten Zufalls in einer Verschnaufpause des· Weltgeists. *Ein Zufall* führt während der Pause Regie und läßt Exilierte mit einem Typus von Intellektuellen zusammentreffen, die ihn (mit Charme, der auf die Partner wirkt) *für sich* zu bestimmen wissen. Deutsche Intellektuelle nützen eine geschichtlich verwundete, nach hinten und vorn offene Zeit und werden ihre Offenheit nicht begreifen. Zu diesem Typus gehörte Hans Werner Richter. Auch er hat wenig Skrupel (dagegen viel ‚Naivität'), jetzt Geschichte *machen* zu wollen, anstatt in der Pause, die ihr Geist eingelegt hat, primär und assistiert von Zurückgekehrten auf die Suche *nach sich selbst* zu gehen. ‚Wer bin ich nach Antworten auf die Frage: wer war ich?'

Nur einen Namen, neben dem Verleger Desch, nennt Alfred Neumann im ersten Brief an Thomas Mann: Hans Werner Richter, den Kopfnamen der Gruppe 47, von der Kesten und Neumann annehmen, sie versammle die „junge deutsche Schriftsteller-Generation," die anti-nazistisch ist. Desch, der erstlizenzierte Verleger in München, verlegt Neumann, Kesten und Richter. So kennt man sich; ‚gehört zusammen' in der Aura wechselseitiger ad-hoc-Anerkennung, die ein bedeutendes Verlagshaus in einer nachkriegskulturell lebendigen Stadt stiftet.

Dieses gesellige Moment schafft literarische Rahmenbedingungen: Literaturpolitik setzt ihre Zeichen politisch, nicht literarisch. Ihre Bahnen sind in der Regel früher gelegt als Texte fertig werden können; so auch hier. Die Frist des Preisausschreibens für erschienene oder einzureichende Bücher bzw. Manuskripte ist zunächst der 30. September 1950.[19] Richters Buch, das im Herbst 1951 erscheinen wird, gehört also gemäß dem Ist-Stand der Vorbereitungen zu denen, die als Manuskript eingereicht werden;[20] der daran schreibt, sitzt mitten unter den Entscheidungsträgern! Aus „fiorentesischer" Entfernung zu München berichtet Alfred Neumann am 3. März 1950 (die Ausschreibung ist angelaufen), zwar etwas ernüchtert (oder von Thomas Manns Sprödigkeit angesteckt), dem Projekt

hänge er „keineswegs frenetisch" an, aber gemäß seiner Besprechungen nehme es „ganz annehmbare, würdige und nützliche Formen" an.[21] Nehmen wir einmal an, da alles so gut läuft, habe auch
niemand den Inhalt des prädestinierten, umfangreichen Buches
dann noch allzu genau gelesen – Dies entspräche der Logik des Betriebs, in der es *auch* liegt, daß die Klischees, die zur Würdigung des
schließlich ausgerufenen Gewinnbuches bereitstanden, ihre Autorität während eines Entscheidungsprozesses, der auf Vorentscheidung beruht, auch dann behalten und zum Lob des Buches eingesetzt werden können, wenn es am Ende gar nicht mehr zur Kenntnis
genommen wird. Klischees obsiegen ganz ihrem ideologischen Dis-
kurswert gemäß, zu dessen Stabilisierung man sich zur Preis-Stif-
tung zusammengetan hatte. So steht es dann auch, knapp zwei Jahre später, in der Verleihungsurkunde im allgemeinen Teil der
Rahmenbegründung für die Wahl des Buches:

> Drei Autoren im Exil haben den RENÉ SCHICKELE PREIS gestiftet
> im Glauben an die fortdauernde Größe und Humanität der deutschen
> Literatur.

Wer wirklich gelesen zu haben scheint, und *darauf* sein Urteil gründen wollte, war Thomas Mann.

Der gezwungene Juror

Am 18. Oktober 1951 notiert Thomas Mann nach einer ersten kurzen Beschäftigung mit dem Buch: „Zweifel." Dann drängeln Neumann und Kesten. Die Folge ist ein intensiver Brief an Kesten am
13. Dezember 1951.[22] Darin gibt der Zweifler einem doppelten
Druck nach: Er solle lesen und urteilen, und er solle für das Buch
stimmen. Die Lektüre bringt eindeutige Ablehnung, wenn das auch
von der notorischen Lobbereitschaft Manns, was die guten Absichten beim Schreiben eines Buches betrifft, ein wenig überdeckt ist.
Das hört sich z.B. so an:

> Also die Formung, so brüchig sie ist, der Versuch einer Formung des
> Zeiterlebnisses, wie sie der jungen Literatur in all ihrer Reduziertheit,
> Unbildung und Unzulänglichkeit aufgegeben ist.

Dem Druck auf sein Abstimmungsverhalten wird Mann gerecht in seiner süffisanten Weise:

> Ich will Ihnen sagen – *ich stimme*, nach langem Zögern, um ein Ende zu machen, *der Preiserteilung an Hans Werner Richters Roman zu*. Ich meine: falls nicht im letzten Augenblick sich noch etwas Besseres, nicht nur so relativ, sondern absolut Preiswürdiges findet, was wohl unwahrscheinlich ist. Zu erklären, daß einfach nichts da ist, wäre ein grausames und vielleicht feindselig wirkendes Urteil der Preisrichter über die gegenwärtige deutsche Produktion. Wir müssen uns entschließen, und der Entschluß für *Sie fielen aus Gottes Hand* ist zur Not – denn ein Notstand liegt nun einmal vor – zu rechtfertigen. Das Buch (...) läßt künstlerisch viel zu wünschen übrig, aber, in Gottes Namen, man kann das gerade als Eigenschaft nehmen, – eine gewisse künstlerische Abgerissenheit ist vielleicht Stempel und Tracht der Zeit.

Zum bedeutenden Dokument wird der Brief durch den folgenden Satz; er macht wieder einmal deutlich, wie dieser bourgeoise und selbstbezogene Schriftsteller Konformismen zu negieren im Stande war, welcher Gestalt und Zweckrichtung auch immer; und dabei auf einer ‚Seite' historischer Konstellationen stand, die man erst später zu schätzen lernt.

> Eher sogar noch widerstand mir oft der Hang zur moralischen Gleichwerterei von *allem*, – wie sie den Deutschen so paßt.

Wer sich durch den Roman durchgearbeitet hat[23] – das sind die 95 Kurzgeschichten von 13 „Schicksalen", zeitlich parallelisiert und schichtweise forterzählt über 6 Bücher von 1939 bis 1950 – , der ermißt die Genauigkeit des zitierten Satzes. Er setzt lakonisch einen dokumentarischen Anspruch außer Kraft, der meint, in der Kriegszeit – die der Erzähler die 13 Menschen, die er interviewt hat, erleben läßt – sei alles Erlebte so gleich gewesen wie der „Lauf der Dinge" ewig gleich ist: und die Menschen, die er überleben läßt. In der Tat wird diese ‚Gleichmacherei' zur „moralischen Gleichwerterei" insofern, als alle Differenz zwischen den so differenten 13 Individuen und ihren „Erlebnissen" unter dem Autoritätszeichen eines „Mitleids" getilgt wird, dem alle Schicksale gleich gelten. Die Anstrengung bei der Arbeit am Text, die es gekostet hat, die Besonderheit der Personenbilder, wie sie dem Autor aus dem ‚Quellenmaterial' seiner Interviews unverkennbar entgegengetreten war, im Allgemeinen seiner Mitleidsmoral und seines Begriffs von Schicksal verschwinden zu lassen, ist bei der Lektüre nachvollziehbar. Eines der Hilfsmittel, angewendet zur Erreichung solcher Gleichheit, ist eine trivialromantische Bildlichkeit. Darauf weist Thomas Mann lobend hin:

> Man muß zugeben, daß ein ernster Ehrgeiz, ein großer Wille vorhanden ist, in Bildern festzuhalten, was festzuhalten ist von der Verwilderung der Epoche, und eine respektable Kraftanstrengung, das Tausendfältige nicht zerflattern zu lassen, sondern es sozusagen in einer Faust zusammenzuhalten und es in einigen lose verbundenen Schicksalen zu konzentrieren.

Je genauer die eigene Textlektüre ist, desto bewundernswerter muß ihr Thomas Manns Lesart erscheinen. Sie ist grausam richtig und das Lob des Gelesenen schierer Zynismus. Das „Tausendfältige" des Materials (europäischer NS-Krieg und Shoah) „in einer Faust": eine respektable Kraftanstrengung sei das. Respekt vor der ideologischen Energie, die in der „Gleichwerterei" angezeigt ist? Lob des *ernsten* Ehrgeizes, des *großen* Willens? Ein Lob müßte einem im Halse stecken bleiben, meinte es Ernst und Größe einer literarischen Bilderarbeit, die das „Tausendfältige", das festgehalten werden soll, in die Gewalt *einer* Faust zu bringen imstande ist. Der Zynismus des Kritikers bei der Wahl *seiner* Bilder ist in der Tat erkennbar, er zielt auf Lobrede angesichts der „Bilder" in diesem Roman überhaupt. Sie geben sich dichterisch, in Wahrheit sind sie gegen eine künstlerische Arbeit am „Tausendfältigen" feindlich ins Feld geführt als ein Anderes, Gewaltsames: Sie beschönigen eine Dokumentaristik, die so unwahr ist, wie sie *alles*, das sie aus der verwilderten Epoche in die Faust nimmt, gewaltsam gleichwertet. Parodiert Thomas Manns gewaltaufzeigende Faust-Chiffre „die Hand" am Romananfang?: eine Hand, die sanft die Analogie Gott – Autor assoziiert, um eine *Welt* vorzustellen, die vom *Krieg* nicht aus ihrem ewigen Kreislauf zu bringen sein wird? Ist dieses Weltkriegsbild selbst parodiert – Richter wird es 30 Jahre später „ein menschliches Panorama des Zweiten Weltkriegs" nennen (S. 510) – mitsamt dem handwerklichen Personen-Koppelungstrick, der das Allverbindende in „der ersten Nacht" entwirft, strukturgebend für alle kommenden Tage und Nächte? – Der Romananfang:

> Die Hand war nicht sichtbar, die die Dinge hielt. Die Erde drehte sich, ein Punkt unter Milliarden Punkten, und kreiste um die Sonne. Die Son-

ne drehte sich und jagte durch den Raum, gefolgt von den sie umkreisenden Trabanten. Es schien, als sei alles geordnet nach Gesetz und Ziel, nach Maß und Regel. Die Erde stand der Sonne zugeneigt und rotierte, die Sonne glühte und warf ihre Protuberanzen in den Raum. Keine Bewegung zeigte eine Veränderung im Laufe der Dinge an. Es war Tag auf der Erde und es war Nacht zur gleichen Zeit, ein Tag von den Millionen und Milliarden Tagen, die gekommen und gegangen waren, und eine Nacht gleich allen anderen Nächten in Tausenden von Jahren. In den Straßen von New York schrien die Zeitungsjungen die politischen Sensationen aus, auf den Boulevards von Buenos Aires jagten die Autos, in den Bädern an der Ost- und Westküste im Süden und Norden des Kontinents liefen lachende Menschen in die schäumende Brandung der Meere. Es war Tag auf dieser Seite der Erde, und das Leben war wach in der flutenden Fülle des Lichts. Und es war Nacht auf der anderen Seite der Erde, eine helle, klare Spätsommernacht, und die Menschen saßen und warteten, unruhig und bedrückt, oder sie lagen in ihren Betten, ineinander verschlungen, und sorgten für die Erhaltung ihrer Art, oder sie liefen durch die halbhell erleuchteten Straßen ihrer großen Städte. Eine nervöse, knisternde Unruhe erfüllte sie. Es war, als fräßen Millionen von Holzwürmern in dem Gebälk ihrer Ordnungen.

Man staunt bei fortgehender Lektüre rasch über die *Unverträglichkeiten* der Charaktere im Menschenpanorama, über das hin ein gelassener Gottblick gleitet und das Kriegs-Elend, das auf die Menschen wartet, in einer unendlichen Ordnung sieht, in der alle Dinge und Menschen gleich sind. Während sich der Roman aus der „Ersten Nacht" entfaltet, erkennen wir, daß er in seinem „Panorama" die Differenzen, die sich zwischen den handelnden Personen genaubesehen auftun, in der Tat moralisch verschwinden läßt. Die „moralische Gleichwerterei" macht sich breit. Wir werden erkennen, wie sich die „unsichtbare Hand" vergreift und Menschen für gleich zusammenhält wie diese: eine polnische Widerstandskämpferin, die das Mitglied eines Einsatzkommandos zu lieben beginnt; einen durchtriebenen Schwarzhändler aus Ägypten (!); eine Kriegskurtisane; einen nachdenklichen Oberpfälzer, Dachdecker im ehemaligen NS-Durchgangs-Lager Hersbruck (jetzt eingerichtet für Displaced Persons, unter denen Richter seine Interviews geführt hat); einen brutalen SS-Angehörigen – um nur einen ‚realistischen' Kurzblick auf das Personenverzeichnis zu werfen.

Personen-Realismus aber und dokumentarischer Anspruch treten im Buch krass auseinander, so nah als Begriffe sie zueinander eigentlich stehen könnten. Es geht dem Autor um einen poetisch versöhnten Dokumentarismus, und dieses Konzept läßt ihn die Realität des Geschicks seiner Personen im Krieg und die Widersinnigkeit, sie moralisch als Gleiche zu werten, übersehen. Das hätte nicht sein müssen. Richter hat die Personen alle leibhaftig vor sich gehabt. Das Durchgangs-Lager des Dachdeckers in der Oberpflaz ist keine Fiktion, als letzte ‚Generation‘ der dort Inhaftierten – vgl. die Textbetrachtung am Schluß des Kapitels – traf der Autor 1949 auf der Suche nach Stoff für einen zweiten Roman nach den „Geschlagenen" dort auf etwa hundert Displaced Persons. Im Rahmen eines gemeinsam mit dem Spiegel-Journalisten Claus Hardt durchgeführten Interview-Projekts hat er sie in ausführlichen Begegnungen erzählen lassen.[24]

Alle Widersprüchlichkeit im ‚dokumentarischen‘ Mitleids- und Gleichheitskonzept des Romans ist harmlos, gemessen an dem Grundwiderspruch, in den Richter sich im Angesicht seines jüdischen Gegenübers im Lager verwickelt, der die Hauptfigur im Roman werden wird: *Shlomo Galperin*, der ausgewählte jüdische Überlebende der Shoah.

Schon bei oberflächlichster Betrachtung wird das deutlich, denn daß sein „Schicksal" (Ghetto-Aufstand, Auschwitz) objektiv besonders ist, kann auch das ausgewogenste „Mitleid mit allen" nicht ungeschehen machen, *wegen* des dokumentarischen Anspruchs. Diese lebendige Person läßt Richter als einzige Romanfigur sterben – Märtyrergestalt, pazifistisches Phantom seiner Nachkriegsphantasie. Auf Galperin trifft dramatisch Thomas Manns Satz von der „moralischen Gleichwerterei" zu, „die den Deutschen so paßt". Er wird zugerichtet nach dem Gleichheits-Konzept, das Richter folgerichtig aus der Tabuisierung der jüdisch-deutschen Differenz in der Gruppe 47 entwickelt hat.

Shlomo Galperin wird im Roman beim Abhandeln der Schicksale, die in der Vorkriegsnacht unter den göttlichen Gleichwert-Gedanken gestellt waren, dem *seinen* unterworfen, als bliebe es dem der anderen Figuren gleich.

Kann es ein beachtenswürdigeres Beispiel für die diskrete Präzision einer Kritik geben, die unter den bestimmten Rücksichten, die auf die in Deutschland operierenden Freunde zu nehmen waren, lediglich in der hilfsweisen Form einer Anspielung eingesetzt werden konnte, als Thomas Manns zitierte Hinweise darauf, was ihm bei der Lektüre des vorgelegten Textes „oft (...) widerstand"?

Der erste Hinweis – „der Hang zur moralischen Gleichwerterei von *allem*" – mag die große Vergeßlichkeit in der westdeutschen Nachkriegsliteratur und eben auch in Richters Manuskript noch gut anspielerisch versteckt haben, der zweite, die Anfügung: „ – wie sie den Deutschen so paßt", bricht aus dem Versteck aus. Haben die Adressaten des Briefes, der eine ein Vertrauter des Absenders, beide Betreiber einer Auszeichnung Richters, das, was ihnen um *ihretwegen* so diskret, durch diese Form aber nur eindringlicher engagiert, zu bedenken gegeben ist, nicht gelesen? Haben sie das, was dem „Protektor" so sehr widersteht, *über*lesen? Was zu bedenken hat sie möglicherweise überfordert – in der Nähe zu den jungen Literaten, die sie fördern wollten? Was denn „alles" wurde vergessen im Milieu der „moralischen Gleichwerterei von Allem – wie sie den Deutschen so paßt"? Der Historiker sollte die Konstellation nicht fürchten, die er mit der hypothetischen Frage aufreißt: Hat die beiden Preisgeber die Figur eines Ostjuden nicht interessiert, deren Behandlung durch Richter Thomas Mann so gewiß „widerstanden" haben dürfte wie er sie nicht übersehen hat? – Was „paßt" *bis heute* nicht, wenn die ‚alten' Quellen aus dem Nachkrieg kritisch gelesen werden?

Laudator Thomas Mann?
(Wenig Worte sagen und verschweigen die Wahrheit)

Ich habe bisher Thomas Manns Sätze in die Nähe einer (meiner) Roman-Lektüre gebracht und somit ihre Eignung für den Roman-*Kommentar* genützt. Das ist das gewählte Verfahren, um eine rhetorische Situation 1951/1952 einem gegenwärtigen Interesse zugänglich zu machen: Sie wird aus einem vergessenen Zeitstück des Nachkriegs heraufgeholt in den Bewertungskontext einer heute operierenden Streitschrift gegen die Gruppe 47. Die Sätze Thomas Manns sind als Gebrauchstext zum Buch zustandegekommen; ihr Initiativ-Sinn erweitert sich, indem zur *Kritik* des Buches, die an die Betreiber seiner *Auszeichnung damals* adressiert ist, der historische Kommentar hinzutritt. Auch er beansprucht einen Gebrauchswert: Er ist an die Laudatoren des Buches in den Reihen der siebenundvierziger Konformisten des Richterschen Romankonzepts adressiert (Jens, Walser und andere), die den Preis-Juroren zeitlich gefolgt sind. Daß sie der Problematik der Preisvergabe intellektuell nicht gewachsen waren, wird im folgenden schrittweise aufgezeigt.

Thomas Manns Reaktionsweise wird der *rhetorischen* Situation, in die ihn Kesten und Alfred Neumann gebracht haben, insofern gerecht, als er auf eine unwillkommene Einladung zur Mitwirkung an einer Preisverleihung mit den dialogisch-höflichen Mitteln einer regelgerechten, d.i. kultivierten Einlassung antwortet: gedanklich bestimmt, formal unbestimmt. Diese Haltung eröffnet *allen* nachfolgenden Lesern seiner Antwort (bis in die Gebrauchssituation dieser Streitschrift hinein) die Freiheit des Nachdenkens über ein Stück erinnerter Geschichte. – Unter dem rhetorisch perfekten Motto der Gedankenfigur: ‚Obwohl meine Meinung offenbar nicht paßt: Hier ist sie!‘ fügt Thomas Mann sein kühles Urteil über Richters Roman in den Kontext seiner damals bekannt-berüchtigten Deutschlandkritik nach 1945 ein. Dem darüberhinaus *besonderen* Akzent, den sein Brief mit dem Satzteil „wie sie den Deutschen so paßt" dieser allgemeinen Zuordnung verleiht, gehe ich nun noch ein Stück weit nach. – Die methodische Idee ist: Wir lassen Thomas Mann, nachdem er sein Amt als Juror unwillig erledigt hat, sich *nicht* von seiner Stelle auf dem Schauplatz der hier nachgestellten Szenerie einer Buchpreis-Vergabe entfernen. Auch wenn es, nach Absendung seines Briefes nach Deutschland, nun eine Leerstelle ist. Auch im Brief gab es sie:

Der *Faustus*-Dichter, der Exil-Erzähler aus den Zelten *Jakobs*, der Spieler mit der mittelalterlichen Legende vom Ödipus-Prometheus auf dem Heiligen Stuhl (*Der Erwählte*) – dies die jüngsten Werke – steht, wenn er über *Sie fielen aus Gottes Hand* urteilt, betonter, bestimmter als seine Partner in einer persönlichen, ja eigensinnigen Monoperspektive des „antifaschistischen Exils."

Der Standort scheint ihm eine kulturelle Sicherheit zu geben, die nicht zu verwechseln ist – darauf besteht Mann selbst – mit einem Dauerplatz „in the nation's culture,"[25] im „anderen," „geistigen" Deutschland, das nun wieder ‚Draußen' und ‚Drinnen' umspannen solle. Im Wissen von der spezifisch deutschen Gewalt, der sich auch dieses ‚sichere' Exil eines Weltschriftstellers verdankt, ist es unmöglich, Geschmacksurteile wie die gegen Richters Buch einfach nur als professionell reaktive zu lesen, beheimatet in einer ästhetisch-weltliterarischen Kriterien-Reserve. Vielmehr strahlen die Urteilssätze Aktivität aus, eine zwar umgängliche, aber im Grunde definitiv exemplarische Intensität und Offensivität. Rein ästhetisch geben sie sich kompromißbereit: „viel zu wünschen übrig, aber"; auch politisch: „*Versuch* einer Formung des Zeiterlebnisses"; – – in einem aber nicht.

Dies ist die Leerstelle im Brief. Sie ist umstellt von Anspielungen. Nähern wir uns ihr. – Manns Äußerungen (außerhalb der Texte seines Erzählwerks) über Deutschland im Jahrzehnt, das er nach 1945 noch lebte, sind auf eine weltliterarische Weise deutsch unter zwei Aspekten: Zum einen zeugen sie von Gebrochenheit in einem etwas zweifelhaften Abstand. Bemüht, die Diskrepanz zu schließen, die zwischen seinen schwankenden, oft halbherzigen oder anstößigen politischen ‚Stellungnahmen' vor 1933 und noch darüber hinaus und seinem nun fest gewordenen Blick auf die deutsche Geschichte noch besteht und schmerzt, und bearbeitet werden muß, *versichert* er sich seines Standorts nach dem Motto der bekannten Sätze an seine deutschen BBC-Hörer am 31. Dezember 1945, die allen, die sie gehört haben, unvergeßlich sein dürften:

Man gönne mir mein Weltdeutschtum und den vorgeschobenen Posten deutscher Kultur, den ich noch einige Lebensjahre mit Anstand zu halten suchen werde.

Zum anderen: Thomas Manns Nachkriegs-Reflexionen zur deutschen Kultur wenden sich den konkreten Verhältnissen nicht *zuerst* zu; er nähert sich ihnen in großen ausholenden Schleifen von früheren Epochen her. Essayistische Höhepunkte sind und bleiben die Vorträge zu Goethe (1949) *und* Schiller (1955);[26] mit Goethe begann er, das war der Grund zur ersten Wiederreise ins Land 1949 (Frankfurt am Main und Weimar). Der Arbeit an gegenwärtiger, an „*Meiner Zeit*" (1950) eignet ein merkwürdig abstrakter Duktus, ein Ton aus der Ferne; der Autor – als sei er ideologisch nicht mehr erreichbar – tritt aus seiner immer etwas steifen Selbst-Sicherheit in seinem Bleibe-Exil nicht hinaus.[27] ‚Negative' deutsche Angriffe auf diesen Standort ‚draußen' reizen ihn zwar unmittelbar zu heftigen Reaktionen; ihr Recht und ihre Moral sind klar und einfach. Aber deutlich im Grundton der persönlichen Stimme schwingt das Desinteresse an einem deutschen ‚positiven' Neuanfang in der Kultur mit.
Es käme wohl einem Widerspruch in sich selbst gleich, würde man aus solchem Desinteresse den Grund für Manns ästhetische Kompromißbereitschaft herauslesen, von der oben die Rede war. Wäre sie an und für sich doch vielmehr ein Indiz für Zuwendung, Interesse, Anteilnahme ... Sagen wir: Ginge es Thomas Mann lediglich darum, daß „das Buch künstlerisch viel zu Wünschen übrig läßt", dann entbehrte der grundnegative Gestus des Briefes eines

internen vernünftigen Zusammenhangs *und* eines nachkriegspolitischen Bezugs, die jedoch beide klar aus dem Brieftext sprechen. Sie strukturieren die emotionale Masse, die der Urteilsaufbau vor allem im entscheidenden Satz zu bewältigen hat: „Eher sogar noch widerstand mir oft der Hang zur moralischen Gleichwerterei von *allem*, – wie sie den Deutschen so paßt."

Das urteils*logische* Kennwort des Satzgebildes ist das Partikel, das eine Universalie ist: *alles*. Sie funktioniert urteilslogisch als Potenz, in unendlich vielen Sätzen alles Mögliche in unbestimmter Weise zu bewerten (‚Allsätze‘; z.b. ‚alles wird gleichbewertet‘) – es sei denn, man stoppt die dezentrierende Dynamik der Bedeutungsrichtungen ins Unendliche und kehrt sie um. Eben dies macht unser Briefsatz. In der Wendung „Gleichwerterei von *allem*" steckt der einfache Urteilssatz: ‚(Der Autor oder das Buch) wertet *alles* gleich.‘ Thomas Mann also gebraucht die Universalie als einen Objektbegriff prädikativ dergestalt, daß er ausdrücken kann: ‚In Richters Buch wird *alles* (alles Mögliche) zusammengezogen (zentriert), so daß es dem Satz von der Identität unterworfen werden könne: Alles ist in sich gleich = Dieses Alles (als Gleichgewertetes) ist der Gegenstand des Schreibens in diesem Buch.‘ Mann fügt (urteilslogisch gesehen einschränkend) die Attribution „moralisch" hinzu: Richters Text verfahre literarisch so, daß *moralisch* alles aufs Gleiche hinausläuft. – Haben wir in der hier nun flüchtig analysierten Urteilsform das *Zentrum* des Satzes, so vertritt das Attribut „moralisch" in ihm dessen emotionale *Initiative*: ‚Mir widersteht.‘

Bringen wir nun die *beiden* Hauptbegriffe vom Objekt des Richterschen Schreibens, die im Brief verwendet sind, *alles (gleichbewertet)* und *das Zeiterlebnis (geformt)* in diese urteilsförmige Initiative ein, lassen also beide einander bestimmen bis zur Tautologie – alles ist Zeiterlebnis, das Zeiterlebnis ist alles –, so wissen wir nun, aufgeklärt durch urteilsanalytische Relektüre, was im Brief *so* nicht ausgesprochen ist: haben seine Leerstelle eingekreist.

In sie zieht sich zurück was bleibt, nachdem den Freunden stattgegeben worden ist. In ihr ist verschlossen ausgedrückt, worüber jetzt nicht mehr geredet werden kann; oder: worüber zu debattieren im Umgang der Exilierten ihrer Art nicht üblich ist; oder: worüber Thomas Mann, schweigend, den Mantel der ‚politischen‘ Kompromißbereitschaft gelegt hat, die Schluß macht mit einer Erwartung, der Erwartung an eine angemessene neue deutsche Literatur dort im Land. Der Text des Briefes birgt die verbleibende geleerte Form eines Kritik-Motivs, das ins Leere traf.

Was *ist* denn „das Zeiterlebnis," das nun in der Leerstelle erscheint, *als Leerstelle* bloßgestellt der *unbefangensten* kritischen, nicht textimmanent ästhetischen Lektüre des Richterschen Vorzeige-Romans?

Der Kern des Roman-*Programms* ist eine Identifikation des Autors mit einer abstrakten, indifferenten Antikriegshaltung. Deutsche Opfertiere möchten, daß nicht mehr geschlachtet werde. ‚Wir waren Menschenmaterial, unser Mitleid gilt allen, die es auch waren.' Das ist die Erregungsspur im Roman, einzig Thomas Mann hat sie aufgenommen. „Eher noch widerstand mir ...": Seine Kritik mußte *im Brief* auf ihre Konsequenz verzichten, nämlich zu fordern, bei der Lektüre eine logische Gegenwendung gegen Richters indifferenten Pazifismus anzustrengen. Seine Adressaten hatten schon gelesen, oder auch nicht, da sie vorentschieden waren; nach Erhalt des Briefes würden sie nicht mehr lesen. Für die Rezeption des Romans, ja für eine Aufnahme der Mannschen Kritik in der Gruppe 47, auf die der Preis mehr noch als auf den Autor zugeschnitten ist, war der Brief also unerheblich. Er ist das Dokument der Einsamkeit Thomas Manns unter Exilierten und einer am Nachkrieg orientierten Textkritik, zu der die idealistischen Rückkehrer an der ‚Front' in Deutschland *noch* nicht bereit waren; auf Verständnis gar bei der Gruppe selbst wäre der Brief, hätte man ihn dort zur Kenntnis erhalten, keinesfalls gestoßen. Der Konjunktiv dieser Aussage löst sich auf beim Blick in den Kontext dieser Studie, oder auf den vergeblichen Versuch Robert Neumanns (gegen Schluß der Einführung ist darüber berichtet), der Stimme Thomas Manns gegen die Gruppe nocheinmal 1966 Geltung zu verschaffen. – Grund genug, in den Brief des unwilligen Jurors noch etwas genauer hineinzuhorchen.

Das „Zeiterlebnis", um dessen willen der Roman ausgezeichnet werden sollte, so die Formulierung Thomas Manns, ist Gegenstand seiner *Ironie*! Während er im Begriffe ist, das Lob für Richters Mitleids-Haltung, das die Preisurkunde formulieren wird, mitzuverantworten, sieht er nur Selbstmitleid, eine Haltung, die keinen Bezug zur „Verwilderung der Epoche" in der Weise hätte, daß der *ganze Krieg* gemeint ist, den die Deutschen geführt haben, also auch der erklärte Krieg gegen die europäischen Juden – und der Befreiungskrieg der Alliierten, der die Verwilderung der Epoche beenden wollte. Da es unwahrscheinlich ist, daß Thomas Mann die Manifeste im „Ruf" gelesen hat, hat er wohl intuitiv die Erfahrungs-Leere im

Literaturprogramm der Gruppe 47 wahrgenommen, die bei ihr in Bezug auf den ganzen Krieg vorherrscht und in der ebenso leeren Parole festgeschrieben worden ist: „Die Erfahrung des Erlebnisses."[28] Seine intuitive Klarsicht an diesem Punkt, den er selbst mit seiner Formulierung „Zeiterlebnis" setzt, zieht der Briefschreiber aber in die prädikative Leerstelle seines formalen Urteils-Verfahrens ein. Dergestalt taucht er das Urteil in die Großzügigkeit ironischer Offenheit, entzieht es einer eindeutigen Endform, die in München allein erwartet wird. Auch dort nun hätte man eine Intuition haben können, beim gründlichen Lesen *wenigstens des Briefes* - - -

Wir können, was Thomas Mann ironisch für sich behält, wenn er über das „Zeiterlebnis" in Richters Roman spricht, als Verschlußsache dennoch für die Literaturgeschichte des Nachkries festhalten. *Das* Erlebnis im Blick auf das, was gemeint ist, gibt es nicht. Mit dem Gebrauch des Singular („Versuch einer Formung des Zeiterlebnisses") chiffriert Thomas Mann ironisch etwas anderes, nicht Literarisches, nämlich den Gebrauch des Erlebnisses, das ja auf etwas Wirkliches durchaus verweist, für Zwecke der gruppeninternen und gruppenexpansiven Diskurssicherung. Die Wahrheit, d.i. *die Erlebnisse* (Plural) in der „Verwilderung der Epoche", ist different und es ist *nicht zuerst* eine Frage von Kunst und „Formung", wie mit ihnen umzugehen sei!

Einzig und allein eine andere Einlassung auf die Differenzen in den Erfahrungen der jüngst vergangenen Epoche hätte den Briefschreiber an Richters Buch wirklich interessieren können – auf der Suche nach einem moralischen Neuanfang in Deutschland überhaupt – , wenn er denn auf solcher Suche gewesen oder vom Buch dazu angeregt worden wäre. In *Sie fielen aus Gottes Hand* fand Thomas Mann „den Versuch einer Formung" im Dienste einer in der Tat alles mit allem gleichsetzenden Bewertung des Krieges. Da er darauf kritisch und emotional reagiert, wäre er im Umfeld der bekannten Rezensionen und Stellungnahmen der einzige Leser gewesen, der hätte zur Debatte stellen können, was und wie er gelesen hatte. Möglicherweise *wegen* seiner Gefühle, die die Lektüre ihn gekostet hatte, hat er geschwiegen? und nur verklausuliert in der Leerstelle eines Textes im Umlaufverfahren der Jury sich ausdrücken können?

Der weltweit Beredte schweigt zum empfindlichsten Krisenpunkt in den Köpfen und an den Schreibtischen im wieder flott werdenden westdeutschen Literaturbetrieb um 1950, als Weiterschreiben und Moral ineinander oszillierten.

War Thomas Mann aufmerksam geworden auf die Roman-Figur des jüdischen Warschauer Schusterjungen „Slomon" Galperin, was angesichts von dessen Überakzentuierung im Figuren-Ensemble gar nicht wegzudenken ist, so mußte ihr in besonderem Maße seine Erregung über die „moralische Gleichwerterei von *allem*" gelten. H. W. Richter schrieb den Roman nach dem Konzept eines von ihm und seiner Gruppe so genannten *Realismus,* der in seiner betont am einseitigen Kriegserlebnis orientierten Normativität moralische Entscheidungen formatiert hatte, die von der literarischen Praxis nachvollzogen werden sollten. Dementsprechend war die Vorentscheidung des Autors vor dem ersten Satz des Romans, ihn als literarisches Kriegs-Ganzes („Panorama") einem Satz aus der Welt der Logik zu unterwerfen, dem Satz von der Identität: Der Krieg hat alle gleich gemacht. Aus den Schicksalen aller, die der Schriftsteller publiziert, sind Folgerungen zu ziehen. Die ‚realistische' Literatur der frühen Gruppe 47 beschreibt ein Identisches, Schicksal als Krieg, und befördert dadurch aliterarische Schlußfolgerungen, die ebenso in sich Identisches meinen, die aber vom Schreibenden angesichts seines Materials gar nicht alle selbst gezogen werden können; gleichwohl setzt er sie bereits als schlüssig *voraus.* Die Folgerung, die der Moralist und Politiker Richter schon in den Manifesten überdeutlich macht, heißt „Pazifismus", Pazifismus bedingungslos.

Das Problem des Buches: Alle Figuren müssen „die Erfahrung des Erlebnisses" haben, damit sie im Pazifismus-Legitimationsspiel ihre Kriegs-Rollen bis zum *quod erat demonstrandum* behalten: Es muß im erlebten Krieg der Grund zum Frieden gelegt worden sein, es ist die Doktrin Ernst Jüngers. „Krieg" heißt „ihr Krieg", aus dem der allgemeine Frieden folgen muß. Zwölf dr dreizehn Figuren werden ihrer Funktion gerecht. Sie fielen zwar alle aus Gottes Hand, aber gerade das verbindet sie als Beweisträger in der Schlußfolgerung, deren Erfüllung auch die Selbst-*Versöhnung* aller wäre. Denn irgendwie sind sie alle schuldig. Es geht da um eine Schuld, die in einem künftigen rationalen Pazifismus der Geschlagenen aufgehoben sein soll.

Wie aber heißt der Krieg „Slomon" Galperins?

Er heißt im buchstäblichsten Sinne Nachkrieg. Obwohl Galparin als literarische Figur von vornherein, als gedacht lebende, nicht ins Konzept des einen „Zeiterlebnisses" paßt, wird sie dennoch in es hineingezwungen. Auch ihr „Schicksal" muß in der erzählerischen „Gleichwerterei" zentriert werden. Ihr wahres Schicksal ist in Interviews ebenso erhoben worden wie das der anderen Figuren. Aber nur Galperins Bericht wird grob verfälscht; und an dem allein für ihn erfundenen tödlichen Ende im Buch kommt es zur Variante des gesellschaftlichen Antisemitismus im deutschen Nachkrieg: Der ‚verstreute‘ Ostjude hat in Deutschland nichts zu suchen und wird zu einem Engel verklärt, der nach Israel heimkehrt. Diese Spielart des Heimkehr-‚Realismus‘ der Siebenundvierziger setzt voraus und phantasiert einen deutschen Entschuldungs-Pazifismus zumindest ohne Ost-Juden in Deutschland.

Dies vor Augen mag es irritieren, wie Thomas Mann seine tiefgeschichtete Kritik – deren Verdecktestes seine Verletzung ist – am Ende seiner Rückmeldung an die Partner plättet:

> Man kann ihn salutieren, und darum, da Neumann und Sie es auf mich scheinen ankommen lassen zu wollen – ich sage ja. Rufen wir H. W. Richter als Schützenkönig aus! Daß er es unter ABC-Schützen ist, brauchen wir ja nicht zu sagen, oder es nur milde anzudeuten. Wir werden kritisiert werden; aber nicht so heftig, wie wenn wir erklärten: Es gibt nichts –.

Ich lese die Passage so: Die Verletzung *ist* tief. Der Text zuvor schweigt nicht ohne Grund. „Ich" muß aber, da eine Verabredung einzuhalten ist, handeln. Dies *geht* im Modus des Betriebs. Hier findet sich sogar eine Logik für die abgepreßte Zustimmung: ‚Wenn wir angemessen vorgehen würden – wozu Sie allerdings das Buch, Lektüre vorausgesetzt, so beurteilt haben müßten wie ich – ist ein Tumult zu erwarten und die „Idee" der Preisvergabe wäre verloren gegeben.‘ Das sarkastische Wortspiel „Schützenkönig – ABC-Schützen" sieht nicht so aus, als wolle der Weltbürger den Kleinbürgern einen noch so kleinen ‚Schulanfang‘ zutrauen, gar wünschen, sollte dieser Anfang der Struktur nach wie dieses Buch verfaßt sein. Indem sich Thomas Mann der Logik des Betriebs unterwirft und an der Oberfläche der moralischen Nachkriegs-Entwicklung einem kleineren Übel zustimmt, ist in der Rhetorik des Schweigens der Urteilsaufbau um so klarer auf die Spitze getrieben und dergestalt pointiert: „nichts."[29]

Möglich auch, daß der gezwungene Juror, während er sich tatsächlich lesend einläßt auf seine Rolle, vollends resigniert. Dann wäre der Gestus am Schluß nicht mehr offen ironisch, sondern *nur noch verschlossen sarkastisch*: Laßt sie *ihren* Anfang machen. Ein Anfang ist es allemal. Die ABC-Schützen sind da, die Schule steht. Es ist vorauszusehen, was sie hervorbringen wird.

„Literaturpolitik"

So war wenigstens Thomas Manns Votum, wenn auch nicht seine
Überzeugung dafür gewonnen, die junge westliche Literatur in
Deutschland durch die Preisverleihung „im Sinne" und „im Namen
aller emigrierten deutschen Dichter" zu ermutigen, fortzufahren
wie sie begonnen habe. So das Signal der Urkunde.[30] Sie ist auch
von Thomas Mann abgezeichnet. Es ist ein erstarrtes und mißver-
ständliches Zeichen. Denn der Text ist mit Sicherheit nicht von ihm
verfaßt. Was seine Skepsis bedeute, nämlich auf dem Geist der Differenz zu beharren, wenn es um einen gemeinsamen Neubeginn
geht, das mag Alfred Neumann geahnt haben, seine Preisbegrün-
dung aber verrät davon nichts. Was er von Differenz zu sagen gehabt hätte, das deckt sein Idealismus im Blick auf die Gruppe 47 zu;
auch der unangemessene Tonfall von Gläubigkeit, der sich bestenfalls auf Richters Titelformulierung stützen dürfte.

Der Autor greift einen der großen Stoffe unserer Zeit auf und meistert
ihn mit dem Bemühen seines ehrlichen und mitleidenden Herzens. Es ist
ein Buch von großem Wollen und oft imposantem Gelingen. Es ist die
Stimme eines Menschen, welcher die Gottverlassenen nicht verläßt. Das
ist schon ein Mittel, sie in Gottes Hand zurückzugeben.

Richter hat im Freundeskreis der Gruppe quittiert, was der Preis
„literaturpolitisch" zu bedeuten habe und wie er auszunutzen sei.[31]
Dabei ist auffällig, wie weit Richters politisches Opportunitätsden-
ken schon übergegriffen hatte in die bei ihm nie anders als ober-
flächlich geführte literarische Organisations-Debatte unter den
Freunden. Als ginge es um die rasch wechselnden politischen Grup-
pierungsmotive zur Gründerzeit 1947, als sich Richter z.B. um die
Etablierung einer unabhängigen sozialistischen Wochenzeitung (als
Gegenentwurf zur „Zeit") bemüht hatte – die er mit Hilfe sozial-
demokratischer Freunde (Heinz-Dietrich Ortlieb, Karl Schiller,
Friedrich Minssen u.a.) zu einer „unabhängigen (...) Stimme in
Deutschland"[32] machen wollte –, so wird jetzt 1952 der Rücken-
wind des Preises der Emigranten genützt, das soeben begründete
Zweiwochenblatt der Gruppe 47, „Die Literatur"[33], öffentlich zu
stützen und das Rénommee vor allem Hermann Kestens dazu ein-
zusetzen. Auch Thomas Mann sollte eingespannt werden.[34] Was lag
für Richter näher, als dabei mit tiefer Überzeugung an das nach-
kriegs-analytisch und literar-ästhetisch gesehen wahrlich oberfläch-

liche Motiv anzuknüpfen, das für die Annäherung Kestens und Neumanns an die Gruppe verantwortlich gewesen und auf die Begründung der Preisverleihung eingewirkt hatte: Die Jungen um Richter stünden für eine neue deutsche Literatur insofern, als sie ebenfalls gegen den Einfluß der alten Nazidichter kämpften.

Sehen wir kurz auf einen Briefwechsel Richter-Kesten aus dem April 1952, sechs Wochen nach der Preisverleihung. Im Preisdank-Brief an Hermann Kesten, welcher in der Tat mit seiner Person in jenen Jahren wie kein anderer für diesen Kampf steht, überhäuft Richter Kesten mit überschwenglichen Worten – und schwört ihn auf einen „literaturpolitischen Kampf" ein, „der sich in Deutschland in den kommenden Monaten und Jahren voll entfalten wird (denn sie kommen wieder, die Grimms, Blunks, Vespers usw.).“[35]

Die überschwenglichen Worte („das stärkste Erlebnis dieser Nachkriegsjahre", „umso stärker, als es eben von den emigrierten deutschen Schriftstellern kam, denen ich so viel zu verdanken habe") können wir beiseite lassen; wer die hanebüchenen Äußerungen gegen die Emigranten in den Gruppen-Manifesten der Jahre 1946 und 1947 auch nur flüchtig kennt (zu schweigen von dem, was wir hier in diesem Buch aus Archiv und Analyse zu hören bekommen), der weiß, daß es sich um leere Schmeicheleien handelt. Doch funktionsleer sind sie nicht. Sie sind der Sprit des Motors, den Richter sogleich anwirft: Er fordert ein, daß „die Geste, die hier die emigrierte Literatur zu uns herüber gemacht hat, nun auch ihren konkreten Niederschlag findet." Das schlechte Deutsch ins Politische übersetzt heißt nichts als: *Nun aber bitte konkret!*

Wenn, in anderen Worten, wenn Sie es mit der „Mentalität der Gruppe 47", die mit dem Preis ausgezeichnet worden sei, wirklich ernst meinen, dann treten Sie in die Mitautorschaft der Zeitung „Die Literatur" ein, unseres Organs „der" neuen deutschen Literatur!

Dann erst, wenn die emigrierten deutschen Schriftsteller und die neuen deutschen Schriftsteller gemeinsam in einem Blatte schreiben und polemisieren, wird nach außen hin sichtbar, daß sie zusammengehören und sich zusammengehörig fühlen. Für mich ist das (...) von entscheidender Bedeutung.

Kesten war zur Mitwirkung bereit, Richter erbat eine vergleichende Betrachtung zum Berlin der Weimarer und der Nachkriegs-Zeit – wie verachtete er doch den Lobpreis jener Jahre seitens der Emigranten, nicht im Ernst gedacht war an ein „gemeinsames Schreiben und Polemisieren", ein wenig Historisieren kann aber nichts schaden. Nein, Richter glaubt nicht ernsthaft an eine Polemik Kestens gegen die „goldenen zwanziger Jahre" und, wie er behauptet, an seinen Willen zur Mitwirkung am *Entscheidenden*, am *Beweis*, „daß die Kontinuität der literarischen deutschen Entwicklung nicht verloren gegangen ist, sondern daß sie besteht, und zwar von Ihnen und Ihren lieben Freunden, lieber Herr Kesten, zu uns".

Kesten liefert im Herbst die Kleinigkeit „Das Wiedersehen mit Berlin", veröffentlicht unter dem Titel „Bekenntnis zu Berlin" (Nr. 15, S.5). Auf den Brief Richters hat er sehr höflich geantwortet[36] – auf das „Entscheidende", auf Richters, des „Innerdeutschen" Gegen-Gestus, nämlich den Versuch, die „Außerdeutschen" (Neumann) zu vereinnahmen, geht Kesten nicht ein. Haben wir den Zeitpunkt der ersten Distanzierung von der Gruppe vor uns? Hat Kesten nach Empfang des schmeichlerischen Richter-Briefes, also schon im April 1952 *geahnt*: daß die „literaturpolitischen Gesichtspunkte" der Preisverleihung – die in ihrem (verwendbaren) Sehnsuchtsgehalt dem politischen Kopf der Gruppe 47, wie seine Totenrede auf Alfred Neumann belegt, nicht verborgen geblieben sind – ihres eigenen Sinns als Gesichtspunkte von ‚draußen' beraubt worden seien und ihm, Kesten, nun in der Verkehrtheit eines gruppeninternen Kalküls entgegenstarren, das auf Machtzugewinn und einen damit einhergehenden Zuwachs an Bereitschaft der Remigranten aus ist, Literaturpolitik unter Opportunitäts-Gesichtspunkte zu stellen? Es waren Gesichtspunkte, die mit einer organisatorischen Sicherungsbemühung um literarische Arbeit nichts mehr zu tun hatten – schon gar nichts mit einer gemeinsamen Arbeit an den Erfahrungen im außerdeutschen und innerdeutschen Exil während des Nationalsozialismus.

Kesten müßte mit Blindheit geschlagen gewesen sein, sollte er Richters Worte über ihren durchschaubar taktischen Zweck hinaus nicht auch aus einer tiefen Schicht der zum Gruppenchef bestehenden Differenz verstanden haben. Das ist die im ‚kulturellen Gedächtnis' Deutschlands locker abrufbare, weil populär-historistisch sicher abgelagerte Neigung zu einer stereotypen Selbsttäuschung, wonach einer ‚neuen' Literatur stets eine Assimilationspolitik gut getan habe, die das Verhältnis zur jüdischen Kultur darauf abstimmt, sie zur Selbstaufgabe zu bewegen. Dann heißt der ‚Jungdeutsche' Heinrich Heine „kein Jude!" (so der christliche Versöhnungs-Vereinsvorsitzende Lahnstein jüngst in einer Talkshow zum deutschen Antisemitismus) und das „Kontinuum der literarischen deutschen Entwicklung" (so Richter) kann nach 1945 des kleinen Zusatzes „-jüdisch" entbehren, auf dem die jüdischen Remigranten wohlweislich nicht bestanden hätten. – Kesten erhält im selben Brief, in dem der kleine Zusatz nicht nur wörtlich, sondern vor allem gedanklich fehlt, von Richter die „freundliche Einladung" zur Maitagung 1952 nach Niendorf. Aber der Dampfer nach New York ist gebucht. Was hätte er in Niendorf erlebt! Ingeborg Bachmann, mit ihm freundschaftlich verbunden bald darauf[37], wird den Eindruck davontragen, dort unter „lauter Nazis" geraten zu sein. Kestens Eindrücke gingen so weit offenbar nicht, als er ein Jahr später in einer aufsehenerregenden Rede bei den renommierten Kölner Bahnhofsgesprächen den die Gruppe belagernden Antisemitismus-Vorwurf *anklingen* läßt, indem er nur beklagt, man scheue sich bei den jungen deutschen Dichtern nicht vor „Reaktionären, Faschisten, Antisemiten" als literarischen Vorbildern. Damit ist vor allem Ernst Jünger gemeint. Darauf müssen wir auch noch zurückkommen. Hier scheint mir wichtiger zu sein, an jene einfache Wendung vom „Menschenantlitz" zu erinnern, vor dem diese jungen Schreibenden zurückscheuten, wie Hans Habe ihnen vorgehalten hat. Kesten ist dieser Wendung in Köln nahegekommen mit der pointierenden Frageform:

Wieviele Weltkriege werdet ihr noch brauchen, um ein Herz für die Menschen zu haben? (...) Wann habt ihr genug von mordenden Literaten?[38]

Das war 1953. Unterdessen – was hier zu belegen war, sind doch nur Worte obenauf, Worte des Tags – hatte Richters politisches Kalkül 1952 schlafwandlerisch das Optimale für seine Gruppe geleistet. *Unauffällig nach innen und außen*, und *heuchlerisch*, war ein Frieden mit „der (West)Emigration" installiert, der das jüdisch-deutsche Kulturgespräch im Keim ersticken mußte, das von Alfred Neumann vor allem erdacht war und auf dem Gedenken an die Toten des Exils hätte gegründet werden sollen. Er starb selbst darüber. Richters Kalkül verfolgte einen politischen ‚Frieden', der wie eine *Allegorie* des deutschen schlechten Gewissens seinem Kopf entsprang: nicht ins Offene der Exilserfahrungen entworfen, differenzfähig, sondern ein enger Zweckbegriff, der sich als Vorwand für den Abgrenzungs-Diskurs, der in der Gruppe seit 1946/47 über verteilte Rollen ‚lief', nun weiterhin und bis zur Selbstversteinerung nutzen ließ.

Richters Rhetorik hatte „Sprache und Stil" der Emigranten schon 1947, in einer der Gründungsurkunden der Gruppe („Literatur im Interregnum"), ins Jahr 1933 zurückargumentiert, dahin, „wo zeitlich die Trennung vom Mutterland begann": Damals sei geschehen, was jetzt der Fall noch sei: „Stagnation" der literarischen Emigration, die vom „natürlichen Kreislauf der Erlebnisse in einem Volk" ausgeschlossen *bleibe* – wenn sie nicht werde wie wir.[39]

In diesem Mutter-Grund, auf dem die Gruppe 47 ihre „Mentalität" pflegte, hatte sie in Wahrheit *ihre* Sprache ‚radikal' gegen die *ihr fremde* Sprache der Rückkehrenden abgehärtet und ließ sich beileibe nicht berühren von der „Auszeichnung" durch die Preisstifter (Brief an Kesten). Nur der Chef war als Hüter der Gruppenmentalität in seiner täuschenden Unbefangenheit gefährdet, weil er ab und zu, wie wir wissen, gern „tacheles redete" und dabei aus der Rolle fuhr. In der Aura von Unauffälligkeit, die Richter um den inneren Ring seiner „Mentalitäts"-Wache herum aufrechtzuerhalten vermochte, waren solche Vorfälle, wenn sie vom Munde zu hören waren, nicht in Briefen, Telefonaten oder Hotelzimmer-Gesprächen versteckt blieben, für seine schlauen Ritter dann nur ‚so eben mal ein Versprecher, ein Ausrutscher' und mithilfe salopper Anmerkungen wie: für „Papa Richter" sei eben die „Emigration sein schlechtes Gewissen"(J. Kaiser[40]) im Zungenumdrehen bagatellisiert. Aufmerksame Freunde, die ihn sehr gut kannten, erschraken dann aber doch, etwa Rolf Schroers oder Alfred Andersch.

Szene und Selbstkommentar:
Richter beteiligte sich so gut wie nie an den Diskussionen nach den Lesungen. Tat er es, wurde es zum Ereignis, kam aus jener ‚Tiefe'. Im hier erzählten Fall aus der Tiefe des Hasses. Albert Vigoleis Thelen liest in Bebenhausen aus seinem Roman „Die Insel des zweiten Gesichts". Der ‚Moderator' der Lesung ist von einigen anschließenden Äußerungen mit zustimmender Tendenz gereizt.
Richter: „Das ist Emigrantendeutsch!"
Zuruf Andersch: „Nimm dich zusammen, Hans!"[41]
Schroers, als Berichterstatter für den „Spiegel", autorisiert später seinen Tagungsbericht an diesem Punkt ausdrücklich. Das reizt Richter noch mehr („Das geht nicht ... so wird alles, auch die Gruppe 47, unerträglich"). Es veranlaßt ihn aber auch, zugleich um Affektdeckung besorgt zu sein und sich dem Freund ein wenig zu übersetzen. Er habe sagen wollen: „... Konservierung der Sprache in einem fremden Sprachraum" - - -[42]

Man sieht, Versprecher von solchem Herkommen sind schwerlich aus der Welt zu schaffen. Von dorther in der Tat, aus der Affektgrube, in die das Fremde den Geängsteten hat stolpern lassen, und sei es ,nur' das Fremde im Sprachraum eines Schriftstellers, der vor den Nationalsozialisten gen Westen hat fliehen können, fühlte Richter sich und die Gruppe nachhaltig bedroht. In *seinem* Bild: Über den „Schatten" hinweg zu springen, der „unsere Erlebniswelt von der ihren trennt"[43] – , das hätte bedeutet, das Gruppen-Tabu zu entmachten und in die Angst vor dem Fremden einzutreten.

Das Jahr 1952 war ein großes für Richters Tabuisierungs- und Formierungs-Politik. Daß es ihm gelungen war, die Freude über den Preis (Kesten freute sich hinwiederum über diese Freude[44]) in gruppen-identifikatorische Literaturpolitik zu übertragen, hat seine Einsamkeit in der Gruppe und seine Uneigennützigkeit ihr zuliebe gefestigt und ein gutes Stück weit ,verewigt'. Alle konnten ein *gutes* Gewissen haben, nicht wissend, daß ER die Verantwortung für die Ausräumung aller möglichen moralischen Skrupel immer im Voraus zu übernehmen trachtete, die das (jüngste) Geschichtsverhältnis zu Exil, Juden und Judentum betrafen und bei den Sitzungen störend in die Kritik an den Texten drängen und das Rechtgefühl beim Weiterschreiben untergraben könnten. Es war sein Genie, daß ihm das meist gelang, daß seine moralischen Vorentscheidungen an jenem neuralgischen Punkt, den Thomas Mann aufgedeckt hatte – wenn das deutsche Weiterschreiben nach der Shoah auf dem Spiele stand – , unbesehen Vertrauen erweckten und schließlich: daß seine dergestalt in Einsamkeit ausgetragene Auffassung von „literaturpolitischer" Obhut (Abwendung „fremder" Erfahrungs-Zumutungen, Nutzung der Zuwendungen von dorther) von der Mehrheit der Eingeladenen als Gelassenheit und Weisheit, von den jüdischen Mitgliedern, wenn sie Skeptiker waren wie Hildesheimer oder Guggenheimer, als Freundschaft, von der sensibelsten Autorin unter ihnen, Ilse Aichinger, als nie versiegende Ratgeberschaft erlebt wurde. – So war Richter in den Jahren bis 1952 in die Verkörperung des vollendeten Ratschlusses hineingewachsen. Er verkörperte für die Nichtjuden in der Gruppe die Sicherung vor Angstberührung: optimale Abschirmung vor den Ängsten der Differenz. Sie profitierten ohne Bewußtsein.

Es gibt natürlich auch Versprecher Richters, die im Archiv schlummern. Sie sind eingeklemmt in Brieftexten und geben in dieser Gestalt Kunde von seinem Obhuts-Genie; der Hauptsatz im Dank-Brief an Kesten gehört dazu:

Sie haben uns mit der Verleihung dieses Preises mehr geholfen, als Sie vielleicht ahnen.

Hier kommt, vor dem Gegenüber, dem gedankt werden mußte, ein Ton aus innerster Kälte. (Eine Urszene der Gruppen-"Mentalität": Der Meister-Epigone wird Walser sein.) Richter wußte natürlich, daß Kesten seinen Roman kaum, und gewiß erst in ihm gelesen hatte, als die positive Vorentscheidung bei den beiden Juroren, die sich im Gegensatz zu Thomas Mann in Europa aufhielten, bereits gefallen war. Der Preis sollte schon 1950 verliehen werden; Richter brachte sein Manuskript erst nach der Vorentscheidung ins Jury-Sekretariat im Desch Verlag. Wir mögen es noch als List der Vernunft einstufen, daß auf diese Weise eine Art von Objektivitäts-Beweis geschaffen worden ist: Die Emigranten waren es, die eine literaturpolitische Entscheidung wollten. Nun aber die subjektge-schichtliche Entschiedenheit Richters: ER wußte schließlich genau, was er geschrieben hatte; *dieses Buch*, mit dem Warenzeichen, *diesen Preis* errungen zu haben, werde das literaturpolitische Signal setzen für den ,innerdeutsch'-,außerdeutschen' Nachkriegs-Frieden in den Koordinaten eines gemeinsam-westlichen Anti- und Nicht-nazitums. Dieses Kalkül gab den Schwung, an der Preisvergabe ,un-eigennützig' mitzuwirken, ging es doch um die einzigartige Chance, seiner Gruppe mit „ihrer Mentalität, ihren Bestrebungen und ihrer Arbeit" (Brief an Kesten), die öffentliche Dominanz zu verschaffen, die er, wie wir wissen, als eine „zutiefst politische Notwendigkeit" auffaßte. „Ja, ich wollte von Anfang an, daß in Deutschland die linken Schriftsteller dominieren ..."

Der typische entschiedene Richter-Ton („ja, ich wollte") zeugt vom Brisanzgefühl, das er in Situationen erlebt, da er sich von jüdi-schen Partnern genötigt sieht, seine „Literaturpolitik" zu rechtferti-gen. Im hier zitierten Satz (herangezogen aus den Erörterungen am Schluß der Einführung) ist es jener Briefwechsel mit Wolfgang Hil-desheimer 1964, der diesen Ton hervorbringt. Der Freund setzt die Freundschaft aufs Spiel, weil er den ,außenpolitischen' Zug Richters auf das internationale Parkett als die Aufkündigung der Gruppen-bindung an das Primat der Literatur kritisieren muß. Er wollte gern „auch die Zwischentöne" vergessen, die Richters Beharren auf sei-ner Politik-Auffassung in seinen Ohren hinterlassen hatte. Hildesheimer hat erkennen müssen: Der Riß, den Richter in die Freundschaft zu ihm durch sein stures Beharren gebracht hat, bedeutet ihm nichts, da es ihm um jene „Notwendigkeit" geht. Deshalb ist die Parallele zum Agieren um den Preisvorteil 1952 unübersehbar. Im deutsch und fremd-feindlich imaginierten Zeit-Block des historischen Gruppen-Seins, wie Richter den Nachkrieg deutet, sind 17 Jahre keine ‚Zeit', – Zeit, in der es um eine gemeinsame Bearbeitung der Differenz hätte gehen *sollen*. Sondern Richters ‚Zeit' *ist* ein einziger Kampf um die Unbetretbarkeit der Tabu-Zone „Angst vor der Differenz". Schroff und kalt wird daher der Freund zurückgewiesen. „Behalte Deine Ansichten. Aber gestatte mir, daß ich die meinen behalte. Mit ihnen habe ich die Gruppe 47 siebzehn Jahre lang durch alle Fährnisse gesteuert."[45]

Das Herausragende im Jahr 1952 aber ist, daß Richter jetzt der Gruppe ihre Struktur exemplarisch und wie endgültig vor- und festschreibt: Indem ER die literarische Vorlage ihrer abgegrenzten Existenzberechtigung herstellt, nämlich die Schriftverkörperung des Gruppen-Tabus selbst vornimmt und von den Emigranten absegnen läßt, hat er die moralische Vorentscheidung, die mit der Abgrenzung der neuen deutschen Literatur vom „fremden Sprachraum" manifest vollzogen worden ist und behütetes Weiterschreiben garantiert, *als Schriftsteller* auf sich genommen. Ein wahrlich geniales Kalkül!

Von der einsamen Politik der Tabu-Sicherung dringt in die Öffentlichkeit nur, daß im innersten Kreis der Gruppe 47 ein moderat linksintellektueller, ein engagierter Schriftsteller wirkt. Das Innere des *Romans* zeigt, was die Politik verbirgt, daß nämlich nicht (bloß) die eingeschränkte Angst vor dem, was die (West)Emigranten „uns zu sagen hätten, was wir uns selber nicht zu sagen wagen" (Heinz von Cramer) in der Gruppe tabu-geschützt ist, sondern die uneingeschränkte Angst vor Juden und Judentum überhaupt.

Es mag unbegreiflich erscheinen, gehört aber zum Befund, daß es in und außerhalb der Gruppe 47 bis heute keinen Beleg gibt dafür, es habe jemand auf Richters ‚stilistische' Personen-Umwandlung von Shlomo zu „Slomon" geachtet. Diese unauffällige Maßnahme ebenso wie die auffällige der Preisverleihung haben das literarische Faktum verdeckt, daß der Roman eine ostjüdische Biographie, die dem Autor anvertraut worden war, ausgelöscht hat.

Fortzeugend

Aber wer hat „Sie fielen aus Gottes Hand" *überhaupt* gelesen? Wahrscheinlich Walter Jens und wahrscheinlich Martin Walser. Wohl eher nicht Ilse Aichinger (es bleibt beim „herzlichen Glückwunsch" und: „... wie ich mich für Dich freue")[46]. Die beiden Männer münzen ihr Lob zur Sigle ihrer jungen und jüngsten Zugehörigkeit *zu Richter*; Jens als Journalist der Gruppe in „Die Literatur" 1952, Walser 1953 als Anfänger im Nachkriegs-Block ,ewigen' deutschen Weiterschreibens mit seinem ersten Brief als Mitglied 1953. Ging es Jens eher diensteifrig um seinen Beitrag zur Gruppenpolitik, so Walser schwungvoll selbstbewußt um seine sofortige Aufnahme in den literarischen Gruppen-Kanon.

Beispiel Jens:
Warum es nicht aussprechen? Die Art, in der die deutsche Presse auf die Verleihung des René-Schickele-Preises reagierte, zeugt von einer doppelten Feindschaft gegen den Geist: sie zeugt von Feindschaft gegenüber der Literatur im allgemeinen und von Verantwortungslosigkeit gegenüber der jungen Literatur im besonderen.[47]
Walser:
Walter Jens sagte mir schon des öfteren, ich soll einmal was vorlesen auf einer Ihrer Tagungen. Ich probiere seit Jahren in der Prosa herum und bin noch nicht allzuweit damit gekommen.

Kaum Mitglied geworden, und nach einigen Schöppeles in Bebenhausen im Handstreich Duzfreund, startet der Schüler mit dem Proviant, den er vom Lehrer geliehen hat. Das klingt im Brief u.a. so:

„Sie fielen aus Gottes Hand", das war eine Leistung der Kunst, das war ein Beispiel, daß souveräne *Komposition* ein Zeitalter darstellen kann. (...) Ich bin, nach manchen Irrwegen, der Ansicht, daß der Erzähler ganz langsam und unmerklich eine Welt entstehen lassen muß, einfach dadurch, daß er einen Menschen erzählt. [48]

Einen Menschen erzählen – *ein* Satz für die Differenz der Literaturauffassungen, um die es hier geht! – – , „einen Menschen", Objekt welchen Erzählens im Angesicht der „Schandtaten", an die Thomas Mann zwei Jahre später die Gruppe 47, nachdem sie am Cap Circeo getagt und Richter den „lieben Herrn Kesten" ausgeschlossen hatte, gern erinnert hätte? [49]

Proben aus dem deutschen Kontext 1952 bis 1988:
Günter Blöcker (Der Tagesspiegel, 16. 3. 1952) macht die Romanfigur bei der
Wiedergabe des Personenverzeichnisses zum „polnischen Schusterjungen" –
lehnt das Buch im übrigen ab, weil dem Autor nicht gelungen sei, „das Flüchtige zeitlos und das Vergängliche unantastbar" zu machen
Gruppen-Mitglied Hans Schwab-Felisch (Der Monat 1951/1952, Heft 42)
vergißt diese Figur ganz, obwohl der Roman ein Versuch sei, „den Krieg in allen seinen Manifestationen zu schildern, und zwar nicht den Krieg schlechthin, sondern eben den letzten."
Fritz J. Raddatz (Die Zeit) sieht *„Das Chaos in das Kunstwerk eingebracht"*,
liest den Roman motiviert von seiner notorisch zweifelhaften Pathosformel –
was hätten wir alle alles wissen können! – „wütend" darob, daß er „unter den
großen Plunderberg des Vergessens gekarrt worden" sei, wünscht ihm hohe
Auflagen und entstellt Richters Hauptfigur so: „jüdischer Schusterjunge
Slomon, der aus dem Warschauer Ghetto sich nach Palästina rettet."
Kommentar dazu: Der Satz stellt die Konstruktion der Figur auf den Kopf und
beweist, daß der Roman, „heute wiedergelesen"!, entweder um seine jüdische
Hauptfigur dezentriert und daß sie dergestalt aus Unachtsamkeit verkehrt
gelesen wurde, oder daß die Opfermystifikation, die mit ihr betrieben ist („absurd" nach der Befreiung getötet, als Engel ab nach Israel!) bewußt verschleiert
werden sollte. Ich nehme dies nicht an. Es wird um eine *einfache* Mißachtung
des Juden Galperin gehen: falsch referiert als Kunstfigur. Doch darin verbirgt
sich das Übliche: die Haltung *unwillkürlicher* Mißachtung, die auf Desinteresse
beruht. Diese Haltung gehört zur Grundausstattung der Gruppe 47. Man kann
sicher sein, daß von ihr wie von einem Gewohnheitsrecht Gebrauch gemacht
wird, wenn ‚Nachrichten' aus der Tabuzone ins Reich der Literatur eindringen
und verscheucht werden müssen. Raddatz zeigt sich desinteressiert an dem,
was er lobt, ohne es auf die jüdische Figur zu beziehen: desinteressiert an Richters grobgestrickt altmodischer Art zu dokumentieren.
So bleibt der Tatbestand unbeachtet, daß diese Art es gerade ist, die Richters
Auslöschung einer jüdischen Biographie verschleiert und anstattdessen die
jüdische Kunstfigur für den trivialliterarischen Geschmack zurichtet. Nicht
eines Schulaufsatzes würdig ist darüber hinaus der Wegfall jeglicher Bindung
an Argumente. Dies wird ‚schlagend' deutlich beim Versuch, Richters Umgang
mit Dokumenten lobzupreisen und ihn *noch jetzt im Jahr 1988* gegen Thomas
Mann auszuspielen, der diesen Umgang als „moralische Gleichwerterei" aller
Kriegsopfer kritisiert hatte. Raddatz zitiert diese Kritik, die man inzwischen in
den edierten Briefen nachlesen konnte. Und im gruppenintern eingeübten Reflex nun wird die Kritik, die im Zitat aufbewahrt ist, *vorsorglich* abgewehrt.
Dies geschieht im ‚persönlichen' Stil, den wir von Raddatz kennen; Schwärmerei suggeriert Argumentation. Er schwärmt für die „Modernität" der doku-
mentierenden Methodik Richters („Konstruktionsästhetik"!) – die einem
Thomas Mann „fremd bleiben mußte".
So scheint ein Rechthabe-Gestus („mußte") die Gefahr gebannt zu haben, es
könnte der Blick auf die „Gleichwerterei" des Romans, „die den Deutschen so
paßt", aus dem Mann-Zitat, aus der Ferne des Jahres 1951, noch einmal
aufblitzen und auf das Bild fallen, das *in den Tagen, da Raddatz schreibt* (an

der Schwelle zur Wiedervereinigung), deutsche Intellektuelle von der herbei-
gewünschten Gleichheit deutscher Juden und Nichtjuden *in den Tagen des
November-Pogroms 1938* gemalt haben; z.b. „von den Juden und den Zeugen
der Humanität unter den Nichtjuden" (Walter Jens). Gleiche Schreibzeit,
gleiche Erinnerungsstruktur und gleiche Schwärmerei bei beiden Sprechern
der Gruppe 47 sind kein Zufall. So wie Raddatz in der Feuilleton-Öffentlichkeit den *Konsens* der Gruppe darüber auffrischt, „was den Deutschen so
paßt" – nämlich das Denken der deutsch-jüdischen Differenz nach 1945 prinzipiell zu meiden –, indem er ihn vor dem Kritiker Thomas Mann schützt, so
macht dasselbe Jens, der das deutsche Publikum insgesamt nach einer sensa-
tionellen Parlamentsrede des Bundestagspräsidenten Philipp Jenninger zum
9. November, die die jüdisch-deutsche Differenz angesichts der Shoah radikal
aufgerissen hatte und ihm das Amt gekostet hat, mit dem stimmungsvollen
Entwurf einer *Gegenrhetorik* beschwichtigen möchte, „wie der Tag sie verlangte" und die zu allem Überfluß „nüchtern" und „erinnerungsmächtig" genannt ist. (Vgl. im einzelnen Verf., Vorbemerkung am 11. November 1988, in:
Ders., Unmittelbar zur Epoche des NS-Faschismus, a.a.O. [Anm. 15], S. 21 ff.,
Anmerkungen 17 und 20.)
Die Figur, die Fritz J. Raddatz als Richters Advokat und Gralsritter der
Gruppe 47 macht, ist schier unersetzlich. Er verkörpert wie kein zweiter die
Dynamik des Wegschauens, die der deutsche Kontext der Erinnerungsängste
dem Wirken der Gruppe 47 verdankt. In der Arroganz des vollständigen Wis-
sens ist er bei Richter in die Schule gegangen, wie wir in der Geschichte der
Gegenrhetorik gegen Robert Neumann erfahren haben; als eloquenter Fechter
gegen die Feinde der Gruppenpolitik übertrifft er seinen Lehrer. „Fremd bleiben mußte": ein unübertrefflicher Streich! Die Leere, die das Nichtargumen-
tieren eröffnet, klirrt vor kalter Empfindungslosigkeit gegenüber Thomas
Manns Erregung über die „moralische Gleichwerterei" in Richters Roman.
Die Erregung wird im nächsten Streich denunziert als die „heftige Irritation
eines konservativen Kunstbetrachters". Das Rechts-Links-Kampfschema
funktioniert, seine Übertragung auf eine nachkriegsdeutsche antisemitische
„Konstruktionsästhetik", die alles gleich macht, wird blind vollstreckt: blind
für den Antisemitismus, der in der Konstruktion eines Krieges steckt, in welcher ein lebendiger Jude keinen Platz beanspruchen darf – nichteinmal den
Platz eines Gleichen unter Gleichen, was doch im Romanplan stand! Raddatz
merkt nichts, er beschreibt einen *Romankrieg*, in dem die Spur des Fremden
getilgt ist, so wie die Vernichtungspolitik der Nationalsozialisten es für ihren
Realkrieg geplant hatten:
„...Das Gleichzeitige und das Unwahrscheinliche, das Logische und
Irrationale, das Absurde und Gesetzmäßige des großen europäischen Krieges"
sei im Roman „episch strukturiert". Und nun „*Der Clou*": „... All diese
Wahnsinnsbahnen (...) sind: real." Raddatz merkt auch nicht das: daß mit dieser lobpreisenden Behauptung, Richters romantische Lebensläufe seien
„real", der Zirkel zwischen ‚antifaschistischem' Romanwerk und NS-faschi-
stischer Kriegswirklichkeit, zwischen wirklich realem und realliterarischem
Antisemitismus geschlossen wird. „Hans Werner Richter hat nichts *erfunden*,
alles *gefunden* (...). Der Roman als riesiges Ready-made."

Ausführliche Hinweise auf Richters Interview-Arbeit im DP-Lager Hersbruck täuschen Mitwisserschaft des Rezensenten vor, vertuschen aber nur das Desinteresse an den wirklich „gefundenen" Geschichten. Der Vertraute des Chefs hat sich bei ihm in all den Jahren enger Kooperation offenkundig nicht danach erkundigt, welche Menschen das wirklich waren, deren Materialwert er hervorhebt. Auf diese Weise wird uns vor Augen geführt, daß Shlomo Galperin schon längst, ehe seine „Rettung" jetzt behauptet wird, als Person aus dem Gesichtsfeld der Gruppe 47 ausgeschlossen war, in welches ihn Richter, verunstaltet zur Kunstfigur „Slomon", 1952 eingeführt – und vogelfrei erklärt hatte. Es müßte einem grausen, und ist doch nur ein Zeichen von Struktur und Routine: Das Veröffentlichungsdatum dieses Textes aus dem innersten Kreis der Gruppe 47 ist der 11. November 1988.

„Unsere Emigranten"

„Nach diesen Jahren eines (- - - -) Massakers" oder: Der Betrug der Preisannahme

Die historische Kritik am Komplex ‚Schickele-Preis' muß die korrespondierende Beziehung zwischen Vergabe und Annahme des Preises herausarbeiten. Die Analyse des Richterschen Kalküls darf die Mitverantwortung der „führenden Emigranten" (W. Jens) an der ideologischen Stabilisierung der Gruppe nicht aus dem Blickfeld drängen.

Diese Mitverantwortung ist erheblich.

Befangen in ihrem „Glauben an die fortdauernde Größe und Humanität der deutschen Literatur" verdichteten die Vertreter der demokratischen Westemigranten ihren „germanic approach" (Thomas Mann)[50] zu idealistischen „Gesten", die – noch immer wie aus dem Glück der Befreiung vom NS-Faschismus geboren – den Schreckensumfang der Informationen aus dem besetzten Osteuropa nicht in ihre Bündnispolitik aufnahmen, die ihrerseits dem Wahn von einer deutschen literarischen Identität huldigte; bewegendes Zeugnis davon muß Alfred Neumanns Rede am 29. Februar 1952 bei der Preisfeier in den Münchner Kammerspielen gegeben haben, deren vollständiger Text möglicherweise verschollen ist.[51] Zwei Sätze sind überliefert:

Es ist keine Gabe von uns draußen an die drinnen, sondern Ausdruck unserer Entschiedenheit, wieder im Lande unserer Muttersprache zu sein.

— — —

Wir von draußen sind also über die Schickelebrücke gekommen, die Einheit der zeitgenössischen deutschen Literatur wiederherzustellen und zugleich etwas zu tun, was dazu gehört, jungen deutschen Schriftstellern zu verhelfen, ins Weite zu gelangen.

Vergeblich hatte Thomas Mann telegraphisch kurz zuvor, wiederum verklausuliert, vor der „Dummheit" dieser Art von Feier gewarnt.[52] In der Tat, auf diesem Niveau emphatischer Worte, die sich in den Träumen und Programmen derer angestaut hatten, die nicht davon ablassen wollten, an das „andere Deutschland" im Exil und im Reich zu glauben, ließen sich die Differenzen in den Erfahrungen der Epoche diskurs-oppositionell nicht bearbeiten, nicht einmal klar thematisch disponiert und mit Aussicht auf Verständnis einem Kammerspiel-Publikum antragen.[53] Neumanns Worte und der Preistext auf der Verleihungsurkunde haben stattdessen die Imagination in der Gruppe 47 gestärkt, man lebe in einem Zeit-Block des homogenen Bei-sich-selbst-Seins nach 1945 und es komme nur noch darauf an, die „öffentliche Meinung zu beherrschen", von links her, wie Richter in der Auseinandersetzung mit Hildesheimer resümiert, um der Homogenität die freiheitlich-demokratischen Garantien aufzuprägen. Wollte man unter diesen Voraussetzungen die literatur-*politische* Hegemonie, bedurfte es nur des Instinkts, im naiven Gesamtkopf der kulturellen Meinungsführer jener Aufbruchsjahre keine Störung im Gefühl zu verursachen, man habe wieder Anschluß gefunden an den (west)weltweiten Humanismus, den die deutschen Emigranten verkörpern. Diesen Instinkt hatte Richter, und so *gab er sich* zerknirrscht, daß er und seinesgleichen erst jetzt, sozusagen in den Münchner Kammerspielen, verstanden hätten, den „Brücken"-Schlag der Emigranten, dieser „wahren Humanisten" (Richter), ‚von innen her' zu würdigen. Den Linken störte es nicht, daß auf dieser Brücke nur eine ‚Fraktion' des Exils zurückgekehrt war.

In der Urkunde heißt es, die Preisvergabe sei „Symbol für die Verbundenheit aller freien und humanen Autoren deutscher Zunge, ob sie in Berlin, Wien, München oder Zürich, in Los Angeles, New York, London oder Paris leben", und mit dem Namensgeber des Preises René Schickele sei „dem entschiedensten Patrioten Europas, dem humanen Weltbürger, dem Freund des Friedens, der Freiheit und der deutschen Sprache" gehuldigt.

Richter:

Tragisches Schicksal der Emigration? Entfremdung, Vergessen? Nein, wir hätten nicht vergessen dürfen, wir vergaßen die Verpflichtung, jede Entfremdung zu überbrücken, wir hätten unsere emigrierten Schriftsteller mit Jubel heimholen müssen. Wir haben es nicht getan. Und wir tun es noch immer nicht. (...) Wir sollten uns hier verpflichten, unserer großen emigrierten Literatur dankbarer zu sein als wir es bisher waren und wir sollten nichts unversucht lassen um sie heimzuholen" u.s.w.

Ziehen wir aus der Pathosformel für die Situation alles Beiwerk heraus, so bleibt wiederum ein Versprecher Richters: Heimholen. Nicht mehr an unserem „völligen Versagen" leiden wollen. Kommt in die von uns dominierte Einheit der neuen deutschen Literatur, in den Zeit-Block des homogenen deutschen Nachkriegsverständnisses – und wir verlieren die Angst vor der Differenz (brauchen nichts zu tabuisieren). „Heimholen" – bis Niendorf im Mai wird Richter in seine Männergruppe auch die zerbrechliche Dichterin Bachmann heimgeholt haben (sie aber wird einen Nazi-Geruch zu spüren bekommen). Die Freundin Ilse Aichinger stört noch ein bißchen, ihre Zugehörigkeit muß noch befreit werden von ihrer ‚Wiener' Vergangenheit, vom Deportations-Trauma, dann wird sie in Niendorf den Preis *der Gruppe* erhalten. Paul Celan aber wird in Niendorf ausgelacht werden.

Daß dies alles so gut klappt, daß der Kapitän sein Schiff, wie er gegen Hildesheimers Kritik konstatiert, durch die Zeit zu steuern vermochte, ohne daß die Ladung einer genaueren Durchsuchung unterzogen würde, das verdankt er auch der „Geste" des Schickele-Preises, die „die Gruppe 47" mit dem Anschein beliehen hat, dem „anderen Deutschland" zuzugehören. Die Preisstifter haben unter Mißachtung des deutlichen Winks aus California keine Notiz davon genommen, daß im preisgekrönten Roman dies ‚andere' Deutschland nicht nur ohne jene andere Erinnerung auskommt, sondern sie aus der neuen Literatur austreibt, „wie es den Deutschen so paßt".

Das heterogene Zeitmaß in Texten, die konfliktfähig an der jüdisch-deutschen Differenz nach der Shoah arbeiten und einer „moralischen Gleichwerterei" allein entgegenwirken könnten, war Richter unbekannt, in der Gruppe nicht Programm und wurde bis über die planmäßigen Arbeitstreffen in den sechziger und noch siebziger Jahren hinaus arrogant mißachtet – zumal wenn es von jüdischen Autoren in deutscher Sprache gestaltet wurde. An den Besprechungen Joachim Kaisers ist das exemplarisch zu studieren.[54]

Das Echo in München auf die Preisverleihung war gering; die Töne in den Kammerspielen waren vertraut, man konnte dazu auch schweigen; und tat es auch weitgehend. Auch im übrigen Westdeutschland war das Presse-Echo spärlich. Die von Thomas Mann befürchteten Angriffe auf die Jury blieben im wesentlichen aus. Andererseits hatte, was aus der Akademie für Sprache und Dichtung in Darmstadt, aus der Redaktion der „Neuen Literarischen Welt" um Oskar Jancke und Kasimir Edschmid gegen den Preis an die Gruppe 47 laut wurde, mit einem Meinungsstreit aus gemeinsamem Problembewußtsein nichts zu tun. Gemeinsam war beiden Seiten *Problem*-Ignoranz im Kampf um kulturelle Hegemonie (Edschmid übrigens sprach bei der Preisverleihung – über René Schickele); man baute sich dabei gegenseitig auf. Die Darmstädter machten aus der ‚linken' Gesinnung der Gruppe 47 flugs eine linke Literatur, und in Gegenrichtung dachte man an ‚rechts' und ‚Innere Emigration'; im Verborgenen schlummerte das gemeinsame Dritte: Abgrenzung von der Anti-NS-Exilliteratur.[55]

Diskurs-Gehilfe Jens allerdings nahm die Konfrontation mit dem „Dummkopf Jancke" (Richter) bitter ernst und vertuschte die Problemlage auf seine Weise. Ins Gruppenblatt „Die Literatur" floß sein Pathos. Die Kritik schweige die junge Literatur tot, während doch mit dem Preis an die Gruppe „die Emigranten auf ihr Vertrauen zur jungen deutschen Literatur" hingewiesen und „erklärt" hätten, „wie beeindruckt sie von den Leistungen der Jungen seien...." Der Rhetoriker verfehlt zu allem Überfluß nicht, einem Gerücht zur Wahrheit zu verhelfen, allen voran Thomas Mann sei beeindruckt. „Aus berufenem Munde wurde erklärt, daß die Tradition nicht abgerissen sei. Ein großer, ein erschütternder Augenblick für den, der die Zeichen der Zeit zu betrachten versteht."

Armer Shlomo Galparin! Als Allegorie, während so geflunkert wurde, geisterte er zum Beweis solcher „Leistung" und „Zeichen der Zeit" abgetötet durch die „junge deutsche Literatur". Zum Glück konnte er sich lebendig nach Erez Israel absetzen.

Empfindet der Christ Jens diese literarische Schuldlage? Bot der ‚offiziöse' Narzißmus der Gruppe Entlastung? Mußte der aber in eine Sprache gekleidet werden, die nichts als Heuchelei war –

Es wurde ein literarischer Preis verteilt: der wichtigste, den wir zur Zeit in Deutschland haben, – wichtig schon allein deshalb, weil seine Stifter immer noch unser aller *große Lehrmeister* sind...[56] – ?

„Ich habe den Preis angenommen, weil ich wohl weiß, daß bei dieser Verleihung auch literaturpolitische Gesichtspunkte mitgespielt haben." (Brief an Kesten) Wenn dieses Wissen und der Umgang mit ihm einer persönlich-moralischen Bewertung unterzogen werden mag, so nur in dem Kontext, der in diesem Buch das historisch Objektive ist. Alle subjektive Verantwortung für Tun und Lassen in diesem Kontext muß an die Frage zurückgebunden werden, welche Art von Dialog in dem Maß, das von Yoram Kaniuk und anderen erhofft wurde (und noch wird?), angesichts des deutschen Doppelkrieges – und zweier Gedächtnisse, zweier „Sprachräume" – notwendig und noch möglich gewesen wäre?

Bei den „Lehrmeistern" zu lernen hätte bedeutet, in den von ihnen angebotenen ästhetischen und moralischen Austausch mit der *eigenen* Geschichte einzutreten – neugierig auf die andere.

Kritik an der eigenen und der anderen wäre zu entwerfen gewesen.

Dies als wechselweise radikal reflexive und korrespondierende Erkenntnisarbeit zu wollen, wäre 1952 angesichts der Preisvergabe-Motive angemessen und noch nicht zu spät gewesen.

Das Projekt wäre einem Augenblick der Erkennbarkeit geschuldet gewesen.[57] Und es hätte *ein Anfang* in der Differenz sein müssen; vielleicht wäre dann – vorausgesetzt, Lehrmeister und Lehrlinge hätten ihn als solchen, nicht als „Einheit", „Wiedervereinigung" oder „Heimholung" gedacht – die 1952 perfektionierte Differenz-Tabuisierung, das gruppenerhaltende Mysterium, später *ohne* die dann aber tatsächlich entstandene, verläßliche Plausibilität und *ohne* große Ausstrahlung in den deutschen Kontext „unserer Vergeßlichkeit" geblieben.

Ein Anfang in der Leere der Humanismus-Utopie?

Die Chance: In solcher ‚utopischen‘ Stellung sich der Leere zu erinnern, in der sich die Älteren unter den Jungen ‚drinnen‘ ebenso wie die Exilierten schon nach 1932/33 wiedergefunden hatten, als ihnen ‚die Geschichte‘ die Ohnmacht der „Geistigen" in vorletzter Konsequenz nicht erspart hatte. Die *letzte* Konsequenz stand *jetzt* zur Debatte: die deutsche Literatur den Erfahrungs*differenzen* der Epoche als Erfahrungs*zusammenhang* zu öffnen und sie dergestalt neu zu bestimmen, ohne Vorverabredungen in Traditionen zu suchen, die dem Licht der letzten Leere nicht standhielten.

Die Chance wurde vergeben. Zwei ähnliche Ideologien, die des äußeren und des inneren Exils, trafen aufeinander, aber erschütterten sich nicht. Hier ruht im deutschen Kontext der Nachkriegsgeschichte die unaufgearbeitete Schuld, deren Ausdruck im Berliner Mahnmal-Diskurs kulminieren wird. Gute Bedingungen für das *Blendwerk* einer Differenz-Rhetorik der Gemeinsamkeit, das sich zwischen 1947 und 1952 grotesker Weise sowohl auf Ernst Jünger als auf Thomas Mann berufen wollte.[58]

So weit der ‚objektive' Befund eines Scheiterns. Er birgt einen Aspekt subjektiver Schuld, wenn er den Beweis einer bewußten Täuschung enthält. Ein solcher Beweis ist in der Tat im Subtext entfaltet, der den hier gelesenen Dokumenten zum Schickele-Preis eingeschrieben ist. Es ist Richters gegenüber der Preis-Jury geübte taktische Heuchelei in den Monaten vor und nach der Preisverleihung am 29. Februar 1952, die einen Schulddruck erzeugt haben muß, der ihn an die in seinem Gruppen-Konstrukt tabuisierte Differenz-Angst in der Weise ausgeliefert hat, daß er sie loswerden mußte und dabei in seine verdrängungstypischen Versprecher gedrängt wurde. Was verdrängt wird, drängt zurück. Das Wissen vom deutschen Vernichtungskrieg gegen die Juden Europas und das Unheimliche, das von ihnen ausgeht, da man sich ‚danach' mit ihnen auseinandersetzen müßte, lassen sich durch Tabuisierung der Differenz zu Juden, Judentum und „Emigration" nicht löschen. Aber die Verdrängungsleistung ist, daß der eigene Sprachraum immer vertraulicher, familiärer, schein-naiv handlicher wird, und das heißt enger, während das Wissen drängt und drückt. Das ist das ‚Geheimnis' der weiteren Verarmung der Sprache Richters nach der Selbstverordnung zu soldatischer Strenge und Härte unmittelbar nach 1944/45, einer Verarmung, die in den sieben Jahren seither die Sprache eines Polit-Soldaten des Friedens geworden ist. Eines Friedens der Abspaltung und Verdrängung. Je enger die Sprache wird, desto größer wird der Binnendruck auf ihr; er geht vom ungeteilten Kriegswissen aus und verschuldet die Serie der Richterschen Versprecher. Er erpreßt das Wissen, es muß sprechen: preßt es im Augenblick des Versprechens (und seiner syntaktischen Verbergung in Rede- oder Brieftext) aus in das Stereotyp derjenigen einzigartigen Erscheinungsform, die das besondere Verdrängte aus diesem Krieg hinüber in den Nachkrieg trägt: Auslassung, Lücke, Deckbild.

Als ich Alfred Neumann zum letzten Mal sah, es war bei der Verleihung des René Schickele Preises, fand er warme Worte der Anerkennung für die junge, ringende und ach noch so unvollkommene Literatur. Er aber, ein Meister der Form, er begriff, was viele unserer Kritiker hierzulande nicht begreifen, wie schwer der neue (gestrichen: „Anfang") Auftakt sein muß nach diesen Jahren eines moralischen, geistigen und literarischen Massakers.[59]

Richters „Literaturpolitik" und sein Roman *Sie fielen aus Gottes Hand* gehören also unzertrennlich zusammen. Was das Buch verdrängt, die Kriegseigentlichkeit der „Massaker" in (Ost)Europa („Weltanschauungskrieg"), ist in der „Literaturpolitik" der unbescholtenen Heimkehrer ebenfalls nicht ansprechbar. Wie auch sollte den mißachteten „Emigranten" gegenüber das Wort gefunden werden, das auch ihnen selber schwer über die Zunge kam, Shoah; und wenn es „Holocaust" gewesen wäre!

Daß sie wirklich mißachtet waren, bezeugt ein Interview-Text, den Richter zur Zeit, als ihm die „Schickele-Brücke" gebaut wurde, niederschreibt und im Ausland versteckt. Nachdem er von der Verständigung Kestens, Neumanns und des Verlegers Desch, ihm den Preis zu verleihen, schon wußte und er noch am Roman schreibt, im Juni 1950, wirbt er in einer Zuschrift an den *Combat* um Verständnis für seine „junge Literatur" in Frankreich und führt das am Beispiel seines eigenen Erstlings *Die Geschlagenen* aus, der dort ein Verkaufserfolg ist.[60] Er wirbt um Verständnis für das intellektuelle Leid im besetzten Land, das die publizistische Freiheit, sich gegen die Kollektivschuld-Zuschreibung seitens der „Sieger" zu wehren, noch nicht habe. Die Emigranten kommen ins Visier, sie sind im Gewand der (vor allem Münchner) ‚behördlichen' US-Offiziere deutsch-jüdischer Herkunft angesprochen. Die Kernaussage ist:

Nach dem Kriege sind wir auf unsere Emigranten gestoßen, die wir oftmals als amerikanische Offiziere wiederfanden. Sie fragten uns, warum wir nicht das Land verlassen hätten, und nannten uns ebenso verantwortlich wie die anderen. Wir fragten zurück: „Warum seid ihr ausgewandert? Eine Emigration hat noch niemals eine Diktatur zum Sturz gebracht." Die Kluft zwischen uns schien unüberbrückbar. Wenn die heutigen Sieger nach und nach die Idee einer Kollektivschuld des deutschen Volkes fallen lassen, so untersagen sie uns doch noch allzuoft eine Kritik. So sind wir wieder allein und bleiben es.

Der Nationalsozialismus habe nichts Spezifisches gehabt (die Deutschen im ganzen sind keine Barbaren). „Ich möchte, daß die Franzosen verstehen, was uns, einmal in den Netzen der Diktatur, geschehen ist. Unser Los war ein Los, das morgen das aller Europäer sein könnte."

Alles gleich zu werten und sich so im Nachkrieg zu plazieren bedeutet, gar keine Moral mehr zu benötigen – auch keine engherzige „Manifest"-Moral, die vereinspolitisch vorentschieden ist – , wenn es um Diskurspolitik geht. Sie hat den moralresistenten Zweck, die Konstellation einer rhetorisch beschönigten Erfahrungsbegrenzung vor ihrer Aufsprengung zu schützen. Literatur allerdings, so denke ich, stellt andere Ansprüche. Wer sagt, daß dies nicht auch in der Zeit von 1945 bis 1952 gegolten habe?

Antisemitismus im Text

Einer Nationalliteratur ‚danach‘, gerade auch im feierlichen Akt ihres nachkatastrophischen Rückrufs ins kulturelle Gedächtnis – wie in den Münchner Kammerspielen inszeniert – , ist Ausgrenzung und Vergessen immanent. Es ist wohl gewiß, in welcher anderen Weise *geistes*gegenwärtig Thomas Mann gewesen ist, als er für sich den Standort eines „Weltdeutschtums" reklamiert hat.

Es scheint, auch im europäischen Roman-Panorama *Sie fielen aus Gottes Hand* sei eine solche Haltung leitend gewesen, habe Richter einer ideologisch deutschzentrischen Aufarbeitung individueller Kriegserfahrungen eine Absage erteilen wollen.

Eine solche Lesart aber läßt sich nicht durchhalten. Die Zentralperspektive des Romans ist von Krause besetzt, dem Dachdecker, der die Dächer der Lager-Baracken versorgt. Er sieht alles. Er sieht den Wechsel der Häftlingsgenerationen, erst die Politischen, dann die Juden, nach ihrer Deportation die französischen Widerstandskämpfer, die russischen Kriegsgefangenen, die durch Arbeit vernichtet wurden, schließlich die internierten SS-Leute. Es ist alles gleich. Es ist furchtbar. Frau Krause, nach Dienstschluß, neben dem Mann im Bett, verkörpert das Klugheitsgesetz und verführt ihn zum Maulhalten. Als die DPs kommen, hält er es nicht mehr aus. „Das Lager" muß weg. Er fordert das als Stadtverordneter in seiner CSU-Kommune und wird zum ohnmächtigen Außenseiter („Querulant"). „Das Lager" ist das deutsche Böse. „Weg mit dem Lager" ist die symbolische Forderung zur „Bereinigung" des deutschen Unrechts. Jetzt, da die Amerikaner das Lager betreiben, steht die Forderung im Kontext eines allgemeinen, ja totalen Pazifismus mit antiamerikanischem Akzent. Ohne Lager keine Kriege mehr.

Dieser Meister aus Deutschland, ein durch und durch guter Mensch, verkörpert die Ohnmacht des Guten in Deutschland und das deutsche Mitleid mit den Opfern, das in Selbstmitleid überspielt wird. – Daß die Deutschen gut sind, wird im ethnischen Ensemble der Hauptpersonen negativ abgesichert: Der niedriggesinnte, brutale SS-Mann Henry Sturm ist geborener Luxemburger. Eine Händlerfigur, ‚semitisch' karikiert, ist Ägypter. Auf deutsches Blut fällt dann nur noch einmal ein Licht: eine deutsche Frau, Ingeborg Sänger, ist frontenwechselnde Loverin nebenfigürlicher Karrieristen. Die männliche Germanophilie setzt sich fort im Nebenpersonal. Ein deutscher Offizier der SS-Einsatzkommandos *liebt* die ihn ausspionierende polnische Widerstandskämpferin wirklich, die Rotarmisten *vergewaltigen* ihre Opfer, usw. „Slomon" Galperin hat ein Geleite von guten Deutschen. Sie geben dem herumirrenden Judenjungen Brot (nachdem sein Vater „abgeholt" worden ist), der einfache Soldat Schneider drückt ein Auge zu, als er den Jungen unter den Toten des besiegten Ghetto-Aufstands bemerkt und wirft ihn auf den Leichentransporter, der ihn rettet (‚witziger' Titel: „Eine lebende Leiche ist besser als eine tote"), zum Todesmarsch der Kinder aus Auschwitz sind „gutmütige" Volkssturmmänner zur Stelle, die sich als Fluchthelfer bewähren.

Auschwitz war nicht zu umgehen, da der dokumentarische Zugriff auf die DPs zwangsläufig Osteuropa, das Terrain des doppelten Krieges, auf seinem Exzeßpunkt, zum Schauplatz gemacht hatte. Versuchen wir noch einmal eine andere Lesart: Richter hat sich als erster und einziger nichtjüdischer deutscher Schriftsteller im Nachkrieg des Vernichtungslagers im Zusammenhang angenommen (sehen wir von Bölls ‚kleiner' Lager-Episode in „Wo warst du Adam?" hier ab). Sein ‚Realismus' wollte nichts verdrängen? Auch diese Lesart führt nicht weit. Verdrängung ist ja auch dies: Vorstellungen, die sich einem Konzept nicht fügen, ins Unbewußte zurückstoßen – wo sie nicht sprachlos bleiben, wohl aber so, wie sie von sich hören lassen, verneint werden können. – Der Literat kann, wenn er will, seinen Schreibtrieb so verstehen, daß er ihm helfe, den Verneinungs-Wunsch nicht zu reflektieren, sondern ihm die sprachliche Ordnung der Dinge zu überlassen.

Das Vernichtungslager und die Romankonzeption: Eine ‚Passung' läßt sich unter der deutschen Zentralperspektive, die in Hersbruck aufgestellt ist, nicht herstellen. Dem Aufenthalt „Slomons" in Auschwitz ist eine der 95 stories gewidmet. Ich gebe einen Ausschnitt:

> Sie gingen beide schweigend durch die Lagerstraßen, und selbst Ariel sagte nichts mehr, denn auch er wußte nicht, ob das mit der Verlegung in ein neues Lager stimmen würde. Als sie in die Baracke kamen, waren die übrigen Kinder dabei, ihre Sachen zu packen. Es war nicht viel, was sie besaßen, aber auch die Kleinigkeiten genügten, um jene Aufregung in den Baracken zu schaffen, die überall vor solch einem Aufbruch herrscht. (S. 270)

Nur keine Greuelliteratur!

„Keine Greuelliteratur!"
In dieser Formel ist eine Abwehr resümiert, wie sie in der Verlags- und Förderpolitik des Exil-Establishments vielfach gegen eine Widerstandsliteratur, die unmittelbar zu den Grausamkeiten des NS-Regimes geschrieben wurde, vorgetragen worden ist. Sie hat Ausdruck gefunden im Kontext der von Hermann Kesten moderierten Ablehnung des Romans von Paul Zech, Deutschland, Dein Tänzer ist der Tod, der im Nachkrieg neu entdeckt werden mußte und 1980 (Ost) und 1981 (West) in Deutschland erstmals erscheinen konnte.

Richters Kinder „wohnten (...) in einer Art Kinderheim." So chiffriert erscheinen in der Story alle Lager dieser Epoche literarisch universalisiert und Ariel und „Slomon" können das jüdische Glied in der Beweiskette abgeben, die das „menschliche Panorama" dieses Kriegs in sich selbst so gleich macht: „Hier in Auschwitz standen sie beide unter dem gleichen menschlichen Schicksal, denn sie lebten unter dem gleichen Gesetz der Verfolgung und der Furcht."

An diesem kritischen Testpunkt der Konzeption sieht man, welchen Zwangsdienst der Autor die Sprache verrichten lassen muß, Gleichwertigkeit durchzusetzen. Denn bemerkenswerterweise ist es gerade das Bild vom jüdischen Menschen, aus dem hervor konzeptionell Verdrängtes zur Sprache kommen will: die Differenz im europäischen Judentum.

Der Autor zwingt sich zu seinem integrativen Impetus geradezu durch, zum Mitleid, das *allen Opfern des Krieges* gleich gilt – so rühmt es auch die Preisurkunde – , und *es unterläuft ihm* unter diesem Zwang ein Reflex auf die moralischen Voraussetzungen solchen Mitleidens: „Shlomo" – „aus dem armen osteuropäischen Judentum" – ist dem Autor fremd, aber welches Recht hat er, einen jüdischen Parzival aus ihm zu machen? Ariel, als junger bourgeoiser Ironiker gezeichnet, später „Aktivist", hat Richters Sympathie offenkundig nicht, aber warum setzt in dieser Figurenzeichnung die Selbstkontrolle im „mitleidigen Herzen" (Urkunde) aus?: „In seiner fleischigen Fülle sah er nach Amsterdam aus."

Auch der Emigrant auf dem „elektrischen Stuhl" der Gruppe 47, als Richter zwischenrief „Emigrantendeutsch!", kam aus Amsterdam.

Die rassistische Entgleisung in der Auschwitz-Story, abgedeckt von der Schicksalsgemeinschaft mit dem armen tumben Schusterjungen – ist sie es, die von der vielproklamierten anti-bourgeoisen Ästhetik der Siebenundvierziger im Roman übriggeblieben ist?

Es ist schwer vorstellbar, daß die hier angedeuteten und die vielen anderen Widersprüchlichkeiten, die das Konzept der Gleichheit aller Kriegsopfer im Roman hervorgetrieben hat, dem Autor kein Problem geworden sein könnten. Aber alle Anstrengung, die wir ihn machen sehen, bei der „Formung des Zeiterlebnisses" kompensatorisch auf individuelle Differenzen zu achten, konzentrieren sich auf „Slomon" und zugleich darauf, sein Anderssein formal in den erzählten Maßnahmen wieder verschwinden zu lassen, die getroffen sind, vor allem ihn im Opfer-Finale ideologisch zu funktionalisieren.

Jedoch, je näher dem Ende zu, desto unmöglicher ein Gelingen dieser verkrampften Gleichung mit einem Ausgegrenzten! Der Kreisel des Ausweichens vor Widersprüchen dreht sich. Scheint es zunächst so, als sei die Imagination einer Opfer-Gleichheit gegen Ende nach dem Muster, das Richter dem „Combat" anvertraut hatte, extrem geglückt („Unser Los war ein Los, das morgen das aller Europäer sein könnte"), denn Richters Favorit, der brave Dachdecker Krause, sieht in seiner Fixierung auf „das Lager" sogar seine politischen Gegner, die es nicht beseitigen wollen, als Häftlinge: „morgen können Sie alle in solch einem Lager sitzen (...) mit kahlgeschorenen Köpfen und mit müden, abgestumpften Gesichtern" (S. 424/426) – so fällt aber aus diesem Bild einer Gleichheit aller Opfer nun ausgerechnet die repräsentative Opferfigur, „Slomon", ganz heraus: Weil an ihm, dem Urpazifisten, der Krieg schon im Krieg vorbeigegangen ist, unbegriffen, paßt *er* extrem *nicht* in dieses Kollektivbild. Es wird gegen ihn durchgesetzt!

Voller Mitleid sahen Krause-Richter mitten im Krieg kurz auf die Juden von Hersbruck im Morgengrauen, als sie deportiert wurden – haben die Autoren der Preis-Urkunde, als sie von Richters „Mitleid" sprachen, soweit gelesen? – , dann aber sind sie aus dem Blickfeld, d.i. aus dem Innern der Nation entschwunden. Auschwitz das Vernichtungslager sprengt die Konzeption der „Gleichwerterei". Das war Richter im „Herzen", wie die Preisrichter wohl zurecht unterstellen, gewiß auch klar. So ist dieses Krausesche „Mitleid", mit dem wirklich alles *beginnen* müßte, abstrakt. Konsequenterweise bildet sich um „Slomon" gar keine Aura eines Mit-Leidens; herausgehalten aus demjenigen *Kollektiv*, dessen Opfersein ins Konzept nicht paßt, ist sein *individuelles* Judesein *im* Krieg relativiert bis zur Entstellung: aus der deutschen Zentralperspektive erzählt. Schon das Personenverzeichnis drückt das aus, wo „Slomon" Jude ist so wie die anderen Studentin, Kommunist, Bardame oder Ukrainer sind. Da er *literarisch geopfert* werden soll – wir erinnern uns: ‚dokumentarisch' gibt es ihn *so nicht* – , erstarrt er während seiner ‚Geschichte' im selben Maße, wie er mit seiner allegorischen Funktion identifiziert wird. Er wird desexualisiert aus der Pubertät entlassen! Ein starkes Stück, vergleicht man, wie Richter sonst nicht auf das Hilfsmittel der Sexualisierung seiner literarischen Personen verzichtet, um sie ‚lebendig' zu machen.

Wie der Autor nun einen Sonderling erschaffen hat, um die Person nicht wirklich anzusehen in seinem ansonsten problemlosen Menschen-Mitleid, somit also die ‚Gleichwertigkeit' des sogenannten Judenjungen im Personen-Ensemble zutiefst infragestellt, gebärdet er sich in literarischer Konsequenz befangen: als müßten nun die Früchte der Widersprüchlichkeiten auch noch *ausgekostet* werden, schön sein (kitschig). Der Autor schafft eine negative Pseudo-Identität für die Figur: Nach dem Krieg wird sie zum jüdischen Versager. Israel spuckt „Slomon" aus (Shlomo ist inzwischen angekommen und bleibt), das Kämpfen gelang ihm *auch dort* nicht. Nun kann er, zurückgekehrt in die Schicksalsgemeinschaft der DPs, Opferheld für deutsche Zwecke ganz erst werden. Aber es geht die Konsequenz der personalen Negation noch weiter: Als müsse eine Entschuldung für den deutsch-pazifistischen Opfergang des Juden gefunden und dies auf eine negative Personifikation abgewälzt werden, vergreift sich der Autor noch einmal an Ariel aus dem Kinderheim in Auschwitz. Dieser war nach seiner Flucht aus dem Gewahrsam der gutmütigen Volkssturmleute schließlich nach Palästina gelangt und dort einen zionistischen Heldentod als „Aktivist" gestorben. Dieser ,Held' holt „Slomon", der einen *absurden Tod* unter den Galgenkreuzen des ehemaligen KZs gestorben war, nach Zion heim. Dort wird weitergekämpft werden. Dies wird, noch im Buch und später im linken Palästina-Diskurs, zum projizierten ,Bild' eines ganz offenen, klaren Ausstoßungs-Grundes. Die Mission der beiden Judenjungen ist in einem Land, Deutschland, das zum Frieden in diesem seinem Krieg gereift sei,[61] erfüllt:

> Und plötzlich war es ihnen allen, als ob ihr Schicksal mit dem Tod Slomon Galperins zu Ende ginge (...) Und Slomon sah sich in der Schusterwerkstatt seines Vaters (...) Und Ariel kam und lächelte ironisch und schlug Slomon auf die Schulter. ,Na, Slomon, es wird Zeit. Komm mit nach Israel.' Und Slomon stand auf, band sich die Schusterschürze ab....
> (S. 507)

Weitere Einlassungen auf den Roman müßten hier anknüpfen. Daß sie es mit thematischer Aktualität zu tun bekämen, muß heute nicht mehr eigens betont werden, so lange es auch her ist, daß in dem Buche wirklich gelesen wurde. Daß es noch im Handel ist (verlegt von Heinz Friedrich), deutet auf eine Traditionspflege im Personalbereich der *gegenwärtigen* Gruppe 47 hin, wie wir sie im Jubeljahr 1997 wieder einmal mit Händen haben greifen können.

Gegenrede – Erinnert sich Hans Werner Richter doch auch ,anders'?
Lange habe ich gesucht, bis ich einen Text Richters fand, den wir vielleicht als einen unpassenden Einschluß in seinen vom politischen Kalkül dominierten ,gruppeninternen' Generaldiskurs lesen können, in dem jüdische Stimmen keinen Ort haben. Ich glaube, ich habe einen gefunden. Er beginnt in unserem Kontext unauffällig. „Eine ganze Generation blieb auf den Schlachtfeldern des zweiten Weltkrieges..." Auch er ist dort, wo sichtlich etwas ,verschlossen' wird aber herauswill, wie ein Versprecher deutbar. Wir kennen diese ,Angriffspunkte', die Richters Äußerungen dem Historiker seiner Vorstellungswelt so oft darbieten. Aber die gefundene Stelle hier scheint eine Versprecherstruktur zu haben, die sich von den vielen anderen, deren ,Inhalt' dem Analytiker immer auch peinlich ist, unterscheidet. Die ganze Textpassage ist einem Augenblick des ,Im Begriffe seins' geschuldet, da die Sprache, eine Sprache ohne Haß, sich aus den Fesseln der klischierten deutschen Nach-Kriegsbilder lösen möchte.
Ich fand die Passage im Leitartikel zur Gruppenzeitung „Die Literatur" (1952), der an die *alte* „Literarische Welt" von Willy Haas Anschluß sucht und den neuen Geist des eigenen Blattes gegenüber dem konservativen der „Neuen Literarischen Welt" zu bestimmen sucht, des Organs der Deutschen

Akademie für Sprache und Dichtung in Darmstadt. Es ist ein Text, der sich vom engherzigen Heimkehrer-Stil der frühen Gruppen-Manifeste im ganzen nicht unterscheidet – aber an der hier herausgenommenen Stelle unbedingt, wenn wir die beiden Wörter „literarisches Publikum", die in ihm vorkommen, nicht als das nehmen, was sie zu bedeuten scheinen, sondern als Deckwörter, die, sobald sie genau angesehen werden, von ihrer ‚unterlaufenen' Bedeutung wegrutschen und sie freigeben:

„Eine ganze Generation blieb auf den Schlachtfeldern des zweiten Weltkrieges. Ihre Begabungen fehlen heute überall. Ein großer Teil des literarischen Publikums wurde massakriert, verbrannt, aus dem Lande gejagt. Und während es verfolgt wurde, verdarb der Geschmack des deutschen Bürgertums in einer staatlich gepflegten Mittelstandsliteratur. (...) Ungeist trat an die Stelle rationaler Klarheit und Menschlichkeit."

Selbst wenn wir von diesem Moment der Darstellung uns gelöst und die Irritation (gelinde gesagt), oder die Erschütterung (wohl angemessener gesagt) abgeschüttelt haben, die von dieser extremen Bild-Verkehrung hervorgerufen werden können – *ein Massaker am „großen Teil" des Literaturpublikums* – und wir zurückfinden zur simplen Machart des Textes (Richter spricht von der Ablösung der Weimarer Republik durch den NS 1933 und vom literarischen Neuanfang seiner Leute 1946/1947) und weiterlesen – „Nach einem Unwetter von nie gekanntem Ausmaß blieb ein leeres Feld zurück. (...) Zerstört, verarmt und verelendet war das Publikum, und verelendet und entseelt war die Sprache. (...) Eine neue, aus dem Krieg, aus den Lagern und Gefängnissen heimkehrende Generation begann zu schreiben (...), unbeholfen, karg und sparsam..." – selbst dann bleibt ein Ein-Druck im Flachen zurück. Ein Ein-Druck auf dem „leeren Feld". Was meint „Sprache", ist nur von den „Lagern" der Kriegsgefangenen die Rede (wie stets sonst), was genau haben wir uns unter „einem großen Teil des literarischen Publikums" vorzustellen? Hat der pfiffige Chefmoderator der Gruppe 47, der „eine Art Corpsgeist auch unter den Literaten züchten" wollte, vielleicht doch ohne Ressentiment der „großen" Zeit der Weimarer Republik zu gedenken vermocht, der Zeit, als die jüdische Intelligenz mit ihrem Geist der *rationalen Klarheit und Menschlichkeit* (welch schöne Formulierung!) der „Teil" der deutschen Kultur gewesen ist, der dann „verfolgt wurde"- - -, „massakriert, verbrannt, aus dem Lande gejagt"? Hat Hans Werner Richter zur selben Zeit, als ihm der Preis der Emigranten für seinen antisemitischen Roman zuerkannt wurde, von der Shoah gesprochen? Und in der metaphorischen Ausdrucksweise der Zeit von der tabula rasa nach dem *anderen* Krieg?

Konter-Edition

Notiz. Warum ich 1997 den authentischen Text von Shlomo Galperin ein erstes Mal ediert habe und warum er hier nocheinmal erscheinen muß.

Sie fielen aus Gottes Hand ist noch nicht in die Historie der deutschen Literatur, nicht einmal in die Theorie des Kriegsromans vor und nach der NS-Zeit, also auch in keine ernstzunehmende Debatte eingeholt. – Ein Gesichtspunkt könnte sein: Der Autor sei zurückgefallen in die Auffassung von deutsch-jüdischer Symbiose auf einer Geschichtsstufe, als die Voraussetzung zum Erwerb des Entreebillets zur europäischen Kultur (Heine) die Einstimmung in radikale Assimilation gewesen ist. Richters kurzes Reden vom „Judentum" im Roman („armes osteuropäisches Judentum") ist leer. Hier trifft Thomas Manns Wort „ungebildet" nicht zureichend. Es ist Verdrängung *und literarische Mißachtung.* Deutsches Schuldwissen wird wissendlich verdrängt, noch ehe wenigstens eine Nachholarbeit getan wäre: sich literarisch um das Judentum tatsächlich zu kümmern, wenn nicht überhaupt, so doch in dem Rahmen, den das Romankonzept dokumentarisch beansprucht. Der Dokumentarist hörte und las, wer Shlomo Galperin war. Ein fremder frommer Mann. Was *dies* bedeute nach 1945, wer er in seiner osteuropäischen Heimat gewesen ist, wer er in Israel sein möchte, was Beten für diesen einen jüdischen Menschen sein würde: Solchem Fragen könnte, hätte der Autor es gewollt, eine Buchidee sich geöffnet haben. Es wäre zur zwanghaften literarischen Nachverfolgung (vielleicht) nicht gekommen. Vielleicht auch nicht zu Martin Walsers Entwicklung hin zum „Tod eines Kritikers", die der Autor ausdrücklich an Richters Vorbild angeschlossen hat. Denn vielleicht wäre der deutsche Heimkehrer-Autor Richter auf solcher individuellen „Schicksals"-Spur doch noch zur Anschauung der Juden als eines Volkes gelangt, das er in seinem Kriegspanorama ignoriert.

Er hätte sich dann frei gemacht vom Zwang zur forttötenden Allegorisierung; wäre fähig gewesen, sich als deutschen Kriegskenner anders zu vergessen als er sich im Buch vergißt; sein deutsches Vergessen vergessend; *zuhörend dem Interviewpartner,* der in Talmudweise auf sein Volk sieht und verweist, indem er sagt: „Ich bin wie Hiob." Ein deutsches Buch des rettenden Hinsehens hätte entstehen können. Dies ist das eigentliche historische, traurige Skandalon, das über dem Diskurs-Augenblick „Schickele-Preis" titelgebend stehen müßte. Hiob real, das macht die Angst, die Richter tabuisiert. Ein von den Deutschen, nicht von Gott gemachter Hiob - - -

Die Urkunde spricht vom „Herzen" des Autors. In einer anderen Literatur hätte es um eine *Dialektik* des Herzens gehen müssen. *Die* Verfolgungsgeschichte, die das deutsche Volk zu verantworten hat, hat *immer* und bis zuletzt im Herzen der Einzelnen ihre ‚kulturelle' und ‚intellektuelle' Begründungs-Chance gehabt. Vergessen des Anderen ist der Anfang, seiner Auslöschung zusehen die Folge. „Mit Ohrfeigen beginnt's, mit Gaskammern hört es bei uns auf." (Eugen Kogon a.a.O.[62])

Ein Folge-*Buch* ist in entschieden aktivem Sinn *Sie fielen aus Gottes Hand.* Die Verantwortlichen für die Preisvergabe haben zumindest fahrlässig gehandelt; wenn sie das Manuskript gelesen haben sollten, mehr als das: mitschuldig an der Auszeichnung und am ideologischen Funktionserfolg eines geschichtlich bösen Buches.[63] – Ein zweites Mal (zu spät?) sei das echte Dokument, die Stimme Shlomo Galperins, auch gegen Folge-Laudatoren wie Jens, Walser und Raddatz, in den Materie-Kosmos der Literaturgeschichte zurückgerufen: „Ich bin wie Hiob."[64]

Shlomo Galperins gedenkend

Mein Grossvater und mein Vater waren Schneider. Auch ich war es. Ich arbeitete selten neue Sachen, meistens musste ich altes Zeug reparieren. Ich nähte für die Juden des Örtchens, für Polen, für Russen. Der Kundschaft gefiel meine Arbeit, vor allem meine Flicken. Ich setzte sie so ein, dass niemand auf den ersten Blick erkennen konnte, wo das ursprüngliche Stück endete und der Flicken begann. Als in Deutschland Hitler zur Macht kam, begannen die Juden sich sehr aufzuregen. Mir schien, dass Hitler mich so wenig zu bekümmern brauchte, wie er sich um meine Flicken kümmern würde. Dass man in Deutschland begonnen hatte, die Juden zu verfolgen, ja, mein Gott, wann und wo sind wir denn nicht geschlagen worden! Auf jeden Fall wurden in unserem Örtchen, sowohl als es noch einen russischen Kaiser gab, wie auch als Pan Pilsudski herrschte, und auch als Herr Beck herrschte, die Juden nicht gut behandelt. Vielleicht ist es in Amerika besser, doch da bin ich nie gewesen. Ich war 42 Jahre alt, meine Frau 33, unser Söhnchen 12, als Hitler Krieg mit Polen begann. Was er mit den Juden dann getan hat, war wie ein Alpdruck. Und obwohl ich in meinem tiefsten Herzen nicht alles glaubte, was die Leute erzählten, waren wir doch sehr froh, als die Russen kamen. Der Rabbi, der genau wusste, dass die Russen gottlos sind, predigte in der Synagoge und nannte sie Gottes Hilfe. Doch bald wurde diese Hilfe eine schräge Sache. Während der Russen begannen schreckliche Dinge zu passieren. Und ganz unverständliche. Unsere ganze Intelligenz, lauter anständige Menschen, wurden aus irgend welchen Gründen verhaftet. Man sagte, die einen wären Mitglieder des „Bund" gewesen, die anderen Zionisten und die dritten Sozialdemokraten. Doch ich kann nur sagen, es waren alles anständige Leute. Dann fing man an, die Wohlhabenden einzusperren und fortzuführen. Wer ein Fabrikchen hatte oder handelte, der musste fort. Und da die Juden immer handeln, so blieben zum Schluss in unserem Örtchen nur sehr wenig Juden übrig. Wir baten den Rabbi, für uns einzutreten und er ging zum Pan Kommandanten. Am nächsten Tage war unser Rabbi verschwunden. Es wurde unheimlich. Es stimmt schon, mein Geschäft ging gut. Ich arbeitete viel für die russischen Herrn Offiziere und sie zahlten in Lebensmitteln. Meine Frau lag mir in den Ohren, was wir tun sollten, wenn alle Juden fort sein würden und die Russen selbst in den Osten zurückgehen würden. Aber urteilen Sie selbst, ich hatte doch so viele Aufträge. Ich armer Jude hatte mein Häuschen und mein eigenes Dach. Ich hatte nie jemand etwas zuleide getan. Ich hatte mich nie mit Politik beschäftigt. Welche Machthaber es auch sein mögen, sie müssen doch aufs Ganze sehen und sie müssen doch begreifen, dass ich ein nützliches Glied der menschlichen Gesellschaft bin.

Dass mir die anderen leid taten, versteht sich, aber ich bedauerte sie heimlich und niemand wusste davon. Einmal wurde ich in die Kommandantur gerufen. Es geschah an irgend einem schönen Tage, alles, auch das Gute und auch das Böse geschieht immer an irgend einem schönen Tage. Der Offizier sagte mir, ich müsste mich evakuieren lassen. Es war noch Winter und ich antwortete so ruhig wie möglich, um den Pan Offizier nicht böse zu machen, dass ich mich auch hier ganz wohl fühle. Da wurde er böse und schrie mich an. Ich dachte, dass er vielleicht eine neue Uniform brauchen könnte und ich sagte, dass ich ihm kostenlos eine Uniform schneidern würde. Er lachte und sagte, ich hätte 48 Stunden Zeit, um mich fertig zu machen. Und weiter wollte er mit mir nicht mehr reden. Es stellte sich heraus, dass alle Juden denselben Befehl erhalten hatten. Es wurde geredet, dass es den Juden in der Sowjetunion gut ginge, besonders den Arbeitern. Und ich war doch Arbeiter und sagte der Frau, dass wir uns fertig machen müssten. Sie fing an zu weinen, aber sie machte sich fertig. Ich versuchte, etwas zu verkaufen, für Gold, denn Gold ist überall Gold, doch niemand im Städtchen wollte etwas kaufen. Das Haus, die Möbel, das Geschirr, alles mussten wir lassen. Wir nahmen die Kleider und eine Handnähmaschine. Die Maschine war schwer, aber wie sollte ich als Schneider ohne Maschine sein? Man stopfte uns in den Eisenbahnwagen, wie Heringe in eine Tonne. Und wir fuhren los. Gott sei Dank, es wurde wärmer und man konnte die Tür öffnen. Man brachte uns in die Stadt Schitormi. Und steckte uns in irgend einen Vorratsraum. Die Menschen fingen an, herumzurennen, sich einzurichten, zu verkaufen, zu kaufen. Die örtlichen Juden fragten: kommt ihr freiwillig? Und wackelten vielsagend mit den Köpfen. Dann kam ein Militionär und erklärte, alle Männer, von 18 bis 55 Jahren, müssten Arbeiten, Holz für die Eisenbahn herrichten. Das war ein Schrecken und nicht eine Arbeit. Die Juden stöhnten, verloren Kraft, doch man drohte uns mit dem Gericht. Sie fütterten uns so schlecht, bei uns in Polen hat man nicht einmal die Schweine so schlecht gefüttert. In der zweiten Woche konnte ich einfach nicht mehr laufen. Dann wurde ich krank und ein bekannter Arzt machte mich von der Arbeit frei. Die Frau lief in die Dörfer und tauschte die Kleider gegen Lebensmittel. Und da hat dann Gott das Glück geschickt. Ein Kolchosleiter kam ins Gespräch mit meiner Frau und lud mich ein, im Kolchos zu schneidern. Er schrieb ein Papierchen und wir fuhren mit der ganzen Familie aus Schitomir fort. Im Kolchos schneiderte ich über 3 Monate. Ich nähte leider auch Säcke, und ich glaube, ich habe Wunder an Kunstfertigkeit fertig gebracht. Aus alten Lumpen machte ich Brauchbares. Man muss sagen, dass ich nie geahnt hätte, dass man in Russland solche Lumpen tragen kann. Für meine Arbeit fütterte man uns und wir bekamen sogar etwas Geld. Dann zog [ich] in ein zweites Kolchos, dann in ein drittes. Und im dritten passierte das Unglück. Mein Sohn wurde krank. Die Frau wachte Nächte lang bei ihm. Die Hausfrau, bei der wir wohnten, konnte nicht ohne Tränen zusehen wie meine Frau trauerte. Man muss sagen, dass die Sowjetrussen gar keine Antisemiten mehr sind, wie in der Zarenzeit. Sie leben sehr ärmlich und arbeiten sehr viel. Der arme Mensch versteht immer den anderen Armen und den Unglücklichen. Und da traf uns der Krieg. Wir wollten fliehen, doch unser Sohn war so schwach, dass wir zu bleiben beschlossen. Unter uns gesprochen, die Sowjetzustände hingen mir auch zum Halse heraus. Bekannte Juden mussten schwer arbeiten, hungerten, durften aber den Arbeitsplatz nicht wechseln oder in einen anderen Ort ziehen. Und die, welche vor uns fortgeführt worden waren, steckten, wie wir später erfuhren, als Kapitalisten in den Konzentrationslagern. Recht und Ruh hat doch kein Mann. Du mußt immer tun, was man Dir befiehlt. Vielleicht ist das auch ganz schön in einer Armee, aber ich war nie Soldat und möchte es auch nie

161

sein. Und dann dachte ich, die Deutschen waren doch immer ein Kulturvolk, wenn dem Hitler die Juden in Deutschland im Wege standen, so wird ihm doch ein armer Schneider in einem russischen Dorf, und wenn er dreimal Jude ist, doch bestimmt nicht im Wege stehen. Nun, so blieben wir, wir blieben uns selbst zuleide.

Bevor die russischen Truppen fortgingen, verbrannte der Vorsitzende vom Kolchos die ganze Ernte, trieb das Vieh fort und ging selbst nach Osten. Alle Kommunisten mit ihm. Unsere Hausfrau, Darja Iwanowna, riet uns, uns im Keller zu verbergen und ein paar Tage zu warten, um zu sehen, wie sich die Deutschen benehmen würden. Zu unserem Pech steckten sie in unser Dorf 10 Mann Soldaten und wir mussten weiter im Keller bleiben. Die Hausfrau brachte Essen. Dann gingen die Soldaten, aber sie liessen einen neuen Ältesten da, dem die Hausfrau gesagt hatte, dass wir fort wären. Und wir sassen weiter im Keller. Dann fing die Frau zu husten an. Sie mühte sich sehr, nicht zu husten, man konnte es vielleicht hören. Der Sohn flehte, nicht zu husten. Sie erstickte und steckte den Kopf ins Kissen. Und ich betete zu Jehowa, zu unserem strengen Gott, der so viele Jahre lang die Juden straft und ihnen nicht verzeiht. Wir mussten ins Zwischengeschoss umziehen, unter dem Boden der Hütte, wo Kartoffeln lagerten und wo es etwas wärmer war. Die Hütte war klein und stand ganz am Rande des Dorfes. Es wohnten darin nur die Hausfrau mit der alten Mutter und ihrer Schwester. Den Mann hatten sie eingezogen. Als abends nach [Wort oder Wörter fehlen] Licht gelöscht wurde, krochen wir in die Hütte und legten uns angezogen zum Schlafen hin, damit wir rasch verschwinden konnten. – Davon, das Haus zu verlassen, konnte keine Rede sein. Irgend welche deutsche Sondersoldaten fingen alle Juden ein und brachten sie um. Es kam der Herbst, dann der Winter. Die Hausfrau gab uns alle ihre warmen Sachen, alle Pelze, doch meine Frau hustete immer mehr. Besonders schlimm war es, wenn Nachbarn kamen, sie konnten es am Ende hören. Der Sohn hustete nicht, aber er wurde sehr mager. Nur die Augen waren ganz gross und leuchteten in der Dunkelheit im Keller. Ja... was ist da viel zu reden... So verlebten wir den Winter 1941 und das ganze Jahr 1942. Um uns füttern zu können, verkaufte die Hausfrau alle Sachen und sogar meine Maschine. Damit niemand etwas merkte, musste sie in andere Dörfer gehen, um zu verkaufen. Doch die Frau hustete immer weiter und im Frühling 43 ist sie dann gestorben. Den ganzen Tag lag sie noch auf den Kartoffeln und ich habe gebetet und mein Sohn hat geweint. Und oben in der Hütte sass die Nachbarin, eine Soldatenfrau, erzählte was Lustiges und lachte. Im Hof lag noch Schnee. Die Leiche haben wir bei Nacht an den Waldrand, in den Schnee gelegt. Als wäre eine unbekannte Wanderin nachts erfroren. Diese Wanderin war meine Frau... Mein Sohn wurde noch magerer. Im Sommer 43 gingen wir nachts miteinander in den Wald. Und tagelang wärmten wir uns im Gebüsch in der Sonne. Einmal fanden uns Leute mit Gewehren. Es waren Partisanen und die nahmen uns mit. Wir lebten bei ihnen im Waldlager, ich nähte und reparierte ihre Kleider. Im Winter war es sehr schlimm. Und der Sohn fing auch an zu husten, wie meine Frau. Die Partisanen gingen ab und zu irgend wohin fort, wie sie sagten, zu „Aktionen." Wenn sie heimkehrten, hatten sie oft Verwundete bei sich. Viele kehrten überhaupt nicht zurück. Ich fragte sie nie und betete für meinen Sohn. Aber Gott hat meine Gebete wieder nicht erhört und im Frühling 44 ist auch mein Sohn gestorben. Wir begruben ihn unter einem Baum. Und alle fingen an, mich Grossvater zu nennen. Später mussten die Partisanen fort. Ich konnte nicht laufen und kehrte zu Darja Iwanowna zurück. Ich wollte mich garnicht mehr verstecken, aber sie zwang mich dazu. Als die Russen kamen, wurde ich verhört. Später brachte man mich in einen Stab und photographierte mich. Dort, beim Stab habe ich wieder geschneidert. Ich habe mit niemand gesprochen und immer nur gebetet. Und man nannte mich den „Schweigsamen." Als die Russen unseren Heimatort besetzten, fuhr ich hin. Mein Haus war durch ein Wunder stehen geblieben. Und man gab es mir zurück. Doch wozu brauchte ich jetzt ein Haus. Und ich beschloss, nach Palästina zu fahren. Ich fuhr nach Deutschland und geriet in die Stadt Landsberg. Und bald werde ich nach Palästina fahren. Ich will hin, um den Rest meines Lebens zu beten. Ich frage oft in der Nacht Gott, warum er mir meine Frau und meinen Sohn genommen und mein Leben erhalten hat. Doch eine Antwort gibt er mir nicht. Die Menschen reden von Politik, von der Heimat in Israel. Die Menschen haben Freude. Ich habe keine Freude. Und ich bin

wie Hiob."

Auf dem Weg nach Niendorf
an der Ostsee

Aichinger und Bachmann – – „auch" Celan

Richters Wienerzählung

Spät, die aktive Zeit seiner Gruppe ist passé, konstruiert Hans Werner Richter eine Szenerie zu ihrem Ruhme, „Meine 10 Tage in Wien 1952", die ich im folgenden ‚dekonstruiere'. Um die Sicherung von außertextlichen Fakten geht es dabei nicht. Richter erzählt flexibel, so und so (1986 zweimal, eine erste Version ist 1974 entstanden. Ich behandle die drei Versionen, was nicht ganz gerecht ist, als eine Gesamterzählung)[1]. Für die *Art und Bedeutung* des Erzählens möchte ich Interesse wecken. Sie sind auf Richters politisches Kalkül zu beziehen, das im letzten Kapitel erkennbar wurde, und auf den deutschen Kontext des gescheiterten kulturellen Gedenkens der Shoah.

Daß das text-dekonstruktive Verfahren Härte mit sich bringt, ist unvermeidlich. Wer die Voraussetzungen der Verfahrensweise mitdenkt, wird daran keinen Anstoß nehmen: sie richtet sich nicht gegen Personen, insofern es um ihren Anspruch geht, für sich zu bleiben. Treten sie aber als öffentliche Charaktere auf mit dem Anspruch, Geschichte zu machen oder zu schreiben, so müssen sie damit rechnen, ins Licht einer historiographischen Dekonstruktion gestellt zu werden. Sie arrangiert ihnen einen Wiederauftritt. Daß sie Anstoß erregen wird bei anderen, die die im Licht stehende Person unverletzt sehen möchten, ist dann unvermeidlich.

Ein Einwand gegen das Recht, Texte zu dekonstruieren, um Geschichte zu ermitteln, ist das nicht. Ich nehme die Person Hans Werner Richter ernster als manche, die seine Nutznießer waren. Das ist auch insofern die richtige Annäherungsweise an seine Rolle in seinem Erzählen, als wir ihm darin in Unterhandlung mit zwei Frauen begegnen, die ihn mochten und gewiß nicht blind dabei waren, Ilse Aichinger und Ingeborg Bachmann.

Die Gesamterzählung wird so gelesen, daß die ihr innewohnende Kraft (ich sage nicht: Gewalt) sinnlich nachvollziehbar wird. Diese Kraft kommt aus dem politischen Kalkül des „Erzvaters der Gruppe 47"[2] und ist gegen eine Wahrheit der „weiblichen" Stimmen gerichtet, wie sie im Text hätten sprechen können, wäre der Erzählende in ihm ein anderer. Meine Parteilichkeit gehört deshalb ihnen, den Stimmen, ohne daß ich sie würdigen, retten, vertreten dürfte. Sie sind in *anderen* Texten, nicht in Richters Erzählung. Seine Kraftanstrengung gilt der syntaktischen und bildlichen Chiffrierung der Stimmen im Text, der als Nachbericht noch unter demselben Zwang des Gruppen-Kalküls steht wie die zweckgleichen Texte aus der aktiven Gruppenzeit. Würde ich diesen Zug des Textes, anstatt ihn streng auszuarbeiten, lockern wollen, um der ‚privaten' Person gerecht zu werden, wie er nur den beiden Frauen erschienen sein mag, könnte ich die Spur nicht halten, die das Kalkül in den Text gezogen hat.

Paul Celan kommt in der Wien-Erzählung „auch" vor. Er hat keine eigene Stimme auf dem Weg nach Niendorf; ja Radikaleres bahnt sich an, so erzählen die Texte: Nicht gedacht soll seiner werden.

Der Besuch (‚Nach-Erzählung')

Ich stieg die vier oder fünf Treppen hinauf (...) und war gespannt auf das Wiedersehen. Unsere Beziehungen zueinander waren sehr freundschaftlich, aber zugleich mit einer seltsamen Scheu versehen. Doch als sie mir die Tür öffnete, war plötzlich alle Befangenheit verschwunden. Sie war glänzend anzusehen und gab sich so ungezwungen und frei, als seien wir sehr alte Bekannte (...) Sie war nicht allein, sie hatte eine Freundin bei sich, die in einer Ecke ihres Sofas saß und während meines ganzen Besuches kein Wort sagte. Ilse stellte mich vor und nannte mir auch ihren Namen, den ich aber sofort wieder vergaß.

Richters schlichte Sprache schafft sich einen Leer-Ort – Vertrautheit und Namenlosigkeit –, in dem das relativ offene Erzählmotiv, nämlich das Weibliche für die Gruppe zu gewinnen, offen-*herzig* anmutet.

Selbstgewißheit des Erzählers ist sein Grund und Boden. Eine vitale Männergruppe werde – nach Ablauf ihrer ersten Jahre – in ihrer Selbstliebe gefestigt werden kraft Ergänzung durch ein besonderes Weibliches, das zu ihr gehöre; ICH, so erzählt Ich, wird das arrangieren. Richters vielgepriesener Instinkt hatte herausgefunden, daß das Programm seiner Siebenundvierziger, dem er als Schriftsteller selber durchaus verhaftet blieb – das Programm, so hart zu schreiben, wie das Erlebnis des Krieges gewesen war –, sich im Literaturbetrieb zu desavouieren begann. Da im Augenblick niemand in der Gruppe imstande war, dem mit literarischen Mitteln zu begegnen oder wenigstens den noch gepflegten siebenundvierziger Ursprungsmythos – *neue* Männerliteratur des *Nachkriegs* – wirklich zu reflektieren oder aufzubrechen, war ein unwillkürliches Suchen nach rettender Ergänzung nur allzu natürlich, so ein Entbehren erst einmal erahnt war.

Wie das Objekt des Verlangens ‚gedacht' war, zeigt uns ein selbst noch oberflächlicher Blick in die Wien-Szene. Nichts ist dort so standhaft wiederholt wie ein Attribut des Weiblichen, das in Richters Formelrepertoire „scheu", „zerbrechlich" heißt. Zur Härte also die Scheu, die Zerbrechlichkeit! Dergestalt erst würde die Gruppe zu der literarischen Vereinigung werden, die sich selbst genug und nach außen zu nichts verpflichtet wäre; ein Organ-Symbol des Literaturbetriebs also, ja der Literatur selbst, nach dem Prinzip: Nichts wesentlich anderes im literarischen Horizont braucht wahrgenommen zu werden.

Aus dem Stolz des Wissens, daß es tatsächlich so gekommen ist, wird als historische Zentralperspektive nun nachgestellt, was damals im imaginierten Zeit-Block „Nachkrieg" eine zweckdienliche politische Auffassung gewesen ist. So und nicht anders sollte der Mythos vom *erneuerten* (nicht: entfalteten!) Gruppen-Ursprung seine Fassung erhalten und soll er im Traditionsbild erhalten *bleiben*. Der prompt erzielte Erfolg damals, die Tagung Mai 1952 in Niendorf mit der Preiskrönung Ilse Aichingers und der Inthronisation Ingeborg Bachmanns, mag den Anspruch des Erzählers noch nachträglich stützen, die erzählte Auffassung von der Gruppen-Erneuerung zu *historisieren:* für die Annalen festzuschreiben. In der Tat: Fünfzehn Jahre lang, bis in die Krise 1966/ 67, und in den Transformationen darüber hinaus, hat der Erneuerungsmythos als erotisches Phänomen – das Verlangen männlicher Irrationalität und Härte (Kritik) nach der Anwesenheit weiblicher Scheu und Zerbrechlichkeit (Schweigen im Rat der Männer) – seine Faszination nicht eingebüßt. Es ist, als sei das Bild, das Richter von Aichinger und Bachmann, Wien 1952, überliefern möchte – im reinsten Widerspruch zum gewöhnlichen Umgang mit der Geschlechterdifferenz in der Gruppe 47 –, nicht nur ein spätes Glied in der Kette narzißtisch gepflegter Historisierungsakte, sondern auch wahr gewesen – so wahr und mächtig wie Ideologie (Ideologie einer Symbiose) eben sein kann. – Ihre Bedeutung für die Gruppe wird noch kenntlicher, werfen wir einen Blick auf die Situation vor Wien zurück. Warum geht der Meister des Arrangements in der Aura des abstrakt Weiblichen, die sein Erzählen heraufbeschwört, selber ganz auf und vergißt dabei, daß Frauendienst konkret, seit Bannwaldsee 1947, als Ilse Schneider-Lengyel den Gründungskader versorgte,[3] in die Annalen, ja zum ,Ursprung' der Gruppe gehört? Der Grund dazu blitzt in einer Wendung an der Wohnungstür auf (Richter erblickt Aichinger): „Gewiß, sie wirkte auf mich ein wenig maskulin und erinnerte mich an (...) George Sand, die ich mir so vorstellte..."

Die Schriftstellerin Schneider-Lengyel ,gehörte dazu', gewiß..., aber sie gehörte nicht zu denen, die einer Ergänzung bedurften – also gehörte sie ,eigentlich', jetzt, als die Ergänzungsbedürftigkeit der Gruppe wesentlich wurde, wie dies in der Erzählung vergegenwärtigt ist, nicht mehr in das neue Profil und war in diesem Augenblick also schon vergessen. Soweit ein Blick auf die Profile der Ingroup vor 1952, und zu ihr gehörte Ilse Schneider-Lengyel, auskunftsfähig überliefert ist, wurde diese Dichterin auf der Skala bloß besonderer persönlicher Noten wahrgenommen, *die man sich selber zugute hielt,* ohne die Geschlechterdifferenz zu bemühen, *und*: die gut funktionierte im Selbstbild der Männer, auch wenn das (nicht nur in diesem Fall) eine Täuschung war. Schneider-Lengyel war integer durchs Innere Exil gegangen (wollte man das nicht auch?), verfügte über gewachsene Kontakte in der französischen Kultur (was der ,europäischen' Einladungspolitik nutzte)[4], und sie präsentierte sich gerne in einer Maskierung (zuweilen Männerkleider, exotischer Schmuck, Zigarre), die den niedergehaltenen Bohème-Phantasien dieser dekultivierten Heimkehrer-Linken gefiel (George Sand!), sie aber zum Nachdenken über Geschlechterdifferenz nicht brachte oder darüber, daß dies das Zeichen eines Anderen sei, dessen sie an sich selber bedürften. Indem die „Surrealistin" Ilse Schneider-Lengyel sich maskierte, erschien sie dem getrübten Blick in der Gruppe der Anfangsjahre als etwas Besonderes, das nichts Besonderes, weil dem Manne selber eigen war.

„Gewiß" ..., so „maskulin" war auch Ilse Aichinger ein wenig. Das hat sie, die Erzählung verrät es, dazu verurteilt, nur Brücke zur ,wirklichen', zur nichtjüdisch Anderen, Brücke zu Ingeborg Bachmann zu sein. – Noch einmal an dieser Stelle, da sie besonders hart gegen den Menschen klingt: Es ist nicht meine Sicht, was hier aus der Zweckgebundenheit des Richter-Textes herausgelesen ist. Ja es ist auch grob unhistorisch! Denn nach der realen Zeit der Wien-Mythe, und auch zuvor, war die Rolle Ilse Aichingers eine ganz an-

dere, von Bachmann unabhängige. Aber das ist kein Beleg gegen die
hier dekonstruierte Zweckform im Richter-Text, die realiter vom
Autor, so herzlich wie er offenkundig war, ja auch gar nicht empfunden sein mochte – es sei denn, an jenem untersten Rand des
Nachkriegsbewußtseins, von dem Eugen Kogon gesprochen hatte –;
auch kein Beleg gegen das historische Recht zu fragen, ob und wie
Ingeborg Bachmann eine solche Zweckfiguration der „Freundinnen" wahrgenommen habe und wie sie mit ihr umgegangen sei. –
Etwas weniger klar ließe sich für Ilse Schneider-Lengyel eine Unter-
scheidung zwischen Funktionsort im Text (und anderen Texten),
wo sie verschwiegen bleibt, und Ort in der Gruppe ausmachen.

Richter stellt sich naiv als Macher des Figurenverwandelns dar.
Ilse Schneider-Lengyel wurde, ideologisch gesehen, 1952, als sie
schon nicht mehr dabei war, übergangslos ersetzt, ohne je für die
weibliche Rolle, die man *jetzt* brauchte, in Frage gekommen zu sein.
Im alten Gestaltungswahn[5] erneuerte sich die Gruppe über eine
Umfunktionierung der Zugehörigkeitsimago für Frauen. Nicht
Mann-Ähnlichkeit, sondern das ganz Andere, *assimiliert* gedacht

und unter männlicher Obhut. *Eine* Vorzeigefrau in dieser Rollen-funktion genügte.

Ingeborg Bachmann fiel die Zuschreibung so absolut zu, daß es wie eine Bannung auf sie selbst gewirkt zu haben scheint. Richter seinerseits, der Chronist, ist sichtlich bemüht, der Bannung, die sein Verklärungsarrangement auf ihn selber noch immer ausübt, - zugleich zu entgehen. Er simuliert erzählerische Lässigkeit *und* Souveränität. Unanzweifelbar soll überliefert sein: Der Integrator nahm Gruppenmaß in Wien, holte das neue Frauenbild ein, verschaffte dem Besonderen Normalität: Zugehörigkeit in der Gruppe. Es wirkt unangestrengt, wie dies erzählt wird. Richter wendet einfach auf Bachmann an, ,behutsam‘, was der Maßstab seiner Gruppenführung, sonst oft offen rigoros, überhaupt gewesen ist: Zu uns gehört, wer sein individuelles Streben nach Anerkennung zuerst auf uns bezieht.[6] Es ist die reinste Tautologie, die der Erzähler fingiert. Sie ist in der westdeutschen Literaturgeschichte deshalb so unauffällig, so wenig anstößig gewesen, weil es Richter wegen ihrer *allgemeinen* Geltung so mühelos gelungen ist, ihre Selbstregulierung in der Gruppe als ein Allgemeines vorauszusetzen: Wer (noch) nicht in unseren Kreis gehört, weiß damit seinen Mangel (Makel). Eine historische Kritik wird es selbstredend ebenfalls nicht anstößig finden, daß die Gruppe 47 das Begehren, anerkannt zu sein, professionell in Obhut genommen hat. Gegenstand der Kritik aber muß sein, wie die Legende (,witzigerweise‘ im Wetteifer mit dem jüdischen Konkurrenten Hans Weigel erzählt!)[7] die Entdeckung der Dichterin Bachmann *reduziert* auf ihre Erkennbarkeit als Funktionsrolle in dieser sich selbst verallgemeinernden Betriebsgruppe: Das Auge der Erzählung fixiert an manchen Stellen ihre *Person* auf ihren Willen, dazuzugehören; indessen ihre *Bedeutung* ihrer Zukunft in der Gruppe zu entnehmen sei, die mit ihrem Anderssein verständnisvoll umzugehen wissen werde. Ein generöses Gruppenbild. Die *Erzählung* macht dergestalt aus literarökonomischem Kalkül einen schönen ideologischen Schein. – War anders von einer ,normal‘ sich verhaltenden, für die Integration in die Gruppe aus professionellen Gründen prädisponierten Ingeborg Bachmann nicht zu sprechen?

Im Wortmaterial der Gesamterzählung wird die Leerstelle Bachmann unvermittelt höchst aktiv, erhält Willen, erscheint als für sich selbst handelnde Rolle. Auch das, ja das wohl vor allem ist Fiktion. Ihre *wirkliche* Erscheinung könnte ja auch etwas Unheimliches gehabt haben. Rasch *ist* sie, in der Wohnung Ilse Aichingers, das künftige Mitglied, in der erzählten Zeit natürlich ungewußt. Noch nicht entdeckt. Der Manager tritt hinter sein Erzählwerk zurück. *Sie* agiert unversehens; allein kraft eigenster Energie ist, so die Fiktion, die Szene von Anfang an auf diesen einen Punkt ausgerichtet, wohin die gänzlich unbekannte Dichterin gelangen muß: Richters Aufmerksamkeit in ihren Besitz zu bringen. Die Einladung!

An nichts anderes, so sollen wir glauben, denkt die Schweigende, während vor ihren Augen und Ohren Richter mit der Freundin den Frauenauftritt in Niendorf arrangiert; Aichinger soll die Spiegel-Geschichte lesen – „die ich bereits kannte [veröffentlicht Januar 1952 im *Merkur*]. Ratschläge dieser Art habe ich weder damals noch später gegeben" (1986). „Es ist das erste Mal" (1974), „eine Ausnahme, und ich weiß heute noch nicht ganz genau, warum ich sie gemacht habe" (1986). Der Text bekommt dann auch den Preis der Gruppe 47.

Bachmanns Lauerstellung liest sich so: Flüchtig und ohne nachhaltigen Eindruck lernt er sie kennen, doch in der Wohnung ist vor allem SIE anwesend: offensichtlich zufällig; ER beachtet sie „nicht", „kaum", „nicht einmal"; SIE blieb wie ausgeschlossen, „ein stummer Teilnehmer, den ich kaum bemerkte. Auf die Idee, daß sie Gedichte schrieb und vielleicht darauf wartete, ebenfalls zur Tagung eingeladen zu werden, kam ich nicht." Erst auf der Treppe wird ER zu einem Radio-Interview mit Hans Weigel eingeladen, das SIE vorbereiten soll. Dann der Raum im Rundfunk, die Aura: SIE hatte arrangiert, daß er eine

Wartezeit hat und im sonst leeren Raum einige ihrer Gedichte, die dort herumliegen, lesen kann.

Die Einladung nach Niendorf ergibt sich dann organisch aus dem Erzählen, das IHN abhängig erscheinen läßt (den in Wahrheit einzig sein Kalkül tyrannisiert) von einem taktischen und poetischen Genius, der in eine scheinbar Hilflose gefahren ist. Poésie pure setzt sich – gegen den herrschenden politischen Realismus – kraft eines „Magnetismus" durch (Raddatz), der die Gruppe zu dem macht, was sie ist.[8] ER ahnt es noch nicht. – Dann ahnt er es, und nacherzählt weiß er es: Der Beginn ihres Aufstiegs!

Die Entdeckung ist so erzählt, daß die Strukturierung einer Trennung von Gedicht und Dichterin im Anfang schon erstarrt ist. Richters Version des Bachmann-Mythos zeigt an, daß die Dichterin mit *ihrem* Ich in der Gruppe ihre Schwierigkeiten *notwendig* bekommen mußte.

Wer hat denn diese Gedichte hier geschrieben? Sie antwortet nicht gleich. Sie steht vor mir (...) voll innerer nervöser, übersensibler Spannung. Sie wird rot, fast mädchenhaft, kindlich und endlich nach einer langen Pause sagt sie: ,Ich'.

Ihm ist dafür eine Szene symbolisch, die er zuvor unbeobachtet beobachtet hatte:

> Sie sitzt ganz allein in dem Café unter lauter Spiegeln. Sie schminkt sich (...), eine Frau im Spiegel, sich vorbereitend auf eine Begegnung (Begegnung mit ihm!), nervös, sensibel, schüchtern und scheinbar hilflos.

„*Scheinbar* hilflos", das heißt, sie habe verstanden, daß man – und fühle man sich noch so hilflos – die Gruppe benutzen muß, um aufzusteigen. Das ist nicht als Widerspruch zu ihrer weiblichen Besonderheit inszeniert, sondern im Gegenteil: ,Ihre Energie, die in Wien 52 auf einen Punkt, die Einladung, hin agiert hat, macht sie uns gleich als Glied im Zweckverband.' So ist ihre Erscheinung zu verkraften; so verkleidet ist ihre *Textarbeit* nicht bedrohlich. Männer werden immer einspringen, wenn die *Person* hilflos wird. Das wird sofort in Niendorf funktionieren. Das Oszillieren der Inszenierung zwischen Dichterin und Mitglied lenkt zureichend ab von den Voraussetzungen der Textarbeit, die, dem Erzähler unbewußt, der erzählten Person das schwebend Scheue geben. So wird auch der erotische Gebrauchswert der Erscheinung erhöht, die eine stagnierende Nachkriegsmännlichkeit auf den Tagungen beleben soll. Auch das wird in Niendorf sofort funktionieren. Das Burschikose wird auf der *Oberfläche* der Vereinigung – ihrem wahren Austragungsort – stets dominant bleiben. Die Wien-Mythe erzählt das schon als vollendete *Tatsache;* das Einladungszeremoniell ist als ihre Legitimation arrangiert:
Beschwingt ist Richter bereits von dem ersten Treffen mit den Frauen weggegangen; Niendorf, mit Aichinger noch als Hauptperson, ist eingefädelt. Dann im Café bei Verkündung der Einladung die reinste Ausgelassenheit: Bachmann (die von ihrem Glück noch nichts gewußt haben konnte) bringt eine Flasche Cognac mit (Milo Dor, der in Wien lebende Freund Richters, Bachmanns, Celans, hatte das schon angekündigt) „und wir beginnen sofort zu trinken". (Auch der berüchtigte Gruppenalkohol funktioniert also umstandslos.) In Zentralperspektive: ER, der erzählte Gruppenmanager, macht SIE zum Mitglied: Die Syntax bringt SIE in der ER-Perspek-

tive zum Verschwinden. Ein Richter-Versprecher von der grob-
feinen Art bringt das zum Ausdruck:

Als ich sie erkannte, veränderte sie sich - - -

> Als ich ihre Gedichte kannte und wußte, mit wem ich es zu tun hatte, mit
> einem noch völlig unbekannten Talent, ja vielleicht mit einer großen Be-
> gabung, veränderte sie sich und wurde in manchen Augenblicken über-
> mütig und fröhlich. Dann trank sie viel, ihr Stummsein löste sich auf.

Später erst (1963), als man zusammen im Grunewald radfuhr, habe
er ihre Doppelexistenz begriffen, die „immer wiederholten Ausbrüche aus der Zwangsjacke ihrer Einsamkeit". Jetzt im Café aber
habe er nur *ein* Interesse gehabt: „sie zu fördern, ihre Begabung zu
unterstützen".

Aus der Zentralperspektive sprudelt sehr gute Laune, das ist
schon in Aichingers Zimmer so, als die Autorin der Spiegel-Geschichte und die stumme Unbekannte miteinander verknüpft sind
(die beiden aufeinanderfolgenden Preisträgerinnen 1952/53; „die
Stunden mit den beiden vergingen schnell und fröhlich" (wie ist
man mit einer immerfort Schweigenden fröhlich?). Das Erzähl-Seg-
ment klingt aus mit der niedlichen Coda: Fahrt im Bus von München nach Niendorf,

> ich in der Mitte, die eine links, die andere rechts (...). Manchmal schlie-
> fen sie beide ein. Dann lagen ihre (*beiden*) Köpfe auf meinen Schultern.
> (Die *einzige*) Ingeborg Bachmann fuhr ihrer Zukunft entgegen...

Die Leerstelle des Weiblichen erscheint endgültig neu besetzt. –
Welches wird Ort und Rolle Ilse Aichingers künftig sein können?

Zu Beginn der Wien-Erzählung schon steht, woher Richters lau-
niges Selbstgefühl kommt; wir haben es im Eingangszitat gehört:
Plötzlich war alle Befangenheit verschwunden – als die künftige
Preisträgerin, Ilse Aichinger, vor ihm steht, glänzend anzusehn. –
Unbefangenheit. Das Zauberwort. Der Literaturpolitiker des Jahres
1952 wird erzählt, wie er heiter gewappnet gewesen sei gegen ein
Differenzwissen, das befangen macht, aber gerade gegenüber dieser
jüdischen Dichterin, um ihrer Freundschaft willen, hätte zur Stelle
sein sollen, als sie sich nun auf einen Spaziergang in die Umgebung
Wiens vorbereitet. Auch unser Mitgehen im Text sei kurz vorbereitet:

Da nach Niendorf vielstimmig (angeführt von Richter, Friedrich, Jens) die Rede davon sein wird, daß mit dieser Tagung eine neue Etappe der westdeutschen Literatur begonnen habe, will der Späterzähler es sich nicht nehmen lassen, mit seiner Entdecker-Mythe, ‚Wien, April 1952‘, den wahren Grund dieser Wandlung („Ende der Kahlschlagperiode!") aus erster Hand zu überliefern und *der Gruppe, seiner* Gruppe gutzuschreiben: die Integration des aufbauenden, besonderen Weiblichen *und* zugleich den Zutritt bei *ihm*, dem jungen Patriarchen, ohne alle Befangenheit. Doch gelingt es weder dieser noch späterer Rhetorik, die *tiefe Befangenheit* zu verbergen, aus der die siebenundvierziger Rede über beides generiert ist, über die schreibenden Frauen und über deutsch schreibende Juden, so groß die Anstrengungen auch sein werden, sie zu überspielen. Befangenheit gehört ebenso zu den historischen Konstitutionsbedingungen der Gruppe 47 wie ihre ebenfalls höchst anstrengende Selbstimmunisierung vor dem Rumoren des jüngst Vergangenen im Gemüt, wogegen das Tabu der Shoah seinen schützenden Zauber üben sollte. Womit nicht gesagt ist, daß die Selbstliebe zum Weiblichen mit der Arbeit, das gewußte Vergangene und die jüdisch-deutsche Differenz zu verdrängen, so einfach zusammengebracht werden könne. Das Verhältnis beider psychischer Dynamiken vor allem unter dem Aspekt undurchschaut präsenter antijüdischer Affekte ist vielfältig, es entfaltet sich ein Stück weit in der Wien-Erzählung.

Ihre allegorisierende Gewalt managt Menschen *und* ihre Geschichte. Auch wenn die Sprache der Verklärung floriert, sollte uns das nicht darüber hinwegtäuschen, daß Aichingers und Bachmanns Namen nahezu *versteinern* bis zu ihrem strukturellen Wert als Chiffren. Nur so sind sie in Tausch und Funktion zu versetzen. Der Weiblichkeitsmythos und sein strukturell antisemitischer Nutzen richten sie literarisch zugrunde, schon ehe sie als Personen ihre Wanderung in die Gruppengeschichte antreten: zugerichtet zum Gebrauch im Funktionsgetriebe, das über drei psychosoziale Antriebe lief: (1) Dominanzstreben der Gruppe in der Öffentlichkeit (Anerkennungs-Syndrom), (2) Abdrängung unzensierter Erinnerungen auf dem Textmarkt, (3) personal-fixierte Ausgrenzungslauer. Aber natürlich lassen sich die Dichterinnen literarisch gar nicht zugrunde richten.

Nehmen wir die Wien-Mythe noch einmal wörtlich: Ilse Aichinger öffnet die Tür, und alle Befangenheit des Ankömmlings war weg. In anderen Worten, ihre Person war plötzlich ganz zugänglich. Und nehmen wir sie dergestalt ebenfalls wörtlich, so sehen wir durch sie hindurch (szenisch: an ihr vorbei) die Andere (in ihrer Sofaecke) sitzen, die Unbekannte, Kindliche, Eigentliche. In dieser Abfolge ist mythologischer Gebrauch von beiden gemacht. Die Vorläuferin und Zeugin wird verschwinden in der Zukunft der Anderen (Busfahrt, Ausfahrt aus der Wien-Erzählung). Der Manager erzählt so, daß nicht wir die Beziehung des Erzählten zu seinem politischen Unbewußten aufnehmen müssen, um einer Verschiebung und ihrer Dynamik auf die Spur zu kommen. Er selber, mit der ‚Unbefangenheit‘ rückerzählender Dissimilation 1986 – noch immer, nach 34 Jahren, so tun als ob nicht – , gibt den Vorgang preis:

Ilse Aichinger führt den Erzähler bis zu einem bestimmten Ort am Rande Wiens. Er ist eine topographische Verkörperung der Tabu-Zone, die zu bewachen der Gruppenchef sich vorbehält. Von niemandem läßt er sich dabei beobachten. Nun sieht er sich genötigt zu erzählen, den Blick erzählend ‚dorthin‘ zu wenden und zugleich von seiner Türsteher-Rolle abzulenken. Der Aus-Weg: Der Erzähler tut so, als sei sein Dortgewesensein ein erzählbarer, d.i. gezähmter Schock. So kann er das Erneuerungs-Zeugnis, das seine historisierende Erzählung in die Annalen der Gruppe einschreibt, so naiv erscheinen lassen, wie es ihr eigentlicher Zweck erheischt – obwohl er an der Seite der Freundin nicht hat naiv sein *können*. Denn der Ort, wohin sie ihn führt, ist der Bahnhof Anspang[9], wo die Deportationszüge abfuhren. Ilse Aichinger sah dort ihre Verwandten zum letzten Mal.

Der Spaziergang (‚Nach-Erzählung‘)

Machen wir uns Richters Problem im Ansatz dadurch bewußt, daß wir ihn an dieser Stelle aus dem Stande der fingierten Unschuld für einen Augenblick herauslocken, indem wir das Text-Wien der erzählten Zeit als geschichtlichen Ort sehen und mit der geschichtlichen Person H.W. Richter konfrontieren. Auch wenn uns nichts nötigt, den späten Erzähler als Leser der Bachmannschen *Todesarten* zu denken – hätten spätestens sie den Rückblick auf Wien denn nicht verändern müssen? –, so ist doch unabweisbar, daß Richters sozialistisches Geschichtsgedächtnis anderes enthielt als das, was er sogleich im Text fingieren wird. Wien als die Stadt sowohl der besiegten Linken als auch der Psychoanalyse und des Antisemitismus

– dies zumindest als geläufige Formel – dürfte ihm gegenwärtig gewesen sein in der erzählten und in der Erzähl-Zeit. Jetzt, 1952, habe ihm die Stadt gefallen. Wie gut können wir ihm das nachfühlen. Unsere Lebensfreude macht uns zu Komplizen der Mythenbildung, so wenig sie gemacht ist, uns mit einem Ausflugsbericht nur hübsch zu unterhalten. Ein schöner Vorfrühlingstag, eine unbekannte, faszinierende Stadt voll neuer Eindrücke. Es scheint, Geschichte könne, *dürfe* jetzt einmal vergessen werden. Wie das geschehen *soll,* dafür hat die Erzählung gleich zu Beginn einen rein persönlichen, Vertrauen erweckenden Kulissenraum abgesteckt.

Ich hatte mich mit Ilse zu einem Spaziergang rings um Wien verabredet und mit Ingeborg Bachmann zu dem Interview mit Hans Weigel im Sender Rot-weiß-rot. Ich schlief bei Milo Dor (...), der in seiner kleinen Wohnung mit seinem Freund Reinhard Federmann an einem Roman [10] arbeitete.

Als der Stadtgang beginnt, wird der Frühling noch einmal betont. Das Neue beginnt wie Natur, hell, und Ilse kommt dem Wartenden entgegen „wie der Frühling selbst", mit einem „dementsprechenden" Kleid: hellblau. Es gab ihr „etwas überaus Leichtes, Schwebendes". Das erzählte Ich gibt sich stark beeindruckt und zugleich eingeschüchtert. Es wäre an Kitsch- oder Schlager-Niveau zu denken, wäre der nun folgende Spaziertext im Verbund der ganzen Erzählung Wien 1952 nicht so achtlos paradox verfaßt, nicht so eindrücklich leer und verlangte er dergestalt nicht nach anderer Lesart; nach allegorischer Lektüre. Der zuvor so Bestgelaunte ist in Begleitung eben der Person eingeschüchtert, die ihm alle Befangenheit genommen habe? Eingeschüchtert wovon? Doch nicht im Ernst von ihrem Kleid! Von ihrer Verwandlung? Von seinen eigenen Worten jetzt 1986, die zu beschreiben versuchen, naiv wie gewohnt? Kam, 1952, ein erzählt Naiver sich selbst abhanden, und erschrickt der Erzählende noch jetzt und muß doch erzählen: ein Erinnertes betreten?

Nehmen wir die Leere, in die der Text eintritt, als Abstraktionsraum, der sich auf ein Erzählziel hin dehnt, das noch immer tief verstört, so ist vielleicht erklärt, warum exakt auf dieser Textstrecke des Stadtgangs die Rolle des selbstsicheren Mythologen zunichte wird. Nur *ein* erzählt Konkretes nämlich existiert in der Leere des Ichschwunds: die gute Führerin, die Geschichtszeugin. Sie zeigt dem Begleiter alles, auf daß er kennenlerne, was in allen Reiseführern steht.

Wo standen die Türken usw. Hans Werner Richter ist angeblich von *dieser* Führung fasziniert, läßt alles mit sich geschehen, alles: sein Nichtwissen schlechthin. Der belanglose Inhalt der Informationen, die ihm so faszinierend zuteil geworden sein wollen, zögert einen Kollaps nur hinaus. Der Erzählende rettet sich schließlich in einen totalen Blackout: Nach den Türken nichts mehr. Eine lange Zeit des Gehens, mit Einkehr irgendwo, Ruhen im hohen Gras, Gesprächen, Fragen der Führenden – alles vergessen. „Ich weiß nicht" ... In der Tat, Richter *ist* die Gruppe, die sich über ihre Tagungen selbstvergessen in geschichtsleerer Landidylle begreift. Gerade dort scheint man sich an der Idylle *entspannt* freuen zu können, wo sie, die Idylle, und ein Lager womöglich *ein Ort sind*, wie in Welzheim, dem Tagungsort soeben im Oktober 1951, wo man vom KZ mitten im Städtchen und von der Hinrichtungs-Eiche im romantischen schwäbischen Wald, die in aller Munde ist, keine Notiz nahm. Sechs Jahre später, vom „Alten Casino" aus, wird man natürlich des Kollegen Kleist Grab am Wannsee mit großem Hallo besuchen. Wissen, das sich situativ entfalten könnte, wird bei Anreizen und Anlässen von außen (und innen?) früh genug in ‚anderer Rede' (‚Allegorie') niedergehalten.

Die Allegorie führt den Erzähler. Aber die Leere im Unansprechbaren, an die heran er von einer ‚Tochter der Deportierten' geführt worden ist, ergreift den werdenden Erzähltext: Das ‚andere Reden' rettet auch so viel später nicht vor dem *Blick in das ‚Andere' hinein*. Den Türsteher als Erzähler zieht es unheimlich hin zu ihm, dem er sich nicht zuwenden *wollte*. Das Unheimliche ergreift den Frühlingsschein der Erzählung, es wird etwas Außerordentliches geschehen: ein Bersten der Allegorie.

Es war bereits Nachmittag, die Sonne hatte den Zenit überschritten, die Wiese duftete nach dem beginnenden Frühling, und ich fand Wien eine bemerkenswert (!) schöne Stadt. Auf dem Rückweg, am Rande Wiens, erklärte mir Ilse, indem sie auf eine sich weit ausdehnende Fläche hinwies, hier begänne die Steppe, die für sie anscheinend etwas Unheimliches an sich hatte, ich aber verspürte nichts davon.

So sind wir vorbereitet, vom Erzähler – der Frühling hat ihn anästhesiert – ein automatisches Sprechen zu vernehmen. Die Gruppe spricht, sieht mit ihm. – Ein *anderer* Blick aber gerät in die Automatik und wird dergestalt aufbewahrt. Wie sieht die Freundin und Vermittlerin Bachmanns die Landschaft im Südosten Wiens?! Nein, diese *beiden* in der Erzähl-Szene, die Namen der Freundinnen, vertreten die Gruppe 47 in Wahrheit nicht. Die automatisch hervorgequälte Metaphorik ist wahr: die Ödnis, die Fläche, über die sie gehen, die Leere im Text des Erzählens darüber; das Gruppen-Terrain; Steppe mit den Augen Ilse Aichingers gesehen, vorläufig (nur) mit ihren Augen; dagegen das Gruppen-Organ: sein Text ohne Gespür für die Weltsicht solcher Augen.

Mit der Fortsetzung des Textes dann die Verdichtung des Gruppenzeugnisses:

> Dann kamen wir an einen Bahnhof, von dem eine schnurgerade Straße in die Stadt führte, eine Straße mit kleinen und stark heruntergekommenen Läden und ehemaligen Restaurants. Ilse erklärte mir die Bedeutung dieser Straße, die ein Stück österreichischer Vergangenheit war. Hier auf dem kleinen Bahnhof seien früher, noch zu Kaiser Franz Josefs Zeiten, die k.u.k. Offiziere aus der Provinz zu ihrem Urlaub in Wien angekommen, und in dieser Straße hätten sie zu feiern begonnen, und ich sah die österreichischen Offiziere durch die Straße flanieren, so lebendig schilderte Ilse diese Wiener Vergangenheit.
>
> Nie erwähnte sie in dieser Unterhaltung ihre eigene Vergangenheit, etwa im Dritten Reich. Es war, als hätte sie selbst den Mantel des Vergessens darübergehängt. Nur einmal sagte sie: Hier, an dieser Stelle habe ich gestanden, als meine Verwandten abtransportiert wurden. Diesen Satz habe ich behalten. Bis heute. Damals fragte ich nicht weiter, vielleicht aus Angst, mehr zu erfahren, als ich hören wollte.
>
> Am nächsten Abend hielt ich einen Vortrag in einem Wiener Club. Ich sprach über die junge deutsche Literatur, über den Kahlschlag, über die Gruppe 47- - -

Das zeithistorisch Unheimliche ist, daß solche Stellen in den 47er Annalen ohne Protestvermerke stehenbleiben. Es gibt sie – im Verborgenen. Von den Korrespondenzen vor allem der ‚internen Außenseiter' wäre hier zu sprechen. Sie offenbaren, daß die Gruppen-Ödnis zur Selbstwahrnehmung im inneren Kreis gehörte. Über die Außenseiter in der Gruppe 47, die nach Debatte den jüdisch-deutschen Differenz-Komplex nicht drängen, geht eine „siebenundvierziger" Selbstreklame hinweg, die die Ödnis im Angebot hält. Der Spaziertext belegt, wie ‚beredt' das erzählende Schweigen im Innersten der Gruppe aber werden kann, wenn der Blick einer Erinnernden zur Sprache kommt, der auf die Ödnis gerichtet ist.

Wir wissen nicht, was Ilse Aichinger, die wortkarge, wirklich gesagt hat. Dem Erinnernden sind ihre Worte zu Bildern geronnen, die alles Grauen, an das *sie* gerührt hat beim Blick über die Fläche, die ‚türkische' Steppe, über die der Zug dem Kinderblick verschwand, nicht ‚wissen wollen' und doch nicht aus der Welt schaffen („als hätte *sie*..."). Das *Wort* „*Ödnis*" *allein*, an das Ilse Aichinger gerührt haben mag, von einem jüdischen Dichter, dessen Stimme Richter nicht erträgt, in den inneren Kreis der Gruppe 47 getragen, wird die Unbefangenheitsrüstung des um ihren „Corpsgeist" Besorgten zusammenstürzen lassen wie ein Kartenhaus. Es ist das der bisher, aufgrund des Schweigens der Mitwisser, unaufgeklärte Kernpunkt des Konflikts Richter – Celan, den ich im nächsten Kapitel zu umkreisen unternehme.

Warum die Jüdin gepriesen und verdrängt werden muß (Analyse)

Die Ortsverhältnisse auf der Landkarte Ilse Aichingers zwingen der Erzählung, die ihr Glück im politischen Gruppen-Kalkül gesucht hat, Vergangenheit auf. Die Zeugin Aichinger, die gemäß Kalkül die ‚mythische' Vorläuferin Bachmanns hatte sein sollen, hat diese Verhältnisse herbeigeführt. Kraft eigener Sprache in der Erzählung des Bachmann-Werbers hat sie ihm den topographischen Blick (auf *Fläche, Steppe*) aufgezwungen, der ihm in Erinnerung an *diese Passage am Rande Wiens* nichts übrig läßt, als erzählend zu vergessen, daß „Ilse" in einer Deckerinnerung funktionieren soll (Kleid, Frühling selbst). Daher der kurze Augenblick eines authentischen jüdischen Gedenkens im Wortgehäuse der Gruppensprache. Daran erleidet nun auch der Versuch des Erzählers, erinnerte Vergangenheit als ‚typisch österreichische' auf ihr Kulisse-Sein zu reduzieren, einen Kurzschluß. Der an die Stelle Geführte muß erzählen, wie er automatisch zum Sprachrohr derer wird, deren Sprache er vergessen hat und daher mit der eigenen verwechselt („als hätte sie selbst den Mantel des Vergessens..."). Er wird kleinlaut und ehrlich. Die Ehrlichkeitsgeste verrät *alles,* auch wenn über Aichingers besondere Vergangenheit gemäß Gruppenkonsens, ob vor oder nach 1952, nur in *Beispiel-Weise* geredet werden kann: „etwa im Dritten Reich".

Das automatische Reden des Kleinlauten, indem es sein politisches Unbewußte zu Wort kommen läßt, kämpft um den Erhalt der Trennlinie zwischen Privatheit und Sprachöffentlichkeit der je individuellen NS-Vergangenheit im Gruppenprozeß. Dort bleibt in der eigenen Brust (Gruppen-Mitte, Richter-Vater, Türsteher) verschlossen, bis heute, was als ein ‚anderes' Privates sich aussprach, 1952, vertraulich. Aber, so ist hinzuzufügen, verschlossen *mitgeteilt* in einer Weise, die der mitgeteilten Sache ihr Eigenes bewahrt. Erinnerung karg, „nur einmal", und, in dieser Gruppe, nicht wieder.

Ein Ton von Verschüchterung, der um die erzählte Ich-Stimme ist, verrät nichts von einer Nachwirkung des Erinnerten bei anderen. Aber bei ihm hat es nachgewirkt! So ‚gelingt' ihm, dem Automaten, dem über diese lange Wartezeit bis zum Erzählen die karge Gedenkanregung der Freundin nicht mehr aus dem Sinn gekommen ist, das Bild einer mit ihrem Erinnern zwar Alleingelassenen, aber einer dennoch von IHM (im Augenblick abgewiesener Schockwirkung) *Erhörten*. Dieser narzißtische Gestus erschafft einen Augenblick außerhalb der Ordnung, die gerade hergestellt werden sollte. Narziß wurde für diesen Augenblick aus ihr hinausgedrängt: um sein Bild, so wie es JETZT gewesen ist, zu schauen; erinnert und überliefert auf der erzählten Grenzlinie zwischen einem geradenoch und einem nicht-mehr ‚Hörenwollen'. Ein Augenblick, da das Tabu ‚beim Namen genannt' werden konnte: „... vielleicht aus Angst, mehr zu erfahren, als ich hören wollte."

Ein solcher Namensverrat könnte gefährlich für den Gruppenbestand werden – wenn er verallgemeinert werden würde. Die Wien-Erzählung belegt jedoch, daß Richter immer geglaubt hat, dies vermieden zu haben. Ein dabei angewandtes Mittel ist in der Wien-Mythe angelegt und verraten: Zur Gruppen-Erneuerung gehört es, stets auch *sperriges* Personal einzuwerben. Auch Ilse Aichinger gehört in einer objektiv zynischen Weise dazu: als Allegorie einer ‚Vorgeschichte', die verschlossen bleibt. Darüber hatte der Erzähler als agierender Chef auf dem Weg nach Niendorf die Obhut übernommen, aber nun beim Nacherzählen versagen sich ihm die Mittel, dies in seine personenkultische Gruppenreklame verläßlich hinüberzuretten. Seine literarischen Vorkehrungen gegen die Wiederkehr der Vergangenheit in seinen Portraits überhaupt scheitern auf der Landkarte, die zu betreten er von Ilse Aichinger verführt worden ist. Auf diesem Felde ist der naive Erzähler zum reflektorischen Schreiben gezwungen, und schlechte Literatur zeigt, was sie kann:

Deckerinnerung, in deren Dienst sie steht, wird dank *ehrlichen,* d.i. *stümpernden* Metapherngebrauchs außer Kraft gesetzt. „Es war, als hätte sie selbst den Mantel des Vergessens darübergehängt." Diesen Mantel über das Dritte Reich in den eigenen Biographien zu hängen ist der Gruppe insgesamt gelungen.[11]

Dem Schreiben jetzt gelingt das nicht. *Deshalb* wird die schlechte Metapher der Jüdin zugeschoben. Aber das plumpe Erzählmanöver *mißlingt*. Ehe man noch glauben könnte, die Begleiterin habe flanierend, plaudernd solchen Mantel über ihre Gedächtnis-Ortschaft am Rande Wiens selber gelegt, ist die schlechte Bildlichkeit aus der Umgangssprache des Vergessens schon dem Drängen des Buchstabens aus dem Unbewußten auf den Schauplatz der Schrift unterlegen: „Vergangenheit" in der Zeugnisgestalt aus dem Munde des verschonten jüdischen Kindes ist erschienen. Erwachsen zur Dichterin, spricht sie wohl karg, aber nicht dem Vergessen das Wort.

Dies beim Spazieren durchaus getan zu haben, kann der Erzähler nur deshalb von ihr behaupten, weil er selbst es tut. Und er erzählt es jetzt noch, um jenen „Nimbus" der Geschlossenheit nicht zu gefährden, den er seiner Gruppe, wie er im Brief an Raddatz 1966 bekennen wird, verschafft habe. Gegen das semiotisch ‚zeugende' Drängen der Buchstaben „Ver-gan-gen-heit" konnten die retardierenden Attributierungen „österreichische" und „Wiener" letztlich nichts anhaben. Vergangenheit ist buchstäblich gegen metaphorische Auftürmung (erstarrte Gegenwart) immun. Aus sich selbst bringt sie die Wirkung mit: den Aufschub ihrer Wiederkehr zu überleben; rächende Metonymie. Metonymie befreit ihr Medium, ihre Sprache (ihre Bedingung, zu sein) aus den Schranken zwanghaft trivialen Metapherngebrauchs. Und so hält nun das erzählt verformelte Bild der schönen Stadt für den Augenblick subjektiv eigenen Gedenkens, auch wenn es eingeholt ist in die gruppeneigene Sprache konsensuell verabredeten Schweigens, dem Druck des Verschwiegenen auch für die Augenblicke des Erzählens nicht stand. – Jedoch, nie, so belegen meines Wissens alle Quellen, lassen diesen genialen Kleinbürger H.W. Richter die Ideen im Stich, wie gruppenintern dem Drängen des Buchstabens vorzubauen oder, wenn das nicht gerät, von ihm wenigstens zureichend abzulenken sei. Der Ausrutscher 1953 in Bebenhausen, „Emigrantendeutsch!", und seine Abwicklung sind nur ein Beispiel.[12]

Wenn die Abwickelungs-Diplomatie im ganzen funktioniert, sind die einvernehmlich Schweigenden hinzuhören nicht genötigt. Ich denke nicht, daß wir hier, selbst hier, eine Ausnahme vor uns haben. Die Regelungsmacht des Diskurses, in der Obhut des „Chefs", obsiegt auch in der Wien-Erzählung. Wer nicht vergessen kann, unterliegt; hier, genauer, unterliegt Aichingers Sprache.

Richter macht *keine bewußten Anstalten*, sie sprechen zu lassen. Kein Milligramm Situationsmaterie wird uns zugänglich.[13] So erzählt, ist Zeit-Öffnung der Lektüre, ist Lösung aus der Entstarrung angesichts eines Orts der Shoah undenkbar. Die Ehrlichkeitsgeste, wo sie im Textstück niedersinkt („vielleicht aus Angst..."), macht die Ablenkung von den Deportationen perfekt. Das Charakteristikum des Spaziertextstücks ist pointiert: Der Erzähler stellt sich ins Passiv („mehr zu erfahren, als ich hören wollte") und fingiert sich an diesem Punkt endgültig als leer von eigenem Wissen; bei so starker Ich-Präsenz verabsolutiert dieses Verfahren nahezu den Modus, den Richter als Organsprecher der Gruppe für sich gewählt hat: sie ‚literarmoralisch' frei zu halten von einer historisch-thematischen Zentrierung. ‚Bei uns in der Gruppe war alles vertreten, auch eine Überlebende aus dem Deportations-Komplex.' Die *Zentrierung* im Pluralismus der Gruppenzwecke formuliert für 1952 der Weiblichkeitsmythos. Er muß zum Literaturbetrieb passen. So gesehen ist der zitierte Übergang zum Vortragsabend unmißverständlich:

Übergangslos ist der Spaziergang inhaltlich vergessen, wie er als erzählter bereits ohne Inhalt war, bloß das unauslöschliche Bahnhofsmoment bleibt stehen in der blanken strukturellen Funktion, eine *Orts-Chiffre* zu sein, die in die neue Normalität der Gruppe eingeholt wird, um paradoxerweise dort außer Funktion gesetzt zu werden. So übrigens wird es auch „Meiner Ortschaft" (1965) von Peter Weiss und seinen Folgeschriften ergehen. Wie Martin Walser mit „Unserem Auschwitz" umgeht, werden wir noch sehen.

Wie die Wienerzählung sich vom Anspang-Schock befreit, Richter ‚unbeschädigt' den Übergang schafft vom Gang am Rande der Stadt vor dem Horizont der Vernichtung zurück ins Stadtinnere und zum Zweck seines Besuchs, von „Ilse" zu „Ingeborg", erscheint schwer erträglich oder ist einfach banal. Vom Abgrund der „Angst" im Untersten des Bewußtseins wieder hinauf zum äußerlichen Verfolg der „Literaturpolitik" zu gelangen, bedarf es nur der nicht miterzählten Besinnung auf den Nutzen des Tabus. Es ist nur ein Erzählaugenblick. Er hat genügt, das Aufblitzen der Kraft zu bannen, die ein Nachfühlen der eingestandenen Angst der Sprache verliehen hätte. Literaturpolitik der Richterschen Art zu machen bedeutet vergessen zu *wollen*, es ‚so gut' zu *können*, hat im erzählten Augenblick die erotische Verdrängung der Angst im Gedanken an das Treffen mit Bachmann geleistet, die eben schon „so eng" mit der Freundin zusammen, die sie ablösen wird, auf „einer Couch" zu sehen ist. Das Tabu funktioniert. Die Freude, wieder in der eigensten Sphäre zu sein, ist offenkundig noch im Text, der den Übergang präzis beschreibt:

Ich sprach (...) über die Gruppe 47, doch bald merkte ich, daß sich die Wiener Autoren eigentlich nur für die Honorare interessierten, die der deutsche Rundfunk bezahlte. Also sprach ich zum Schluß auch darüber und fand nun lebhaftes Interesse. Ilse und Ingeborg Bachmann saßen auf einer Couch, und zwar so eng beieinander, daß mir ihre Freundschaft erst jetzt ganz bewußt wurde.

Am nächsten Tag traf ich Ingeborg Bachmann ...

Treten wir für einen Augenblick aus der erzählten Zeit, aus der Re-Konstruktion der Wien-Mythe heraus und stellen an *alle* Selbstüberlieferung der Gruppe 47 die Frage: Wie anders ist der Tatbestand, daß nie und nirgends Richters Aichinger/Bachmann-Chiffrierung kritisch angegriffen worden ist,[26] zu erklären als mit einem Weiterwirken des Gruppenglücks, das in der historisch-intellektuellen Beschränkung lag? Wie fühlt man sich als Zeitzeuge, wenn man hört und liest: wie Richter 1974 und 1986 Ilse Aichingers anderes Schweigen („Nie erwähnte sie ...") unter die Decke des gruppenüblichen Schweigens zieht; wie er das Erinnerungsgebot im Nach-Holocaust abgibt an einen Konjunktiv („Es war, als hätte ..."); wenn er anläßlich seiner Bahnhofsanekdote so spät noch keine Worte findet zur Würdigung des Schweigens überlebender Juden - - Ist es denn keinem dieser Zeitzeugen je unheimlich geworden, diese Logik, naiv verbrämt, stehenzulassen: Wenn sogar Aichinger schweigt (und uns aus Toni Richters Photos entgegenlacht), was kann ‚natürlicher' erscheinen als das Axiom stillschweigenden Debattenverbots in der Gruppe, die auf ihren Tagungen an je pfleglich verwahrtes, individuelles Vergangenheitswissen nicht rührte! Richter war eine Erinnerung anvertraut worden. Ihre Entstellung in der Erneuerungsmythe 1952 verrät die Nervosität im politischen Untergrund der Gruppen-Sprache überhaupt. Man glaubte, *die* antifaschistische Vereinigung der Zeit zu sein, Germanisten schwatzen es nach, in Wahrheit war man vereint im Faszinosum der Angst, mehr voneinander zu erfahren, als man erfahren wollte.

Die Einladung an Celan

Richters Wien-Erzählung enthält auch die Einladung Paul Celans nach Niendorf. Den drei Erzählversionen dieses Faktums ist ein Unbehagen eingeschrieben. Es ‚unterläuft' den Texten. Da das nach so langer Zeit beim Erzählen geschieht, ist das Unbehagen ein Dokument. Noch jetzt kann Richter *in besonderer Weise* nicht korrekt erzählen, da es um Celan geht. Diese Hemmung drückt sich in den drei Versionen verschieden aus.

Dem Bewußtsein des Erzählers zugerechnet werden muß, daß er mit der Einladung an Celan, die er als Gruppenchef auf dringendes Anraten des Freundes Milo Dor zur Mai-Tagung in Niendorf bereits ausgesprochen hatte[14], jetzt ‚kompositorisch' verfährt, sie in eine Caféhaus-Anekdote verschließt und dahin hochdatiert (Wien im April). Dagegen fällt dabei ins Unbewußte des Textes zurück das Motiv der Manipulation – und macht unwillkürlich als Unbehagen im Textfluß von sich reden. In jener Caféhaus-Szene, Star-Auftritt Bachmann, ist, ebenso wie auf dem Weg nach Anspang mit Ilse Aichinger, ICH ein erzählter Erinnerungsautomat, der die Einladung an Celan hier, im Wiener Milieu seiner Freunde, mit erwähnen muß, obwohl nichts dazu zwingt als ihre Unliebsamkeit, die, so lange wie möglich gemieden, rasch noch im Wienbild untergebracht und so erledigt wird. Oder anders betrachtet: Milo Dor und Bachmann kann in ihrem Wien das Wort nicht genommen werden, und so wird es ihnen ganz überlassen, da es ein dem Erzähler eigenes zu Celan nicht gibt.

1974: (...) Schließlich werden wir immer ausgelassener. Ich lade Ingeborg Bachmann zur Tagung (...) ein ...
Lesen Sie die Gedichte, die ich kenne. Sie werden Erfolg haben, sage ich. Sie verbirgt ihre Freude hinter ihrer scheinbaren, schüchternen Hilflosigkeit und überspielt sie mit einer Bitte. Sie hätte, sagt sie, einen Freund in Paris, der sei sehr arm, unbekannt wie sie selbst, schreibe aber sehr gute Gedichte, bessere als sie selbst, ob ich den nicht auch (...) Also schreibe ich eine Postkarte (...) Milo Dor und Ingeborg Bachmann unterschreiben mit herzlichen Grüßen. Sein Name ist: Paul Celan.

Rhetorik (Doppelpunkt und Absatz) erkämpft die Oberhoheit dem Chronisten zurück. Der große Name eines toten Dichters wird 1974 in den Gruppen-Annalen markiert. Stolz? Gruppenpolitik. Und prompt ein Hinwegwischen. Absatz. Und:

Wir sind nicht mehr nüchtern, als ich die Postkarte an Paul Celan schreibe...

Kürzer und ‚ehrlicher', nämlich die unliebsame Nominierung am Ende aus den Aufzeichnungen sogleich wieder tilgend, ist Richter in

der Version 1986. Der Anlauf auch dort: Ingeborg! „Errötend"
hatte sie gestanden, wer diese umhergelegten Gedichte geschrieben
habe: Ich! – Sodann:

Schon am Nachmittag lud ich sie ebenfalls zu der Tagung ein und auf
ihren Wunsch auch gleich einen Freund, der in Paris lebte, Paul Celan
hieß und ebenso unbekannt war wie sie selbst. Ich fragte Ilse, ob ich
richtig gehandelt hätte, und sie bejahte es. So fuhr ich mit den beiden
vier Wochen später (...) der Tagung entgegen...

Milo Dors Einwerbung Paul Celans für die Gruppe 47
Auf Vorschlag Milo Dors, der am 17. September 1951 geschrieben hatte
(Cofalla, S. 127), er wisse zwar, was Richter von Celans Gedichten halte
(gemeint „Der Sand aus den Urnen", wahrscheinlich der Auswahlzyklus in:
PLAN 2. Folge/ 1948/ Nr. 6), doch solle er sich Neues ansehen (siehe in: Stimmen der Gegenwart 1951. Stimmen junger österreichischer Dichtung, hg. von
Hans Weigel. Wien. Dort u.a. die „Todesfuge") und eine Rezension dazu im
„Monat" lesen ('51, S. 658 ff.). Den in den angegebenen Veröffentlichungen
zugänglichen Urteilen –
u.a. von Alfred Margul Sperber: Celans Werk sei „unter allen Äußerungen der
jüngsten deutschen Dichtergeneration die eigenartigste und unverwechselbar-
ste" (1948); siehe im Zusammenhang bei Milo Dor, Paul Celan, in: Dietlind
Meinecke (Hg.), Lieber Paul Celan, Frankfurt am Main 1970, S. 283 –
fügt Milo Dor hinzu, Celans Musikalität und Formkraft suchten ihresglei-
chen. Im übrigen solle er sich wegen der zeitraubenden Einreiseformalitäten
für Celan mit der Einladung beeilen. Und sei Celan der einundvierzigste, die
Wiener Freunde „werden dann für ihn aufkommen". Celan hatte wohl wahrgenommen, daß er die Einladung nach Niendorf nicht Richter, sondern Milo
Dor zu verdanken habe, wie aus einer Bemerkung in einem nicht abgeschick-
ten Brief an Richter hervorgeht (26. Juli 1962).
Im Bestand des Personen-Denkmals, das Richter seiner Gruppe setzen wollte,
Im Etablissement der Schmetterlinge (1986) ist die Mißachtung Celans unmißverständlich dokumentiert, denn Celan fehlt nicht nur in der Portrait-Reihe
selber (auch für eine geplante Fortsetzung ist er nicht vorgesehen), sondern im
Nachwort, das mehr als alle nur irgend aufgefallenen Mitglieder charakterisiert, bleibt er ungenannt. Ja selbst eine Begründung dafür, die Richter für alle
möglichen anderen Fehlenden zu finden sich bemüht, ist unterblieben.

Fehlt hier Celan rasch ‚nur' im Text (er ist nicht im Bus), so ist das
eine Genauigkeitsgeste der besonderen Art – Hans Werner Richter
vergißt Paul Celan als agierender Gruppenchef auch wirklich (mit
Unterbrechungen, die darzustellen sind); eröffnet in Niendorf, Mai
1952, die Strategie des Verschweigens gegen den Dichter, den er

unfreiwillig eingeladen hatte. Das Unbehagen darüber ist das Richter-Celan-Dokument in der Wienerzählung, eine Einladung, erzählt gegen den Strich: erzwungene, unpersönliche Wieder-Erinnerung gegen die Stimme der Negation.

Arbeit eines Zeugen an der Verwerfung von etwas, das zu bezeugen ihn sein Begehren als Gruppen-Historiker zwingt, *und* Arbeit daran, etwas Eigenes zu retten, nämlich *sein* Wien, die Stadt, die dem „Fräulein Bachmann" längst fremd geworden war, ihm aber gefallen hatte, weil er sie da heraus und in seine Gruppe hat hineinholen können. Das gehört in die Annalen und bringt Celan, „einen Freund", mit hinein. Die ‚Schuld' daran ist (wenn nicht dem Rausch im Caféhaus) Ilse Aichinger, der Wegbereiterin des Weiblichen zugeschrieben – in ihm ‚verschwindet' Celan zunächst einmal, bis er als „Stimme" in Niendorf, gegen die der Chef seine „Abneigung nicht überwinden kann", wiederersteht. Ilse Aichinger, Wegbereiterin für Bachmann und Celan, die wahre Zeugin, ist verzeichnet ins doppeldeutig Mythische, Schuldige. Sie hat Celans unliebsame Aufnahme in die Gruppe zu verantworten – mit dem Zugehörigkeitsmerkmal: auf Abruf – , weil an ihrer Gestalt noch jetzt beim Erzählen das Begehren abprallt, die *jüdische Stimme* zu verneinen, die in Niendorf Texte vorgetragen hat, die dem Erzähler als solche „gefallen" haben wollen, wie er 1974 behaupten wird.[15] In Niendorf selbst hörte man's anders.

„Ich fragte Ilse (...) sie bejahte."

Zugehörigkeit und Interne Außenseiter

Bei allen Versuchen, Celans Beziehungen zur Gruppe 47 zu klären, muß der Aspekt bedacht sein, daß er von dem, was gegen ihn im Spiele war, das wenigste gewußt, einiges geahnt – und manch Übles nicht einnmal geahnt hat. Das wenige, das er 1962 erfährt, hat dann bald genügt, mit der Gruppe zu brechen. Als „Mitglied der Gruppe" im affirmativen Sinn hat er sich nie gesehen, wollte Richter gegenüber, als *er selber* am 27. Juli 1962 mit der Gruppe ein erstes Mal bricht, sich als Mitglied „nicht betrachten", aber um Zugehörigkeit hat er sich selbst in solchem kritischen Augenblick bemüht. Wer jedoch sollte mehr Grund haben als er, dem Ausgrenzungsinstrument ‚uns zugehörig/nicht zugehörig?' zu mißtrauen, wie man es in der Kerngruppe um Richter gebrauchte?

Anfang und Entwicklung der Gruppe 47 haben einen eklatanten Widerspruch zwischen ihrer eigenen Konsensreklame und einigen ihrer bedeutendsten Autorinnen und Autoren hervorgebracht, die ihre internen Außenseiter waren. Ilse Schneider-Lengyel, Ilse Aichinger, Heinrich Böll, Wolfgang Hildesheimer, später Uwe Johnson, Peter Weiss und Hubert Fichte und, allen erkennbar seit ihrem ersten Auftreten in der Gruppe in Niendorf 1952, Bachmann und Celan hatten im Unterschied zum Gros der Gruppe ihre Arbeitsvoraussetzungen in einem Gedächtnisraum, in dem sie ein reflektiertes Selbstverhältnis[16] zum Jüngstvergangenen literarisch erarbeiteten. Celan am 14. Dezember 1963: „...in die Tiefe gehn, mit sich selbst"[17].

Diesen Raum *gemeinsam* zu betreten war das ungeschriebene Grundverbot in der Gruppe 47. Individuelle Tabu-Brüche im Textkontinuum der Lesungen waren möglich, sie wären dort von der Kritik möglicherweise gar nicht wahrgenommen worden. Sollten sie vorgekommen sein (nach Quellenlage ist das kaum auszumachen), konnten sie jedenfalls im Gesamtprozeß der Gruppe wieder vergessen werden. Dieser war konstitutiv (‚verfassunggebend'), die Lesungen waren es nicht.[18] Wäre es zu einem kräftigen Aufbäumen der Autorinnen und Autoren gekommen, gegen das Shoah-Tabu und Schweigegebot überhaupt, so würden darüber die Quellen gewiß nicht schweigen. Jedoch bei ihren Tagungen frei zu sein von Gedenken und Debatte („Geschichte ist gefährlich"[19]), haben *alle* offenkundig als angenehm empfunden. Im Spannungsfeld zwischen Debattenverbot und Freundschaft hatten die internen Außenseiter ihren problematischen Ort. Wie konnte Celan sich dort bewegen, halten? Wenn er einen Halt suchte und fand, so in kleinem Kreis und bei einzelnen – bei den internen Außenseitern. Aber zur Haltung, die auch sie einnahmen, zu jenem Gehorsam vor dem Tabu, standen Celans Arbeitshaltung und unmittelbares Denken der Shoah in der Zeit, da er sich der Gruppe aufrichtig zu nähern suchte, radikal im Widerspruch.

Es ist dennoch gar nicht vorstellbar – auch wenn angesichts der Unzugänglichkeit der meisten Briefwechsel Celans mit Gruppenmitgliedern viele Fragen offen sind – , daß, von ähnlicher Literaturauffassung abhängig, eine Nähe zur Gruppe ohne die Beziehungen zu ihren Größen, die fast ohne Ausnahme (Grass) zu den internen Außenseitern gehörten, hätte entstehen können und von Celan lange wäre aufrechterhalten worden. Obwohl auch diese kleine Gruppe im ganzen wenig Einladendes für ihn gehabt hat. Wenig nachhaltiges Verständnis, jedenfalls keine ‚Mit-Streiter', scheint er unter ihnen gefunden zu haben. Unter den vielen Mitgliedern neben Richter, mit denen Celan nach 1952 zeitweise Verbindung aufgenommen hat (u.a. Böll, Schnabel, Härtling, W. Jens, Mundt, Bobrowski, Friedrich, Höllerer, Grass, Enzensberger, Hans Mayer), waren nur wenige (Ausnahme Hildesheimer, und abgesehen von seinen Wienern: Bachmann, Aichinger, Milo Dor, R. Federmann und Klaus Demus), zu denen er ein Vertrauensverhältnis zu gewinnen gesucht zu haben scheint, das flüchtige, pragmatische Kontakte überdauern könne. Dazu gehörten Paul Schallück (seit 1952), Alfred Andersch (seit 1954) und Rolf Schroers (seit 1955). Eine Sichtung (Edition) der teilweise ausgedehnten Korrespondenz auch mit den letztgenannten steht noch aus.

Im Bösen zugesetzt haben ihm andere. Sie stehen für Mißachtung und grobschlächtige Tabu-Wache und für die ‚politischen‘ Ursachen der Trennung. Aber es gehört zur Problematik unserer Fragestellung, daß zwischen ihnen und den literarischen Verwandten Celans ein Zusammenhang besteht: der Zusammenhang ihrer Gruppen-Zugehörigkeit. Er stand gegen diesen besonderen Außenseiter – dem man dafür bis heute hinter vorgehaltener Hand die Schuld gibt.

Mit Hilfe der Kategorie des „politischen Unbewußten"[20], auf die ich bei der Dekonstruktion der Wien-Erzählung Richters zuletzt angespielt habe, kann eine Hypothese zur Erklärung des Zusammenhalts der Außenseiter in der Gruppe im Blick auf Celan versucht werden:

Celans Stimme könnte in der Gruppe in einer Weise provoziert haben, daß sein Fremdsein bei denen, die ihre Reaktion nicht aggressiv ausagierten, zu einer Reaktion ihres Unbewußten führte. Es wäre dies ein Kennzeichen ihres mittelmäßigen intellektuellen Formats gewesen. Celans Fremdsein hätte dann ihr Begehren aktiviert, ihre Zusammengehörigkeit gruppenintern positiv auszukosten. Das Schicksal der internen Außenseiter dagegen war es, daß ihr Begehren kein gruppenintern angemessenes Objekt hat finden können, denn ihre wachsende Prominenz mehrte die *öffentliche* Habenseite der Gruppe – dabei brauchte man auch Celans Namen – , ohne daß dies, weil *Texte* es erzwungen hätten, einen aliterarischen Gruppenkonsens, der auch die Mißachtung der Stimme Celans einschloß, hätte aufbrechen können. Dieser Konsens gab sich literarisch, hieß zur Zeit Niendorfs noch immer „Realismus", stand aber einer literarischen Selbstverständigung der Gruppe auf dem Niveau ihrer internen Außenseiter starr im Wege.

„Freundschaft" wäre dann das Band, das diesen Widerstreit einwickeln konnte und in Einzelfällen wohl auch aufgehoben hat.

Celan stand solcher Kompromißbildung fern. Freundschaft zu Intellektuellen, die um der Freundschaft willen mit ihrer oppositionellen Arbeitsweise in eine Gruppe sich fügen, die aus ihrem Antifaschismus das Denken der Shoah ausblendet, war ihm – so sehr er sich nach solcher Allianz auch sehnte – letztlich unmöglich; auch unerträglich? Ein Nachdenken über die Verständigung zwischen Celan und Hildesheimer wäre in diesem Zusammenhang fällig.[21]

Celan bei Hildesheimer in Poschiavo
„Vielleicht habe ich Ihnen erzählt, daß das einzige Mal, daß ich ihn wirklich frei und wohlgelaunt erlebt habe, der Tag war, als er bei uns in Poschiavo war [im Sommer 1961]. Wir lagen stundenlang in Liegestühlen, und er erzählte sehr gelockert, aber ich weiß nicht mehr, was er erzählte. Jedenfalls sprachen wir niemals über unsere Arbeit, und ich habe das Gefühl, daß er wahrscheinlich der einzige Mensch war, dem ich mich wegen seines Jude-seins verbunden fühlte – weit öfter ist das Gegenteil der Fall! – und ich weiß, daß es bei ihm auch so war. Vielleicht wollten Sie das gar nicht wissen ..."
Hildesheimer an Elizabeth Petuchowski am 21. August 1984.

Verstand Celan wohl, daß sich jüdische Schriftsteller wohlfühlen konnten, wenn *nicht*jüdische, jedenfalls wenn man mit ihnen befreundet war, *nicht* über das Jüngstvergangene Arbeitsgespräche mit ihnen führten – so müssen wir aber von seinem Entsetzen ausgehen, wann immer er der besonderen deutschen „Verdrängung" als Habitus begegnete, wie er ihn in der Gruppe 47 als ganzer wahrnahm. Dann konnte er reflexhaft zusammenbrechen, wie ein Satz im Brief vom 24. Oktober 1962 an Giséle Celan-Lestrange es verdichtet festhält: „Die Gruppe 47 vollendet meine Verdrängung."[22] Kühle Einsichten ins politische Unbewußte der Gruppe, wie sie auch seiner Beziehung zu den internen Außenseitern hätten zugute kommen können, halfen da wenig. Hatte er es mit Kindern zu tun, die nicht müssen, was sie nicht können: zurückgehen in ein Jüngstvergangenes? Oder mit Intellektuellen, die ein gemeinsames Erinnern wissend verweigern, weil sie Angst vor den Differenzen im Gemeinsamen haben?

Eine Idee vom politischen Unbewußten, das solche Verweigerung ohne moralisches Werturteil erklärt, ist aus Celans Sicht keinem Intellektuellen bedingungslos, auch nicht den internen Außenseitern nachzusehen, die um ihrer Zugehörigkeit willen in der Gruppe ‚bei jeder sich bietenden Gelegenheit' – schwiegen. Haben sie nicht *alle* dabei mitgespielt, wie ein politisches *Bewußtsein* so eng definiert wurde, daß ein Jüngstvergangenes als Ganzes von ihm ferngehalten wurde, nach Belieben? – das aber *gewußt* sein *könnte*, wenn ein gemeinsames Erinnern dahin zurückginge?

In der Tat wird in diesem Kontext, mit Spinoza zu reden, eine *Arroganz des ganzen Wissens* erkennbar, das Celan bei Richter wahrnahm und verwarf. Wir kennen diese Haltung schon aus jenem Brief, der seine geheime Politik, die er mit der Gruppe machte, mit einem unangezweifelten Wissen über die Niederlage 1933 legitimiert („Das klingt überheblich, aber...")[23], das jeder historischen Bildung spottet, aus Haß und Verlassenheits-Neurose gespeist ist und nur behauptet wird, um das Thema Nationalsozialismus und Shoah aus Gesprächen mit Juden herauszuhalten.

In dem Maße wie solche „Arroganz des ganzen Wissens" das Denken bestimmt, fällt hinterm Schutzschild der Selbst-Legitimationen das ausgeschlossene geschichtlich Wahre ein in die Lücken des individuellen Wissens, fällt durch ins Unbewußte: in das Universum all dessen, was wir wirklich nicht wissen können und das als solch *Gigantisches* das Bewußtsein überfordert. Als Phantom namens ‚die Geschichte' – das Alte, Jüngste und Allerjüngste – sitzt es uns im Nacken (von den Kreuzzügen z.B. bis Nagasaki und 11. September), lähmt das Denken und verführt zu Geschichtsgefühlen, die man in Landgasthäusern besprechen kann oder in Weimar ohne Buchenwald oder Dresden ohne Deportationen. Das Ethos des Erinnerns aber drängt, solchen intellektuellen Kollaps rückgängig zu machen, uns an die „abwesenden Ursachen unseres Handelns" (Spinoza) mühsam zurückzuarbeiten. Je größer die Geschichtslast dann wieder wird und wirkt und den Mühen des „in die Tiefe gehens, mit sich selbst" (Celan) widersteht, desto notwendiger wäre der Dialog in der Differenz – ein Programm für die Gruppe 47, wie Celan es ganz kurz einmal erträumt haben mag. Ihm wäre, wie es aussieht, niemand gefolgt. Nicht jedenfalls vor 1965 - - -

Um diese Zeit brach der zuvor immer nur rumorende Widerspruch auf zwischen Text und Betrieb, individueller Textverantwortung und Gruppenloyalität der internen Außenseiter, als sie in ihrer Textarbeit einen sie selbst wohl erschreckenden Abstand zu den ‚Inhalten' des Gruppenmanagements festgeschrieben hatten und ihn auch demonstrierten *und* als Richter mit Beginn der sechziger Jahre ‚seine' Gruppe in eine politische Lage brachte, die zu jenem Gedächtnisraum, in dem das noch immer *jüngst* Vergangene zum Schreiben drängt, nun wirklich keinen Kontakt mehr hatte.

Bachmann, Böll, Hildesheimer, Peter Weiss lasen in der umherziehenden Textwerkstatt nicht mehr oder stießen auf gruppentypisches Unverständnis. Sie waren in ihre großen Projekte eingetreten, die, man möchte sagen natürlicherweise, im Gruppenprozeß als solche unbemerkt blieben –, während Richters Auslandsdiplomatie und SPD-Arrangements das Gruppenhandeln nun offen politisch zu beherrschen begannen. Man verlor sich in der Vorgeschichte einer pseudolinken Politisierung der Literatur, die Auschwitz endgültig zum Schlagwort machte. Es übertönte, wenn es gebraucht wurde, die literarische Hohlheit einer Gesinnung, deren moralisches Ansehen es zu sichern hatte. In Wahrheit machte man sich stark für einen Regierungswechsel in Bonn. Das war alles.

Um den Frankfurter Auschwitz-Prozeß 1963/65 kümmerte sich, trotz eines Appells von Marcel Reich-Ranicki[24], *die Gruppe* nicht. Peter Weiss, der dort im Gerichtssaal und mit dem Gericht beim Ortstermin gewesen ist[25] und seinen ersten Text dazu, *Meine Ortschaft,* noch im Gruppen-Kontext publizierte[26], wird wegen *seiner* Politisierung (sie ist im Ansatz radikal links und im höchsten Maße auf Debatte angelegt) 1966 in Princeton am Rande der Textlesungen mit großer Medienresonanz, für die vor allem Günter Grass sorgte[27], aus der Mitte der Gruppe herausgeschmäht. Dies ist einer der vielen inhaltlichen Katastrophen-Momente in der Gruppengeschichte.

Celan hatte seine Beziehung zur Gruppe von Anfang an, Niendorf 1952, aus ‚seinem' Raum hervor zu bestimmen versucht, als für die anderen internen Außenseiter, so sie schon dabei waren, ihr Wohlsein im Gruppen-Hallo begann oder schon in Blüte stand. Er wollte seine Teilhabe an den Binnenkontakten nicht anders denn als einen Prätext verstehen, den er mit seiner eigensten dialogischen Textarbeit vereinbaren könne. Das ist der Kern seiner labilen Mitgliedschaft und ihrer Einzigartigkeit.

Ilse hatte also „*bejaht*" (Richter), „Sprache" (Celan) aber hatte *nicht* „zur Begegnung" geführt – *Celan ist am Nichtort der Gruppe angekommen.*

Die Einladungsmythe ist im überlieferten Gruppenbild dem, was in Niendorf faktisch geschah, überlegen geblieben. Die Erneuerung kraft neuer Weiblichkeit gelang, obwohl Bachmann literarisch noch nicht besonders auffiel. Der *Aura-Test* ist es, der positiv ausgeht. Celans Auftreten war *literarisch* auffällig, aber ihm kam keine Trennung von literarischer und persönlicher Wirkung zugute – man ver-

Herantreten an die Abgründe

Keine „Schickele-Brücke" wie in den Münchner Kammerspielen 1952:

„(...) für Ihr Vertrauen, Ihr Entgegenkommen, Ihre Bereitwilligkeit, in dem – gewiß nicht lichterfüllten – Raum, wo ich meine Gedichte unterzubringen versuche, ein nicht ganz zu Unrecht bestehendes Medium zu erblicken, ein Medium, das bei all seiner Unerbittlichkeit, all seinem Grau, aller Herbe des darin Geatmeten eine Möglichkeit menschlichen Zueinanders offenläßt. Es ist kein Brückenschlagen, gewiß; aber es versucht, indem es an die Abgründe herantritt, das hier noch Mögliche – möglich sein zu lassen. Es versucht es mit den ihm von der durch die Zeit gegangenen Sprache an die Hand gegebenen Mitteln, unter dem besonderen Neigungswinkel seiner (also meiner) Existenz. Es versucht es, inmitten der Beschönigungen und Bemäntelungen, auf das ungeschminkteste. Es spricht ins Offene, dorthin, wo Sprache auch zur Begegnung führen kann."

(Celan am 22. November 1958 an Brigitte und Gottfried Bermann Fischer (Briefwechsel, S.657). – Vgl. zum poetologischen Wortlaut die Bremer Preisrede Januar 1958 und die Büchner-Preisrede *Meridian* 1960. Celan bedankt sich bei seinen neuen Verlegern für den Beginn ihrer Zusammenarbeit.

---

warf das *Wie* seines Vortrags abhängig von dem, *was* er vortrug. So vergleichbar die Mißachtung der beiden Sensiblen auf der Szene ist – der Richter-Vertraute Walter Hilsbecher nimmt nach ihrer Lesung sowohl Celan als auch Bachmann (bei ihr bleibt es beim Lese-*Versuch*!) das Blatt aus der Hand und liest verständlicher vor – , so eindeutig konträr ist die Bewertung ihres Pathos'! Bachmann „flüstert" und „verstummt", Celan „singt" und erinnert an Synagoge und Goebbels, wie wir von Walter Jens gehört haben. Richter auf der Ebene seiner Wien-Erzählung über Celans Lesung: „Wir haben uns das Pathos längst abgewöhnt", über Bachmann: „Als hätte ihr Leben erst dort begonnen." Richter sorgt dafür, daß seine Wien-Entdeckung, die Bachmann-Aura, von der Gruppe in Gebrauch genommen wird, Celans Mißachtung ist eine Funktion dieser Ingebrauchnahme.

Agierend (verschleiert vom späten Erzählen) erreicht Richter in Niendorf, daß die Gruppe aufnimmt und realisiert, was er später erzählend als die ihm in Wien ‚unterlaufene' Absicht verraten wird: die ‚Verschweigung' einer spontan ins Bewußtsein geschossenen, subjektiv als unüberbrückbar erkannten Differenz, als Bachmann in Wien den Freund erwähnt, dessen frühe Gedichte Richter nach Milo Dors Zeugnis bereits kannte und ablehnte.[28]

‚Verschweigung' als Triebkraft der Ausgrenzung geht aus Niendorf gestärkt hervor.

Celan las in Niendorf u.a. die *Todesfuge* und *Ein Lied in der Wüste*. ‚Durchgefallen' im landläufigen Wortsinn ist er nicht, aber ironische Verklemmtheiten antworten auf sein „Pathos". Als einer unter wenigen (Karl Krolow, Walter Jens, Ilse Aichinger, Milo Dor) wird er von der Werkstattkritik unter die Rubrik „schöpferischer Eigenwert" genommen, und die Kenntnisnahme seiner Texte stützt das Urteil mit, die Gruppe habe erstmals ernstzunehmende Lyrik hervorgebracht (Krolow, Wolfgang Weyrauch, Hans Dieter Schwarze, Eich). Dies drückt sich nicht ‚inhaltlich' oder ‚formanalytisch' aus, sondern ein psychologischer Vorgang schiebt sich vor und schützt den workshop-Charakter der Tagung gegen einen jüdisch-deutschen Gedankenaustausch, erzwungen von Sulamiths goldenem Haar oder dem Lied in der Wüste, über deutsche Lyrik nach der Shoah: Man vergißt rasch Celans Stimme bei einer Clubdiskussion über ein Modethema damals: poésie pure *oder poésie engagée?* Dieser Aspekt ist von den Überlieferern des Verdrängungsereignisses ‚Celan in Niendorf' (Richter, Jens, Dor) mit ins Verschweigen gezogen worden. An was ist dieser Lyriker engagiert? Wofür engagiert er sich? Frage tabu.

Der schon unmittelbar nach der Tagung sich ankündigende Erfolg Celans hat um das Tabu einen Schleier von Verlegenheit gelegt. Sie kommt in der Nachkritik zum Ausdruck. Hans Georg Brenner, der Redakteur der Gruppenzeitung „Die Literatur", steht unter dem Eindruck der Strategie des Chefs. Er würdigt am 1. Juni 1952 in seinem Leitartikel zur Tagung Celan zwar redlich, aber mit anonymisierender Tendenz, indem er ihn zusammen mit Bachmann unter eine Formel steckt („unaufdringliche Sprachgewalt", „Präzision der Bilder") und im Gegensatz zur Dichterin, deren in Niendorf gelesenes „Dunkles zu sagen..." er zusammen mit Beispielen von Weyrauch und Eich abdruckt, keine Zeile von ihm veröffentlicht. Das Gründungs-Mitglied Heinz Friedrich, Berichterstatter in „Das Ganze Deutschland. Freie Wochenzeitung. Deutsche Kommentare" verstaut Celan als *Rumäniendeutschen* in der Zuordnung: „eigener Ton in der Nachfolge Momberts und der Else Lasker-Schüler" (14. Juni 1952). Er nennt ein Kriterium: Der NS-Bezug in der Literatur sei ausgereizt, die Gruppe befreie sich von ihm in ebendem Maße, wie sie zu schöpferischem, allgemeingültigem Ausdruck unserer Gegenwart vordringen wolle und könne.

In allen Zeugnissen einer Wirkung der Niendorfer Tagung, nicht nur im Gruppen-Umkreis, ist von der gelesenen *Todesfuge,* die bald danach ihren Gang durch Deutschland beginnen wird, nicht gesprochen. Milo Dor bezeichnet kühl den literarhistorischen Gesichtspunkt: „Er bekam den Preis der Gruppe 47 nicht."[29]

Die Zeit nach Niendorf kann kommen

Hans Werner Richter streicht Celans Namen erst einmal von seinen Listen, zieht sich hinter eine vielfach benützte Gruppen-Formel zurück: „Ärger" über das „Pathos" eines „Gestörten". In einem für Frankreich bestimmten Bericht über die Tagung in Niendorf und die Fortsetzung der Lesungen im Hamburger Funkhaus, wobei Celan am erfolgreichsten war, verschweigt er Celan ostentativ.[30] Die Erneuerung der Gruppe schien geglückt, das Phantasma aufgegangen, wie es die Wien-Mythe nacherzählt: In einer weiblich erneuerten deutschen Männergruppe fand das ärgerliche Pathos eines jüdischen Lyrikers keinen Platz. „Das Ende der jovial burschikosen Gruppenepoche"[31], in die Celan beileibe nicht gepaßt hätte, war erreicht, aber das Weibliche, wie Richter es verstand und dem Ensemble nun einverleibt war, versperrte dem Juden nun auch den Platz. So sah es im Augenblick in Richters politischem Imaginatorium aus. ‚Das Weibliche' konnte allerdings auf die Dauer mit dem männlichen „Magnetismus" der Gruppe (Raddatz) nicht mithalten, Normalität unter Einschluß mitreisender und mitlesender Frauen verdrängte die Wien-Mythe. Die groben Sitten, die sich im Gelächter über Celans Lesung ja auch in Niendorf unangefochten von weiblicher Erneuerung gezeigt hatten, blieben ein wesentliches Agens im politischen Spiel um den Gruppenbestand.

Celan ist nun ‚dabei', wie alle, die einmal eingeladen waren; ihre Wiedereinladung war zunehmend nicht nur von Richters Politik und seinen Gefühlen abhängig, sondern vom Rat der Freunde und Verleger und vom Gedeihen der individuellen Renommees. Celan zudem, so viel ist zu ermitteln – so wenig wir über diese Frühzeit seiner tastenden Zugehörigkeit zum Kreis um Richter noch wissen –, blieb in seiner Verletztheit offen für die Gruppe, ja ihr zugewendet.

„Politisch sprechen wie ich" (Richter in Niendorf)
Wir müssen wahre Sätze finden...
(Ingeborg Bachmann, Gespräche und Interviews 1983, S. 50)

I

Bachmann: *„Ich gehöre zur Gruppe 47"*
Niendorf 1952. Am zweiten Abend wollte ich abreisen, weil ein Gespräch, dessen Voraussetzungen ich nicht kannte, mich plötzlich denken ließ, ich sei unter deutsche Nazis gefallen, (...) Am zweiten Tag wollte ich abreisen, am dritten Tag las ich ein paar Gedichte vor, vor Aufregung am Ersticken, ein anfreindlicher Schriftsteller las sie nochmals laut und deutlich vor, einige Herren sagten..." (Aufzeichnungen, Rom 1961)
Öffentlich Abschied nehmend, 25. 11. 1964. Bekenntnis,
„ (...) daß die deutschen Schriftsteller, die sich dem Verdacht aussetzen, radikale, gefährliche Ansichten zu vertreten, fast ausnahmslos derart gemäßigt denken, daß sie sich in einem anderen Land, etwa in Italien oder Frankreich, dem Verdacht aussetzen würden, zu wenig zu denken. Ich habe es darum schwer, werde darum immer Mühe haben (...) mich hier an einem politischen Gespräch zu beteiligen." (Gespräche, S. 51)

II

Walter Jens 1952: nach der Begegnung mit Celans Stimme in Niendorf
Hauptrichtung Neorealismus
„Die Besinnung auf das, was Neorealismus ist, führt zu erregenden Folgerungen. (...) Die Wirklichkeit, das *Ist*, wird hier unreflektiert und unkommentiert dargestellt. (...) Die Realität (...) ist ursprünglicher als jede beschreibende Antwort. (...) Sie ergreift den Menschen und stellt ihn als den Gefragten dar. Diese Literatur stellt die Literatur des *Ist* in der rechten Weise dar, (...) im einzig adäquaten Stil, schlicht, präzise, mit wenigen Worten. Am Ende wird deutlich (...), wie der dem *Ist* verantwortliche Demiurg den selbstherrlichen Künstler, der nur seinem Ich verantwortlich ist, abgelöst hat. (...) Die Ablösung des Darstellens durch das Sein (...) macht die Bedeutung des Neorealismus aus. (...) Die große Literatur des *Ist* steht noch bevor. Wir glauben an sie." (Die Literatur, 1. 5. 1952, S. 7)
Jens 1961 über den Tag in Niendorf am 24. 5. 1952:
„Die Sekunde des Umschlags", „Tod des Neorealismus" – „Plötzlich geschah es. Ein Mann namens Paul Celan (niemand hatte den Namen vorher gehört) begann, singend und sehr weltentrückt, seine Gedichte zu sprechen..."
(Walter Jens, Deutsche Literatur der Gegenwart. Themen, Stile, Tendenzen, 1961, S. 150)

III

Richter: *Weit nördlich, zu weit* – *„Ich verstehe sie nicht ganz"*
Hans Werner Richter hatte in der Erzählung ‚April in Wien 1952' keine Anstalten gemacht, Ingeborg Bachmann als Individualität zu Worte kommen zu lassen. Ihr Bild wurde beschworen und auratisiert und verschwindet im ganzen als Funktion im Programm der Gruppenstärkung.
Das mythische Produkt „Die Zerbrechliche" zu erzielen, hatte zur Voraussetzung, daß der Erzähler sich stark erzählt. Er durfte als Schöpfer seines Produkts auf solche starke Subjektivität beim Erstellen des Überlieferungstextes nicht verzichten.

Anders in seiner Erzählung ‚Mai 1952 in Niendorf‘, im „Etablissement der Schmetterlinge"! – an einer einzigen Stelle, einem Abseits als sicherem Ort für ein Selbstbild, wie wir es sonst nur aus den unzähligen (auch kritischen) Reproduktionen seiner Freunde und Laudatoren kennen. Richter erzählt unbefangen sich selbst gegenüber, daher so frei von Sorge, er könnte einmal ‚unverantwortlich‘, weil *nicht* im Gruppendienst sprechen. So tritt hier im Erzählbild ein Chef nicht nur hinter sein Werk, die Gruppe, ganz zurück, sondern er vergißt es und wendet sich einer Individualität absichtslos zu. Er wählt den Abseitsort ganz und gar außer seiner Gewohnheit (fingiert? wahr?). Dessen Nähe zum Gruppengeschehen ist ungeplant, Zufall. Es handelt sich um wirkliche epische Abstraktion. Es glückt eine Selbstüberlieferung von diesem Ort aus, die in nuce *enthält*, was wir als von ihm selbst offen und einläßlich reflektiert im übrigen nur phantasieren könnten; er selber reflektiert ja nicht. Aber er *sagt* es wenigstens: daß er Bachmann gegenüber wie zuvor in Wien beim Spazieren mit Aichinger an die „untere Grenze" seines Bewußtseins (Kogon) zu gehen vermag und dort eben der Angst vor dem Wissen und Verstehen begegnet, die er im Gruppendienst so überaus erfolgreich verdrängt. Wie muß es ihn angestrengt haben! Im Abseits unserer Erzähl-Szene entspannt sich ein erzählter Gesprächspartner. Und ich möchte ihm hier nicht unterstellen, er habe seine intellektuelle Schwäche der intellektuellen Stärke der Zerbrechlichen gegenüber jetzt im Text 1986 nur einbekannt, um wieder einmal an der Grenze zum Wissen und Verstehen des ‚Anderen‘ den Politiker geben zu können, der sie selber nicht zu überschreiten brauche.

Spazierend mit Ilse Aichinger: „… vielleicht aus Angst, mehr zu erfahren, als ich hören wollte."

Jetzt im Gespräch mit Ingeborg Bachmann: „Ich nehme es wahr, ohne es wahrnehmen zu wollen."

Drinnen im Erholungsheim des Nordwestdeutschen Rundfunks war die Poetin in Vorlese-Angst beinahe erstickt. Diese Angst der „Zerbrechlichen" läßt sich der Aura-Produzent natürlich nicht entgehen („nur eine Ohnmacht"), aber beim Gang in der Nacht zur Abseitsstelle hoch über dem Meer begegnet er der Philosophin, die aus eigener Souveränität mit Angst umzugehen versteht und also nicht so gefährlich ist wie Aichinger, die in einem Zeitbruchteil ihrer kargen Sprache an das Kind zur Deportationszeit erinnert hatte.

Bachmann und Richter stehen nun an der Steilküste. Der Kern der Passage [‚…‘ bedeutet komprimiertes Zitat]:

Er „ahnte", erinnert er, Vorgeschichtliches in Wortstücken ihrer Wahrnehmung des Ortes, über die sie mit ihm sprach: ‚weit nördlich, zu weit‘ – „Ich verstehe sie nicht ganz…": „Die Wiederkehr des gleichen, das beunruhigt sie…" – Er empfindet ihre Melancholie, widerspricht der „Wiederkehr", begreift nicht, warum sie in diesem Zusammenhang, „nicht politisch wie ich", sondern von ihrer Kindheit spricht – und von Heideggers Philosophie – von „ein paar philosophischen Lehrsätzen…". In allem, was sie sagt, „steckt sie selbst" – „Und ich? Ich nehme es wahr, ohne es wahrnehmen zu wollen."

Sie: „Als Kind haben meine Eltern mich für schizophren gehalten. Sie lacht darüber, sie sagt: Die Grenze des Bewußtseins ist durchlässig."

1962

Nach Niendorf

Zuspitzung einer antijüdischen
Selbstoffenbarung aus der Gruppenmitte[1]

Wider den Vergessensschutz
„Eric Celan hat mir Einsicht in Paul Celans Korrespondenz mit Hans Werner
Richter gegeben und meine gelegentlichen Zitationen autorisiert. Dafür und
für eine schöne Erörterung über die Kunst des Zitierens und die Stimme der
Zitate danke ich ihm sehr.“
Ich habe diesen Dank bei der ersten Veröffentlichung dieser Passagen 1997
geschrieben und möchte ihn gerne wiederholen. Nicht alle Stücke aus dem
Briefwechsel mit Richter, die Paul Celans Nöte mit der Gruppe 47 ein wenig
offenlegen, sind seither zugänglich (in Sabine Cofallas Edition), einige grobe
Ausfälle Richters und Zudienlichkeiten in seiner Umgebung, die ich in ihren
thematischen Zusammenhang gestellt habe, bleiben im Textganzen der Briefe
noch unter Personenschutz gestellt oder genießen Vergessensschutz. Alles
Schlimme, das ich bei Erstveröffentlichung dokumentiert habe und das auch
in dieses Buch noch einmal gehört, möge – es wäre jener ‚andere‘ Geist des
Umgangs mit Zitaten – von der vertrauensvollen Geste Eric Celans bei seiner
Einsichtsgenehmigung noch immer besser geschützt sein, als es Rechtstitel ver-
möchten. Er vertraute auf die Angemessenheit, die der historischen Darstellung eines *jeden* ihrer Gegenstände abverlangt werden müsse. Und was immer
zu schützen sei von den geschehenen und vertuschten Barbarismen, es ver-
blaßt mit seinem kleinen Recht auf Verschwiegenheit vor den Verletzungen,
die sie verschuldet haben. Sie ungeschminkt zu erfahren – es ist eh nur die
Spitze des Eisbergs – gehört zur Wissensverpflichtung im Kontext unseres
Themas.

Chronik-Fragment zu Paul Celans
ruhender Zugehörigkeit

Archivarisch gesehen werden Celans Beziehungen zur Gruppe 47
kurz nach Niendorf unsichtbar wie in einer Black Box. Wie lange
der sogenannte Ärger Richters unbeeinflußbar anhielt, ist ungewiß.
Celan war bei den beiden folgenden Herbsttagungen, Oktober
1952 und 1953, und auch in Mainz Mai 1953 nicht dabei. 1952/53
gab es „Mißverständnisse“ zwischen Richter und Celan; der Dichter spricht im Frühjahr 1953 in Paris von ihrer „Geschichte“[2], im
inneren Kreis der Gruppe weiß man von ihnen, kein öffentliches
Wort über Celans Dichtung dringt an die Öffentlichkeit. Doch

drängt man dort (vielleicht allein Andersch), eine Einladung für die Italien-Tagung im Frühjahr 1954 auszusprechen (Cap Circeo) und „wirklich" von Mißverständnissen auszugehen. Andersch: „Ich halte Celan (...) für einen sehr guten Mann, auch wenn Du mir vielleicht im Augenblick widersprichst. Wenn Du Dich überwinden könntest, ihn einzuladen, würde ich mich freuen."

Richter lädt ein, und Celan, deutlich auf geführte Gespräche anspielend, reagiert am 30. März erfreut, kann aber aus terminlichen Gründen, die er genau darlegt, nicht kommen. Er lädt Toni und H.W. Richter seinerseits zu einer Lesung am 5. April in München ein und möchte zur nächsten Herbsttagung der Gruppe kommen. Er steht jetzt auf Richters Einladungsliste; bekannt ist, wenn auch falsch (als schroff) gedeutet[3], seine Absage zur Geburtstagstagung in der Gewerkschaftsschule in Niederpöcking, Oktober 1957 („leider ist es mir unmöglich"); die Nachricht ist karg und mit etwas unruhiger Hand geschrieben, aber herzlich. Zur Hörspieltagung in Ulm, Frühjahr 1960, ist in einem Vermerk des Bayerischen Rundfunks eine Absage Celans registriert, zu Aschaffenburg und Göhrde, 1960 und 1961, ist noch nichts dokumentiert (auf der Teilnehmerliste in der Görde ist Celans Name nicht vermerkt); die Einladung nach Berlin-Wannsee für Oktober 1962, die Jubiläumstagung mit Medien-Workshop, ist freundschaftlich formuliert. Celans Antwort ist wiederum herzlich (er wäre gern gekommen, legt die Hinderungsgründe dar), und sie ist betont gruppenzugewandt (22. September 1962).

Seit 1958 ist Richters Part aufgeschlossener geworden und nimmt auch seinerseits zum Teil herzliche Züge an. Celans offensiver Dialogwunsch scheint bis in die schwere Krise 1960/62 (Zuspitzung der Goll-Affäre, Büchner-Preis, Sorge um seine Texte in der Öffentlichkeit)[4] konstant gewesen zu sein. Es war für den Dichter naheliegend, unter der Last, als jüdischer Lyriker in Deutschland unter Plagiat-Verdacht gebracht zu werden, in der Gruppe 47 auf Unterstützung zu hoffen und Dialog zu *suchen.*[5] Im Vorfeld der Büchner-Ehrung 1960 – so erklärten Ingeborg Bachmann, Marie-Luise Kaschnitz und Klaus Demus (nach einem Entwurf Celans) in der *Neuen Rundschau*[6] – ziele der Angriff inmitten der neonazistischen Umtriebe im Land „wohlbeabsichtigt" darauf, den „Dichter der *Todesfuge* als Scharlatan und mithin auch die furchtbare Wahrheit des Gedichts als bloße Mache" abzutun.

An der ‚Entlastung' Celans beteiligen sich neben Bachmann auch andere Gruppen-Mitglieder (Enzensberger, Walter Jens)[7], Rolf Schroers kommentiert das, ähnlich wie Celan selber, als ‚Philo-Variante' des (‚liberalen') Antisemitismus. Celan bezieht dies aber nicht unmittelbar auf die Unterstützer.[8] Schroers: „Die Mediokrität und Mißgunst, die den Dichter Paul Celan besudelt hatten, erhoben sich zur Entsudelungsinstanz. (...) Rufmord ist tödlich, und wer sich dabei im geringsten beteiligt, handelt böse."[9] Celan möchte sich in dieser Situation offensichtlich den personell offenen Raum der Gruppe 47 *bewahren*: als Möglichkeit, handelndes Subjekt, nicht Objekt im Skandal zu sein. – Soweit ein Datengerüst.

Was geht eigentlich vor?

Im Winter 1960/61 ging man daran, den Almanach der Gruppe 47 (zu ihrem 15. Geburtstag) vorzubereiten. Durch die verschleierte Zeugnislage um Celans Rolle und Bedeutung dabei ist unschwer zu vernehmen, daß sich in der Kerngruppe ein Drama abspielt. Sie rührt handelnd an ihr politisches Unbewußtes: muß die Beziehung zu prominenten Juden klären, die als Beiträger in Frage kommen.

Walter Mannzen, Richters Vertrauter seit den Tagen des „Ruf" und soetwas wie ‚Archivar' und ‚Historiker' der Gruppe, übernimmt erste Planung, Dokumentation und Korrespondenz und legt ein Konzept mit Namensliste vor. Celan, Kesten und Reich-Ranicki sind die heiklen Namen. Da die Beziehung zu Marcel Reich-Ranicki nach dem verdeckten Görde-Skandal einigermaßen ‚bereinigt' ist (siehe Eingestreut: „Walser und sein Kritiker"), wird die Frage seiner Mitwirkung lustlos undramatisch angegangen und geklärt („Ach, der Ranicki schreibt auch ...")[10]. Die Frage nach Celan hat Mannzen zunächst ein wenig vor sich hergeschoben. Falls Celan dazugehöre, so fragt er per nachgetragener Notiz zu seinem Konzept bei Richter an, möchte er die „Todesfuge" aufnehmen; Richters Kommentar (18. Februar 1961) stimmt dem stillschweigend zu, verliert sich aber unvermittelt in Äußerungen des Zweifels an der literarischen Qualität der Gruppen-Produkte („mager") und in Ausflüchten, die nach nichtliterarischer Sinngebung (z.B. pädagogischer) für die Gruppe haschen. Warum dies gerade in diesem Augenblick? Warum lehnt er Hildesheimers Wunsch ab, im Almanach nur „Qualitäten" sprechen zu lassen? („Inzucht"!)[11]

Über Kesten hatte Richter sich kurz zuvor mit einem engen Freund verständigt, mit Christian Ferber (d.i. Georg Seidel, Sohn

Ina Seidels), der grauen Eminenz der Gruppe. Kesten, der die Mutter seit 1934 als Nazi-Dichterin zu attackieren pflegte und das jüngst wiederholt hatte[12], wird mit nach außen verdeckt bleibender Begründung vom Almanach ferngehalten.

Hermann Kestens Beziehung zur Gruppe 47 im Doppeljahr 1952/53 muß hier nicht mehr des näheren beschrieben werden;[13] aber an dieser Stelle, zur Zeit einer insgeheim schon beendeten Beziehung, haben wir, geknüpft an seinen Namen, einen Kristallisationspunkt vor uns, von dem aus wir auch das Drama ‚Celan und die Gruppe' zu begreifen suchen können: Das Antisemitismus-Problem, das die Gruppe hat, läßt sich 1960/62 nicht mehr so glatt zu Konsolidierungszwecken gebrauchen, wie 1952, als es nur verdrängt zu werden brauchte, um ungestört Politik machen zu können. Dazu war Kesten ein optimal benutzbarer Partner gewesen.

Neben dieser politischen Rolle war er als Schriftsteller in der Gruppe präsent gewesen, hatte auf zwei Tagungen gelesen und diskutiert (Mai 1950, Oktober 1952), nach Niendorf war er eingeladen, die Gruppe als workshop hatte ihn – obwohl „Alter" und „Emigrant"! – gut aufgenommen, er hatte sich kurzzeitig ganz wohl-, Richter meinte gar, er habe sich „zugehörig gefühlt". In seinem Dankbrief für den Schickele-Preis hatte Richter gar darum geworben, daß „nach außen sichtbar" werde, daß „die emigrierten deutschen Schriftsteller und die neuen deutschen Schriftsteller (...) zusammengehören und sich zusammengehörig fühlen" (8. 4. 1952) – „nach außen sichtbar": ein Bild für das Zentralmotiv des Türstehers vor dem Gruppen-Tabu! – , und es gab trotz heftiger Verwerfungen in der Folgezeit noch schöne, bildüberlieferte Szenen, da sie zusammenhocken in Siebenundvierzigerweise, Kesten freundlich wie meist, auf Richter schauend, der ihm seine Jungstars vorführt, neben ihm Günter Grass, lässig interessiert am Gespräch, usw. – nun aber das Problem: Wenn er dazugehört und gelesen hat, müßte er auch im Almanach vertreten sein!

Richter nimmt die Kontroverse zwischen Kesten und Hildesheimer über jenen Kölner Vortrag des Polemikers – „Wieviele Weltkriege werdet ihr brauchen, um ein Herz für die Menschen zu haben"[14] – nun acht Jahre danach zum Anlaß, Kesten aus dem Almanach herauszuhalten. Als ‚Folie' der bevorstehenden Attacken gegen Celan ist an dieser Richterschen Reaktion auf Kesten etwas Entscheidendes typisch: Mißachtung von Zugehörigkeits-Motiven, die komplizierter waren als die, die er rigoros im Sinne seiner Gruppenpolitik überwachte. Hildesheimer, Jude und sein Freund, hatte die Herabsetzung der Gruppe durch Kesten als junges und soeben zugeselltes Mitglied empfindlich getroffen; nicht aus voraussetzungsloser Schutz- und Trutzreaktion, die viel mehr zum Habitus der nichtjüdischen Jungen paßte, die reflexartig und munter in ihre Rüstungen sprangen, wenn das Tabu der Gruppe in Gefahr zu sein schien, oder einfach weil Richter sie gerufen hatte – Hildesheimer traf der Antisemitismus-Verdacht, der in Kestens Worten unüberhörbar war, gerade weil er als Jude sich soeben durchgerungen hatte, unter diesen Freunden im deutschen Nachkrieg gute Literatur machen zu wollen. Das Nähere und Diffizile dazu in Braeses Studienwerk „Die andere Erinnerung"! Kestens Vorwurf, daß das eben keine gute Literatur sei („abstrakter Kunsthandwerksladen"), traf ins Herz dessen, der sich des Problems seines Judeseins im Nachkriegsdeutschland hellbewußt war und sich wegen seiner Entscheidung für die Gruppe, die er *als Literaturgruppe* zur Zeit für relativ einzigartig hielt, nicht von einem etablierten jüdischen Schiftsteller beleidigen lassen konnte. Es ist übrigens das erste und letzte Mal gewesen, daß sich Hildesheimer so engagiert wie gegen Kesten für die Gruppe 47 schlägt. Das war 1953.

Richter geht rücksichtslos über die besondere Motivationslage des Freundes hinweg und sucht nach einem Vorwand, jetzt 1961 eine Zugehörigkeit Kestens nicht dokumentieren zu müssen. Er fordert Mannzen auf, die acht Jahre zurückliegende Kontroverse mit Hildesheimer im Almanach zu dokumentieren! Daraus wird dann nichts. Richter ist wohl doch bald davor zurückgeschreckt, den Freund in so krasser Form zu instrumentalisieren, und gewiß auch davor, einen Streit zu riskieren, der berührt hätte, worüber zwischen beiden dann ein Gespräch hätte stattfinden *müssen*: Richters Differenz-Ängste gegenüber Juden. Ein solches Gespräch hat nie stattgefunden.

Mit Ferber dagegen läßt sich über den wahren Grund des längst (in Cap Circeo 1954) vollzogenen Ausschlusses Kestens sprechen: „Kesten ist Jude, und wo kommen wir hin, wenn wir jetzt [jetzt!?] die Vergangenheit miteinander austragen..." – und dieser Grund läßt sich Ferber gegenüber auch in aller Härte festschreiben, und in aller Verächtlichkeit! Wen kümmern in Anbetracht der zu erzielenden Abschottung die Gefühle des Juden, die im taktischen Umgang mit ihm entstanden sind? Kurz und bündig also: – „d.h., ich rechne Kesten nicht uns zugehörig, aber er empfindet es so" (25. 1. 1961). Eine solche Begründung ist in die Runde der Mitglieder hinein, die am Almanach arbeiten, und noch weiter nach „draußen" nicht vermittelbar. Nur in verdeckten Formen. Sie schützen das Tabu, das immer gegenwärtig ist („jetzt"!). „Tacheles" wird letztlich immer nur ‚privat' geredet. Das bedeutet, Richter muß, wenn das Tabu der Angst vor Juden nach der Shoah berührt ist, *immer* nach Vorwänden suchen, es zu schützen: für die Gruppe, zum Zwecke ihres Bestehens im deutschen Kontext der Verdrängungen. – Er wird das auch gegenüber Celan so machen müssen.

Noch im „Etablissement der Schmetterlinge" 1986 ist zu diesem Zweck die Variante gewählt, die Richter am leichtesten aus der Feder floß: Unterstellungen aus dem Alltag der Empfindlichkeiten: „Hermann Kesten war einmal da, kam, denn es hatte ihm gefallen, noch einmal wieder, las aus seinem Roman „Casanova" vor, wurde kritisiert und schrieb daraufhin [11 Jahre später!] einen Artikel gegen die ‚Gruppe 47'" (Nachwort). Zweck-*los*, sich dagegen zu wehren![15] Es ist das Niveau, auf dem sich auch – wie es als Argument gegen Kestens Aufgreifen „alter Schuldlasten" (H. v Cramer) im Ferber-Brief auftaucht – jegliche subjektive Schuldlast aus der NS-Vergangenheit als „eine Mentalitätsfrage" abhandeln läßt. – Das Argument spielt, wie wir sehen werden, in die Auseinandersetzung mit Celan hinüber, die zugleich in ihre entscheidende Phase tritt.

Bei den Beratungen in Sasbachwalden „unterm Kaiserstuhl" im April 1961 (Hildesheimer war anwesend), am Rande der ersten Fernsehtagung der Gruppe, wird Mannzens Konzept gestrafft und auf den Weg gebracht (hat Hildesheimer mitgewirkt?); die „Todesfuge" ist jetzt fester Bestandteil der Textauswahl, die die Geschichte der Lesungen im Almanach dokumentieren soll. Daß damit ein Zeichen ‚zur Sache', abgesprochen und konsensuell, ein Zeichen gegen den Antisemitismus der Plagiat-Kampagne gesetzt sein sollte, dafür gibt es keinen einzigen Hinweis in den Quellen. Was ungesagt und unaufgeschrieben in einigen Köpfen war, weiß man nicht. Blicken wir in den deutschen Gedächtnis-Kontext „jetzt", so liegt eine eher ‚deutsche' Deutung nahe, weshalb aus einem Lachen über den Singsang der „Todesfuge" in Niendorf die Plausibilität geworden ist, dem Gedicht im „Querschnitt" des Almanachs seine Stelle zu geben, dem „Geschenk" der Gruppe an die Leute, wie Richter an Walser schreibt, die das Buch kaufen aber nicht lesen werden (27. 2. 1962): Die Gruppe bereinigt ihr Gesicht. Aus ihrem politischen Unbewußten sind die Niendorfer zu einer sozialen Diskursangleichung gedrängt worden. Das Gedicht war nämlich inzwischen vereinnahmt in deutscher Rezeption als Rede über die Opfer der Vernichtung in einem Bilder-Pathos, das, verformelt, nachgesprochen werden konnte („Der Tod ist ein Meister aus Deutschland") und dergestalt als ‚unser' Pathos wohldosiert die Normalisierung (die kontrollierte Pflege) des NS-Gedächtnisses begleitete. Der Widerstand im Konsolidierungs-Jahr 52 gegen ein solches Gedicht, das *plötzlich* da war, war also, nach Einschätzung der Lage durch ein funktionierendes Gruppen-Kalkül, inzwischen überholt.

Ein anderer Konflikt mit Celan lag jetzt in der Luft. In Niendorf war ihm Mißachtung entgegengeschlagen, weil man seine Stimme nicht ertrug. Das Unerträglichste war zu hören gewesen, Töne von einer Lyra, die Goebbels gestimmt hatte. Der Vorgang war kristallisiert gewesen im Fugengang zurück zum Hohe Lied eines SS-Mörders auf Heinrich Heines Loreley. Diese komplexe deutsch-jüdische Todesfuge war nur dumpf ‚verstanden' worden als Tabubruch. Jetzt hatte die deutsche Lyrik-Öffentlichkeit auf ihre Weise das Tabu erneuert, hatte das Gedicht in den Kontext der Verdrängung und Verschiebungen geholt – und glaubte es bestens zu verstehen: als deutsches Gedicht. Und während nun die Planer des Almanachs diesen Stand der Dinge zu nutzen im Begriffe waren, nämlich mit der „Todesfuge" als einem Produkt der Gruppe 47 protzen wollten, lag für Celan nicht nur diese Bedrückung durch eine deutsche Aneignungsweise als Last auf dem Gedicht, sondern das ganze Gewicht einer gegen seine Person als jüdischem Dichter geführten Plagiats-Kampagne, in der die „Todesfuge" ein ‚Beweisstück' war. In dieser Situation überkreuzten sich die äußerste Betroffenheit Celans und die ganze Empfindungslosigkeit im Kern der Gruppe 47. Am Kreuzungspunkt wäre in Überschärfe zu erkennen gewesen: die Chancenlosigkeit der komplexen jüdisch-deutschen Poesie Celans im Land der Täter.

Wer stand an diesem Punkt, neben dem Dichter?

Er las die „Todesfuge" im Lande längst nicht mehr. War das in der Gruppe aufgefallen?

Es ist auffallend, daß Mannzen oder Richter sich bei Celan nach seinem Einverständnis mit einem Abdruck des Gedichts nicht erkundigt haben. Erst im Frühjahr 1962 kommt es zu einem Kontakt – auf Celans Initiative! Paul Schallück, seit 1952 Mitglied und mit Celan in Korrespondenz, hatte in der Kerngruppe vorgeschlagen, den Dichter um einen Niendorfer *Zyklus* für den Almanach zu bitten – ohne die „Todesfuge". Er teilt dies, da Richter „sich nicht traut", selber Celan mit. Dieser antwortet darauf an Richter direkt (3. Februar 1962). Er geht auf das Problem „Todesfuge" nicht ein, signalisiert aber, ohne nach der Textfolge des Zyklus im einzelnen gefragt worden zu sein, Zustimmung zum Abdruck – allerdings gekoppelt an eine dringende Bitte um Gespräch. Es sollte seine Lage unter dem Druck des Goll-Skandals zum Gegenstand haben. Die Frage *Was geht eigentlich vor?* ist an ihrem Punkt. Was bedeutet Celans Zögern? Geht es nur um den Zusammenhang der „Todesfuge" mit der Goll-Affäre? Es liegt nahe, daß er anläßlich der ‚solidarischen' Aktivitäten von Gruppenmitgliedern, die oben skizziert sind und wozu jetzt die von Barbara Wiedemann vorgelegten und kommentierten Dokumente allen nur möglichen Aufschluß geben[16], Zweifel vorbringen – und Grundsätzliches dazu besprechen wollte. Daß Paul Celan dies Grundsätzliche aus dem Grund seiner Betroffenheit und Wachsamkeit als Jude im deutschen Verdrängungskontext besprechen wollte, darüber konnte sich niemand täuschen. *Alle möglichen Gesprächspartner wußten Bescheid.* Briefeditionen und Archive sind voll der entsprechenden Belege.

Das Gespräch - - -

Es ist die Leerstelle des Kapitels. Sie ist umgeben von wenigen Sätzen, die in sie hineinzeigen, fast abgedichtet aber vom Schweigen in der Gruppe 47. Daß Celan selbst sich von „Lüge" und „professionellem Philosemitismus" umwabert sieht, dabei an Heines „besseres Lied, o Freunde" denkt, „Solidarität" statt „‚Verteidigung'" erwartet hätte und nach dem Gespräch ersteinmal sagt: „Ich habe genug", das und anderes ist belegt.[17]

Das Gespräch mit Richter war schließlich in der ersten Maihälfte 1962 in Frankfurt am Main zustandegekommen. Es muß ein Gespräch auch über Texte gewesen sein, aktiv jedenfalls auf Celans Seite. Sie waren nicht immer allein – waren sie es überhaupt? Zeugen schweigen oder berufen sich bei Anfrage auf ihr „sehr zweifelhaftes Gedächtnis" –, „ein schöner Nachmittag" soll es gewesen sein (Klaus Wagenbach an Richter am 2. 8. 62); – ein „gutes Gespräch", wie beide sich später versichern, als Celan unter Berufung darauf sich erneut bemühen muß (August 1962), Mißverständnisse, die er konziliant „Fehler auf beiden Seiten" nennt, zu beheben.

Der Inhalt des Gesprächs ist auch deshalb so schwer zu rekonstruieren, weil in diesen Monaten ein Hin und Her von Briefen die Quellenlage bestimmt, das um scheinbar literaturbetriebseigene Äußerlichkeiten und Empfindlichkeiten kreist. Da es hierbei aber um eine Intrige gegen Celan gegangen ist, kann es so ‚äußerlich' nicht gewesen sein. Dies in der Tat stellt sich heraus; deshalb muß es skizziert werden.

„Für mich erledigt, ob er dichten kann oder nicht"

Was geschieht mit Celans Signal, er sei mit der Dokumentation seiner Niendorf-Gedichte im Almanach einverstanden, im Frankfurter Gespräch? Oder: Wie wirkte das Gespräch auf diese vorläufige Zusage ein? – Es handelt sich um den im Almanach dann tatsächlich gedruckten Zyklus mit dem Kopfgedicht *Ein Lied in der Wüste*, „Ein Kranz ward gewunden aus schwärzlichem Laub in der Gegend von Akra..." (‚Akra-Zyklus')

Am 27. Juli 1962 zieht Celan telegrafisch, zugleich mit der Absage einer Schulbuch-Textauswahl an Bermann Fischer,[18] die Gedichte für den Almanach zurück. Nicht abgeschickt hatte er einen Brief an Richter einen Tag zuvor. Lesen wir den Brief an Wagenbach (seinen Lektor bei S. Fischer), wo jene Kennworte zur vermißten „Solidarität" stehen, nicht falsch, so handelt Celan jetzt aus Enttäuschung. Das kann bedeuten, daß das Maigespräch in Frankfurt wirklich gut war. Jetzt aber:

Ich habe es satt, die Zielscheibe aller jener zu sein, die, weil sie mit sich selbst nicht fertig werden, ihr Unbehagen an sich selbst – um nur *das* zu nennen – auf mich projizieren.

Auch er, wie seine ‚Unterstützer' Bachmann, Demus und Kaschnitz, sieht sich den Kontext an, in dem die Angriffe auf ihn, die Art mit ihm umzugehen in der Gruppe 47 und die sonderbaren Debatten stehen, die z.B. „Die Zeit" zeitweise präsentiert. Von seiner *enttäuschten Erwartung*, eine Verteidigung seiner Lyrik gegen die antisemitischen Vorwürfe in der deutschen Presse müsse „Solidarität" sein, die beweist, „daß der Nazismus in Deutschland wirklich überwunden wurde", spricht Celan am 5. August im Wagenbach-Brief – das Gespräch mit Richter war im Mai, in dem die *Erwartung* zum Thema gehörte – im März zuvor liest Celan eine ‚Debatte' auf dem „Zeit"-Forum, die seine *Enttäuschung* hervorgerufen und also unvermeidbar auf das Gespräch eingewirkt hat; auch beweist ein Brief, den ich noch besprechen werde, daß die Beteiligung Richters an dieser „Zeit"-Debatte in Frankfurt zur Sprache gekommen ist (Stichwort „Mentalität" im Zusammenhang mit jenen subjektiven Schuldlasten.) – Der Wagenbach-Brief erschließt also aus Celans Sicht einen wahrscheinlichen Ablauf seines Verständigungs-Dramas im Innenbezirk der Gruppe 47 von März bis August 1962, nämlich: Studium der Zeitungen – Gespräch über die Art der dort verhandel-

> *„Es zittern die morschen Knochen"*
> *Eine „bestimmte Mentalität" – ein „Sturm im Wasserglas"?*
> Der Verfasser jenes Marschliedes, das wir, die Jahrgänge um 1932 älterwärts, alle gesungen haben, hatte soeben die Aufführung seines Dramas „Im Zeichen der Fische" im Hamburger Jungen Theater gefeiert. Dazu regt Rudolf Walter Leonhardt eine Debatte an (Der Dichter und Dramatiker Hans Baumann. Versuch eines Beitrags zur sogenannten Bewältigung der Vergangenheit, in: Die Zeit, 2. 3. 1962, S. 9.) Hans Werner Richters Beitrag (Die eine Unterlassungssünde, in: Die Zeit, 23. 3. 1962, S. 11) – Leonhardt hatte ihn vom Chef der Gruppe 47 angefordert – lautet (gerafft): Im Diskurs des ‚Zusammenbruchs' gäbe es kein deutsches ‚Wir', das versagt hat, schon gar nicht ein ‚Wir, die Siebenundvierziger'. Es ist eine soziologisch fixierte Gruppe ausgemacht: ‚die Nationalsozialisten heutzutage selbst'. Sie habe allein die Aufgabe, ‚die Vergangenheit zu bewältigen', denn nur sie, die *andere* Gruppe, habe im Nachkrieg versagt: habe sich *ihrem* ‚Reinigungsprozeß' nicht unterzogen (vgl. das Kapitel „Anfang" in diesem Buch). Andernfalls wäre es in der Literatur zu einer bekennenden Gattung der Aufklärung gekommen, die „einen für uns alle so notwendigen Weg" hätte beschreiten müssen: Der „Faschismus (a1s...) Ausdruck einer bestimmten Mentalität" wäre zur Stärkung „unserer Abwehrkräfte" und zum Nutzen „für das deutsche Volk" bearbeitet worden. Aber „die nationalsozialistischen Schriftsteller", im Gegensatz zu den Renegaten des Kommunismus, schwiegen. „Hier und nur hier liegt eine Unterlassungssünde, die unverzeihlich ist."
> Leonhardt gibt sich sehr zufrieden. Er wählt für die Seite, auf der Richters „Schlußwort" erscheint, den listigen Haupttitel: „Wer hat was zu bewältigen". Am 27. März an Richter: „Sie haben das großartig gemacht."
> Joachim Kaiser kommentiert indifferent: „Ein Sturm im Wasserglas"
> (Die Zeit, 16. 3. 1962).

ten Arbeit am NS und ihr Zusammenhang mit dem Antisemitismus der Plagiat-Vorwürfe – Enttäuschung – Rücknahme seiner Texte aus dem Wirkkreis der Agenturen Schule und Gruppe 47.

Dies zur Vororientierung für die folgende analytische Erzählung: Celan verfolgte die Entwicklung des Verhältnisses der Gruppe 47 zur liberalen Forum-Zeitung „Die Zeit" seit der Saison 1961/ 62, als nach der Tagung in der Göhrde im Wendland die Gruppen-Prominenz zur Selbstinszenierung geladen und unter der Federführung von Rudolf Walter Leonhardt, Marcel Reich-Ranicki und anderen Gruppen- oder gruppennahen Kritikern bis hin zu Rudolph Krämer-Badoni ins Rampenlicht eines redaktionellen Umfrage- und Positions-Aktivismus gezogen wird. Tief fremd mußten Celan Diskussionen sein wie die in Göhrde eingefädelte zur Frage, ob die

Gleichung gelte ‚links in der Literatur = gut' oder was dagegen spreche, das Pro und Contra zur Inszenierung des Dramas eines Ex-Nazidichters mit einem Pro-Artikel zu eröffnen. Zu dieser Diskussion bittet Leonhardt den Gruppen-Chef für den 23. März 1962 um ein Schlußwort.

Richters Text ist intellektuell eine Katastrophe. Kein Ansatz zur Selbstreflexion, gar ein Weniges nur von dem, was Celan als Gang der Dichtung nach der Shoah gedacht hat und gegangen ist: „ ... in die Tiefe gehen, mit sich selbst". Schuldverschiebung exemplarisch! Im „Ruf" 1946 stand: Schuld sind nur die großen Schurken, jetzt sind es die, die für sich nicht geschafft haben, was wir à la Ernst Jünger geschafft haben: „Selbstreinigung" (vgl. „Anfang"). Man fragt sich, weshalb die Gruppe Hans Baumann nicht zu sich gebeten habe?

Fassen wir den Zeitrahmen März – August 1962 genau ins Auge: Am 2. August, drei Tage vor dem Brief an Wagenbach, geht Celan auf Richter zu, nimmt seine Textrücknahme zurück.

„Im Unmut"
Telegramm Celan an Richter am 27. 7. 1962
„Ich betrachte mich nicht als Mitglied der Gruppe 47 und ersuche Sie vom Nachdruck meiner Gedichte in Ihrem Sammelband abzusehen."
(St. Remy sur Avre)
Brief am 2. 8. 1962 an Richter (Typoskript)
„Lieber Hans Werner Richter,
im Unmut über verschiedene, mich betreffende Veröffentlichungen habe ich Ihnen am vergangenen Freitag ein Telegramm geschickt, das ich heute wieder zurücknehmen möchte. Ich denke dabei vor allem an unser Gespräch in Frankfurt – an dieses Gespräch möchte ich mich, allen Störungsversuchen zum Trotz, auch weiterhin halten. (folgt Mitteilung über vergebliche Telefonierversuche nach München [Richter ist bei Heinz von Cramer in Italien].)

Mit herzlichen Grüßen und Wünschen
Ihr (Paul Celan)"

(Fortsetzung handschriftlich)
„Wir alle haben in dieser Sache so viele Fehler gemacht, lieber Hans Werner Richter! Lassen Sie uns das gemeinsam entwirren, lassen Sie uns daraus lernen. (zwischengefügt:) Im Sinne Ihres Leserbriefes (sic) an die „Zeit", allen „Mentalitäten" zum Trotz.) Ich will nicht Recht behalten, wirklich nicht. – Ich wollte Sie nicht verletzen –"

Den eingefügten Satz zur Sache der „Mentalitäten", bei der es Richter (in seiner Art von Auseinandersetzung mit dem Nationalsozialismus) will bewenden lassen – welche Differenz ist da zu Kesten und Celan markiert! –, lese ich als Zeichen äußerster Bemühung Celans um eine Begegnung in der Differenz und um jene „Solidarität", zunächst und primärgeschichtlich im jüdisch-deutschen Dialog: gemeinsam lernen, nicht Recht haben wollen. Welch eine Haltung in dieser persönlichen Konstellation und im deutschen Kontext, und welcher Vorsatz!

Und unter welchen Voraussetzungen signalisiert Celan ihn! Zwar wußte er wenig und ahnte wohl mehr von allem, das da um ihn herum gesagt und geschrieben wurde und auch uns heute erst in Teilen zugänglich ist, doch „es ist genug" – als Grund unserer Bewunderung für die unfaßbar große menschliche Leistung seines Briefes an Richter. Was hatte er sich womöglich an philosemitischem Gelaber anhören müssen, als es in Frankfurt um die „Todesfuge" ging! Darüber wissen wir nichts Genaueres, solange die Zeugen schweigen; oder steckt in Celans Anspielung im Brief an Wagenbach schon ein Stück Wahrheit: „Ich habe eines jeden Andersdenken und Anderssein respektiert. Ich erwarte denselben Respekt mir gegenüber. Und verbitte mir gewisse ‚Scherze‘"? Wie wütend sind seine Striche in den archivierten Schriftzeugnissen aus deutscher Presse! Bis hin zum 24. Oktober 1962: den wütenden Randbemerkungen zur Spiegel-Rezension des Almanachs, die sich mit Richters „national-kommunistischer" Vergangenheit beschäftigt oder die Assoziation des „Ruf" 1946/47 mit „neudeutschem Erwachen" hervorhebt – was alles Celan schließlich in jenem Satz resümiert, den die Briefherausgeberin Barbara Wiedemann in Anlehnung an meine hier erweiterte erste Studie zur Richter-Affäre wohl zu Recht auf die Namenstilgung bezieht, die Raddatz im nacheilenden Gehorsam für seinen Chef im Almanach besorgt hatte: „Die Gruppe 47 vollendet meine Verdrängung"[19] – – Wie nachhaltig schließlich, wenn wir wiederum den Brief an den Fischer-Lektor Wagenbach richtig lesen, mußte die Enttäuschung über Richter und die Seinen noch wirken, die, Februar 1962, eben jene Version der Goll-Affäre übernommen hatten, die *ihn* zu ihrem Objekt machte: „Der Fall Celan"![20] Auf diese Version hatten auch siebenundvierziger Akteure ihren ‚offiziösen‘ Beistand gegründet. Celan kommentiert das nun am 5. August an Wagenbach mit dem Satz: „Sie wissen, was ich vom ‚Fall Celan‘ (mit oder ohne Anführungsstrichen) denke: ich halte das Ganze für eine ausgesprochen antisemitische

Affäre. Daß sie zu einem ‚literarischen Fall' travestiert wurde, bestätigt lediglich, daß sie es ist."[21]

Eiseskälte wäre Celan aus den Untiefen der Richterschen „Solidaritäts"-Auffassung entgegengeschlagen, hätte er das folgende kleine Zeugnis aus den Februaraktivitäten zu Gesicht bekommen: Paul Schallück hatte den Vorschlag gemacht, ein Buch zum Fall herauszugeben mit Beiträgen u.a. von Böll, Eich, Richter. Der Chef reflexhaft am 28. 2. 1962: „Den Fall symptomatisch behandeln!" Gewiß werde man nicht nur Celan damit einen Dienst erweisen, „sondern auch uns."

Der „Fall Celan" hat den Dichter angesichts dessen, was er wußte, so mürbe nicht machen können, daß er sein Zugehen auf diese Gruppe über eine *jetzt* zu festigende Freundschaft mit Richter nicht doch noch mit gegenseitigem Verstehen und mit Substanz hätte ausstatten wollen. Dies mag – für alle, die bei jeder sich bietenden Gelegenheit auf des jüdischen Dichters Paranoia hinzuweisen pflegen – als ein Zeugnis seiner Art und seines Stils verzeichnet sein, wie er auf jenen „notwendigen und möglichen Dialog" hoffte, von dem Yoram Kaniuk 1991 im Streit mit Günter Grass sprechen wird. Celan hoffte, obwohl nichts mehr dazu einen Grund zu geben schien - - - Er schreibt eine Woche nach dem Brief an Richter an Bermann-Fischer, er sei nahe daran gewesen, sich „an diesem literarischen Leben" nicht mehr zu beteiligen.

Während dergestalt seine Hoffnung ihn noch einmal ein Stück weit nach Deutschland hineintragen wollte und er diesem *Wunsch* in Freundschaft zu folgen beabsichtigt, während er allerdings wie in einer bösen Ahnung am 5. August (an Wagenbach) diesem *Motiv* beiseiteschreibt, wie viel seines Vertrauens schon „untergraben" worden sei und niemand von ihm „Konzessionen an Verlogenheit und Infamie" erwarten solle – , währenddessen wird aus der siebenundvierziger Richter-Mitte die Intrige gesponnen, von der er, so müssen *wir* hoffen, nie etwas, jedenfalls keine Abscheulichkeit zu wissen bekam – so ‚politisch' sorgsam immerhin wurde sie gemacht – , die aber in die Annalen der Gruppe 47 gehört, wo man sie, anstatt sie weiterhin munter zu ignorieren (nachdem ich sie 1997 erstmals dort eingeschrieben habe), endlich einmal nachlesen sollte. Ein Büßerhemd sich heute noch anzuziehen, verlangt ja niemand von selbstvergessenen Ignoranten – wohl aber ein wenig weniger Munterkeit beim neuerlichen Überplaudern ihrer unter Beweis gestellten Mißachtung Celans, den sie nicht verstehen. Unter dem Gesichtspunkt des Nichtverstehens allerdings – wer versteht Celan schon! und gehört dieser Umstand nicht in entscheidender Weise zu seiner Poetik? – müssen wir diesen Dichters Auf-uns-Zukommen zu seinen Lebzeiten wohl in unsere Tage ‚verlängern‘ und sollten fragen: Ob es nicht Schlimmeres ist als Ignoranz, das jene, die an der *Mißhandlung* von Celans Namen beteiligt waren, immer erneut dazu antreibt, diesen ihren Anteil öffentlich zu verharmlosen? Haben sie womöglich das lyrische Werk dieses „Rumäniendeutschen" sehr gut verstanden? So gut wenigstens, daß sie sich vor die Frage gestellt sehen, sich die Texte entweder vom Halse zu schaffen oder ihre geschichtliche und lyrische Komplexität anzunehmen mit der sicheren Folge, mit Heine zu reden, daß ihnen ihr „deutsches Wams zu enge wird"? Auf dieser Alternative, so denke ich, liegt die Hoffnung der Dichtung Celans heute.

Sieht man allerdings auf das Personal, mit dem es diese Streitschrift zu tun hat, so liegt die Befürchtung nahe, man werde sich trotz (oder wegen) allen neuen Materials, das auf dem Markt ist, auf interessierter Seite nach wie vor an die Maxime halten, daß bei der Intrige, an deren Schändlichkeit man teilhatte, es sich bloß um Übliches „in diesem literarischen Leben" gehandelt habe.

Als Celan also am 2. August 1962 seine Erfahrungen nocheinmal überspielt und seine Hemmungen überwindet, in die konkret bestimmten Öffentlichkeitsbezirke ‚deutsche Schule‘ und ‚Gruppe 47‘ die Texte, die dafür verabredet waren, wirklich zu *geben, kann* er nicht wissen, was sein Absage-Telegramm vom 27. Juli ausgelöst hat.

In einer hektischen Korrespondenz Anfang August 1962 – direkt oder vermittelt über die Deutsche Verlagsanstalt in Stuttgart (hier lagen die Rechte der Texte für Schulausgabe und Almanach) – , geführt zwischen Verlagslektor Raddatz (Rowohlt) und Richter (einschließlich eines bis heute nicht dokumentierten „endlos langen Fernschreibens" von Reinbek nach Paris) kommt es zu Verwerfungen des Dichters aus den mühsam verdeckten Gefühlen gegen ihn seit Niendorf, die kraß unzensiert in Worte fließen. Daß sie ihre Wurzeln in der Politik Richters (siehe „Nachverfolgung") und im emotionalen Milieu der Kerngruppe haben, wird in diesen Tagen erneut manifest.

Richter will auf Celan im Almanach nicht verzichten, der prominente jüdische Name soll Gruppengeschichte schreiben helfen:
– „Selbstverständlich nehmen wir Celan nicht heraus..." – „Auch Celan kam durch die Gruppe 47 nach oben."

– Sein Fehlen würde „in wenigen Monaten (...) uns als Maßnahme gegen Celan ausgelegt werden". (Richter an Raddatz, 2. 8. 62) Nach dieser Marschroute soll Rowohlt-Lektor Raddatz sich etwas einfallen lassen. Der findet einen Weg, die Texte mit Celans Namen dem Almanach zu erhalten: Der Dichter wird getäuscht; seine Texte seien nicht rücknehmbar, weil die Druckbögen bereits umbrochen seien, was die Wahrheit nicht ist. Richter: „Der Vorwand (...) ist gut.". Auch wer nicht wortklauben will, wird diese Wortwahl, die wir bei Richter ja schon kennen, verwegen finden. Es war vorsätzliches Hintergehen, Lüge und Mißachtung. Der Manager bewahrt auf diesem Weg die Kühle als Meister auch ganz ungeistiger, nämlich technisch-manipulativer Verdrängungsarbeit. Aber vor Affekten, die unter der Schuldlast lauern, bewahrt Intrige nicht. Sie brechen hervor; der Verschluß des alten „Ärgers" platzt: Celan sei nun für ihn „erledigt, ob er dichten kann oder nicht. Mir ist das gleichgültig. Mit kranken Narren kann man nicht seine Zeit verbringen." Und immer wieder bricht es durch, „scheußlich – scheußlich – scheußlich..." Richter greift zu seinem notorischen Motiv, nach einem „Vorwand" zu suchen, sich dem eigentlich Anstehenden nicht stellen zu müssen; hier: jenem Dialog. Der „Vorwand" zeigt seinen Grund: Stumpfsinn. Mit denen man nicht über die jüngste Vergangenheit sich auseinandersetzen will, sie werden „abserviert" als: „nicht uns zugehörig", oder: „krank". Celans Textrücknahme sei „nur mit manischer Depression zu erklären."

In dem Brief an Raddatz, der diese Ausbrüche und Erklärungen enthält (6. August) verweist Richter auch auf das Frankfurter Gespräch mit Celan. „Er freute sich in dem Band vertreten zu sein." Es war das einzige, das ihm im Schreibzorn jetzt noch gegenwärtig zu sein scheint. Wirklich alles? War das Gespräch allein deshalb so „gut"?

In Celans Brief an Wagenbach vom 5. August ist am Ende eine sehr viel schwerer wiegende Erinnerung an das frühsommerliche Gespräch am Main aufbewahrt. „Hans Werner Richter habe ich, weil er sich zum Sozialismus bekennt, die Hand angeboten. Ich war wirklich bereit, einen neuen Anfang zu machen. Mittlerweile jedoch..." Die ins Offne des angefangenen Satzes gehende präsente Erfahrungsbürde löst sich nicht auf ... Hat Celan schon zuviel Erfahrungen mit seinen „Zugeständnissen" gemacht oder geht seine Hoffnung noch so weit, sich auf neue einlassen zu wollen? Oder ahnte er aus jenem Fernschreiben aus dem Rowohlt Verlag, was gerade wirklich vor sich ging? Was verband er mit Richters Bekenntnis zum „Sozialismus", da es ihm doch Hoffnung wirklich gegeben hat? Ich nehme diese Frage sogleich auf, sie zielt auf die letztlich vielleicht unerforschliche Mitte dieses Konfliktjahres, das Frankfurter Gespräch und seine Dimension in unserem Kontext.

Zunächst muß noch das Gruppenhandeln, insoweit es über die Lügenintrige auch hinausgeht, etwas weiter entfaltet werden, denn es geht um Celans verbürgte Erwartung an Richters engeren Kreis, ihm Solidarität in der „antisemitischen Affäre", der nicht enden wollenden Goll-Affäre, entgegenzubringen. Raddatz' Abschlußsatz nach erfolgreicher Täuschung läßt nichts Gutes ahnen: „So grotesk sind Literaten, Gott behüte uns vor ihnen! – „ (14. August an Richter). Raddatz mußte ja wissen, wer ‚einst' mit diesem schönen Schimpfwort belegt worden war.

„Kunstvolle Tonlosigkeit"[22]

Da es über die folgenden (wohlgemerkt nur über diese) Passagen bis S. 218 die kleine Erregung eines Betroffenen und seiner Freunde gegeben hat, gebe ich sie im Wortlaut der ersten Veröffentlichung 1997[23] (die meisten Anmerkungen dort befinden sich hier in runden Klammern, Zusätze in []).

Seiner gruppenprivat geäußerten „Literaten"-Schelte gibt Raddatz zugleich einen öffentlichen, gruppen-"offiziösen" Ausdruck. Während er als Lektor „in Sachen Celan" das Täuschungsmanöver (die „endgültige Lösung") managt – damit die Texte im „Almanach" erscheinen können –, schweigt er zu Celan im einleitenden Kommentar zur Hauptrubrik, ‚Auf den Tagungen gelesen', an dem er zur selben Zeit schreibt.

Jens hatte diese Aufgabe im letzten Augenblick zurückgegeben, weil er Gruppenmitglieder nicht kritisieren wollte; er fürchtete „böses Blut". Daraufhin hatte Walter Höllerer Raddatz zum Schreiben ermuntert, und auch Richter stimmte dem zu. (Es war die Geburtsstunde eines wichtigen Schreibamts für die Gruppenpolitik; vgl. „Nachverfolgung")

Richter, von „meines jungen Mannes" Arbeit begeistert, schweigt zu diesem Verschweigen, obwohl er dem Debütanten u.a. zur Aufgabe gestellt hatte, aus der soeben erschienenen Literaturgeschichte von Walter Jens[24] die folgende historische Markierung aufzugreifen: „1952 eine neue Lyrik macht sich bemerkbar. Ingeborg Bachmann, Paul Celan. Die Kahlschlag-Periode wird überwunden." (So an Raddatz Anfang August 1962. Obwohl Richter in Jens' Buch die Unvereinbarkeit von Tatsachen und Rhetorik sah und brieflich harsch beurteilte, wollte er die rhetorische Seite mit diesem Fingerzeig doch der Gruppenwerbung nutzbar machen: eine Stil-Zäsur 1952 mit den beiden größten Namen der Gruppe 47 besetzen und ihr literarhistorisch gutschreiben lassen. Bei Jens 1961 steht über das Ereignis Niendorf 1952, auf der Tagung sei der Neorealismus der Nachkriegszeit (,Kahlschlag') umgeschlagen in den Beginn der „jungen deutschen Literatur der Moderne". Wir haben darüber oben bei unserem Niendorf-Nachbesuch schon gelesen.)

Daß Raddatz die Richtlinie Richters, Celan neben Bachmann zu nennen, ignoriert, zeugt (wohl nicht von ,heimlichem' Gehorsam, sondern) von einer Dynamik des Verschweigens im Gruppentrend, die man an Stellen in der Einleitung, wo von Celan hätte gesprochen werden *müssen*, z.b. in der „47er"-Reihe Wolfgang Bächler, Günter Eich, Ingeborg Bachmann, nahezu ,hören' kann. Auch im kritischsten Teil – aus der Ablösung der Kahlschlag-Literatur sei keine politisch-historische Literatur der *Aufarbeitung* erwachsen („In dem ganzen Band kommen die Worte Hitler, KZ, Atombombe, SS, Nazi, Sibirien nicht vor...") – kein Wort zu Celans Lyrik!

Die *Strategie* des Verschweigens in der Gruppe 47, die paradoxe Herabsetzung eines taktisch vereinnahmten Namens in ihren Annalen wird im Wechsel von Schweigen und *Verriß* vorgetragen. Auch dieser, kommt er öffentlich aus den eigenen Reihen, kann mit dem Schweige-Schutz des Managements rechnen. Den Verriß hatte soeben Peter Rühmkorf übernommen, beauftragt von Richter, für die zweite Bestandsaufnahme 1962 über die deutsche Nachkriegslyrik zu schreiben.[25] Der Text, unbeanstandet, lag vor, *noch ehe* im Drama der ungleichen Verständigung zwischen Celan und der Gruppe 47 Richter seinen schlimmsten (oben zitierten) Ausfall von sich geben sollte.

Rühmkorfs Bestandsaufnahme ist nicht bloß Ingeborg Bachmann gegenüber gruppenkonform.[26] Als seine Textanfertigung der Stelle „Celan" nahekommt, bricht sich das antijüdische Unbewußte der Gruppe 47 in einem Kauderwelsch Bahn, dessen eitle Individualität seinen Rückhalt in der „gewohnten rüden Sprache" des *Kollektivs* (Rolf Schroers) nicht verleugnen kann. So sehr sich angesichts solcher Textart eine re-individualisierende, die verletzten Personen ein weiteres Mal verletzende Ablichtung verbietet[27], so unumgehbar ist in meiner Skizze eine rekonstruktive Rücksicht auf die

Text-Spur, die der Dichtung Celans gilt. – Ein polemisches Spiel mit der Chiffre „Asche" bereitet der Niendorf-Erinnerung den Boden.[28] (Ist Rühmkorf mit seinem Verleger Ledig in Niendorf gewesen?) Sodann wie unvermittelt aufgepflanzt: „pasteurisiertes Pathos". Unmittelbar dem Gruppen-Code von damals abgewonnen die Konsens-Formel: „Ärger" über Celan. („Immer wieder der Ärger über den altbekannten [spätere Fassung: „trivialen] „Chiffrenreigen".) Vor Eintritt ins Zentrum des Verrisses den Lesern ein Wink (von der „Todesfuge" ist die Rede. Sichtbar in beiden Versionen seines Aufsatzes kommt der Verfasser an dieser Stelle in einen Schreibkrampf, aus dem er sich mit dem folgenden Hieb befreit:) Celans feierliche Diktion könne positiv abgehoben werden vom Ton *„seiner Artgenossen"*.[29] Unter diesem Vorzeichen wird dem Dichter der Zutritt in die lyrische Moderne [in der Gruppe 47] – vertreten von der Troika „Grass, H.M. Enzensberger, Rühmkorf" – verwehrt. Umspielt wird dieser Gestus von Nebentönen, wie abgelauscht dem cantus firmus aus den Kampfzeiten des „Ruf" 1946/47. ,Unsere NS-Schulden begleichen wir selber.'[30] Sodann wird das Lyrik-Genre der politischen Hauptroute der Gruppe angepaßt: ,Wir' bejahen das Erreichbare mit Ironie, offen „gegenüber Weltstoff und Wirklichkeit", und gehen mit allen Realisten, die das „spezifisch Deutliche" anstreben und dies praktizieren in einer Sprache und in Bildern aus „dem täglichen, dem Umgangs- und Gebrauchsfundus" und mit einem „Hang zur Vergesellschaftung und Kommunikation". Daraus dann konsequent die Kampfansage gegen das Celansche Gedicht mit seinen „Dörreffekten", wenn die Verse ins „Karge und Dürftige" hinübergleiten, mit seinem Zeitstillstand in Benn-Manier: „flache Strukturlyrik" in „luft- und leuteleerem" Raum („Quarantäne"!), „Unfruchtbarkeit eines ins Extrem getriebenen Kunstprinzips". Mit Parolen und weiteren Anspielungen geht der Verriß in die Stimmlage eines triumphierenden Trends:

> Abkehr von aller feierlichen Heraldik und kunstgewerblichen Emblemschnitzerei, Absage an Tragik und sauertöpfische Heroik, Ablösung des Klagegesanges durch die Groteske, Umschlagen von Pathos in Ironie.
> Wer das Direkte will, soll hingehen, anpacken, auffressen oder: verschweigen, verstummen, erstarren.

Ein populistischer Hieb schließlich gegen Avantgarde-Nähe und ein „nur mehr symptomatisches document humain" verweist auf den inneren Zusammenhang von poetologischer Unverständigkeit und

Epigonalitätsdebatte: So dreist parodistisch die aktuelle Anspielung auf die „Meridian"-Rede ist, Celans Hermetik führe „ins allzu Enge", so unkontrolliert konformistisch läßt sich Rühmkorf auf den Typ von ‚Argumenten' ein, die in der Goll-Affäre Waffen geworden waren, wenn er nun der Celanschen Dichtung unverblümt Originalität abspricht und dies suggestiv zum Überflüssigkeits-Nachweis macht. (Auf der Linie Mallarmé, Trakl, Benn seien Celans Symbole „vorgegeben", „kommun". Sie haben „durch allzu häufigen Gebrauch schon lange an Ausdruckskraft verloren".)

Antisemitismus-Vorwurf inflationär?

„Es mißhagt aufs äußerste – – – soll verschweigen, verstummen, erstarren" (Rühmkorf)
Nehmen wir zur „Unfruchtbarkeit eines ins Extrem getriebenen Kunstprinzips" in Rühmkorfs Text nur hinzu: wie Celans „vornehmlich durch Furcht und Vorbehalte" der „Wirklichkeit" verbundenes „Mißtrauen" gegenüber der Natur, der Zeit und Geschichte als eigensinnige „Reduktion" bestimmt, dem linksdenkenden Fortschrittsglauben der eigenen Schule kontrastiert und in folgendem Angriffssatz gegen den Dichter zusammengefaßt wird: er schaffe sich „im Gedicht einen Ort, wo die Zeit stillsteht", so darf hier nicht nur von poetologischer Ignoranz, die solchen „Stillstand" nicht begreift, gesprochen werden. Sagen wir, das wäre zu ‚germanistisch'. Auch nicht nur von borniertet „Arroganz des ganzen Wissens", wie Spinoza, oder vom „Holzweg der Avantgarde", wie ein rechter Sozialdemokrat sagen würde, sondern es muß von einer bewußten und rhetorisch sich gar überschwenglich bewußt gebenden Verwerfung dessen gesprochen werden, was *Erfahrung* heißt, aus der das Celansche Gedicht gearbeitet ist. Dies ist 1962 bodenlose Mißachtung des Überlebenden gewesen, der das Gelächter von Niendorf vergessen konnte, nicht das aber, was die Herren Lacher nicht wissen wollten. Rühmkorfs Text gegen Celan verlacht ihn immer noch. Dies verweist auf den Umstand, daß wirklich lächerlich ist, wie der Angriff verbrämt ist, nämlich von einer albernen Verbeugung vor Celans „zentralem Thema": einer „Trauer über die Unfähigkeit zur *Eroberung* der Welt." Was für ein naiver und lyrikfremder Einspruch gegen die Erfahrung, von der man nichts wissen will! Es dürfte offenkundig sein, daß hier auf das Rechts-Links-Klischee vom Konservativen, der klagt, und Fortschrittlichen, der „hingeht und anpackt", zurückgegriffen ist. Es ist altbackene linke Rede.
Da das einem Dichter der Shoah gegenüber eine Schamlosigkeit ist und in jener siebenundvierziger Mischung von Grobheit und Mißachtung daherkommt, muß sich niemand wundern, daß in einem Kommentar zu Celans Rühmkorf-Lektüre erzählt ist, der Dichter habe hier, „und wohl nicht ganz zu Unrecht" – *Anzeichen für einen Antisemitismus von links"* gesehen (Barbara Wiedemann a.a.O., S. 664). Auch Jens Jessen hätte sich lieber nicht wundern sollen, denn das hat ihn zu einem Freundschaftsdienst von zweideutiger Art

verleitet. Ohne den „offenen Brief" dem Publikum zugänglich zu machen, den Rühmkorf gegen Wiedemanns Notiz an etliche Redaktionen im November 2000 verschickt hatte und in dem er harm-frei Souveränität vortäuscht, die auch Jessen ihm nicht bescheinigen kann, und u.a. erklärt, sein Wort von den „Artgenossen" habe bedeutet: Genossen in artibus – ohne journalistische Sorgfalt also schreibt Jessen: „Was ein Mensch in Gedanken sündigt, kann der Gesellschaft gleichgültig sein." Rühmkorfs Text ist aber inzwischen in, so viel mir bekannt ist, vier Versionen verbreitet. Also hätte sich Jessen wohl angemessener als Freund verhalten, hätte er ein wenig in den Text hineingehorcht und seinen Leserinnen und Lesern eine Auseinandersetzung mit Zitaten gegönnt. Denn es ist bloß flott und oberflächlich solidarisch, das angeschnittene Thema, „Antisemitismus-Verdacht", unter den Gegen-Verdacht zu nehmen, es werde inflationär in Umlauf gebracht. Schlimmer ist: Jessen behauptet, die Text-Kommentatorin Wiedemann selbst habe den Vorwurf gegen Rühmkorf erhoben. Das ist nicht die Wahrheit. Sie hat eine Sichtweise Celans wiedergegeben. So wird auf dem ehrwürdigen Zeit-Forum Celan aufs wiederholteste mißachtet. Nichteinmal jetzt ist er Ihnen selbstsprechende Person, lieber Jens Jessen, nicht einmal jetzt ist Ihnen Auseinandersetzung mit Celans Antisemitismus-Erfahrung im Nachkriegsdeutschland angezeigt, jetzt, da seine Briefe endlich ediert und kommentiert werden und ein Satz Rühmkorfs nachbesichtigt werden könnte, den Celan sich angemerkt hat als in jenen deutschen Kontext gehörig? (Die Zeit, 30. 11. 2000)

Rolf Schroers hatte im Juni 1961 diagnostiziert, eine Kultur, die imstande sei, aus einer dummen Epigonalitätsbehauptung eine antijüdische Affäre zu machen, erhebe die Demütigung zur „Institution der gegenwärtigen deutschen Literatur und ihrer Treuhänder".[31] In diesem Sinn ist Rühmkorfs Auftragstext eine institutionelle Rede der Gruppe 47.

Es ist charakteristisch für Richters Rollenverständnis, daß er solches Amt nie selber übernahm. In seinen ‚privaten' Äußerungen unzensiert bis formlos, mal grobschlächtig, mal herzlich, blieb er ihrer öffentlichen Verantwortung enthoben, und ebendies sicherte ihm die Steuerung und Vertretung der Gruppe aus ihrer leeren Mitte heraus, in der auch Antisemitismus nicht mehr unter Kontrolle steht. Er war der treue Drache an der Tür zur Leere, in der ein Tabu stand, und hielt die Definitionswache über Anfragen, die dorthinein nicht gestellt werden durften. Im übrigen war „Zugehörigkeit" als frei verfügbar deklariert: „Niemand gehört dazu und alle gehören dazu (...). Wer sich dazugehörig fühlt, gehört dazu." Die Rolle des Chefs war, auch darüber zu wachen, daß die Freiheit, dazuzugehören („Das muß jeder mit sich selbst ausmachen"), eine Falle war. Wurde die Grenze zur Tabu-Öffnung berührt – keine Auseinandersetzung mit Juden über die Vergangenheit! –, ging der Hammer nieder: „nicht uns zugehörig". Kesten und Celan konnten ein Lied davon singen. „Es bleibt alles so latent, fließend und in losen, sich ständig verändernden Konturen bestehen, wie es bisher war." (Richter 1949)[32]

Celans sensible Autonomie im Umgang mit den eigenen Texten *und* dem literarischen Leben überforderte Hans Werner Richter. Als er Celans Telegramm vom 27. Juli 1962 in der Hand hielt, muß es ihm kalt geworden sein: Da machte ausgerechnet der Dichter der „Todesfuge" Gebrauch von der Freiheit, seine Zugehörigkeit selbst zu bestimmen – und sie aufzukündigen.[33] Die Differenz war aufgerissen, das Recht des Türstehers gefährdet, über die Zugehörigkeit zu einer Gruppe allein zu wachen, die ihre Identität durch Schweigen über die Shoah bewahrt, auch gegenüber ihren jüdischen ‚Gästen'. Jetzt blieb Richter nur noch seine ultima ratio: die Waffe der Freundschaft. Sollte das für die Gruppe *an jedem konkreten Gefahrenpunkt* von ihm durchgehaltene Identitäts-Kalkül nicht auch platzen, durfte Celans Aufkündigung nicht öffentlich werden. Der junge Raddatz hatte den vernichtenden Gestus gegen den jüdischen Dichter mitbekommen – und hatte nicht nur getreulich handelnd, sondern auch emotional Richter beigestanden („Gott behüte uns vor den Literaten"); also würde er, wie ein stolzer Komplize, Richters Image nach innen und außen zuverlässig schützen (er tut es bis heute).

Und nun „Freundschaft": Was bei Lektüre der Dokumente als Verrauchen eines Affekts verniedlicht werden mag, es war Kalkül. Eine offene Feindschaft zu Celan, alle bisher erörterten Belege laufen darauf zu, wurde als gruppengefährdend eingestuft.

Celans Einlenken im Brief vom 2. August, den Richter erst Ende August nach Rückkehr von seinem Italienbesuch bei Heinz von Cramer in der Hand hält, kommt ihm zu Hilfe. Das kalte Management, das Raddatz ausführte, schlägt nun in herzliches um, für das Richter nun Worte finden muß, die in der verzwickten Situation Gruppenkurs halten. An Wagenbach: „Ich möchte mit ihm befreundet bleiben." (3. 9. 1962) Schon Raddatz gegenüber, der die Literatur der Gruppe 47, wie wir gesehen haben, wegen mangelnder ‚Aufarbeitungs'-Praxis kritisiert hatte, war Richter, auftauchend aus der Wut, unsicher geworden und problemfreudig wie noch nie: Fast alle Mitglieder der Gruppe seien politisch engagiert, „was sich aber literarisch nicht niedergeschlagen hat. Warum? Warum? War das vielleicht die Nähe des ‚Ungeheuerlichen‘, die zu große Nähe?" (6. August)

Ich glaube, das ist eines der bedeutendsten menschlichen Augenblicke Richters, den der Gehilfe da eröffnet bekommt, vergleichbar wohl nur dem später erzählten an der Seite Ilse Aichingers 1952: „Damals fragte ich nicht weiter, vielleicht aus Angst, mehr zu erfahren, als ich hören wollte" („Auf dem Weg nach Niendorf"). Sein Herz öffnet sich in solchem Augenblick anders, als bei den unzähligen Freundschaftsgesten; es schlägt heftiger, weil es an jener Grenze zum Tabu seinen Träger nicht immer davon abhalten kann, zurückzublicken dorthin, wovor er sich und die anderen bewahren möchte. Gegenüber Celan gab es da nichts zu bewahren: Einen Moment von erschrockener reflexiver Ehrlichkeit an der Tür zum Angst-Tabu trotzt ihm der Sänger von Niendorf ab.

Aber auch von Falschheit. Denn zu Celan, der ihm gerade als *politischer* jüdischer Poet eine unverstandene Herausforderung bedeutete, in einem Augenblick der Erschütterung seines Türsteher-Amtes ebenso offen zu sein wie zu Raddatz, der seinen Ausbruch mitbekommen hatte, das war Richter nicht möglich. So hüllt er sich nun in Privatheit ein und versucht kurzerhand, Celans höfliche Form, bei der Sache zu bleiben („Ich wollte Sie nicht verletzen"), ebenfalls zu privatisieren: sie sich zu unterwerfen. „Nein", antwortet er (zum Datum des Briefs an Wagenbach), „Nein, Sie haben mich nicht verletzt."(!) Doch in der Härte solch ‚privater‘ (unbewußter?) Verletzung (‚Sie können mich gar nicht verletzen‘) bleibt Richter nicht stecken. Im gewiß brennenden Hoffnungsgefühl, seine ‚unerhörten‘ Worte der vergangenen Wochen seien vom Betroffenen ungewußt wohl schon entschuldet worden, weicht er in plötzliche Herzlichkeit („Ich schätze Sie sehr, und ich wünsche mir, daß wir Freunde bleiben") und in Bekennerfreude aus – und hat sich unversehens in die entscheidende Differenz zwischen *Gruppe* und Celan hineingeredet: Die *Gruppe – sie – als ganze –* , sie paßt nicht zu Celans Dichtung. Er kann das ‚privat‘ nicht aussprechen und spricht es doch aus, indem er es umdreht: „Die Gruppe 47 hat ja keine Mitglieder. Eigentlich gehört niemand dazu. Vielleicht nicht einmal ich selbst." Dieser Versprecher, der aus dem Differenzwissen heraushelfen soll, ist subtil. Celan möge sich wie er selber zugehörig fühlen: „Niemand" sein!

Dergestalt vertreten strahlt die Wahrheit der Gruppe 47, aus ihrer leeren Mitte, Ödnis aus. Wer sollte das genauer empfunden haben als Celan, poète engagé in jenem lichtlosen Raum, in den zu folgen er niemanden aufgefordert, den nicht betreten zu wollen jedoch das Ressentiment begründet hat, das ihm Personen aus der Gruppe, die „fast alle politisch engagiert" waren, entgegenbrachten und das der Fundus aller war, für die Richter den kollektiven Konsens managte. Das hat er auch gegen Celan durchgesetzt, dessen kleiner Akra-Zyklus nun unbeachtet und ungeliebt in der Bestandsaufnahme der Gruppenliteratur 1947-1962 prangt. Auch weiterhin wird Richter ‚Politik' mit Celan machen wollen, freundschaftlich ruft er ihn zu den folgenden Tagungen, tut nichts gegen das Ressentiment, das noch manche Verletzung des Dichters bereithält, spannt ihn vielmehr, als wäre nichts, in seinen Aktionismus ein. Ein Beispiel beende dieses traurige Kapitel der Verächtlichkeit.

Als Richter den Stamm der neuen Jungen beisammen hatte, die mit ihm die Politik der „Aufbau"-Gruppe 47 an der Seite der „Es-PeDe" mitmachen wollten (Wellershoff, Jürgen Becker, Rühmkorf, Grass, Härtling, Wagenbach, Hey, Roehler, Fichte u.a.), und er die Septemberwahl 1965, nach Gesprächen mit Egon Bahr und Willy Brandt, mit einer publizistischen Fanfare gewinnen helfen wollte,[34] trug er in den Anfragebriefen an gewünschte Beiträger Namen ein, so auch den Celans, die noch gar nicht gefragt waren; Rubrik: „Bundestagswahl – gesehen von jenseits der Grenzen". Alle, die schließlich schrieben (kärglich wenige, abgesagt haben u.a. Bachmann, Frisch, Enzensberger), repräsentierten sich unter dem Motto ‚SPD – das kleinere Übel'. Celan, von diesem 47er Signal noch einmal aufgewühlt, reagiert, nach einer Woche Besinnung, kurz (26. Januar 1965). Unumwunden greift er die Kompromiß-Formel an; ohne Einschränkung und allezeit sei die conditio des Schriftstellers, sich „so differenziert als möglich für das Wahre und Menschliche", nicht für ein „kleineres Übel" zu entscheiden. Harsch, formell, endgültig ist die Absage an die Gruppe 47.

„Freundschaft", „Sozialismus", „Ödigkeit"

Im August/September 1962 noch halten sich Richter und Celan an eine Herzlichkeit mit aufschiebender Wirkung. Sie hatte jedem auf eigene Weise über einen kritischen Punkt ihrer Verständigungsversuche hinweggeholfen. Das ‚System' dafür aber stimmte nicht. Für die Gruppenidentität zu sprechen bedeutete, ihren Kern, das

Gedächtnis-Tabu, zu schützen. Das machte Richters Sprache wahrhaft symptomatisch und richtungweisend für alle, die bis heute an das Tabu nicht rühren bzw. aggressiv eine Tabu-Verletzung, wie die, die aus Celans Gedichten spricht, zurückweisen und mit Scheinkritik zugleich zudecken. Zur Symptomatik gehört, daß das Schweigen in der Gruppe über das „Ungeheuerliche" sich fortsetzt im Schweigen des deutschen Literaturbetriebs über so ungeheuerliche Attacken wie die des Peter Rühmkorf.

Wie konnte es sein, daß Celan überhaupt eingelenkt hat? Wir haben gesehen, daß dies synchron geschieht mit Zeichen von Hoffnung „ohne Hoffnung, daß ich siege" (Heine). Es ist eine Verschlingung der Gefühle (ihr Überkreuzsein mit sich selbst); die Sätze an Wagenbach, drei Tage nach dem Einlenken an Richter geschrieben (die beiden Daten also verschlingen sich, 2. und 5. August 1962), „Ich habe genug – Ich war wirklich bereit, einen neuen Anfang zu machen", muß man vor und zurück lesen (wie deutsch und hebräisch), danach die offene Anfügung „Mittlerweile jedoch...". In der Mitte der syntaktischen Operation, an der Kreuzungsstelle, der eherne Satz „Hans Werner Richter habe ich, weil er sich zum Sozialismus bekennt, die Hand angeboten."

Richter und Celan nehmen in der Situation, da Richter von diesem Brief und Celan von jenem (an Raddatz) keine Kenntnis hat, sich beide aber simultan *wegen des Absagetelegramms* auf Freundschaft verständigen, in total entgegengesetzter Motivlage auf ihr Frankfurter Gespräch Bezug. *Wegen* dieses Gesprächs nimmt Celan zurück, was Richter *trotz* dieses Gesprächs in blanke Wut versetzte, aber zur Freundschaft bewegt, nachdem Celan eingelenkt hat. Was eigentlich sollte klarer auf Unversöhnbarkeit hindeuten, als diese psychische Konstellation?! Warum also hat Celan eingelenkt, und sei es für die Bruchteile von Zeit, die Menschen genügen können, sich zu wirklicher Freundschaft in Differenz durchzuringen? *Er hat* sich durchringen wollen, und sein Hinweis auf das Gespräch deutet auf den Grund: Richter habe sich dort zum Sozialismus bekannt. *Richter* hat sich *nicht durchgerungen*, er hat nur in seinem System ‚politisch'-reflexhaft auf Freundschaft umgeschaltet.

An diesem ‚Kreuzpunkt' vielleicht erschließt sich ein wenig, was noch genauer zu erforschen ist, das Frankfurter Gespräch und die Differenz, die Richter an seinem Begriff von „Politik" doch eigentlich in einem ernst gemeinten Dialog hätte deutlich werden müssen.

Celan gibt in einer handschriftlich dem Brief vom 2. August hinzugefügten Randbemerkung den wohl letztgültigen Fingerzeig auf den historischen Fluchtpunkt ihrer Differenz.

Das Rätsel einer Anspielung auf Alexander Blok
„Nehmen Sie bitte keinen Anstoß an der kleinen Notiz in meiner Übersetzung der „Zwölf". Ich wollte das Gedicht ohne jede Notiz wirken lassen. Daß ich dann *diese* schrieb, hängt mit meinen damaligen Vorstellungen zusammen, gewiß; sie ist auch dokumentierbar, aber sie hat eben, wie alles, ihr [gestrichen: „ – eigentliches"(?) „geschichtliches"(?) –] Datum in der Zeit."

Wie ist in diesen Worten das Dokumentierbare, (Celan wird den Begriff in vergleichbarer Konstellation wieder verwenden)[35], das ihm in der Goll-Affäre, die er eine antisemitische nennt, widerfährt, an die Differenz mit der Gruppe 47 geknüpft? Wie an die differenten Auffassungen von Literatur, Politik, Sozialismus, Revolution? Die „kleine Notiz":

„Im Einklang mit den Elementen" (so berichtet eine Tagebuch-Notiz Bloks) niedergeschrieben, wuchs das Gedicht von seiner Mitte her: das achte, mit den Worten „O du Gram und Kümmernis" anhebende, mit dem Wort „Ödigkeit" ausklingende Stück war das erste. Man darf es wohl als das Herzstück ansehen. Mythos? Dokument? Hymne oder Satire auf die Revolution? Man erblickt beides darin – in beiden Lagern. Blok selbst notierte in seinem Tagebuch: „Wir wollen sehen, was die Zeit daraus macht. Mag sein, daß alle Politik so voller Schmutz ist, daß ein einziger Tropfen davon alles übrige trübt und zersetzt; mag sein, daß sie den Sinn des Gedichts dennoch nicht völlig zerstört; und, wer weiß, vielleicht erweist sie sich letzten Endes als das Ferment, das bewirkt, daß *Die Zwölf* eines Tages wiedergelesen werden, in einer andern Zeit als der unsern..."[36]

„Mag sein, daß alle Politik ..."
Was in dieser Streitschrift nur festzuhalten ist: Der in seiner Enttäuschung und in seiner Schwäche für Hoffnung *offensive Dichter* zieht ein poetisch kristallisiertes „Herzstück" der Oktoberrevolution, das er übersetzt hat, in die Debatte um die Differenzen zur Gruppe 47 hinein. Es wäre ein Zeugnis von Celans *politischer* Genialität, wenn zu beweisen wäre, was nur wahrscheinlich ist: daß er, wohl wissend, worauf er in der *Gruppengeschichte* damit zielt,

Richter in Frankfurt dazu gebracht habe, über seine politische Haltung und Geschichte zu sprechen – im Spannungsmilieu ihrer kritischen Berührungspunkte in den literarischen Kämpfen (Goll, Nazitum, philosemitischer Verschleiß der „Todesfuge", Verständigungsversuche mit Richter nach Niendorf) *und ihrer Differenz* im Blick in die „Zeit" – *Zeit des Gedichts* . Ist sie schon eine „andere" im Jetzt (das Richter gestalten möchte mit den Mitteln einer „Politik", die er *nicht* „voller Schmutz" sieht), oder eine ‚andere als die unsere'? Ist die Zeit des Gedichts die messianische, Zeit der „Ödigkeit"? Ist die *ihr* angemessene Politik jenes „Ferment" einer revolutionären *Lektüre*? Wollte Celan, daß seine Lyrik mit ihren *geschichtlichen Daten* – nach dem Durchgang ihrer Sprache durch die Shoah, in der „andern Zeit" Alexander Bloks also und so verstanden revolutionär – in Deutschland gelesen wird?

Celan war Richters „Bekenntnis" offensichtlich zum Schlüssel geworden, der ihm eine neuangefangene Zugehörigkeit zur Gruppe 47 eröffnet hätte – *wenn* er sich als Lyriker der Shoah, der sein Amt in Bindung an die Geschichte der Revolution ausübt, in dieser Gruppe zurechtfände. Der „Sozialismus" Richters war ihm deutlich suspekt (Stichwort „National-Kommunismus"), und er hat wohl nichts ‚greifen' können, was ihm in der Amtsführung des *Gruppenchefs als Schriftsteller*, auch bei der Moderation ihrer Differenzen, hätte nahekommen können als Aufschluß darüber, ob bei Richter und in der Gruppe 47 ein Zusammenhang von Bekenntnis zum Sozialismus und literarischer Arbeit nach der Shoah oder ein Verständnis für sie (für ihn!) im Ansatz erkennbar sei. „Mittlerweile jedoch ..."

In dem Bruchteil der Zeit, die hier aufgeblendet ist, hat Celan eine Entscheidung getroffen, die nach allem, was die Belege hergeben, begründet war im wahren Verhalten Richters, das ihm faktisch im einzelnen gar nicht zugänglich war. Seine Hoffnung[37] hatte ihn zu weit in eine Sphäre getrieben, in der ihm das Verdrängungsgehabe das Unerträglichste gewesen sein muß. Celan wendet sich ab. Das Signal an Richter, das er ihm sendet – , wir haben, lieber Hans Werner Richter, über den Sozialismus und die Revolution gesprochen, warum haben Sie mir damals übel genommen, daß ich die Ödigkeit im Herzen der Revolution nachgedichtet habe?' – , es bleibt für den Augenblick dieser Abwendung stehen, und uns überliefert und kenntlich, für unsere Lektüren. Es ist ein poetisches Zeugnis, wie Celan mit der Mißachtung in der Gruppe umgehen konnte.

Ein „Datum in der Zeit" aus Celans Feder war andererseits das letzte, womit Richter hätte angemessen umgehen können.

Am 1. 12. 1962, freundlich schon an die Grenze des endgültigen Bruchs gehend, kündigt Celan allen konkreten Kontakt zur Gruppe auf; viele einzelne Beziehungen wird er aufrecht erhalten, so gut es eben ging. „Um keine weiteren Mißverständnisse aufkommen zu lassen...", untersagt er die Verwendung seiner Texte bei weiteren Auflagen (die erste mit der essayistischen Tilgung seines Namens durch den Gehilfen Raddatz war inzwischen in seiner Hand). In keiner Weise möchte er noch einmal im Kontext der Gruppe „figurieren." Retten auch wir uns in die Sphäre, wo von *solchem* Figurieren keine Rede ist.

Ein Lied in der Wüste, Niendorf 24. Mai 1952

Ein Kranz ward gewunden aus schwärzlichem Laub in der Gegend von Akra:
dort riß ich den Rappen herum und stach nach dem Tod mit dem Degen.
Auch trank ich aus hölzernen Schalen die Asche der Brunnen von Akra
und zog mit gefälltem Visier den Trümmern der Himmel entgegen.

Denn tot sind die Engel und blind ward der Herr in der Gegend von Akra,
und keiner ist, der mir betreute im Schlaf die zur Ruhe hier gingen.
Zuschanden gehaun ward der Mond, das Blümlein der Gegend von Akra:
so blühn, die den Dornen es gleichtun, die Hände mit rostigen Ringen.

So muß ich zum Kuß mich wohl bücken zuletzt, wenn sie beten in Akra ...
O schlecht war die Brünne der Nacht, es sickert das Blut durch die Spangen!
So ward ich ihr lächelnder Bruder, der eiserne Cherub von Akra.
So sprech ich den Namen noch aus und fühl noch den Brand auf den Wangen.

Das „Herzstück" des Gedichts über die zwölf Revolutionssoldaten:

O du Gram und Kümmernis,
Öde du, tödliche
Ödigkeit!

Diese große poetische Gebärde, die den Schmerz des subjektiven Scheiterns und der Einsamkeit in den Kämpfen der Revolution mit in den Durchgang der Sprache durch das „furchtbare Verstummen" vor 1945 (Bremer Preisrede 23.1.1958) ins gegenwärtige Erinnern nimmt, sie war Richter im Dialog anvertraut! Und der Dichter mußte sie der „privaten" Urteilskraft eines Partners überlassen, dem sie nicht anstößig sein möge - - -

So kehrt er sich ab. Er hatte mit der Kraft seiner Dichtung lange versucht, das literarische Leben in Deutschland zu verändern, vor allem: dem Antisemitismus zu begegnen. „Allein", so resümiert er im Dezember 1963,[38] „allein kann ich diesen Dingen nicht begegnen."

> das letzte
> Wort, das euch ansah,
> soll jetzt bei sich sein und bleiben.
>
> (*An niemand geschmiegt*, Niemandsrose 1963)

Es ist sonderbar, beim Versuch, die Differenz der Richter-Andersch-Gruppe 47 zu Celans Lyrik in den deutschen Kontext von Mißachtung und Gedenk-Verweigerung einzutragen, und gerade dann, wenn das Differenz-Drama zur Tragödie neigt, blitzt Celans Beziehung zu Heinrich Heine auf. Im März 1962, als es um die Verständigung mit Freunden über den „professionellen Philosemitismus" ging, wird Harry Heines als des Poeten der ironischen Verkündigung gedacht, „Ein neues Lied, ein besseres Lied, O Freunde, will ich euch dichten...", und nun, als der inhaltliche Bruch mit der Gruppe vollzogen ist, senkt Celan neben der Widmung an den anderen russischen Poeten der Revolution, Mandelstam, ein Heine-Motto in das Grab seiner Verständigungsversuche,

> ...Manchmal nur, in dunkeln Zeiten,[39] –

aber das gehaltene Komma im Zitat, die Öffnung zur Fortsetzung, und der Blick von dieser Stelle in den Zyklus und seine Dimension haben nicht vermocht, auch nur eine Stimme in der Gruppe 47 zu wecken, die hätte verraten können, ob das Scheitern der Beziehung zu Celan jemandem dort ein Problem geworden war, das ihn wenigstens jetzt zur Reflexion der Geschichte bewegt hat, in die ihn Celans Lyrik zu blicken auffordert. Gottfried Bermann, der verstehende Verleger, nannte die Verse, die der kurz Vertrauende und jetzt auch von ihm Abgekehrte schreibt, „bittere Kostbarkeiten" (3. 12. 1962).

Der Blick von Celans Heine-Motto geht zu dieser Fortsetzung:

> ...
> Ward dir wunderlich zu Mut,
> Und die liebefrommen Tätzchen
> Färbtest du mit meinem Blut!

226

Anfang:
Mythos und Leere

„Daß sich die deutsche Gesellschaft seit der Vereinigung wieder auf der Suche nach der eigenen Mitte befindet, ist ein eher verstörender Kontext."

(Hanno Loewy, Im Dreieck springen.
Fragen an jüdische Identität heute,
Süddeutsche Zeitung, 29./30. 11. 1997)

Der Ruf, „wahres Glossarium und Register der faschistischen Sprache"

(W. G. Sebald nach Urs Widmer)[1]

Es hätte anders anfangen können. Das manifeste Sprechen deutscher Kriegsgefangener an der US-amerikanischen Ostküste 1945, aus dem sich das früheste Stimmenbündel der entstehenden Gruppe 47 ordnete, brachte Sätze aus einer Sicht auf den Nationalsozialismus hervor, wie sie vom Terrain der sich versammelnden Gruppen-Ersten bald verschwunden sein werden. Sätze von dieser Art stehen unter dem Bild Heinrich Heines in einer Lagerzeitung. Sie denken zurück an den 9. und 10. November 1938. „Der Anfang der grausamsten Menschenverfolgung aller Zeiten hinsichtlich ihrer kühlen Organisiertheit und Ausdehnung. Es war das Ergebnis der ebenso hartnäckigen wie krankhaften fixen Idee des Antisemitismus. (Kurt Lauenstein, Deutsche oder Juden? Überwindung des Antisemitismus) Ausdrücklich wird es als die „Aufgabe der jungen Generation" ausgewiesen, aus der Epoche des Antisemitismus „hinauszuführen"!

Daneben aber die Sprache der Gruppen-Ersten! Vom NS-Pogrom, der großen Probe auf den funktionierenden Antisemitismus der deutschen Volksmehrheit, sprach da niemand. Hans Werner Richter schrieb für seine Lagerzeitung im Camp Ellis schon plötzlich, nach seinen Kitschproduktionen zur Nazizeit, die „illusionslose" Sprache der späteren Gruppenmanifeste, Sprache „der Wirklichkeit", aus der von Anfang an der Krieg gegen die Juden Europas, auch mit seiner Vorgeschichte, ausgeblendet war. Seine Überlegungen ähnelten denen der überlebenden ‚oppositionellen' Hitlergeneräle: „Deutschland hat den Krieg verloren, weil es ihn nicht gewinnen konnte." Ist ja richtig. Nüchtern soll es zugehen beim Neubeginnen. Richter ist Politiker, kein Mann des nachdenklichen schriftlichen Zurücktastens an die Erfahrungen, denen sich der Schriftsteller aussetzt, der weiß, daß vorschnelle Richtigsätze Erfahrungen von seiner Sprache fernhalten, die er nicht selbst gemacht hat. Proben von Richters

229

Duktus in den Manifesten des „Ruf" 1946/47 folgen auf den kommenden Seiten.

Schlimmer geht es in den frühen Texten von Alfred Andersch zu. Es gibt nur anderthalb davon zum Thema Antisemitismus; und auch bei ihm keinen zum 9. und 10. November 1938. Der affektierte Theoriekopf der siebenundvierziger Gründer-Identität und glühende Sprecher der „jungen Generation" hält sich vornehmlich im obersten Stock des Überbaus der Gruppe auf. Kaum Zeit, ‚unten' mal nach dem Rechten zu sehen. Dort haust das deutsche Elend – und der Antisemitismus. Der Kopf des Intellektuellen denkt – natürlich richtig, im Prinzip –: „Mit der Zerschlagung der Partei ist die aggressive Form des Antisemitismus in Deutschland geschwunden. Die latente Judenfeindschaft schwelt weiter ..." Das ist die Stunde Null des Hochmuts, den der neu entstehende deutsche antisemitische Privat-Kontext der Nicht-Nazis und Nicht-Antisemiten bestens gebrauchen kann. Man ist, schuldlos an allem Aggressiven ‚soeben', als Intellektueller, gegen den die Nazis „die Bewegung des Antisemitismus" eigentlich entfacht haben (!), ‚danach' im Kopfumdrehen aus dem antijüdischen Schneider. Man ist heil aus dem „Krieg der Nazis gegen die Intelligenz" zurück und selber jetzt der Jude von gestern; wieder bedroht, weil intellektuell. Und es gibt plötzlich nur noch die dumpfen Nachschwätzer antisemitischer Sprüche – auf der Straße und im Büro – , die jenen Krieg nun weiterführen. Also Ärmel hochgekrempelt und sauber anti-antisemitische Praxis geübt! Alfred Andersch ersteht nach seiner konformistischen Liaison mit dem NS-Antisemitismus als Held wieder auf. Held der didaktischen Säuberung des neuen Deutschlands vom nachschwelenden alten Antisemitismus. Es ist nur eine Rolle, und sie hat sich nur einen einzigen Text geschrieben. „Ich habe mir zum Prinzip gemacht, sofort einzuhaken, sobald eine antisemitische Äußerung fällt. Das ist eine äußerst unbequeme Angelegenheit. Ich empfehle die Nachahmung des Versuchs." Und dann erzählt er, unter Pseudonym!, seine Geschichten.[2]

Dann noch ein Splitter, der das Problem der nicht-antisemitischen Intelligenz, das sie mit den Juden selber haben, allerdings deutlich genug anritzt: Die deutschen Kriegsgefangenen („sechs Millionen"!) leben noch in Lagern. Juden in einem Zwischenlager auf Cypern, die sich geweigert hatten, ihr eigenes Lager zu bauen („Wir haben in den letzten Jahren genug Lager gebaut"), werden als Kronzeugen der Gedankenfigur herbeizitiert, wie ihre „eigene leidvolle Erfahrung" ihrer Singularität entkleidet und verallgemeinert werden könne: durch ihr Aufgehen im Vergleich! Sie und die „nunmehrigen" sechs Millionen – : ihre Lager sind dieselben![3] Von da ist der Schritt rasch getan, die Gattung Mensch, wo immer sie zu Unrecht geplagt wird, als die Opfergattung der Juden zu imaginieren, denen zu helfen *nach* der Epoche des Faschismus vor allem wir Deutsche verpflichtet sind. Nicht mehr diskutabel schließlich die Behauptung des Autors eines schlechten Hörstücks (Andersch, „Biologie und Tennis"), es werde – in dieser Helfer-story auf Peter Schneider- oder Bunte-Niveau! – „*die ganze Antisemitismus-Frage aufgerollt, zusammen mit dem Sozialismus-Problem* (hervorgeh. K.B.) und einigen anderen Dingen". Der Autor möchte aber „auf keinen Fall", daß das Stück in der Gruppe gelesen werde, wie er an Hans schreibt.[4]

Man horcht auf, wenn ein gescheiter Mann wie Walter Mannzen einen Artikel titelt: „‚Antisemitismus' gegen Ostflüchtlinge" und mit einem Rückblick auf Arnold Zweigs „Caliban" und den dort operierenden Begriff von der „Affektdifferenz" das nötige Niveau anvisiert. Aber es wird wieder nur ein Vergleich. Der Differenz-Affekt gegen die Ostflüchtlinge schlägt in Haß aus, wird berichtet, auf diesem Vorgang habe auch der Nationalsozialismus seine antisemitische Propaganda aufgebaut.[5]

Wir werden sehen, in welchen Diskursformen diese Verstocktheit gegenüber der „Frage" des deutschen Nachkriegs-Antisemitismus ihren Ort hat. Das Bild Heines an der Ostküste und das Problembewußtsein eines schreibenden Landsers in der Stunde der Befreiung deuten auf eine Alternative zu diesem Diskursverschluß schon 1946. Waren all diesen Schriftstellern, die um Richter und Andersch versammelt waren und an den „Neuanfang" glaubten, die Möglichkeiten der Literatur, sich der Befreiung wirklich zu öffnen, fremd? – Ein anderer auf jener Heine-Seite (Heinz Ohff, Camp Gruber, Oklahoma) zitiert „Ich hatte einst ein schönes Vaterland..." - - -

Vielleicht fehlte es den Siebenundvierzigern an Poesie? Die Fähigkeit allerdings, ums Vaterland zu klagen wie Hinz und Kunz, hatten sie. Ihr Stammtisch steht noch heute.

Das folgende Kapitel fußt auf einem Vortrag, der zu einer Art von Pilot-Studie in der jüngeren Forschung zur Gruppe 47 avanciert ist. Aus diesem Grund lasse ich die Stücke, die ich wiederverwende und mit einigen Zwischenbemerkungen versehe, unverändert. Stark gekürzt ausgewählt sind zunächst wenige Passagen, die eine *Form*-Analyse versucht haben zum

Kreisen der Gruppe 47 um eine Leere und hier gedacht sind als Hilfe zum Verständnis der *inneren* Vorgänge, die Thema dieses Buches sind. Es geht um ‚Frühphänomene‘, die die Ursprungsbreite und -härte des deutschen Verdrängungs-Kontextes, den sie exemplarisch beleuchten, resümieren mögen. Später in der Auswahl, die auf den Abschluß dieses Buches hin orientiert ist, lockern dann einige Ergänzungen („Eingestreutes" und Fenster) und eingeschobene Kurzkommentare und Anmerkungen den gedrängten Vortragstext auf, dessen polemischer Grundzug im übrigen zum Thema gehört. Das Züricher Publikum, dem ich den Versuch im Gedenkjahr 1995 (‚Fünfzig Jahre danach‘) vorgetragen habe, hat das auch so gesehen. Ich denke gern an sein Erstaunen und Einverständnis zurück.

Leere als funktionierende Gruppenmitte

Die Gruppe 47 ist eine politische Legende in der deutschsprachigen Gegenwartskultur und darüber hinaus. Das reicht bis in die Redaktionsstuben heute; bei der Vorankündigung dieses Buches war es zu erkennen. Aber nicht bloß in der Legendenform existiert die Gruppe noch immer, jederzeit könnte man sie wieder zusammenrufen, und sie überlebt in ihren Verwandlungen, Nachahmungen und Selbstschutzreaktionen. Das erste Mal hat sie zum letzten Mal 1967 getagt, dann 1972 (Berlin), 1977 (Saulgau) und 1978 (ebenda); zuletzt 1990. Erscheint sie unbeendbar, so hat sie doch einen Anfang. Doch um ihm kritisch beizukommen, müßte versucht werden, die Legende in unseren Köpfen, dem Ort ihrer Form, ein wenig zu destabilisieren. Dort bildet sich die Gruppe ab sogar ohne rechten Beginn, jedenfalls wie zeitlos, ich will nicht sagen wie ein Gespenst, wohl aber konturschwach, wenn auch beharrlich, inhaltlich unbestimmt, wenn auch geschwätzig. Darüber, was sie gewesen sei? getrieben habe? und was von ihr wie und wo weiterlebt? wird im Unklaren gelassen, wer bloß in den Berichten liest, die über sie geschrieben werden, gar dem Selbstlob lauschen mag, das wie ein Strohfeuer abgebrannt wird, wann immer ein Kalenderdatum dazu die Veranlassung bietet. Es scheint im Gesamtfeuilleton inzwischen auf die historische Forschung abgeschoben zu werden, Wahrheiten zu den Fragen nach dem Was und Wie der Gruppe zu finden. Wann soll das sein? Das Abschiebemanöver überließe weiterhin nur denen das Feld in Salon und Feuilleton, die das Selbstlob anstimmen oder unkritisch, eins zu eins, dazu ihre Kommentare und Anekdoten liefern.

Ein Blick zunächst auf die Legende unter dem Aspekt, daß die Gruppe stets vorgab, keinen Chef zu haben und doch einen hatte, andererseits vorgab, einen öffentlichen Hauptsprecher zu haben, der dies in der Tat wohl beanspruchte zu sein, es jedoch nicht war. Hans Werner Richter, Publizitätsmanager seit der ersten Stunde, wuseliger Planer von Freundschaften, Beziehungen, Einfluß, Plattformen und eines multiplen Selbstbildes der Gruppe nach innen und außen, vor allem von innen nach außen, und dank dieser Kunst zunächst unangefochten Herr über die Einladungsliste, er lancierte Verlautbarungen in unzähligen Briefen, Artikeln, Vorworten, Features und Interviews, allesamt beredt und unpräzise geordnet nach dem Leitmotiv, Auskunft darüber zu geben, was die Gruppe nicht sei. Richters Rollenbild sieht autonom aus. Der Schein trügt. Sein Genie war, seine Macht intern regeln zu lassen von denen, die eine solche Rolle brauchten. Und Macht ist die Kategorie, die uns das Spiel der Gruppe erklärt.

Daß Kritiker am Machtbegehren der Gruppe 47 auch das Problem ihres Anteils am deutschen Antisemitismus nach 1945 erörtert haben, ist von Siebenundvierzigern nie verstanden worden.

Daß die Gruppe sich über sich selbst verständigte, indem sie nach außen den Eindruck erweckte, keine zu sein, sieht das nicht nach anhaltender Leugnung einer *gemeinsam zu erarbeitenden* Verantwortung dafür aus, daß man sich selbst gegenüber im Blick auf die jüngste Vergangenheit so unkritisch war? Man sprach und spricht von Offenheit der Gruppe 47. Wir werden sehen. Zunächst klingt es ja sympathisch, wenn ein deutscher Verein kein deutscher Verein zu sein behauptet, ohne Satzung, ohne verfahrensförmig geregelte Organfunktionen, Sprecheramt etc. Doch sehen wir auf das Einladungsprinzip und auf die Art der Gesellung dieser sogenannten Gäste bei den Tagungen, so muß man sich wundern, daß die Legende noch lebt; daß nicht herausgeschrien wurde: diese Gruppe, wenn sie tagt, exekutiere das Gegenteil von Offenheit, nämlich Geschlossenheit

Kritik an ihrer wahren und notorisch verheimlichten Geschlossenheit komme ja nur von „den Emigranten"! – ,

ja sie exekutiere Ausgrenzung von etwas ihrer Art Fremdem; ihr Charakter sei *Verschlossenheit.* Es ist meine These, daß die Gruppe 47 seit ihren Anfängen etwas ihr sehr Eigenes unter Verschluß hält, daß dieser Tatbestand die Form ihrer Aktualität in Deutschland noch *ist* und ihren politischen Beitrag zum kulturellen Wiederaufbau des Westteils des ehemals Deutschen Reiches garantiert hat.

Eine Grenze zwischen dem personellen Innen und Außen der Gruppe ist nie gezogen worden, wer eingeladen wurde, ist drinnen, kann aber zur nächsten Tagung schon wieder draußen sein: nicht eingeladen. Diese Ungewißheit hat im entstehenden Kulturbetrieb im Westen die Brache des Begehrens angelegt, dazuzugehören. Woran man sich dabei messen sollte, war unbekannt, blieb unsichtbar in Worthülsen wie Nichtnazi, Antifaschismus, Realismus, Sprache der jungen Generation. Das Wesentliche im Funktionsganzen ist kein Inhalt. Die latent wachsende Klientel, die Einladungsmasse blieb fragil, dort hatte man im Gegenzug das Einladungsprinzip als Zugehörigkeitskriterium an und für sich längst verinnerlicht und so funktionierte es.

Der Nimbus des Nochnichtdabei und der Hoffnungsschimmer einer Einladung machten blind. Ward man eingeladen und trat über die Schwelle, fragte man nicht nach dem Was und Wie. War man drinnen, unterwarf man sich. („Wir alle wollten das so", Hans Mayer.[6]) Was ist das dergestalt begehrte und empfangene Gut? Sie können mir glauben, es ist nichts. Es ist der Gegenstand eines nunmehr fast fünfzig Jahre sich wiederholenden Selbstlobs.

Anmerkung
F. J. Raddatz 1990 über die wohl wirklich letzte Arbeits-Tagung:

„Unter der leisen, behutsam-diktatorischen Regie von Hans Werner Richter (…) bewährte sich das alte Ritual ein anderes Mal: Autoren lasen ihre Texte, Kollegen ‚schmeckten sie ab'. (Dieser Berichterstatter, den wir im Buch aus dem Reich der Innenpolitik der Gruppe kennengelernt haben, in seiner unnachahmlichen Fähigkeit, als Chronist einer sich selbst feiernden Nichtigkeitskultur besonders hymnisch zu werden, blickt auf die *Geschichte* des Gruppenrituals:)
Der wundersame, gleichsam erotische Magnetismus der Literatur schuf ganz rasch ein eigenes Kraftfeld. (…) Das Wunder dieser Tagungen, das Geheimnis ihrer Mechanik war es immer (…), daß das funktioniert: stundenlang oft hart über Vorgelesenes urteilen – und hinterher beim Bier (möglichst bis tief in die Nacht) zusammensitzen."

Was sich bei Bier (meist waren es schärfere Sachen) alles so abspielte, ist z.B. unter „eingestreut" nachzulesen: Walser und sein Kritiker.
Daß ich es nicht vergesse: Der Bericht heißt „Literatur ist Gedächtnis".
Vergessen in der Totenklage des Berichterstatters u.a.: Ilse Aichinger, Inge-

borg Bachmann, Paul Celan. Man habe über die *„deutsche Not"* des Jahres 1990 gesprochen.

Marcel Reich-Ranicki, der Kritiker, wurde gar nicht erst eingeladen (Raddatz: „Erleichterung in der Runde")[7].

Wer oder was zwingt uns eigentlich, in die Pantoffeln solcher Selbstüberlieferung in der Gruppe 47 zu steigen und beschreibungstreu die Legende, die Raddatz in dem einen Zweiwortsatz „Das funktioniert" gefaßt hat, ewig fortzuspinnen? Der Historiker muß sich fragen, wie er ‚das Wesentliche', das umspielte Nichts, die Konstellation um die leere Mitte der Gruppe 47, um den elektrischen, den Vorlese-Stuhl, auf dem gesessen und geschwiegen wird, betrachten und beschreiben solle. Er sollte die Aura von Zweckfreiheit, die sich dort gebildet hat, außer Kraft setzen wollen. Er hat m.E. zwei Möglichkeiten: (1.) Er betrachtet die leere Mitte, die Text-pur-Darbietung in ihrer Beziehung zu ihrem Drum und Dran und (2.) dieses Drum und Dran, in seiner Beziehung zur leeren Mitte, als das, *was die Gruppe tatsächlich produziert hat.* Dann zeigt sich erstens, daß das Nichts auf ein denkbares Etwas verweist, das es selbst *nicht* ist.

Die Gruppe sagt doch immer, ihr Etwas-Sein sei kein Gruppen-Sein (weder gewesen noch in der treuen Selbstüberlieferung)!

Sagen *wir*, es sei dies: Das Etwas, das nicht ist aber hätte sein sollen, ist die Debatte. Debatte aller mit allen als Organ gemeinsamen Nachdenkens über die Voraussetzungen ihres Tuns. Hier sei gleich angemerkt, daß nicht nur die Beteiligung der Autorinnen und Autoren an der Kritik ihrer Texte untersagt war, sondern Debatte überhaupt, literaturtheoretische, geschichtliche Debatte unter Individuen, die auf sich selbst sehen und die Gelegenheit wahrnehmen, eine Reflexion auf eine Literarästhetik des Nachkriegs anzuzetteln.

„Keine Debatte!", das war das ungeschriebene Gesetz der Gruppe, der Boden, auf dem der elektrische Stuhl stand.

Zweitens stellt sich dem Studium dar, wie dieses Nichts, des Pudels Kern, im Drum und Dran des Gruppenhandelns und in den Texten wie verkapselt steckenbleibt, wenn sie, die Texte, vom elektrischen Stuhl ihren Ausgang nehmen und an die Kette der Literaturproduktion genommen werden. Das gilt für die Masse mit latenter Mitgliedschaft, um 1968 etwa 150 Schreibende und Verlegende/Vermittelnde; zur Zeit ist ihre Zahl nicht auszumachen. Das blinde Begehren nach dem Imaginativ der Zugehörigkeit bestimmt den Durchschnitt, der nach wie vor auf eine Einladung wartet – von wem, „das kann ich dir nicht sagen" (Tristan), das können sie nicht sagen im währenden „erotischen Magnetismus" ihres Zusammenhalts. Das begehrte Mitsein in der leeren Programmatik einer Ansammlung wie der Gruppe 47 hält die Täuschung wach, daß es eine Programmatik war und sei, dazuzugehören. Wozu? Das dergestalt lebendig Starre, 1945 ff. Verschlossene, unerlöst, daher ein Nichts in der Kultur unserer aktuellen Wahrnehmungen der Geschichte, es wartet noch immer darauf, daß wir seinen Anblick nicht scheuen.

Das Nichts in der Kultur, auf das wir erlöst schauen können, wird es das Mahnmal in Berlin sein, „Altar des geläuterten Vaterlandes"? „Sollen die Deutschen nun von den ‚Meistern' des Todes, geläutert durch die eigene, einzigartige Schuld, zu den Lehrmeistern des Guten aufsteigen?"(Hanno Loewy)[8]

Der Nutzen, den die Gruppe 47 wie eine symbolische Ordnung des Schweigens in die westdeutsche Nachkriegsliteratur gebracht hat, wird mit Hilfe der Hypothese beschreibbar –

es ist die These *in diesem Buch, die These in der Hypothese vom Gruppen-Tabu –,*

wonach es der Nutzen einer leeren Mitte sei, daß wir *erwartungsvoll* hinstarren, ohne uns zu verändern.

Kann der Blick des Historikers, der da hinein geht und die Starre auf sich nimmt – weil sie auch in ihm selber wohl einen Grund habe – stören und verändern?

Die Form (Funktion) des Zugehörigkeitskriteriums in der Gruppe 47 ist: Die Kraft tanken können zu glauben, daß

im deutschen ‚zeitleeren' Kontext!

keine Infragestellung des Weiterschreibens nach 1945 drohe, die das konstante Wegschauen von der Leere in der Mitte gefährden könnte. Bloß keine Zweifel aufkommen lassen am Kontinuum deutscher sogenannt realistischer Schreibtraditionen, das der jungen Generation anempfohlen bleibt! Kein Herabsteigen in die Schächte eines verstörten Kriegsgedächtnisses! – wobei eine kommunizierende Reflexion in einem kleinen Kollektiv, das innezuhalten und zurückzusehen versteht, gewiß hilfreich gewesen wäre.

Nein, Identität beim Schreiben und durch Schreiben bot die Gruppe an dank ihrer inhaltlichen Unbestimmbarkeit und kritischen Konturlosigkeit: Randbedingungen, die dem Begehren nach Zugehörigkeit an und für sich entgegenkamen und die aus jüngster Vergangenheit vertraute Tugend neu zu binden halfen, nämlich auf einem elektrischen Stuhl schicksalhörig Platz zu nehmen. Der Nutzen war auf allen Seiten. Die Gruppe zog ‚neue Literatur' in ihren

Bann nach dem einzigen bekannten Kriterium, sie werde zerpflückt und abgeschmeckt werden, und nach der einzig behaupteten Regel, man werde dies tun unter handwerklichen Gesichtspunkten. Auch diese Regel wurde nicht diskutiert. Suchen wir eine kleine Konstruktionshilfe bei der Psychoanalyse.

Das rhetorische Konstrukt einer Diskurseröffnung 1947

Kernszene: Texte auf dem elektrischen Stuhl.[9] Nehmen wir dieses von der Gruppe selber gewählte Bild für sich, als Zeichen, ohne alles Drum und Dran, so läßt es sich kennzeichnen als der Auswurf eines noch nicht gestillten Todestriebs. Man ist versammelt zu einer Triebgemeinschaft in einer ambivalenten Stimmung, geprägt von Schweigen und Geschwätz. Der Lustgewinn, den je für sich der sadistische und masochistische Kitzel, die Vorfreude auf das Stuhl-ritual zu Beginn der Sitzungen verschafft, verliert sich am ersten Tag schon bald oder wird negiert, umgewandelt, so würde Freud es vielleicht beschreiben, bis zu einer Destruktivität, von der die Grup-pe aus der eigenen Mitte erfaßt wird und die sie kollektiv gegen sich selbst wendet. Sie regrediert im Verlaufe der Aus-Sprache gemein-sam auf einen erogenen Sadismus, der die latenten und auf dem Stuhl benötigten masochistischen Energien nur noch voraussetzt. Wer gerade liest, wird „erbarmungslos", wie es aus der Gruppe im-mer wieder tönt, einbezogen in den sich durchsetzenden Prozeß der Regression, deren Ziel unerreichbar die Erlösung aller Gäste im permanent sich wiederholenden Ursprungsphänomen der Gruppe ist. Dort ginge das Rätsel auf, weshalb man sich versammelt hat. *Man geht aber nicht hin. Es ist die Tabu-Zone. Der Türsteher steht vor dem Gesetz (oder der Drache am Höhleneingang).* Man kann ein solches Beschreibungsangebot, das die psycho-analytische Theorie bereithält, wieder vergessen, nicht aber ganz so leicht, wenn wir einen Schritt näher an die Gruppe herangehen. Die Gäste spielen mit, was die Leitrollen vorspielen: das Spiel des deut-schen Kriegsheimkehrers, der sich nicht lieben kann, so heftig er nach Liebe verlangt. Zu viel hat er „erlebt". Wir sind bei der Zen-tralkategorie der Heimkehrpublizisten, „Erlebnis". Das Erlebnis ist im Heimkehrer verkörpert. Mit einer Wahrnehmungsstarre kehrt er heim, in seinen *Ausdrücken* fixiert auf die Worthülse „Erlebnis", Erlebnis, das nach Anerkennung lechzt. Die kollektive Kriegserzählung kann beginnen. Und Erlösung ersehnt der Heimkehrende sich von einer vollständigen Entspannung des Kampfes in ihm selber zwischen Lebenstrieb und den Todesbildern aus dem Krieg; Erlösung durch „totalen Frieden".

Daß dieses Sehnen, bleiben wir bei Freuds Hypothese vom Todestrieb, unter Wiederholungszwang gerät, unstillbar, sich auch in der Sprache nach außen wenden muß, destruktiv, aggressiv, *grob! (unerlöste Haßlatenz!)*

– Fortsetzung des Kriegs mit anderen Mitteln –, das haben unsere Heimkehrpublizisten der ersten Stunde natürlicherweise nicht wissen wollen. Schreiben verhieß ihnen Leben. Aber Leben auf der Flucht vor den Bildern im Gedächtnis und mit dem Ziel des Friedens mit sich selbst treibt Proben auf die Wahrheitsfähigkeit von Verleugnungen hervor.

Richter und Alfred Andersch im Kältewinter 1946/47, die Hände tief in den Manteltaschen, bei einem ihrer Gänge durch die Trümmerlandschaft Münchens, die jetzt in Schnee und Eis erstarrt ist, versichern sich, „das Dritte Reich überstanden", keinen „Demütigungen nachgegeben" und „keine Konzessionen gemacht" zu haben. (Zitate aus Richters „Etablissement der Schmetterlinge" 1986, Szenenmontage K.B.). Es ist eine Allegorie der Auferstehung Schuldloser in den Neuen Frühling 1947. Die wärmende Sonne wird der Starre nur die Aura einer abgesprochenen Erinnerungssprache verleihen, die sich von den Kriegsbildern gelöst habe, indem sie sie „realistisch" verwandelt. – Es wird Idylle sein. In der Idylle wird die Gruppe 47 plötzlich da sein wie aus dem Nichts. Ich komme darauf zurück.

(Jetzt Brückensteg, Methodenwechsel: Von der Psycho- zur Diskursanalyse!)

Die Ritualisierung der Heimkehr aus dem Krieg in eine Gruppe, die ihre Form gewinnt durch nichts als durch die Zugehörigkeit an und für sich – manifestiert in einem geschwätzig vereinheitlichten Schweigen über die Vergangenheit der eigenen Textarbeit –, sie verweist offensichtlich auf einen vorausgesetzten Diskurs, dessen Organ zu sein die Gruppe taugen konnte, weil ihre Leitrollen an der Eröffnung und Fütterung dieses Diskurses teilhatten und ihn familiär-gesellig in vertrauter Runde zu festigen wünschten. Es ist der DISKURS EINES NEUANFANGS, in dessen kriegerische Sprachzurüstung die literarisch gemeinten Texte gepreßt wurden. Enteignet. So hart wie sie kritisiert werden, so hart sollten sie sein, Härte, das war die oberste Parole in den Selbstverständigungen der ersten

Tagungen, wo man umstandslos weitersprach wie vorgesprochen war. Im *Ruf, Unabhängige Blätter für die junge Generation* war der Ton angegeben worden, August ,46 bis März ,47. Er war offen soldatisch. Hören Sie die Startfanfare, geblasen von Alfred Andersch:

IN DEM ZERSTÖRTEN AMEISENBERG EUROPA, MITTEN IM ZIELLOSEN GEWIMMEL DER MILLIONEN, SAMMELN SICH BEREITS KLEINE MENSCHLICHE GEMEINSCHAFTEN ZU NEUER ARBEIT. ALLEN PESSIMISTISCHEN VORAUSSAGEN ZUM TROTZ BILDEN SICH NEUE KRÄFTE UND WILLENSZENTREN. NEUE GEDANKEN BREITEN SICH ÜBER EUROPA AUS. DER AUF DIE ÄUßERSTE SPITZE GETRIEBENEN VERNICHTUNG ENTSPRANG, WIE EINST DEM HAUPT DES JUPITER DIE ATHENE, EIN NEUER, JUGENDFRISCHER, JUNGFRÄULICH-ATHENISCHER GEIST. DIE BEDROHUNG, DIE HINTER UNS LIEGT, UND DIEJENIGE, DIE UNS ERWARTET, HAT NICHT ZUR LÄHMENDEN FURCHT GEFÜHRT, SONDERN NUR UNSER BEWUßTSEIN DAFÜR GESCHÄRFT, DAß WIR UNS IM PROZEß EINER WELTWENDE BEFINDEN. DIE TRÄGER DIESES EUROPÄISCHEN WIEDERERWACHENS SIND ZUMEIST JUNGE, UNBEKANNTE MENSCHEN. SIE KOMMEN NICHT AUS DER STILLE VON STUDIERZIMMERN – DAZU HATTEN SIE KEINE ZEIT –, SONDERN UNMITTELBAR AUS DEM BEWAFFNETEN KAMPF UM EUROPA, AUS DER AKTION.

Das junge Europa (!) formt sein Gesicht". So soll es sein. So heißt Anderschs Text im „Ruf".[10]

Sie hören das Pathos, die Pathosformeln, die Kitschmetaphern aus Männerphantasie, das sprachliche Wie-Weitermarschieren.[11] Die Grundformeln sind aggressiv militant, klingen wie pazifistisches Säbelrasseln. Dieser Ton verstärkt sich bald noch. Wie haben wir das zu verstehen? Am Rande sei vermerkt, daß die beiden Lizenzträger der Zeitung, Andersch und Richter, beides ehrenwerte Kriegsgegner waren. – Ich sehe es so:

Das Lob einer jungen europäischen Elite, zu der das junge Deutschland gehöre, war ein reiner Willensakt und war geboren aus einem Zugzwang. In den Elite-Camps der nordamerikanischen Ostküste zu auserwählten Deutschen (selected citizens) umgeschult, war man früh heimgeschickt, die Demokratie zu errichten. Aber ein historisches Problem komplizierte den Auftrag; ein scheinbar objektiv notwendiges Tempo schien vorgegeben: In Deutschland hatte es 1945 keine befreiende Revolution gegeben, sondern eine hartnäckig nationale Identität des Niedergeschlagenseins und des Selbstmitleids en masse stand dem Demokratie-Import entgegen. Gehörte daher nicht selbstkritische öffentliche Arbeit zur Aufgabe?

Hatte der Landser im zitierten Camp-Artikel zu dieser Aufgabe der „jungen Generation" nicht auch die Selbstverpflichtung gezählt, aus der Epoche des Antisemitismus hinauszuführen? Andersch aber wendet sich diesem Problem gar nicht zu, sondern polt den Aggregatzustand des besiegten Soldaten und auserwählten Bürgers um in einen emphatischen Formungs-Ehrgeiz. Einwirkung auf andere! Rein abstrakt. Konkret auf wen?

Haben wir aus seinem acht Monate später veröffentlichten Antisemitismus-Report (Rolle: Umerzieher) etwas dazu gelesen?:

Antisemit: „Aber Sie werden mir doch zugeben, daß es Juden gibt, die eine ganz bestimmte Art haben ... ich habe zum Beispiel einen Schneider gekannt ..."

Umerzieher Andersch: „Man kann derartige Äußerungen gar nicht ernst genug nehmen, nachdem das deutsche Volk über fünf Millionen Juden auf dem Gewissen hat...")

(Rolle K.B.: Andersch wird sich mit dieser Kollektivschuldthese noch gehörig auseinandersetzen.)

Im „jungen Europa"-Text ist von Deutschland nicht die Rede: *ihm* gilt das Pathos der inflatorischen *Elendshinweise*.

„Opferbilanz"

„Fülle der Leiden" – „Schuldkonto" – „Die deutsche Aufgabe"

Alfred Andersch: Der Ruf, Nr. 8, 1.Dezember 1946, S. 1 f. „Selbst die allerunwilligsten und strengsten Beobachter der deutschen Entwicklung im In- und Ausland kommen nicht um die Festellung herum, daß das deutsche Schuldkonto sich allmählich zu schließen beginnt. Die grundsätzliche Kriegsschuld der deutschen Führung und die von ihr begangenen Verbrechen erfahren ihre Kompensation, nicht durch wohlüberlegte Vergeltungsakte freilich, sondern durch die Fülle der Leiden, die, scheinbar als natürliche Folge einer so totalen Schuld, über Deutschland hereinbrechen. Hierher gehört die physische und psychische Wirkung der Bombenangriffe, die Austreibung von zehn Millionen Deutschen aus ihren Wohnstätten im Osten, die Ernährungslage und der Schwarzmarkt, die Kälte, die um sich greifenden Krankheiten, die babylonische (!) Gefangenschaft von Millionen früherer Soldaten, die Zerstörung oder Lähmung der Industrie ..."

(vgl.auch „Sorgen im Lager der erhobenen Zeigefinger", ebd., Nr. 13/15. Februar 1947, S. 3. Auszug in Fenster 2).

Eugen Kogon zum Jahreswechsel 1946/1947: Frankfurter Hefte 1947, Heft 1. *Die deutsche Aufgabe.* „Allzu viele Deutsche gehen zornig und verbittert, laut klagend oder mürrisch ihrer Tagesarbeit nach, ärgern sich über alles und jedes, schieben die Schuld an den bestehenden Zuständen ein wenig auf ‚Fehler, die der Nationalsozialismus gemacht hat', und in der Hauptsache auf die Alliierten, die gesiegt haben (...). Ihre gesamte Argumentation: die Opfer des

Luftkrieges (Natürlich gegen Deutschland, nicht etwa die der deutschen Terrorangriffe auf Polen, auf Rotterdam, auf Belgrad, auf Coventry und alle die anderen Städte mit Zivilbevölkerung, die doch ‚ausradiert' werden sollten, – vergessen, verschollen, nicht wichtig ..., *aber* Dresden *und* Hamburg *und* ...!), die Opfer des Luftkrieges also wiegen die Konzentrationslager-Greuel gleichwertig auf; die Mißhandlung und teilweise Ausrottung fremder Völkerschaften durch Deutsche – ‚wenn es wirklich wahr ist!' – findet nun ihr Gegenstück in der Ausweisung von zwölf Millionen Deutschen aus dem Osten; die Aussaugung Europas durch den Nationalsozialismus wird ausgeglichen durch die wirtschaftliche Demontage (...); haben die anderen jahrelang gehungert, so war das ein notwendiger Kriegsbeitrag, uns hingegen läßt man im Frieden verkommen (...): ein Argument jagt das andere, alliierte Einwendungen – deutsche Gegeneinwendungen (...), sie rechnen sich gegenseitig nur auf und wenn die Deutschen verlieren – was jedem selbstverständlich erscheint, der zwischen Ursache und Wirkung, Anfang und Ende, Tat und Verhängnis unterscheiden kann – , dann sagen sie bei sich zuhause: Kunststück, als Sieger sind sie natürlich die Stärkeren! Eingesehen wird nahezu gar nichts, von diesem Teil der Nation. Es sieht in der Tat so aus, als ob es der größere Teil des deutschen Volkes wäre. Und er scheint von Tag zu Tag größer zu werden.“
Erhard Lucas-Busemann: *Selbstzerstörung und Untergang Ostdeutschlands 1944/45.* Nachdenken über eine Katastrophe ein halbes Jahrhundert danach (nach Manuskript zitiert [Universität Oldenburg]). „Wir Kinder von 1945 haben den Krieg erlebt, aber nicht mitgestaltet. Vielleicht sind wir deshalb in besonderer Weise berufen, unsere Stimme zu erheben.
Ich wünsche den Menschen jenseits von Oder und Neiße Frieden und Glück. Hoffen wir, daß es nach drei Verträgen 1950, 1970 und 1991 zu einem Verhältnis guter Nachbarschaft keines weiteren Vertrages mehr bedarf.
Ich denke an die Ostpreußen, Pommern und Schlesier, die seit 1933 als Juden klassifiziert, verfolgt, aus ihrer Heimat vertrieben und über den ganzen Globus verstreut wurden.
Trauer über das, was zerstört wurde.
Abschied nehmen.“
Die Legende von der jahrzehntelangen Mißachtung der deutschen Kriegsopfergeschichte, z.B. die der Flucht- und Vertreibungsopfer, widerlegte jüngst klipp und klar Robert G. Moeller: Als der Krieg nach Deutschland kam. Aus dem Panoptikum der Erinnerungsgeschichte: Wie der deutsche Film vom Schicksal der Vertriebenen und Flüchtlinge erzählte, in: Frankfurter Allgemeine Zeitung, 8. 6. 2002, S. 50. – Zur reichhaltigen belletristischen und wissenschaftlichen Literatur zur Vertreibung aus den ehemals deutschen Ostgebieten gibt es mehr Publikationen, die von rechts her bibliographiert sind, als von links (vgl. Leopold Grünwald [Hg.], Sudetendeutsche – Opfer und Täter 1984), aber es gibt sie. Louis Helbig, Fünfunddreißig Jahre Literatur und Vertreibung. Versuch einer Bilanz, in: deutsche studien, Nr. 71/1980, S. 234 ff. Wolfgang Benz (Hg.), Die Vertreibung der Deutschen aus dem Osten. Ursachen, Ereignisse, Folgen, Frankfurt am Main 1985, darin: Hellmuth Auerbach, Literatur zum Thema. Ein kritischer Überblick, S. 219 ff.

Das Aufbruch-Pathos in den Andersch-Manifesten ist der Adresse „Junges Europa" geschuldet, aber die bebende deutsche Seele steht im Schreibprozeß am Arbeitsplatz schon unter Außendruck. So wird die thetische Sprache aggressiv-destruktiv aufgeladen.

Die Kulturoffiziere der Besatzungsmacht haben eine andere Vorstellung vom Auftrag dieser jungen Demokratieagenten, die Europa-Adresse ist ihnen zwei Nummern zu groß. Sie signalisieren Aufsichtsrechte als Verantwortliche. Ihre Politik ist anders und kontraproduktiv einem Selbstbewußtsein, das sich bloß nach einer Parole: „Junges Deutschland!" zu profilieren wünscht und Schuldgefühle verneint.

Verneinung: „Vorgehen, wodurch das Subjekt, obwohl es bis dahin verdrängte Wünsche, Gedanken, Gefühle jetzt klar ausdrückt, diese weiterhin abwehrt, indem es verneint, daß es die seinen sind." (*Das Vokabular der Psychoanalyse*, S. 598).

Das Selbstbewußtsein der Siebenundvierziger reagiert mit und ohne Anlaß trotzig, selbstidentifikatorisch, abstrakt deutsch. Und was eingestandenermaßen drückt und drängt: Die Kollektivschulddebatte, deren Wortführer andere sind, die Nürnberger Prozesse, in denen man selber nicht aussagen, zu denen man also im Jugendblatt nur Stellung beziehen kann (Notwendige Aussage zum Nürnberger Prozeß, Nr. 1, August 1946), die Informationen aus den inländischen Vernichtungslagern, der Elitetausch auf höheren Ebenen, Zensurwirklichkeit, Reisebeschränkungen, der wachsende Einfluß älterer Publizisten aus der Inneren Emigration, der eingebildete Einfluß der Deutschen (Juden) im Exil in der westdeutschen Öffentlichkeit. Schon während seiner Lehrzeit in der *Neuen Zeitung* hatte Andersch bemerken müssen, daß die jungen Deutschen in Europa nicht gebraucht, nicht gehört, ja wohl noch verachtet wurden. Ein entsprechender Beleg geriet nolens volens in die Spalten des „Ruf":

Die jungen Deutschen von heute sind die erschöpfteste, unwissendste und gedankenärmste Generationsgruppe in dieser Welt

(Stephen Spender).

Der befreundete englische Autor dieser Beobachtung (so Andersch) mißachte ein wenig das Generationen-Problem: „falsche Schlußfolgerungen" (sein Ringen beim Deutschlandbesuch gelte andererseits positiv der „deutschen Seele")[12].

Der Ehrgeiz bei Andersch und Richter, auf andere einzuwirken, sie zu „formen", nimmt im Winter 46/47 wahnhafte Züge an, die

Wahl ihres Gegenstandes, der zu formen sei, die junge deutsche Generation in der europäischen, gerät zur nationalen Illusionsbildung.

Alfred Andersch: „Beifall von der falschen Seite"? Vorerinnerung an M. Walsers „ehrenwerte Leute" (vgl. die „Einführung")
Als bewußter Ausdruck an der ‚Oberfläche' grandioser Ich-Inszenierung zeigt sich die neonationale Symptombildung oft in der Form einer Selbstbehauptung, die an den „Geist der Nation" delegiert wird; ein Beispiel im „Ruf": Carl Hermann Ebbinghaus, zunächst selbst Mitarbeiter im Blatt, inzwischen „einer der deutschen Redakteure (...) des amerikanischen Regierungsorgans" Neue Zeitung, wie Andersch jetzt nach seinem Abschied von der NZ formuliert, hatte einen Offenen Brief dort am 31.1.1947 abgedruckt, dem „Ruf" vorhaltend, er benütze den Namen des jungen Deutschlands, „eine orthodox-nationalistische Propaganda zugunsten von Gesichtspunkten zu betreiben, die Deutschland eigentlich mit der Niederlage Hitlers aus den Augen verloren haben sollte." Andersch blockt die Kritik so ab: Allein die Verelendungs-Politik der Besatzer, die „zu einem physischen Zusammenbruch des deutschen Volkes führen" werde, sei für den Nationaldiskurs im „Ruf" verantwortlich: diese „teilweise heftige und leidenschaftliche Verteidigung der Lebensgrundlage unsers Volkes". So könne in der Tat der „Beifall von der falschen Seite" nicht ausbleiben. Unbeirrt aber müsse dieser Diskurs bleiben: „(...) Wir formen auf diese Weise eine demokratische Opposition": ein konstruktiver, wenn nicht *der* „in der gegenwärtigen Situation entscheidende Beitrag zu einer geistigen Umformung des jungen Deutschland." Daß dieser Kurs verstanden werde, könne Ebbinghaus „aus Hunderten von Briefen junger Menschen" ersehen. Wir vermitteln ihnen, sagt Andersch, „das Erlebnis der *Freiheit* (...) in einer kritischen Schärfe", die „der verstockteste Faschist", der unseren Ruf liest, „nie vorher erlebt hat": eine „GRUNDLAGENDEBATTE MIT DEN MÄCHTIGEN DIESER WELT". (Hervorh. K.B.) Wir sind die wahren deutschen Demokraten, heißt das, ja mehr noch: „eine Gruppe durchaus internationalistisch gestimmter junger Sozialisten (...), die als Minderjährige bereits in die Konzentrationslager Hitlers wanderten. *In der ganzen Welt gibt es heute nur suchende, verstörte Menschen, die sich untereinander kameradschaftlich geistige Hilfe gewähren sollen. Wir wissen uns in dieser Erkenntnis mit den sorgfältigsten Beobachtern jenseits der deutschen Grenzen einig."* (Hervorh. K.B.) Aus: „Sorgen im Lager der erhobenen Zeigefinger" (Ruf, Nr. 13, 15. Februar 1947, S. 3.) Verfasser des redaktionell chiffrierten Textes könnte auch Richter sein.

Symptom: Rede vom „Erlebnis des Volkes, Erlebnis der Freiheit"!
Illusionen: Realabstraktionen, die im Nichts zu wurzeln scheinen und ihrem Gehalt nach auch wirklich nichts sind. In dieser Form sind und werden sie Wirklichkeit.

Nationalliterarischer Nachkriegs-Realismus
und die Abwehr der Bilder (Versuch über ‚Fixierung')

Die scheinbar ‚bloß' metaphorische Militanz in den „Ruf"-Reden des ersten Hefts („Das Junge Europa" und „Notwendige Aussage zum Nürnberger Prozeß") ist eine Gewalt für sich. Selbstbewußte rhetorische Gewaltbereitschaft: Ich, ein männliches Ich, sei imstande, es mit sich selbst aufzunehmen, und imstande: mit derselben „leidenschaftlichen Schnelligkeit", wie „diese junge deutsche Generation", kraft „eingesetzten Lebens", ihre „Hinwendung" zum *neuen Europa* vollzieht, auch bei *sich selber* anzukommen als das *junge Deutschland.*

Ein Abstraktum,
das die heterogene Zeit als Medium für die Nachkriegserfahrung vergangenen Leids Anderer in sich auflöst und in die Vorstellung eines Zeitblocks chemisch umwandelt: Voraussetzung, in den deutschen Kontext der Verdrängungen einzutreten,
es kommt an seinem Ursprung ersteinmal bei sich selber an. Es ist zirkulär in Bewegung gesetzt. Antworten der Adressaten *dazu* gibt es zunächst nicht. Wir erleben die Geburtsstunde einer extremen individuellen Unmittelbarkeit zu sich selbst, reaktiv abgesetzt gegen reale Nachkriegswahrnehmungen und erregt von Trotz und einem pygmalionischen Schöpfungstrieb. Rhetorik mit publizistischer Chance, Proselyten zu machen. Andersch führt vor, daß man zu diesem Zweck zuerst einen Männlichkeitsbeweis ablegen muß.

Das Junge Deutschland stand für eine falsche Sache. Aber es stand.

So sagt er. Es ist das Phantasma einer phallischen Wir-Erzeugung. Wir schaffen das Neue, die Einheit, die Revolution, wie es auch hieß, wir schaffen das alles ohne Atempause aus dem unmittelbar Alten. Es ist die Unmittelbarkeit zu *dem* Krieg, aus dem das Wir-Ich heimgekehrt ist.

Die Voraussetzung, ein schöpferisches Wir in dieser Unmittelbarkeit zum Jüngstvergangenen zu denken, ist die rückgewandte Vorstellung, einen realen Schauplatz gehabt zu haben, auf dem das Ich sein Ringen um Selbstbehauptung und Anerkennung hat in Szene setzen dürfen. Daß dies erfolgreich gewesen sei, muß für die Gegenwart behauptet werden können. Andersch und Richter laden zur ständigen Feier einer solchen These – als deutsche Soldaten *jetzt* anerkannt zu sein – dadurch ein, daß sie das Fronterlebnis als Leistung besonderer Art würdigen. Auf den Schlachtfeldern von Stalingrad, El Alamein und Monte Cassino angesichts des Todes gestanden zu haben, sagt Andersch, macht, daß wir als Anerkannte vor *uns jetzt* dastehen, *gerade* im Angesicht von Nürnberg. Im Handumdrehen. Schriftlich, rhetorisch. Diese Rhetoriker entscheiden dergestalt, daß ‚wir‘ *gebraucht* sind – in einer Welt von neuen Feinden. Im Krieg geläutert von der Diktatur wird die Jugend Europas den „Kampf gegen alle Feinde der Freiheit fanatisch führen", diese Jugend wird den Kampf also deutsch führen.

Dies werde auch die *Wandlung* der soldatischen und unschuldigen Jungen Deutschlands sein, Wandlung zur Unschuldsgewißheit aus dem Stand und bloß zu sich selbst. Dort im Selbst werde man dann auch, sobald die Verbrecher ausgelöscht sind, frei sein für den Haß auf die Schuldigen.

Anmerkung zu Schuld und Dolchstoß:

Inzwischen – der Nürnberger Prozeß läuft – habe man bloß den Haß auf die Wissenden, die Generäle, deren Schweigen wie ein Dolchstoß schmerze. Der Haß auf *sie* macht das Unschuldsgefühl noch nicht frei!, metaphorisch: „Auf der dunklen Folie des Verbrechertums steht eine Gruppe in düsterem und unheimlichem Glanz. Es sind diejenigen, die mit den roten Streifen der Generaluniform und mit allen Orden und Insignien angetan sind, die Macht verleihen kann. Ihnen gilt der Haß der Jugend doppelt und dreifach. Die anderen waren die Verbrecher aus Instinkt und Anlage oder die Narren oder die berauschten Kleinbürger. Sie aber waren die Wissenden, und sie wurden zu einer Sorte säbelrasselnder Pharisäer. Sie sprachen unter sich mit einem bösen Augurenlächeln und den Soldaten gegenüber mit kalter Maske von Pflicht, weil sie zu feige waren, dem Verbrechen in die Arme zu fallen."

Das Konstrukt, das für eine solche antizipierte Heimkehr in anerkannte Unschuld zum Empfang bereit steht, hat Andersch im Angesicht Europas sogleich benannt: „kleine menschliche Gemeinschaft", im Plural überall in Europa, so auch hier; hier aber im rhetorischen Singular, Jetzt. Eine verschworene Gemeinschaft aus „eigener Leistung". So ist die Gruppe 47 im Kern begründet: als Konstrukt eines Narzißmus unmittelbar zum einen Krieg unter Ausblendung des anderen.

Diese halbe Erinnerungsleistung – Narziß auf der Flucht vor dem, was wir wirklich wissen können, hinein in eine Leere, in der das Selbst sich spiegelt und man wirklich nichts *zu wissen braucht* – ist der Grundschuldeintrag ins Geschichtsbuch: „Gruppe 47" 1945 bis heute.

Die soldatische Beschwörung der „eigenen Leistung" war für literarisch ambitionierte Heimkehrer einladend genug, bald befolgt zu werden. In den Nachkriegsnarzißmus der engsten Gründergruppe verfing sich manch kriegsmüdes Gemüt im Begehren, über „Erlebnisse" zu schreiben.

Aber in den Raum der Leere, in dem keine Sprache der Nachdenklichkeit über den *ganzen* Krieg Platz bekommt, werden Mitglieder eintreten, an denen eine Andersch-Rhetorik vorbeigezielt hat, die aber, wie später Hildesheimer oder Hans Mayer, hätten *laut* sagen müssen: Wir alle wollten es so – wenn ihre widersprüchliche Stellung als interne Außenseiter in der Gruppe hätte deutlich werden sollen. Über ihre ,abweichenden' Empfindungen und Gedanken wissen wir wenig; eine Spur von ihnen wird auf einer Straße bei Füssen im Allgäu nächtens aufleuchten. Zu diesen Anderen gehören die Frauen in der Gründergruppe, vor allem Ilse Schneider-Lengyel. Ihr verdankten Richter und die Truppe viel, aber ihre Spur verliert sich bald. Die Diskurswache über möglicherweise, ja wahrscheinlich lauernde Entfaltungstriebe unzensierter Wahrheiten in Texten bleibt bis auf den heutigen Tag, in allen Variationen der Gruppe, männlich; als Kritikprinzip zeugt die Wache sich fort. Entzückt berichtet ein Schweizer Teilnehmer von der ersten echten Arbeitstagung im November 1947, wie „erbarmungslos" dort kritisch zur Sache gegangen worden sei.[13] Andersch (dessen Meßlatte für die Jugend Europas die „rücksichtslose Hingabe ihrer ganzen Person" heißt) fand die Gruppe inzwischen schon zu unpolitisch, aber stolz konnte er sein, wie genau sein Prinzip der Kampfgemeinschaft in praktische Kritik umgesetzt wurde. Entzückt ist besagter Berichterstatter vor allem über die Kritikervorstellungen über Form, Bau und Gewicht der Texte, die ein „unverzerrtes Bild" unserer Wirklichkeit von 1947 geben sollen, und über die Schärfe, Sezierbereitschaft und peinliche Analyse, wann immer sie, die armen Texte, das unverzerrte Bild nicht geben konnten und dann „beschnitten", „zurechtgerückt" und in ihren „Gelenken verschoben" worden sind.

Anmerkung zum soldatischen Metzgern am Text
In der Idylle der Laufenmühle im Schwäbischen Wald, nahe dem Örtchen mit dem kleinen KZ und der Hinrichtungseiche („Bockseiche" am Steinbruch), im Herbst 1951 – es ist dann dort besonders schön, die Blätter an den Bäumen glühen – , muß es heiß hergegangen sein. Naiv berichtet ein

Früh-Mitglied an die Neue Zeitung: „Es wird – mit der handwerklichen Grausamkeit eines Kindes, das seinen Teddybären untersucht – angebohrt, aufgerissen, in Stücke zerhackt und wieder zusammengesetzt. Die Kritik ist oft interessanter als das Vorgelesene..." („Welzheimer Marginalien", 27./28.10.1951, zit. nach Lettau a.a.O. („Weg nach Niendorf", Anm. 25), S. 70.

Das Stuhlritual war installiert und funktionierte bereits glatt im organisierten Härte-Diskurs des Heimkehr-Realismus. Die Kritik ist oft interessanter – als die eh armen Texte.

Wie regelte dieser Diskurs seine Selbstbegrenzung und wie wurde er mit der Unmittelbarkeit zum Krieg fertig?

Das eine geschah durch Ausgrenzungen, das andere ist Fehlanzeige, denn der Diskurs wurde *nicht* mit dieser selbstproduzierten Vorstellung einer Unmittelbarkeit zur Vergangenheit fertig. Hier fließt die Quelle der Geschäftigkeit und Geschwätzigkeit im Drum und Dran der Gruppe 47.

Ausgrenzung. Das Zugehörigkeitskriterium sagte: (1.) Keine Nazis in der Gruppe. Wie plausibel das klingt! (Wenn wir von Ingeborg Bachmann aus Niendorf auch anderes gehört haben). (2.) Keine Alten, denn unter ihnen hatte man die Schuldigen an den furchtbaren Verbrechen zu suchen, die im deutschen Namen begangen worden sind. Auch das plausibel? (3.) Keine Leute aus dem sogenannten Inneren Exil, das sich im Dritten Reich einer Fortpflanzung unseliger deutscher Verinnerlichungspraktiken schuldig gemacht habe, was immer das sei. Wie merkwürdig das alles in Wahrheit ist. Keine Nazis? Wohl möglich, daß diejenigen, die die Grenze vom Nichtnazi zum Nazi nach 1933 überschritten hatten, diese Grenze hätten benennen können. Sie gab es in der Gruppe. Aber sie schwiegen.

Es ist alles eine Mentalitätsfrage, hörten wir von Hans Werner Richter.

Nicht schwiegen die Sozialisten, Richter und Andersch in erster Linie, die mit einem Sozialismusappell, der alle differenzierte Erinnerung an die Niederlage der Linken am Ende der Weimarer Republik überdröhnte und dem Gedenken des Widerstands, an dem teilgehabt zu haben vor allem Richter ungebremst phantasierend behauptet hat[14], einen schlechten Dienst leistete.

Anmerkung 1933
Der Gedächtnis-Rückraum ,Kommunismus/Sozialismus', der in einer wirklichen Selbstverständigung unterm Begriff der Inneren Emigration nach

1945 hätte zu Worte kommen müssen, denn er hatte ein besonders klar ausgeprägtes historisches und psychisches Profil, ist in der Gruppe 47 verantwortlich verschlissen worden. Ein noch weithin unerforschtes Kapitel für
sich. (Vgl. hierzu auch Paul Celans Konflikt mit H. W. Richter über dessen
„Sozialismus" im Kapitel zuvor.) Daß ohne Rücksicht auf diese ‚Gedächt-
nis-Fraktion' eine Neukonstitution deutschen kulturellen Gedächtnisses
nach 1945 scheitern mußte und daß eine entsprechend affirmative Ge-
schichtsschreibung diese Lücke verewigt, das wird auch in einem 1994 erschienenen ‚Neuansatz aus Distanz' nicht in die Debatte gezogen (Erwin
Rotermund und Lutz Winckler (Hgg.), Aspekte der künstlerischen inneren
Emigration 1933-1945, München 1994 (=Exilforschung. Ein Internationa-
les Jahrbuch, Bd. 12). – Für Andersch und Richter gilt, daß ihre Gewandt-
heit 1945-47 nach drei Seiten – fiktive Übersteigerung ihrer Widerständig-
keit als Sozialisten und Philosemiten, Verschweigen ihrer NS-Verwicklung
und emphatische Assimilation an den westlichen Demokratismus – in Überlieferung, Kritik und Wissenschaft bis heute in aller Regel schamhaft und
hilflos übergangen wird.

Paul Celan, wenn wir sein Frankfurter Gespräch mit Richter richtig
belauscht haben, hätte den beiden manches zu denken geben
können.
    Die Abgrenzung gegen die Über-40jährigen ist besonders prekär,
ebenso wie die gegen das Innere Exil. Denn in diese Gruppe war
man verwickelt, ohne daß man das verheimlichen konnte wie etwa
die Mitgliedschaft oder begehrte Anwartschaft in der Reichsschrifttumskammer.[15] Die Gruppe 47, bei entsprechenden Jahrgängen, ist
samt und sonders eine Fraktion des Inneren Exils mit meist mehr
oder weniger linken Einstellungen gewesen und eben die Jugend damals, aber nicht anders vielfältig in den Nationalsozialismus verwickelt als die Alten.
    Die Rhetorik der Abgrenzung gegen Nazismus, Alter und Innere
Emigration ist als notwendiger Gestus des soldatischen Heimkehr-
denkens auch strukturell ziemlich leicht zu erklären. Ein Konstrukt
nämlich, das aus Härtenostalgie und Sozialismus, Demokratie,
Schuldabwehr und Realismuspostulat sowie aus der Reminiszenz
‚Frontkampf als Freiheitskampf' per definitionem entsteht und das
die Dynamik eines Neuanfangs bergen soll und eine offene Gruppe
zu seiner Inangriffnahme einlädt – wie konnte ein solches Konstrukt, wenn es nicht bereits bei seiner Definition auseinanderbre-
chen sollte, anders gegen mögliche Konkurrenzkonzepte abgegrenzt
werden, als durch äußerste Verengung auf das vage gemeinsame

„Erlebnis" Krieg? Einerseits. Und andererseits, wie konnte die dergestalt beheimatete Verständigung, alle Kriegserlebnisse zusammenzuziehen zum Kern einer organischen Rede über sich selbst, anders ihre Diskursordnung regeln, als durch die Anerkennung eines leeren Zentrums, in dem alle Heimkehrenden einen imaginären Zielort ihres Begehrens suchen können, vereint und eine neue Generation zu sein?

Unter diesem doppelten Aspekt, Verdichtung und Identität aller Erlebnisse in einem Konstrukt von Heimkehr und Dazugehörigkeit, ist die Bedeutung der Zeitschrift „Der Ruf" für die Gruppe 47 plausibel. Hier wurde ihre Setzung aufgeschrieben (Satzung); Grund und Boden für das „Erlebnis", das nicht zu debattieren war. Hier entstand das Bild- und Syntaxmilieu, in dem die Verneinung eines intersubjektiv-reflexiven Stimmenaustausches als kulturelle Bedingung des beginnenden Weiterschreibens gedeihen konnte. Man hätte aber debattieren *können*:

Mit Nazis – sie waren verschwiegen in den eigenen Reihen –, mit älteren Schriftstellern – die konnten oft besser schreiben –, und mit dem Inneren Exil – da wartete ein Gedächtnis auf Gespräch unter ehrlichen Leuten.

soweit es sie gab
Es scheint uns heute so klar, daß Debatte und Gespräch diese Kriegsköpfe auf ihre jüngste Vergangenheit hin hätte öffnen *sollen*.

So können wir sagen, die Rede vom Neuanfang oszilliere inhaltsleer zwischen Scheinfronten hin und her und baue an einem exemplarischen Anfang im deutschen Nachkriegs-Kontext der Verdrängungen, den Eugen Kogon blank demoskopisch zum Jahreswechsel 1946/47 im Visier hat (Fenster „Opferbilanz").

Der ‚binnendeutsche' Diskurs-Anfang der Abgrenzungen bei den Siebenundvierzigern ist kraft narzißtischer Energien sofort so verkrampft und engherzig, daß er wie naturnotwendig der Ursprung werden mußte zu ‚anderen' Abgrenzungen. Wie die gegen Emigranten und Juden.

Man kann den Grenzpunkt des Übergangs von *Ab-* zu *Aus*grenzung an den Diskursoperationen gut beobachten, die dem Kriterium Nation und Reinheit folgen. Ein hier schlummernder Gewaltkern in den Redeweisen Richters und Anderschs kommt berufs-programmatisch zum Vorschein, sehen wir auf Richters Anwendungen der Begründungsrhetorik auf die Literatur – pointiert schließlich von der Ernst Jünger-Hommage in der Gruppe am

9. November (!) 1947, die Andersch vorträgt und der Richter nicht widerspricht.

Auf den Schlachtfeldern, sagt Andersch, haben die jungen Deutschen „erstaunliche Waffentaten" vollbracht. Die Generäle jedoch haben sie in eine Niederlage geführt, die *an sich* ehrenvoll ist, jedoch *als solche* von ihnen verraten wurde und wird: durch ihr Schweigen. Deshalb stünden jetzt auch die Unschuldigen, „wir", vor der Welt, die alles weiß, als Schuldverstrickte da. Die Generäle aber allein sind die Schuldwissenden, die „eigentlich Verantwortlichen". Ehe *sie* nicht, deren Schweigen die wahren Verbrecher, „die Verfluchten" deckt, den Blick auf die Schuld und die Täter freigeben, können die Heimkehrer, die „unschuldig sind an den Verbrechen von Dachau und Buchenwald", in ihrer „ehrenvollen Niederlage" nicht zur Ruhe kommen.

Sie seien, meint Andersch, doppelt verraten. An der Front, als Nation gegen Nationen kämpfte, seien sie darüber getäuscht worden, „wo ihre wirklichen Feinde standen" – und wieder daheim: Nun könne man das große Verbrechen nicht sehen, weil die Führer von einst es verbergen, wofür Keitels Aussage in Nürnberg stehe: „Wenn die deutsche Wehrmacht davon gewußt hätte, dann hätte sie sich zur Wehr gesetzt".

Anmerkung zum Schuldwissen

Das Zitat ist deutlich ein synthetischer Satz, entweder von Andersch selbst formuliert oder aus Presseberichterstattung zusammengezogen. Aus den Nürnberger Protokollen ist ersichtlich, daß Keitel nicht für „die Wehrmacht" gesprochen hat. Als Chef des Stabs im Oberkommando der Wehrmacht (OKW) hat er, wie er stets betont, die Wehrmacht nicht repräsentiert. Er habe immer nur die Befehle des Obersten Heerführers Hitler an die kommandierenden Heeresleitungen weitergeleitet. Rein formal ergibt sich allein daraus sein ungeheures Wissen. Konkret konnte ihm die Anklage eine Fülle von Wissen im einzelnen nachweisen. Darüber hinaus seine Billigung des „Weltanschauungskrieges", wie er es nennt, gegen die Millionen Unbewaffneter im Osten, an dem die Wehrmacht nicht nur ‚beihilflich‘, sondern eigenverantwortlich beteiligt gewesen ist. Hier sind die Protokolle und Dokumente schon damals eindeutig. Keitels Kernsatz auf Vorhalt des Chefs des Nachrichtendienstes im OKW Canaris über die Massaker an sowjetischen Kriegsgefangenen: „Die Bedenken entspringen den soldatischen Auffassungen von ritterlichem Krieg. Hier handelt es sich um die Vernichtung einer Weltanschauung. Deshalb billige ich die Maßnahme und decke sie."

Und seit November 1938 über alle „Maßnahmen" gegen das jüdische Volk detailliert unterrichtet gewesen zu sein, ist in Nürnberg aus seiner unmittelbaren Umgebung seriös belegt worden. Siehe: Der Prozeß gegen die Hauptkriegsverbrecher vor dem Internationalen Militärgerichtshof Nürnberg 14. November 1945 - 1. Oktober 1946, Nürnberg 1947. Vgl. zu Keitel vor allem Bd. X, S. 530, 670, 699, Bd. XII, S. 292 ff.; Bd. XIX, S. 563 f. 578 f., 664 ff. Hier zit. Bd. I, S. 326. Vgl. auch Keitels Schlußwort in Bd. XXII, S. 428 ff.

Warum ist die „notwendige Aussage" des Ruf-Blattes von Andersch nicht in Nürnberg persönlich recherchiert worden? Der Prozeß-Dolmetscher Hildesheimer wird bald Mitglied sein; daß irgend einer bei ihm Auskünfte eingeholt habe, beim Spazieren, beim Bier (Debatte gab es ja nicht), darüber gibt es keine Zeugnisse.

Andersch befindet sich beim Schreiben an der „Notwendigen Aussage zum Nürnberger Prozeß" im August 1946 vor der dramatischen Erkenntnis-Chance seiner Analyse: vor dem Spalt, durch den er hinaustreten könnte aus der Fixierung an den Kampf der bewaffneten Nationen; Fixierung an sein Inbild des Krieges also, das zwar so schöne Aspekte hat wie Kirschen der Desertion und Freiheit, das *Ganze* des Krieges aber *verdeckt*.

Aber er verbaut sich den Weg; dem Anschein nach bloß deshalb, weil sich seine Rhetorik, die *diesen NS-Krieg als Läuterung darstellt*, in einer neuen Dolchstoßlegende verheddert: In der Konstellation: ‚Verbrechen' – ‚Wissende/Schweigende' – ‚kleiner Kämpfer auf der falschen Seite' werde man per Außenzuschreibung unschuldig zum Schuldigen. In Wahrheit verspricht sich die Rhetorik aus der Tiefe ihres Pathos. „Die Distanz", sagt Andersch, die die Schuldigen an Dachau und Buchenwald von den *Unschuldigen trennt*, „ist so groß, daß sie (die Unschuldigen) die Täter nicht einmal wegen des reinen Tatbestandes hassen können." Diese Distanz, so spricht es sich hier offenkundig aus, verordnet der Sprecher sich und seiner Gruppe, um im Neuanfang „überleben" zu können. „Überlebende" und „Opfer" in dem Siebenundvierziger-Diskurs: immer nur „Wir". Die über-angestrengte Konstruktion einer Distanz zur mythischen Schuld der Heerführer als der „Verantwortlichen" dient zur Verleugnung eigenen Schuldwissens, das so schwer zu wiegen scheint wie die Schuld selbst. Hier steckt der Geburtsgedanke einer ehrenhaften, reinen Nationalität fest, der den Neuanfang, ehe es *wirklich* so weit ist, in alter Sprache schon einmal rhetorisch konstituiert.

Zum deutschen Ehrenstein für die Opfer in Berlin, der die Schuld vom ganzen Täter-Volke nehmen soll, ist es im Zeit-Block des Vergessens, so gedacht, wirklich nicht weit hin.

Sie sind die eigentlich Verantwortlichen. Sie haben die besten Eigenschaften des Volkes, seine Treue, seine Tapferkeit, seine mystische Inbrunst benutzt, die Nation in die Ehrlosigkeit zu führen. (...) Die Nation wird die Ehre wiederhaben an dem Tage, an dem die Generals-Verräter im Geist und im Bewußtsein des jungen Deutschland ihrer Ehre entkleidet sind. („Notwendige Aussage")

Lesen wir das als mythisches Wunsch-Bild, das aus der Seele des Theoriekopfes geschöpft ist, dann kann uns die Untiefe grauen, aus der das kommt, und die Gewalt erschüttern, mit der hier verschoben und verdrängt wird, was in der Subjektgeschichte dieses NS-Konformisten in der Tat verschoben und verdrängt werden mußte.

W. G. Sebalds gedenkend
Ich habe die „Kirschen der Freiheit", „Efraim", sogar „Die Rote", vor allem „Winterspelt" als ein Stück meiner wichtigen Leseliteratur in meinem Kanon gehabt, als ich endlich ein Problem zu denken lernte, das von oppositioneller Treue zu ‚linker Literatur' im Bewußtsein niedergehalten wird. Das Problem eines Zusammenhangs von Gesinnung und Gedenken, richtiger: von „Hintergrundstaffage" und Herzensangelegenheit beim Schreiben nach Auschwitz. Hintergrundstaffage nennt W. G. Sebald die Art des Autors Andersch, Auschwitz zu „zitieren". Daß etwas ganz anderes die Herzensangelegenheit ist, wenn Andersch mit Blick auf die Shoah schreibt, habe ich zu ahnen begonnen, als ich die Dokumente über seinen Umgang mit persönlicher Schuld an seiner Frau, die eine Jüdin war, zur Hand nahm. Aber muß ein „Datum" aus der Lebensgeschichte erst diese Ahnung wecken? Daß ein Autor mit „penetranter Selbstgerechtigkeit" (Sebald) seine einmal getroffenen Entscheidungen, die ihn schuldig gemacht haben, mit Hilfe politischer und literarischer Textmittel zum Kraftquell von Verschiebungen in seinem Wahrheitsgefühl und zu Verkündungen von ‚lösenden', revolutionären Proklamationen umpolt und dies ihn auf Schritt und Tritt beim Geschichtenerzählen zu immer kühneren Versuchen drängt, sich als tollen Kerl darzustellen, der die Differenz zwischen sich selbst und jüdischen Romanfiguren dadurch tilgt, daß er mit Lust einen nie wirklich benötigten Soldatenmut an seiner Ichspiegelung im Text knüpft und dergestalt „unwillkürlich in die Seele seines jüdischen Protagonisten einen deutschen Landser hineinprojiziert, der dem Juden nun vormacht, wie man mit seinesgleichen am besten verfährt" (Sebald über „Efraim") – wäre das durch professionelle Textkritik nicht auszumachen gewesen?

Ich habe mich gründlich geplagt – in Vorlesungen und einem voluminösen (gescheiterten) Analyseversuch für eine Andersch-Feier –, Klarheit über den Verdacht eines Zusammenhangs von Textform und Schuldgeschichte des Autors zu gewinnen. – Es kam dann die Zeit der gründlichen Erforschung der Gruppe 47. Der Zürcher Vortrag mit meiner Andersch-Kritik ist fast schon ein Abschluß gewesen. Ein Rest von Unklarheit über jenen Zusammenhang zwischen *meiner* linksintellektuellen Haltung und *meiner* einstigen Blindheit bei der Lektüre der Romane des Autors war nicht beseitigt. Als ich Sebalds Essay über Andersch in „Lettre" zur Hand bekam, brach ich weitere Arbeiten über den Autor ab. Die Klarheit war da. Andersch mußte man nicht mehr biographisch ‚angehen', so man Sebald folgen wollte. Das Besetztsein vom alles beherrschenden Motiv, sein Selbstbild an der Schwelle zwischen dem Jüngstvergangenen und neuem Schreiben zu korrigieren und „nachzubessern" – das, so Sebald über den exemplarischen Fall Andersch, „war einer der wichtigsten Gründe für die Unfähigkeit einer ganzen Generation deutscher Autoren, DAS, WAS SIE GESEHEN HATTEN, aufzuzeichnen und einzubringen in unser Gedächtnis." (Hervorh. K.B.)
Aus der nach-soldatischen Selbstzurichtung gingen die grob schreibenden Schriftsteller hervor, „gereinigt" im (einen) Krieg, wie sie mit Jünger sagten. Sie hatten an sich selbst den Beitrag erprobt, den sie nun in die Nachkriegsliteratur einbrachten, der darin bestand, die Aspekte und Vermittlungen des gesellschaftlichen deutschen Antisemitismus nach der Shoah, in den sie mitverwickelt waren, in ihren ‚neuen' Manifestationen zu ignorieren, an sich selbst zuerst.
W. G. Sebald war ein Schriftsteller, der uns lehren konnte, den Weg, wie man den Zusammenhang von Haltung und Text erkunden und lebendig gestalten kann, auch als Lesende, wieder zurück zu verfolgen bis zur Biographie des Autors. Sebalds wunderschöne Bücher, zuletzt der große „Austerlitz", thematisieren nicht die in dieser Streitschrift leitmotivisch geltend gemachte jüdischdeutsche Differenz. Sie zeugen aber in einzigartig reiner Weise von einer Haltung des Sich-in-der-Differenz-Bewegenkönnens, die die Voraussetzung ist, als deutscher Schriftsteller in den Raum der Shoah einzutreten. Sebald ZEICHNET AUF, WAS ER NUN SIEHT, INDEM ER DEN SPUREN DER ÜBERLEBENDEN NACHGEHT. Seine Bücher sind das absolute Gegenstück zu den vorgeblich deutsch-*jüdischen* Konstellationen in den Vorzeige-Beispielen nichtjüdischer Autoren in der Gruppe 47 („Wo warst du, Adam?", „Blechtrommel" und „Hundejahre", „Efraim"). Die Achtung vor der Geschichte der Juden, die Yoram Kaniuk gegen Günter Grass eingeklagt hat, spricht aus jeder der Aufzeichnungen, die W. G. Sebald gestaltet hat. Vielleicht etwas zu schön, aber immer gegründet in der äußersten Diskretion seines stets unverstellt anwesenden Ichs im Dialog.

Es ist unschwer zu erkennen, daß eine im Verdrängungsmuster des Alfred Andersch gedachte „Heimkehr" mit einer solchen Hoffnung, „die Ehre wiederzuhaben", die „Wehrmacht" paradox verinnerlicht hat und sie im Bild ihrer Führer symbolisiert. Sie speisen, Überväter vor Gericht, das alles andere niederdrückende Trauma vom Krieg. Ihm begegnet man durch Austreibung und herzhaft-heroische ‚Besetzung‘ der erzielten Leerstelle durch Bilder, die dem Fiktionsrahmen einer gereinigten Nationalität entstammen: Man selbst wird nun führen und formen!

Die Dynamik dieses Willens bewirkt Wunder, die Sprache der Pazifisten ist geborgt vom Gegner in einem selbst, der nicht entweichen will: vom verantwortlichen General.

Anmerkung zu einem Versprecher
So gesehen ist ein Sprachspiel, das Andersch arrangiert, der Struktur nach ein Versprecher: Auf den Satz, der Keitel in Nürnberg von Andersch zuge-schrieben wird, „Wenn die deutsche Wehrmacht davon gewußt hätte...“, antwortet der Gestus: „Aber er, Keitel, hat davon gewußt.“ Diese Koppelung konstruiert Er / Ich für Wir. Sie bringt die Bewußtseinslage zum Ausdruck, in der sich Millionen deutscher Heimkehrer auf der Schwelle zum ‚Frieden‘ befinden. Insofern beruft sich die Gründersprache im „Ruf“ auf den Keim der Massenseele, auf ihre Identifikation mit dem ‚General‘, der die Schuld hat. Aus dem Keim wird die kollektive Kriegserzählung auswuchern mit allen ihren Entlastungsfunktionen, die dem Schuldgefühl nicht beikommen können. Die Kriegserzählung wird eines Tages verstummen, aber ihr Bewegungsgrund wird bleiben: als Haß auf die Opfer des anderen Krieges, *die sich immer erinnern.* Der Haß wird „schwelen“, wie Andersch in seinem Antisemitismus-Report also richtig vernommen, es nur hier von seinem Thema ferngehalten hat.

Die Fixierung wird nicht weicher dadurch, daß man sich als „Über-lebende“ und „Opfer“ zugleich empfindet und sich unentwegt ver-sichert, es zu sein. Im Gegenteil. Solche Identifikation mit Landser und General macht härter als nur landserhart.

Auch unter diesem Aspekt können wir den Übersprung vom Rhetoriker zum Gründer verstehen. Denn in der Tat kehren auch alle jüngeren Jungdeutschen der Gruppe 47 ohne Schuldwissen heim. „Schuldwissen“ gedacht als tätiges Bewußtsein im Bilder-strom des Krieges.

Und natürlich haben sie viel erlebt *und gesehen.* Mehr als in der Fixierung Platz hat. SO VERTRAUEN SIE SICH DEM DISKURS AN, der ihnen sein Supplement der Bilder *vorspricht* im permanen-ten Versprechen, dergestalt „Standort und Halt“ zu geben. Die

Bilder bekommen ihre Namen, aber ihre Bedeutung wird immer nur die sein, die das Ausgrenzungs- und Vermeidungsreglement, dem sich das offene Ganze der Gruppe unterwirft, ihnen zuschreibt.

Anmerkung zum 9. November

Die Formulierung „Standort und Halt" findet der Jünger-Verehrer und nationalliberale Frühsprecher der Gruppe Heinz Friedrich[16] für das Gruppenereignis des Jahres 1947, das am 9. November im erhalten gebliebenen Rathaussaal zu Ulm stattgefunden hat. Andersch hält den Vortrag „Deutsche Literatur in der Entscheidung. Ein Beitrag zur Analyse der literarischen Situation."[17] Es ist schon sonderbar, der Ärmste hat sich das Datum nicht ausgesucht – aber er achtet auch nicht drauf. *Hätte* er es getan, *hätte* er schwerlich, wie Heinz Friedrich es im schönen Saal genossen und dann so feierlich beschworen hat, „allen jungen Bestrebungen Standort und Halt" gegeben. Friedrich und andere wären über diesen *Konjunktiv* einer Besinnung auf dieses Datum (‚9. November, Jünger und wir') noch zu befragen. Für *mögliche* Dialoge nach solchen Fragen ist es nie zu spät. – Der Artikel aus dem Camp, der dieses Kapitel eröffnet, ist in Ulm längst vergessen (wenn man ihn kannte; aber hörte man nicht mündlich auch einmal, was in den Camps noch gedacht worden war?). – Wie Standort und Halt beschaffen sind, die sich dem Vertrauen in den Diskurs der Gruppe verdanken, zeigt ihre Geschichte an diesem ‚Punkt'. Sie wird von prominenten nichtjüdischen Autoren in der Gruppe geschrieben, Richter („Sie fielen aus Gottes Hand"), Grass („Hundejahre"), Walser („Unser Auschwitz"), nicht von jüdischen, Aichinger („Die größere Hoffnung"), Celan („Todesfuge" und Akra-Zyklus), Weiss („Meine Ortschaft", „Die Ermittlung", „Die Ästhetik des Widerstands" III), Hildesheimer („Tynset" und „Masante").

EINGESTREUT
Vertrauen in den Diskurs der Gruppe
Martin Walsers Auschwitz
Mit einem Seitenblick auf Joachim Kaisers
verdeckte Aggressivität

Als im Frühjahr diesen Jahres hellhörige Parteipolitiker aus dem umgangssprachlichen Mutterboden kollektiver Entschuldungswünsche den Motivkern Schluß mit den antideutschen Schuld-Debatten! hervorgeholt und mit dem uralten Schlacht-Ruf „Die Juden sind schuld" aufgeladen und aktualisiert hatten („... selber schuld am deutschen Antisemitismus"), da fiel auf, daß ein Großteil der deutschen literarischen Intelligenz, *zumal der jungen*, sich öffentlich nicht zu erkennen gab und, soweit das mitzukriegen war, cool blieb; auch dann noch, als das konjunkturelle Anschwellen gewisser subtiler Grobheiten und Klischees antisemitischer Herkunft, die von Berufs wegen in die Obhut literarischer Bearbeitung gehören, nicht mehr zu verkennen war. Haben die jungen deutschen Schriftsteller die Prägung durch ihre siebenundvierziger Großväter, Väter und Onkels überwunden? ,Das Feuilleton' jedoch, bis hinauf auf die Top-Ebene von Hauptnachrichten, Interviews des Tages und Leitartikeln, nahm an, was man heute eine Herausforderung nennt, und manche analytische Anstrengung deutete darauf hin, daß eine breite Debatte anstand und sich weiter vertiefen könnte. Würde sie in literarische Feinarbeit hineinwirken? so konnte man sich fragen.

Solche Arbeit hat ein anderes Zeitmaß, als es Stellungnahme und Zwischenruf haben – aber war ,das Thema' denn so neu? – , also mochte sie noch zu erwarten sein? Auch das konnte man sich fragen, und kann es noch. Worauf man im Sommer 2002 aber, wie üblich, nicht warten mußte, das ist eine Stunde der ,Experten': der Prominenten im Literatur-*Betrieb*. Im Handumdrehen, kaum haben sie sich zu Wort gemeldet, heißt eine Debatte, die diesen guten Namen kaum schon verdient, wieder einmal „Literaturdebatte". Zwar konnte man sicher sein, daß nach dieser Einschränkung auf den Literaturbetrieb (und angesichts der Anzeichen einer rein machtstrategisch-kosmetischen Regulierung des politischen Streits) die *allgemeine* Aufmerksamkeit auf das Thema „deutscher Antisemitismus nach 1945" bald erlahmen würde. Doch für einen Wimpernschlag im Medienstrom blieb die verspannte Gleichzeitigkeit von Literatur und Politik erhalten, weil die Nähe der Volksgefühle am Thema – eine demoskopische Voraussetzung für den Parteien-Streit im Wahljahr 2002 – auch einen literarischen Reiz hatte, der prominent ausgespielt werden konnte. Niemand war darauf besser vorbereitet als der Trivialschriftsteller Martin Walser, der die Nähe der deutschen Volksgefühle am Antisemitismus nach 1945 seit langem schon zu *seinem* Thema gemacht hat, etwa seit dem Essay „Unser Auschwitz" (1965)[18].

Jene literarisch-künstlerische Feinarbeit allerdings ist seine Sache nicht. 1968, nach dem Ende der regelmäßigen Zusammenkünfte der Gruppe 47, hatte er für sich festgelegt: „Die Kunst ist tot, es lebe (...) die demokratische Literatur. Die angemessene Ausdruckspraxis. (...) Die demokratische, mythenzerstörende, mitmachende

Schreibe, in der sich der demokratische Befreiungsprozeß manifestiert."[19]

Das politische Literaturprogramm einer solchen Schreibe, die mit dem ‚Befreiungsprozeß' des demos mitmacht, ist ein Mitläuferprogramm auf individueller Gefühlsbasis, kennt den Unterschied zwischen Herzensergießung und politischer Rede nicht. Unser Autor hält denn auch das eine für das andere. Und es war früh abzusehen, daß er nicht allzulang bereit sein würde, an der Seite des Volkes die besondere Bürde zu tragen, die das Thema des Antisemitismus einem deutschen Schriftsteller abverlangt. Spätestens seit seiner Rede in der Paulskirche 1998 nimmt Walser die Legitimation eines literarischen Populisten in Anspruch, der als der Verbündete, ja als ein Anwalt kollektiver Entlastungswünsche spricht. Da es um eine Entlastung von den schrecklichsten Taten gehen würde, die je aus einem kollektiven Antijudaismus gefolgt sind und deren Verantwortung und Erinnerung von Berufsintellektuellen auch dem Kollektiv zugemutet, nicht ihm abgenommen werden sollten, fragte es sich, ob der Populist „für die, die meine Kollegen sind"[20], überhaupt sprechen könne oder ob dies als falsche Adresse zu gelten habe.

Hatte sich der Paulskirchenredner denn aber isoliert? Davon kann keine Rede sein, so weit er sich auch aus dem Fenster gelehnt hatte. Der Populist ist Repräsentant. Zu fragen bleibt, Repräsentant für wen? Nur für Wünsche im Volk?

Wie Walser die Kollegen, die er an seiner Seite sehen möchte, sich denkt, nämlich so, wie er sich als Autor selber denkt, das ist im genannten Text nachzulesen, der einen Besuch des Frankfurter Auschwitzprozesses (1963-1965) reflektiert. Im Kontext einer streckenweise stichhaltigen Analyse „unseres" Anteils an der Kollektivschuld – der allerdings weitgehend zu einem Anteil am eingeforderten „Ursachen"-Wissen umgebogen wird – wird dort ein Wunschbild aufgeblendet, das keiner subjektiven Schuldreflexion Raum läßt: „Für uns aber [im Gegensatz zu den Opfern] wird Auschwitz keine Folgen haben (...). Wir wollen heraus sein aus dieser Geschichte" (21 f.). Das klingt nach dem privatesten Alfred Andersch 1945.

Es ist auch selbstprophetisch formuliert: eine bei aller inneren Widersprüchlichkeit (und Ungreifbarkeit) des Textes motivisch manifeste Frühanzeige der psychischen Regression und des intellektuellen Verfalls, die seit 1965 zunehmend das deutsche Gedächtniskonzept in den Romanen des Autors bestimmen werden. Kennt man diese Entwicklung, dann kann es nicht überraschen, daß dieses Konzept auch wieder in die öffentliche Rede drängen würde, sobald der Autor einen gemüthaften Gleichklang im Lande spürt. Seit 1989 dann war es ausrechenbar, daß Walser bis zur mentalen Angleichung an den rechten Stammtisch gelangen werde. Das Datum dieser Konsequenz ist sein telegener Gedankenaustausch mit Bundeskanzler Gerhard Schröder im Mai 2002. Es fand die sentimentale Anrufung eines „Geschichtsgefühls" statt, dem es natürlich geworden ist, „Ursachen" für „Auschwitz" dem Stammtisch zu entnehmen, z.B. „Versaille!"[21], nicht aber nach einem „Warum Auschwitz" in uns und bei ‚Hitler in uns selbst' zu lauschen.[22]

Aber vielleicht: Der Textaugenblick *Frankfurt, Auschwitzprozeß, Zeitungsbericht am 13. März 1965* könnte für sich selbst betrachtet werden, mit der historischen Neugier auf alles in ihm, was er als literarischer Reflex auf einige Prozeßbesuche zu erkennen geben mag, ohne daß wir dabei dem besonderen Ich des Autors allzu viel Beachtung zu schenken hätten. So betrachtet sieht der Text in seiner logischen Struktur offen aus und läßt die Lesart zu[23], er hätte wegen seiner verdeckt literaturtheoretischen Ambition, die auf radikale Subjektivität und reflexive Ironie hinauszulaufen scheint, ein Baustein zu der *neuen literarischen Erinnerungsweise* sein können, die zur selben Zeit die Bildungs- und Gefühlsenge der Nachkriegsliteratur zu sprengen beginnt, auch in der Gruppe 47, und ihre diesbezüglich ersten bedeutenden Beispiele hervorbringt, nicht nur in Texten jüdischer Autoren. Wie sagte doch Hans Werner Richter? „Er ist der Begabteste der ganzen Clique" - - -

Es zeigt sich unter diesem Blickwinkel, der auf ‚Nur-Text' gerichtet ist, nun aber doch, daß wir den Autor nicht aus der Würdigung seines Textes heraushalten können. Gehört seine „mitmachende Schreibe" im Sinne dazugehörender Positivität in den Aufbruch einer neuen literarischen Erinnerungsweise in der deutschen Literatur um 1965? – Immerhin ist er im Gerichtssaal gewesen, neben den bedeutenderen Beispielen Peter Weiss, Horst Krüger und wahrscheinlich Grete Weil[24], und war damit möglicherweise dem Appell Marcel Reich-Ranickis gefolgt, der bei Prozeßbeginn die deutsche Gegenwartsliteratur erinnert hatte, sie könnte sich um „unser aller Sache" kümmern, die da in Frankfurt abgehandelt wird.[25]

Um *„unser aller* Sache"? Dialog? „Wo kommen wir da hin ..." hat Richter an Seidel geschrieben, als es um Hermann Kestens Gefühl der Zugehörigkeit zur Gruppe 47 ging und um die Angst vor einer gemeinsamen Arbeit am Jüngstvergangenen. – Lesen wir

„Unser Auschwitz" in der Zuordnung, die diese Frage nach dem „uns" vornimmt, dann ist der *Text* durchaus eine Antwort auf Reich-Ranickis Appell. Ja, „Auschwitz" ist „unsere" Sache. Ist des Menschen *Walsers* Antwort so zu verstehen? Hat, das wäre die hier einzig entscheidende Frage, der Autor im Text auf die *Konkretisierung* geantwortet, mit der Reich-Ranicki seinen Appell an die deutschen Schriftsteller beschließt: „... Gehören sie zu jenen, die zudecken oder zu jenen, die aufdecken?"[26]

So nachgefragt sind wir mit Walser noch einmal mitten in der Geschichte der Gruppe 47. Stephan Braese hat in den Kontext der großen Stille um diese Frage im Stichjahr 1965 eingeführt.[27] Mir geht es hier um die Einfügung dieser Stille in das Kontinuum des Selbstvertrauens der Gruppe 47 in *ihren* Diskurs.

Der aktuelle Antisemitismus-Streit weist auf den seit Jahrzehnten schwelenden Skandal hin, daß es prominenten Köpfen der Gruppe 47 nicht nur stets so leicht gemacht worden ist, sich wechselweise ihre philosemitische Unbescholtenheit zu bescheinigen, wenn sie sich wieder einmal im ‚Ton' vergriffen haben, sondern daß sie ‚persönlich' der schlichten, aber literaturmoralisch entscheidenden Nachkriegs-Frage „zudecken oder ... aufdecken?", sobald sie öffentlich unabweislich auf sie gerichtet wird, mit dem altbekannten ‚Uns gibt's doch gar nicht' begegnen oder, wenn das nicht stichhält, mit großem Aufwand an Selbstlob, Richtigstellungen und Ablenkungsmanövern. Diese *Auftritte* anstelle von seriösen Einlassungen tragen stets den entscheidenden Markt- und Wirkwert davon.

„Das Publikum muß den Fakten parieren"

In einem Interview zur Zeitenwende, die es für die Gruppe 47, die auf Auschwitz nicht wirklich hinblickt und daher in ihrem Zeit-Block des Vergessens festsitzt, gar nicht geben kann, am 21. Juni 1988, gibt Joachim Kaiser ein Interview zur Gruppengeschichte: „Heute fehlt sie."[28] Wie wenig abwesend jedoch bis heute die Gruppe 47 ist, demonstrieren wenige ihrer Mitglieder so schlagend wie Kaiser; z.B. mit diesem Interview und seiner bearbeiteten Fassung 1997.

Er kann sehr lässig dasitzen, wenn es heikel wird. Man muß diese Haltung mitlesen bei Bekenntnissen wie diesen: Wie „ungeheuer viele Anregungen" er dem Gruppenkreis verdanke, wie entscheidend das „Ereignis" seiner Zugehörigkeit für seine Karriere und wie „*extrem* folgenreich" für sein „literarisches, aber nicht nur literarisches Leben" die Gruppe gewesen sei (gewiß also auch für sein ‚musikalisches'). Denn Lässigkeit ist Kaisers Mantel, gelegt über die heiklen Stellen, die mitzuerzählen seine Eitelkeit nicht vermeiden kann. Sogleich ist der Interviewte am heiklen Punkt, bei ‚Juden und die Gruppe 47'. Walter Maria Guggenheimer (neben Walter Dirks und Andersch Förderer des Anfängers im Kreis um den Verlag Frankfurter Hefte), Walter Mehring, Hans Habe. Guggenheimer, der unnahbar distanziert der Gruppe die Treue gehalten hat, bringt Kaiser zur Gruppensitzung nach Mainz 1953, dort debütiert der Neuling mit einem Verriß Walter Mehrings, der sofort abreist. Zum lässigen ‚Abschmecken' des historischen Verrisses – zunutze seiner Einordnung in die Gruppenstruktur (wir erinnern uns an ihre Raddatz'sche Charakteristik 1990) – wird dem Interviewpartner eine kleine Habe-story nachgereicht. Die Szene gehört zu unserem Thema nicht wegen des Verrisses an sich („Ich legte Punkt für Punkt dar, so logisch ich konnte, warum ich diese Art von Prosa nicht in Ordnung finde" usw.), sondern um dessen willen, was ihre Nacherzählung verrät. Der eitel Unbefangene „verbalisiert", was „viele Zuhörer offenbar auch empfinden", er findet „alles sehr höflich gesagt", was er vorgebracht hat (es könnte aber, meint er, auch „schneidend" gewirkt haben); mit Christian Ferber, der aus Neigung für die Satire Mehrings höchst verärgert über den Verriß war, ist man „mittlerweile gut befreundet", die Mehrheit der „anderen" aber hat ihren kommenden Starkritiker entdeckt. Und Richter? Er entdeckt im Jahr der Tagung, als der erste wuchtige Kritikschlag gegen die Gruppe geführt wird (Hermann Kestens Kölner Bahnhofsvortrag), erstmals unter den „Jungen" jenen Typus von Gehilfen, den er, selber in seiner literarisch öden Gruppenmitte unerkannt bleibend, „literaturpolitisch" handeln, d.i. „Zugehörigkeits"-Fragen abwickeln lassen kann. Es ist in diesem Buch nachgewiesen worden, daß solches Auftragshandeln mit besonderem Aufwand an Mißachtung, Kompromißlosigkeit und Grobheit gegen Juden gerichtet ist. Kaisers Worte im Interview wissen das, wußte er es selber nicht?

„Nun hatte Hans Werner Richter Mehring ja eigentlich gar nicht lesen lassen wollen, denn die Gruppe 47 verstand sich doch als eine Gemeinschaft, in der die junge *Nachkriegs*literatur sich entwickelte." Wir wissen schon, dazu gehöre Emigranten-Literatur nicht.

„Mehring hatte sehr gebeten: er wollte unbedingt einmal lesen, sich den jungen Deutschen vorstellen. Hans Werner Richter also ließ ihn lesen und hatte nun das Pech, daß da der junge Joachim Kaiser saß..." „Doch jene Mainzer Tagung gab Hans Werner Richter wohl das Gefühl, den können wir weiter einladen, der wird vielleicht bei komplizierten Fällen nützlich sein..."

Kaiser drängt den Interviewer, beim selbstgewählten Kopfthema noch zu bleiben. „Situation zwischen der Gruppe 47 und der Emigration."– Er bekam Post aus New York von Hans Habe, der oft gegen ihn polemisiert hatte und zu denen gehörte, für die der „älter gewordene" Kaiser jetzt voll von Verständnis ist. „Erst werden sie rausgeschmissen, oder verjagt und dann, wenn sie wiederkommen, werden sie eigentlich nicht zugelassen zu dem Ort, wo Literatur lebendig ist. Dahinter mußten sie natürlich Antisemitismus vermuten oder irgend so ein Ressentiment."

Im Brief bekommt Kaiser Habes Antisemitismus-Vorwurf gegenüber der Gruppe, der er doch angehöre, aufgetischt. „Ich spürte in dieser sehr haßerfüllten, maliziösen Äußerung ein gewisses Unglücklichsein." Nun, da gibt's Rat. „Schauen Sie", habe er geantwortet, erzählt Kaiser. Andre werden doch auch nicht eingeladen, die Alten; die Gruppe empfände „sich als eine *junge* Gruppe... Und sicherlich ist es für – sagen wir mal – Manfred Hausmann oder für Horst Lange, für Ina Seidel oder Ernst Jünger auch schmerzlich, nicht dazu gebeten zu werden."

Daß Habe zu lesen bekam, deutsche Schriftsteller, „die vor 33 produzierten oder die während der Nazizeit berühmt waren", seien „halt auch nicht eingeladen worden, genausowenig wie Sie", hat das nun wohl „sehr höflich" oder „schneidend" auf ihn gewirkt? Man möchte seine Antwort gern lesen. Kaiser erzählt, sie sei „auf eine fast sentimentale Weise freundlich" gewesen. Es war die Antwort eines deutschen Juden, der es nicht zu ertragen vermag, mit Ina Seidel oder Ernst Jünger durch ein doppeltes „auch" verknüpft zu werden – *auch* nicht „zugebeten", „eingeladen" – und der es dennoch ertragen mußte zu lesen: „Schauen Sie." Verstehen Sie uns doch. Seien Sie doch über die Nichteinladung nicht so gekränkt! „Ich schreibe Ihnen das nur, um Ihnen klar zu machen, daß das mit Antisemitismus oder Fremdenhaß nichts zu tun hat, sondern eine spezifische Eigentümlichkeit der Gruppe 47 ist; jede Gruppe muß sich selbst Gesetze geben und definieren, wenn sie nicht vollkommen diffus sein soll." Habe hat natürlich verstanden. Was er Kaiser geschrieben hat, hat aber dieser offenkundig nicht verstanden:

„Was Sie über die Gruppe 47 vorbringen, überzeugt mich...", zitiert Kaiser selbstzufrieden über seinen Aufklärungserfolg in Sachen Zugehörigkeit eines Juden zur neuen deutschen Literatur. Was, meint er, ist daran zu merken? Daß man emigrierten Juden nur zu erklären braucht, daß ihnen, weil uns Deutschen „das so paßt" (Thomas Mann), Gleichbehandlung mit den sogenannten Inneren Emigranten zukommt, und schon reagieren sie ganz „überzeugt". Es ist ja auch aller dankbaren Überzeugtheit wert, darüber hinaus erklärt bekommen zu haben, daß die Generation der Hitlerjungen und Flakhelfer, wenn sie gegen die wirklich Emigrierten lospoltern (nicht gegen „die großen Alten – wie z.B. Ernst Jünger oder auch Manfred Hausmann"), es „nicht ,böse' gemeint" haben. „Er hatte gemerkt, daß wir nicht Bösewichte sind, ehemalige Hitlerjungen mit Messern zwischen den Zähnen, sondern daß da jemand ist, der ihn als Partner ernst nimmt." So etwas nennt man: herablassend ernst, also nicht ernst genommen. Wir kennen die Haltung von Richter: Unser Verhalten gegen Sie hat Sie gekränkt – *Sie* können mich gar nicht kränken.

„Übrigens", erzählt Kaiser, „Übrigens gab es in der Gruppe selbstverständlich auch jüdische Schriftsteller..." Übrigens, und selbstverständlich, und jetzt ganz rasch weiter zum „Problem der Gruppe", zur „eigentlichen Problematik der Gruppe 47", Strukturprobleme, Einladungs- und Zugehörigkeitsprobleme binnendeutsch und „unnachprüfbar", weil in einer Hand usw.

So funktioniert es, das Mäntelchen. Was aber in solchen Ausstellungs-Interviews dergestalt wie beiläufig bemäntelt werden kann, das Differenz- und Dialog-Tabu: So einfach läßt sich das in der öffentlichen Verantwortung eines leitenden Zeitungsredakteurs nicht bewerkstelligen. In breiter Öffentlichkeit, an prekären Zeitpunkten im „spezifisch" siebenundvierziger zeitlichen Block der Vergeßlichkeit, mußte versucht werden, den vertrauten Diskurs zu halten. Das war, wie es im Interview heißt, „sehr schwer". Und fängt an mit der Überarbeitung von Interview-Äußerungen aus gegebenen Anlässen. So Kaiser zum 50. Jubiläum des Gründungsjahres 1997 jetzt über Mehring in Mainz[29]:

Die Einladung an Mehring mag einer „noblen Wiedergutmachungsabsicht" entsprungen sein, „Nur: Was er las, gefiel mir überhaupt nicht. Dieser rechthaberische linke Ton, ironisch und selbstgefällig, diese schnöde Kabarettprosa (...)." Da sich niemand äußern wollte (auch Ferber nicht: „offenbar zu faul oder zu feige gewesen"), „begründete ich höflich aber sorgfältig, warum mir ein

Literaturtyp, der, viel besser gemacht, schon in den zwanziger Jahren, keinerlei Unheil verhindert hatte, nun, 1953, gespenstisch untriftig erscheine. " Das ist Originalton von der Anti-Robert-Neumann-Front, in der Kaiser 1966 gegen die remigrierten Gespenster der zwanziger Jahre wacker mitgestritten hatte; jetzt, in seiner Zeitung ungenierter als im Katalog der Gruppe 47, zieht er das Hauptargument von damals blank und in Richter-Manier schmäht er: die „Un-Eingeladenen" witterten Mafia, die „Durchgefallenen oder Nicht-wieder Gebetenen" verabscheuten die Gruppe. Kritik und Abwendung kann für den Richter-Mund nur Gekränktheit heißen. Neben dem Alibi-Namen Luise Rinser nennt er „Hermann Kesten, Paul Celan und Walter Mehring – alle bei der Gruppe glücklos – (...)". Das ist sie, die erstarrte Mischung aus Geschichtsfälschung, Unverschämtheit und Lebenszeichen, die in den Selbstdarstellungen der Gruppe durch die Jahre getragen wird. Und immer, wenn es um Juden geht, verwickeln sich Apologeten wie Kaiser in Widersprüche und Verniedlichung. Dienen Namen wie Hildesheimer, Fried, Hans Mayer und Reich-Ranicki als Beweis einer unkompliziert jüdischen Zugehörigkeit zur siebenundvierziger „Gemeinschaft" – wenn das nur nicht immer so legitimatorisch geschürzt wäre! – und dürfen sie die Antisemitismus-"Unterstellung" im Vorübergehen entkräften nach dem berüchtigten Muster „Ich hatte einen jüdischen Freund...", so werden sie im selben Text kompositorisch gleich wieder eitel ausgegrenzt aus dem Club des „gemütlichen Diktators" Richter, der eine „Vereinigung junger, dem Kriegsende (sic!) entronnener, verbissen und tapfer neu beginnender Schriftsteller" geschaffen habe, „junger, von Krieg und Nazizeit versehrter" Leute, die „auf ihre Weise einen Neuanfang zu machen versuchten. Nicht *gegen* die ‚Väter' – aber doch entschieden *ohne* sie."

Der Kampf-Ruf der verbissen und tapfer neu beginnenden Hitlerjugend- und Flakhelfergeneration!

Und im Verniedlichungszug gerät die Göhrde-Intrige der Gruppe um Richter, Walser, Grass u.a. gegen „Duz-Freund" Reich-Ranicki zur persönlichen Sache eines einzelnen Mitglieds, Günter Eichs, der „über dessen temperamentvolle Anwesenheit erfolglos klagte", und sie wird weggesteckt im Lob der Walserschen Attacke gegen den „Schmarotzer" (siehe „Eingestreut": ~~Die schöne~~ Göhrde): „wunderbar durch den Kakao gezogen".

„Dem Kriegs-Ende entronnen" – „keinerlei Antisemitismus" – „Auschwitz nicht konsumierbar"

Das Halten des vertrauten Diskurses der Gruppe 47 wird unmöglich, wenn zu öffentlicher Stellungnahme ein prominenter „jüngerer" Emigrant und Angehöriger der Gruppe zwingt, der zur „verbissenen" Deutschkrieg-Realistik zwar nicht prädestiniert war, aber, ,anders' „entronnen" und „versehrt" als seine „tapferen" deutschen Kollegen, gezwungen ist, sich zu Auschwitz unmittelbar zu verhalten, wie Peter Weiss (Richter, Ferber u.a. zu Weiss 1966: „wo er denn im Krieg gewesen wäre?"[30]). In der „Ermittlung", dem Zitat-Oratorium aus dem Frankfurter Gerichtssaal, sieht Kaiser, daß sich der Autor hinter den „blutigen Dokumenten" verstecke. Sie zwängen die Regisseure, auf ihre Freiheit zu verzichten, die darin bestehe, in die Textvorlage einzugreifen oder sie eigenwillig zu deuten und einzustudieren. „Wenn Kunst ihre eigentümliche Macht in Bewegung setzen soll, muß sich ein Künstler stellen, müssen Freiheit, Auffassung und Gestaltung dabei sein."

Worum geht es eigentlich? In dem „Plädoyer", aus dem hier zitiert ist[31], geht es um ein „Auschwitz", von dem wir nichts erfahren, verteidigt „gegen das Theater-Auschwitz", das den Kunstliebhaber Kaiser so „tief erschreckt", daß es ihn drängt, von „Angst" zu sprechen, von der Angst (wessen?), es könnte „scheußlichen Verdächtigungen" ausgesetzt sein", wer sich nicht an dieser „einzigartigen theatralischen Wiedergutmachungs- und Aufklärungsaktion" beteilige. Ein langes Gerede, mit kurzem Subtext, mühsam unterdrückt: „Uraufführungsorgie", „vergewaltigte Bühne", „der Bühne geschieht Gewalt".

Die dürftige Theatertheorie von der Freiheit der „Auffassung" wird nicht besser durch die Stellvertreterrede pro publico und die schon Walter Mehring entgegengehaltene Auffassung, er habe mit seiner Kabarettliteratur das Land vor „allerlei Unheil" nicht retten können. Der Parkettsitzer werde um *seine* Freiheit betrogen, auf solche „furchterregenden Zitate" zu verzichten – und den Raum nach Gutdünken zu verlassen. Der Parkettsitzer sei genötigt, sich zu „ducken unter die Gewalt des Faktischen" – und die Wahrheit werde nicht gefördert – „und den Opfern hat keiner geholfen."

„SS-Schergen" – ein merkwürdiger Gedankensprung! – , „heil durchgekommen" und „friedlich privat" figurierten längst im pornographischen Schrifttum, zu Kitzel und Spaß der Konsumenten, warum nicht?, „jeder will und soll seinen Spaß haben", vor der

„Ermittlung" aber höre dieser Spaß auf, jegliche „selektive Wahrnehmung" des Stücks, z.B. Mitleid mit den Schergen, verstoße
gegen die Verabredung, die das Theater-Auschwitz erzwungen
habe, wonach ihm gegenüber keine Freiheit sei. Freiheit aber sei das
höchste Gut der Theaterkunst; wenn die Nation von „ihrem
dunkelsten Kapitel" – vielleicht „zu oft und zu pädagogisch mit diesem Kapitel bekannt gemacht"! – zu wenig wisse, so werde sie über
das, was „in ihrem Namen" geschehen ist, durch solches Nicht-
Theater auch nicht klüger. „Auschwitz sprengt den Theaterrahmen,
ist unter ästhetischen Bühnenvoraussetzungen schlechthin nicht
konsumierbar."
  Was aber nun ist Auschwitz, Meine Ortschaft?
  Hier ist in der Tat der Ort des „tiefen Erschreckens" und der
„Angst" (Kaiser) in der Gruppe 47 berührt: das Differenz-Tabu.
Was des Anderen Auschwitz sei, wird nicht einmal andeutungsweise
befragt, während über das eigene im Zeitblock von 50 Jahren
geschwiegen werden mußte, denn da war nichts, waren bloß, bei
öffentlichem Bedarf, leere Pathosformeln. Jetzt wird da bald ein
Mahnmal stehen.
  Welche Heuchelei 1965 angesichts des bereits zwei Jahre
während Auschwitz-Prozesses es war, das Zitat-Oratorium
des Peter Weiss mit seiner dokumentarischen „Eindeutigkeits-
schwäche"[32] aus der Sphäre seiner „Auffassung" von „Kunst" aus-
zugrenzen, anstatt sich ihm zu öffnen mit dem Zuwendungsbe-
gehren eines differenzfähigen Intellektuellen, das zeigt Kaisers
Rezensenten-Reaktion auf Wolfgang Hildesheimers „Tynset"-
„Masante"-Duett.[33] Das war nun Kunst. SS-Schergen, „heil durchgekommen", kamen drin vor. Kaiser kann seine Affekte kaum
verbergen, in schiefen Blicken voller Verachtung auf den Text
offenbaren sie sich: Ein jüdisches Erzähl-Ich hat Angst vor diesen
ehemaligen deutschen Soldaten!
  Dieser Umstand bringt Kaiser in die Nähe des Vorwurfs der
„Menschenverachtung" gegen den Autor – und sodann: „Handfeste
Informationen bitte: woran sind denn die Erinnerungen, Bekennt-
nisse, Geschwätzigkeiten und Ängste befestigt? Darauf haben Leser
ein Recht!" Infamien wie: „Dieser Ich-Erzähler liebt die Angst
nicht, aber er lebt von ihr" überdecken die intellektuelle Unfähigkeit des Rezensenten, den kurzen kleinen Zeitkontext, der die Jahre 1965 bis 1973 umschließt, zusammenzusehen, in dem ihm Peter
Weiss und Wolfgang Hildesheimer, zwei seiner Alibi-Juden in der
Gruppe, als Autoren einer ,anderen' Literatur begegnet sind – intel-

lektuelle Unfähigkeit, ihre Texte in ‚ihrer' Zusammengehörigkeit zu lesen – und auf den Widerspruch seiner Argumente gegen sie aufmerksam zu werden. Unkontrolliert gegenüber sich selbst und der Öffentlichkeit wird gegen die andere Literatur geschrieben. Die Informationen aus dem Gerichtssaal sprengen ihm seine „Kunst" („Auschwitz nicht konsumierbar"), aber um das Kunstwerk „Masante" ernstnehmen zu sollen, dessen Stoff die Angstträume eines ‚anders' „Entronnenen" sind, fehlen ihm die – Informationen! „Und wo? Und wann? Und wer?", spöttelt er, „Um was geht es in, ja was heißt überhaupt ‚Masante'?" - - - Genaueres über das Skandalon einer solchen Rezension aus dem hohlen Bauch der Gruppe 47 ist bei Braese, „Die andere Erinnerung", nachzulesen.[34]

Es geht um eine andere Erfahrung, deren Gestaltung sich der Ehrenbezeugung Kaisers verschließt; denn diese ist dem deutschen Soldaten des deutschen Krieges notorisch vorbehalten. Kaiser will von solcher Erfahrung, wenn sie konkret *im Nachkrieg* in die deutsche Literatur drängt – kunstvoll und höflich genug (‚Hildesheimerisch' eben) – nichts wissen, getreu dem Gruppen-Motto Hans Werner Richters: „Wo kommen wir da hin..."

Über die „Umerziehungszeit" 1945 ff. denkt Kaiser wie seine Gruppengenossen der Gründerzeit. In einem Lob Richters, zugleich eine erboste Zurückweisung des „Geredes vom Schock", ist das früh nachzulesen.[35] Dessen Roman „Linus Fleck oder der Verlust der Würde" habe das große Verdienst, „mit dem ebenso törichten wie unzerstörbaren Klischee (zu brechen), im Herzen der deutschen Jugend seien 1945 zahlreiche Ideale zusammengebrochen und die jungen Menschen hätten dann langsam und schockiert lernen müssen, die Nazi-Ideologie mit demokratischen Anschauungen zu vertauschen. In Wirklichkeit war es, zumindestens bei einem großen Teil der intellektuellen Jugend, anders. Was an faschistischen Doktrinen die Gemüter vernebelt haben mochte (sic), war während der letzten Kriegsjahre längst verschwunden..."

„Man kann immer nur", sagt Kaiser, „immer nur blinde oder überscharfsichtige Wut aus manchen Worten herauslesen. Doch keinerlei Antisemitismus." Er sagt es zur Verteidigung des „Tods eines Kritikers" am 5. Juni 2002 in seiner Zeitung („Walsers Skandalon. Nicht antisemitisch, aber brillant, boshaft und hemmungslos"). Noch immer scheint Kaiser darunter zu leiden, nicht ebenso schreiben zu können, wie Walser. Da sei er wieder, „jener beschwingte, persönliche, bildungs-vergnügte, herzliche Walser-Sound ..." (F. J.

Raddatz am 6. Juni: „Der wunderbare Wortjongleur, der bewundernswerte Illuminator der Sprache [...]. Kein Antisemit. Es ist schlimmer: Er schwimmt, wie jeder Unterhaltungsschriftsteller, hoch oben auf den Wogen unterbewußter Ressentiments", Die Zeit Nr. 24). Die Bedeutung dieses Sounds im deutschen Kontext der Verdrängungen gibt Kaiser selber an, im affirmativ zum Redakteur gegebenen Interview für die Junge Freiheit am 5. Juli 2002. Walsers „übermütiger Haß" gegen seinen Kritiker wird als erfreulich in einer Gesellschaft gefeiert, die vom Antisemitismus-Vorwurf neurotisiert sei. So offen wird in den Dokumenten, die ich für dieses Buch geprüft habe, von einem Siebenundvierziger deutsche Unbefangenheit nach Auschwitz nicht gepriesen. Walser habe ein „Recht" zu seiner Unbefangenheit im „freien" Umgang mit Juden, denn er habe sich „schon ernsthaft und seit Jahrzehnten mit den Themen Deutsche Schuld und Antisemitismus beschäftigt, als andere noch kaum daran gedacht haben." Der „großartige Auschwitz-Aufsatz im Kursbuch" („Bedenken Sie doch nur, was Walser alles schon geschrieben hat") ist Kaisers schlagendes Beispiel.

Wir haben gesehen, daß sein „Plädoyer gegen das Theater-Auschwitz" die Nötigungs-Legende formuliert (September 1965), die Walser zuvor (März, Juni 1965) aus dem Besuch des Prozesses mitgenommen hat und bis zum vokabulösen Exzeß („Moralkeule") mit sich herumschleppen wird. Eine lange Zeit – und ein kurzes Gedächtnis seines Nachlobers, der ein Selbstlober ist! Im Selbstlob der Gruppe vergißt sich *notwendig*, was ihm widerspräche. So sehr hat im Zeit-Block des deutschen Kontextes das unendliche Abwehren des Antisemitismus-Vorwurfs, mit dem man nicht umzugehen vermochte, diese Siebenundvierziger endlich neurotisiert.

Des Pudels Kern: Kaiser haßt die linke Intelligentsia; wenn in diesem Gesichtsfeld des Hasses ein Jude auftaucht, muß er seinen Haß verkapseln. Das verkapselt das Erinnerungsgebot mit dem Namen „Auschwitz" gleich mit.

In der ‚historisch'-anekdotischen Rede über jüdische Mitglieder in der Gruppe – am Mehring-Beispiel fast schon offen – gelingt die gedeckte Rede („dieser Berliner, dieser rechthaberisch linke Ton, pseudo-brillant, ironisch und selbstgefällig, diese schnöde Kabarettprosa...") und ist doch so klar. Sie könnte der antisemitischen Bild-Syntax Richters entstammen, wenn er über die Erich-Neumanns herzieht und das „Tessiner Exil" (natürlich wohnten auch einige nichtjüdische Emigranten in Ascona...), das „uns" mit seiner rückgewandten Rechthaberei in die Quere kommt- - -

Kaiser verlangt im Interview mit der rechten *Jungen Freiheit*, ehe ein Antisemitismus-Vorwurf erhoben werde, müsse „der Fall eindeutig sein!" Die Nähe von verächtlich formulierten Bildern für die Links-Intellektuellen der Weimarer Republik zum Bild der „fanatisch finsteren Intellektuellen-Visagen" ist ein solcher „eindeutiger Fall"! In der wissenschaftlichen Antisemitismus-Diskussion ist es ein alter Hut, anti-intellektuelle und anti-semitische Affekte aufeinander zu beziehen und historisch ihr identisches Vorkommen zu belegen.

„In nutzbringender Entfernung" (Walser)

Wenn im Anti-Intellektuellen-Affekt kein Jude in der Nähe ist oder wenn der jüdische Affektgegner ‚verboten' ist, kann sich die angestaute Aggressivität unverkennbar mit dem gleichen Unlust-abbauenden Effekt entladen, als wäre das Verbot aufgehoben – entladen z.B. auf linke Leute, oder Joschka Fischer anläßlich eines Bildes aus seiner Kampfzeit in Frankfurt, das ein Kaiser korrekt zu lesen nicht gezwungen werden kann. Dann ist Klartext angesagt, endlich einmal! und ein Glück, daß Joseph nicht jüdisch ist, „... jähes Sich-Erinnern an die paranoid engen Augen, die fanatisch finsteren Intellektuellen-Visagen"; Rechts=Links-Assoziationen Goebbelscher Provenienz stellen sich ebenso jäh ein, der Mann hat genauso geredet. (Jetzt fehlt er.) Heutige aber, *gute Linke sagten*, was zu sagen war gegen diese Visagen: Richter, Grass sagten es 1967 gegen die SDS-Studenten („Radikalinskis") – und Habermas in Hannover, als über Benno Ohnesorg getrauert wurde (er hat es bald zurückgenommen, was einen Kaiser nicht kümmert); das passende Wort „Links-Faschismus" hat er gebraucht – Kaiser: das aber „leider auch nicht tödlich war".[36] Dazu fällt mir nun wiederum ein anderes „tödlich" ein, ein „tödlich" des Rezensenten, der deutschsprachig jüdische Nachkriegsliteratur zu besprechen hatte. Es geht um Kaisers deutsche Wehrmachtssoldaten und es fehlt ein „leider nicht" an der richtigen Stelle; es fehlt überhaupt. Es hätte das Gegenteil von Mißachtung gewisser Toter bedeutet - - - In seiner „Masante"-Kritik nämlich kann Kaiser ein „Photo" nicht aushalten, das Hildesheimer erwähnt. Es ist von der Sorte, die wir heute aus „der Wehrmachtsausstellung" kennen. Ein Erschießungskommando, es ist ein sehr verbreitetes Bild. Da endete für

Zehntausende an einem Tag ihr Leben in einer Grube. Der Dichter versucht damit fertig zu werden, indem er sich kurz auf die „Gruppe" deutscher Soldaten konzentriert, die da lachend, wie wir wissen, herumstehen, er möchte seine Sätze nicht hinunter in die *Grube* gleiten lassen und kalauert stattdessen: ihnen werde das Lachen bald vergehen. ,Auch' ihnen – immerhin! Dialog der Toten auf anderen als deutsch-üblich erzählten *,beiden Seiten'* in diesem Krieg! Ein Joachim Kaiser versteht solches Kalauern nicht, hat er sich doch nie in die Lage eines deutschsprachigen jüdischen Schriftstellers an seiner Seite in der Gruppe 47 versetzen wollen, dessen Gedanken vielleicht gerade, als alle, auch er, lachten, bei einer Grube waren. So fordert er nun seine Leser auf, diesem „Masante"-Text („ja was heißt überhaupt ,Masante'?") eine wenigstens gerettet deutsche Lektüre abzugewinnen – und nur die Rezension zu lesen. Diese bereinigt den jüdischen Kalauer, hinter dem die Welt des vernichteten jüdisch-deutschen Dialogs aufgeblitzt war. Kaiser aber „plädiert" mal wieder: für die deutschen Soldaten, die da lachen. Daß es ihnen vergehen werde, ist ihm nicht genug. Wie am Volkstrauertag spaltet er eine bei Buchlektüre möglicherweise sich einstellende Erinnerung an die ermordeten Juden Europas von der deutschen Kriegserinnerung ab und verlangt wie folgt zu gedenken: „...Lachen vergangen... „ (Hildesheimer) – „Nebenbei bemerkt: *tödlich* vergangen, nämlich ,für immer'" (Kaiser).

Ist Hildesheimer nun ein kritisierter Linker oder ein mißachteter jüdischer Schriftsteller?

Eine von den Juden ferngehaltene Grund-Aggressivität (Tabu!) muß irgendwohinaus. Da es hier um Schreibtischgeschichten geht, wollen wir das so stehen lassen. Aber da ist noch etwas. Es ist jener „absichtsvolle Infantilismus" (Steiner), der das ,hohle Wirtschaftswunder' der deutschen Nachkriegsliteratur bis in die ,Masante-Zeit' hervorgezaubert hat. Es ist die tiefe Übereinstimmung Kaisers mit Walsers „Unser Auschwitz", dem „großartigen Auschwitz-Aufsatz". Es ist eine Stimme, die wir deutlich gehört haben: Die „Entkommenen" (deutsche Kinder in Uniform) kämpfen um ihren Neuanfang „entschieden *ohne* Väter" („nicht *gegen* sie"). Das ist zur Einleitung in die Mehring-Affäre gesagt. In dieser Nähe zum Verriß, der in die Geschichte der Gruppe 47 eingegangen ist und einer Rechtfertigung bedurfte, vernehmen wir eine weniger deutliche Stimme. Im rhetorischen Konstrukt „entschieden ohne, nicht gegen" klingt sie hohl und gefangen wie ein Echo. Wer hat es erzeugt? Welcher beiseitegeschaffte Vater? Es ist die Stimme einer Generation, die „absichtsvoll" aus der Instanzspannung hinausgetreten ist, in der sie zu den ‚eigenen' Vätern gestanden hatte, vor dem Ende. Dieser Posten ist nun vakant. Vor jüdische ‚Väter' müßte man schuldig treten. Eine wirkliche Nähe zu ihnen wird tabuisiert. Das Entschuldungsbegehren jedoch imaginiert sie mit der ganzen Befreiungssehnsucht, die nur ein Vater, der bekämpft werden darf, erlösen kann. Und nun stehen zwischen Ihm und Ich diese „blutigen Dokumente"- - -

So wehrt sich auch Walser gegen das jüdische Antlitz.

„... Diese mittelalterlich bunten Quälereien (...) – halb *Bildzeitung*, halb Dante – (...)" – „Wie lange werden wir die Auschwitz-Zitate mit uns herumtragen?"[37]

„Ich verspüre meinen Anteil an Auschwitz nicht, das ist ganz sicher. Also dort, wo das Schamgefühl sich regen, wo Gewissen sich melden müßte, bin ich nicht betroffen. Nun fällt es mir allerdings immer schwer, das Deutsche in meinem Wesen aufzufinden. (...) Und trotzdem soll ich mich jetzt, Auschwitz gegenüber, hineinver-wickelt sehen in das großdeutsche Verbrechen."[38]

Wer es sich antun will, geduldig analytisch in den Text „Unser Auschwitz" hineinzuhören, dem eröffnet sich Narziß, der jegliches Gefühls-*Soll*, und sei es die Erwartung einer schlichten Träne, gekränkt von sich weist, und der nun in Nacharbeit zu einem Prozeß-besuch behauptet, *nicht allzulange* Anteil an den Leiden der Pro-zeßzeugen nehmen und ihre „Zitate" („aus Dantes Wortschatz entlehnt") mit sich „herumtragen" zu wollen. Und als dieses Räsonnement ganz nah an die Gesichter vor Gericht heransehen muß, weil vom „Schmerz der Opfer" zu sprechen ist, die im Beisein der angeklagten Täter sich erinnern sollen, kommt der Autor auf den kritischen Punkt seines Versuchs, rational zu schreiben; d.i. er kommt in größte Bedrängnis durch seine Gefühle (ich möchte jedenfalls annehmen, daß dies der Grund gewesen ist). Im Durch-einander ironisch durchgespielter und zynisch panierter Argumente, in das der Text in dieser Passage besonders ausartet, ist eine eng-umzirkelte Denkfigur unübersehbar: Wenn wir unsere Anteilnahme vor „realitätsarmer, aber momentan heftiger Empfindung" schüt-zen wollen, dann sollten wir uns „ein wenig Ruhe" gönnen für die dann „natürlich" einkehrende Einsicht, daß wir am Schmerz der Opfer im Zeugenstand gar nicht Anteil nehmen *können*. So wie wir – „noch zu jung oder schlau genug", um selber Täter zu werden – während der NS-Zeit „uns in nutzbringender Entfernung zu hal-ten" wußten, so müsse man *auch jetzt* im Angesicht der zur Zeugenschaft gequälten Opfer fragen: „Was heißt das denn, wir nehmen Anteil? Wieviel gilt uns unser Bedauern? Hilft es uns [dazu], irgend etwas zu tun?"

Die gewundene Antwort auf den Begriff gebracht: „*Unser Erlebnis*" wäre *an der Seite der Opfer* verkehrt plaziert und nur ein Zeichen von Hilflosigkeit (S. 14 f.)

Mit der verbindlichen Entschiedenheit eines ausgearbeiteten Essays war in „Unser Auschwitz" eine Relevanz der deutsch-jüdischen Differenz für das Erinnerungsprogramm der Gruppe 47 ausdrücklich verweigert. Der Text schleicht mit analytischem Vokabular („Bedingungen des [Lager-]Systems", „politische oder wirtschaftliche Verursacher", „unsere deutsche Geschichte von 1918 bis 1945") um ein konkretes kollektives Erinnerungsbild herum, das auch im Gedächtnis des Autors abgelegt gewesen sein muß, denn in seinem letzten Roman, der die Verleihung des Friedenspreises 1998 unter anderem begründet hat, in „Ein springender Brunnen", taucht es dreißig Jahre später wieder auf. Wie in einer Urszene ist in diesem Dokument des absichtsvollsten Infantilismus die Lässigkeit, mit der in der Gruppe 47 auf den gesellschaftlichen Antisemitismus in Deutschland, auch in seiner Koppelung an den Anti-Kommunismus, gesehen wird, ins Bild gesetzt.

„Die monströse Wirklichkeit von Auschwitz", so hieß es im Essay 1965, „darf wohl auch über die Vorstellungskraft jenes Bürgers gehen, der geduldig zusieht, wie Juden und Kommunisten aus seiner Umgebung verschwinden."(18) – Welche Relation! Und:

Jener Bürger, wer ist das? Erinnerungsmitläufer?, bystander damals (9./10.November)?, Volksgenosse? Doch gewiß aber nicht Trauernder, der zu wissen begehrt – im Angesicht der Bilder und Zitate?

Die Figur „jenes Bürgers" in „Unser Auschwitz" ist eine literarische, sehen wir sie an unter der Bedingung ihrer Einzwängung in den Textstoff des erzählten Bildes: Sie hat keinen Nerv für die Vernichtungsmaschinerie des NS-Faschismus, weil unter den Bedingungen seiner Herrschaft schon das Verschwinden der Nachbarn ihr die Ruhe nicht nehmen konnte. Das ist die Literarisierung eines Schemas, dessen Aussagekraft darin besteht, es sei „sinnlos und unbefriedigend, Auschwitz nur in seinen einmaligen Fakten und sozusagen nur mit den Nerven wahrzunehmen."(23) Wir sind Zeugen der wiederholten Kreation eines deutschen Menschen im Nachkriegsmaß, nun ,vor dem Auschwitz-Gericht 1965', wie es in der Gruppe 47 gesetzt worden ist.

Warum ist die Figur so verunklärt?

Der Autor *versteht* „jenen Bürger", den Volksgenossen – seinen Schicksalsgenossen? Warum ist gerade die Haltung des Duldens verunklärt?: Mit wem „geduldig" ist die Figur? Mit den Häschern, mit sich selbst, gar mit den Abgeholten?

Antwortet der „Springende Brunnen" eindeutig, so ist das eine entsetzliche Antwort: Dem alter ego des Autors in diesem Roman aus dem „Gesichtskreis des Kindes", dessen Konzeption er aus Hans Werner Richters Hand empfangen hatte, wie wir gelesen haben, dem aus dem Krieg Heimkehrenden, der ein heimkehrender werdender deutscher Nachkriegsschriftsteller ist, ihm, Johann, wird jene Mißachtung ebenfalls zugestanden. Der Angst einer jüdischen Nachbarin vor der Deportation *nun*, da er davon erfährt, zu gedenken, *im Augenblick der Heimkehr, mit Mitgefühl* zu gedenken, dazu ist der Heimkehrer nicht gewillt. Ihre „Angst [will sagen: der mitfühlende Gedanke?] (...) engt ihn ein. Er will mit dieser Angst nichts zu tun haben. (...) Er wollte von sich nichts verlangen lassen."[39]

In der „Geschlossenheit des kindlichen Gesichtskreises", den zu schaffen Walser seinem Lehrherrn Richter 1953 versprochen hatte, wird sich kein Empfinden mehr einstellen können für Schuldtatsachen, denen ins Auge zu blicken hätte gelernt werden müssen in Auseinandersetzung mit ‚Vätern', von denen man sich nicht „befreien" muß wie ein plärrendes Kind, das sich nur immer über die Verhaltensbefehle ärgert, die es hört oder phantasiert. Wie lange wird die Affekt-Ernüchterung in den Angstzuständen der deutschen Soldatenkinder noch auf sich warten lassen, wenn sie Juden, die ihre eigene, andere (‚Väter'-)Geschichte vertreten, leibhaftig sich gegenübergestellt sehen? Ich fürchte, sie würden es nicht ‚überleben'.

Richter, dessen *literarisches* Gewicht *in der Gruppe* immer gering sein wird und der so gesehen in ihrer Gründungsstruktur ähnlich symptomatisch markiert ist wie das des Freundes Andersch, der große Bedeutung als Rhetor für die Anfänge der Gruppe hat – geringe Bedeutung nur noch für ihre spätere Entwicklung (nehmen wir die allgemeine Symptomatik seiner Romane, die fürchterliche des „Efraim" aus) – , Richter übernimmt die Umschrift der nationalen Reinigung und ihrer Fixierung auf ihre kriegerische Voraussetzung hinüber ins literarische Terrain.

In seinem Manifest an der Schwelle zu den Gründungssitzungen der Gruppe 47, in der letzten „Ruf"-Nummer vom 15. März 1947, „Literatur im Interregnum", ist der Übersprung des kriegerischen in den literarischen Nationaldiskurs des Schreiber-Ensembles nachzulesen:

„Deutschland ist leergebrannt", die „jungen Talente", die dem „ungeheuren Blutverlust dieser Jahre" entgangen sind, kehren heim mit einer einzigen Erfahrung, die den „Hohlraum", das „Vakuum" ausfüllt als Geburtsgrund der neuen Literatur: „Es ist die Erfahrung ihrer Erlebnisse".[40]

In der Hommage an Jünger, die Andersch in Ulm[41] vorträgt, werden „Kräfte der Emigration", die in den Vorwurf einer Kollektivschuld der Deutschen eingestimmt haben (S. 113), dem *inneren* Emigrationsbild konfrontiert, das Jünger verkörpere: Vorbild an Selbstreinigung, Vorbild der „militärischen Jugend Deutschlands", Held geglückter Selbstbesinnung. Jünger, der als Künstler per se kein Nazi gewesen sein könne (S. 119 f.), wird den Emigranten vorgezogen, die erst noch eine *Re-Objektivation der Nation* leisten müßten, ehe sie literarisch heimgekehrt sein können; das ist: eine Rückkehr aus Ressentiment und „leidender Enttäuschung" (123).

Der Heimkehrdiskurs zeigt das klare Profil eines Nationaldiskurses. Unzählige Beispiele belegen das. Selbst-Verdichtung vor dem Jünger-Bild. – Eingeübt wird die literarisch-historische Misch-Struktur der Ausgrenzung (Juden als Emigranten, Juden als literarische Gestalten). Daraus wird bei wachsender Unbefangenheit gegenüber ‚wirklichen' Juden, denen man wieder begegnet, die literarisch-subtile eines Günter Grass und die grobschlächtig persönliche eines Martin Walser. Im Wendland 1961, bei der Tagung im Europa-Haus auf dem Gelände des wilhelminischen Jagdschlosses Göhrde, werden diesbezüglich Signale gesetzt.

Der junge Friedrich strukturiert im Gründungsjahr die Selbstreinigung Jüngerscher Provenienz noch etwas unverblümter als Andersch: Wenn wir den verengten Nationalismus der Nazis aufgeben, dann „können wir völkisch frei werden und die nationalen Kräfte fruchtbar wirken lassen."[42] Unwillkürlich fällt ihm – in einem Brief vom 4. August 1947, nachdem er soeben, im Gründerklüngel in Altenbeuern am 27. Juli, über den „deutschen Menschen als geistigen Typen" vorgetragen hatte[43] – „das Jüdische" und „der Jude" ein, berichtend von Haß, wie ihn Überlebende der NS-Vernichtungspolitik ihm als Deutschen gegenüber empfänden; aber er

Die Kaltschnäuzigkeit eines Günter Grass bewährt sich zur reflexhaften Stabilisierung jenes Vertrauens in den geschlossenen Gruppendiskurs, in dem zur
Zeit der Gründerjahre zwar Juden und Judentum nicht vorkamen, der aber
dem Modelauf der ‚Zeit' im Zeit-Block des deutschen Verdrängungs-Kontextes angepaßt wurde und dessen ‚Moral' es dabei werden mußte, gut links, gut
antifaschistisch, gut sozialdemokratisch usw., auch gut in der ‚Aufarbeitung
der Vergangenheit' zu sein. Das schloß 1961, als Grass an den „Hundejahren"
und an einer halben jüdischen Figur schrieb, inzwischen ein, die Gruppe 47
für die Heimstatt einer selbstverständlichen Assimilation der Juden in der
deutschen Nachkriegsliteratur zu halten und *darin jetzt* die Einzigartigkeit der
Gruppe zu behaupten. Auf der Tagung in Göhrde 1961: Als gesagt wird, es sei
bereits ein Verdienst, ein jüdisches Thema überhaupt *zu wählen* (Wolfdietrich
Schnurre hatte aus seinem Projekt „Ein Unglücksfall" gelesen), ist die Reaktion des Blechtrommlers: „In dieser Gruppe ist das kein Verdienst, sondern
selbstverständlich!" (Raddatz in Richters „Die Kultur", November 1961, zit.
nach Lettau a.a.O. [Anm. 14], S. 165.) Von den vitalen Hundejahren abgesehen beginnt durch die Texte der Gruppen-Lesungen starre „Auschwitz"-Me-
taphorik zu geistern. Moniert wird das erstmals von Peter Handke auf der Tagung in Princeton. Dort sitzt auch ein Germanist der Columbia-University
dabei und findet: „vage und unspezifizierte Aura von Schuld (...), künstlich
angeeignet, ähnlich der Sentimentalisierung der Anne Frank und dem Philosemitismus, der jetzt in gewissen deutschen Kreisen Mode ist." (Joachim P.
Bauke, Die Gruppe 47 in Princeton, in: The New York Times Book Review,
15.5.1966, hier zit. nach Lettau, S. 240.)

spricht nicht über „die Juden", sondern über die Tschechen, Polen,
Franzosen usw. und formelt: „Und da fühle ich mich betroffen
ebenso, wie sich der Jude betroffen fühlte (konjunktiv!!), wenn man
gegen das Jüdische vorginge (konjunktiv!!)".[44] Von solchen schriftlichen Ausgrenzungsgesten sind die Archive voll.

Schönes Oberbayern

Im Sommer 47 hatte man sich als Gruppe die „Leere im Gemüt",
„den tönernden Hohlraum Mensch" freigeräumt zum Lebensgenuß
in der Idylle des nun befriedeten Standorts. Man traf sich mit der
Inneren Emigration unbeschadet der installierten Abgrenzungs-
rhetorik in den heil gebliebenen Orten des Inneren Reiches, im Juli
bei Gräfin Degenfeld im Kreis um Rudolf Alexander Schröder und
Bernt von Heiseler in Altenbeuern/Obb.[45] (dort noch einmal Sep-

tember 1948), am Bannwaldsee/Allgäu bei Ilse Schneider-Lengyel, 6. und 7. September, und in Herrlingen im ländlichen literarischen Salon des Hauses Odette, vom 8. zum 9. November – hier fiel Andersch, der noch so schlecht erzählte wie als Anwärter auf die Reichsschrifttumskammer, mit seiner Erzählung „Heimatfront" durch am Nachmittag des Tags, der am Abend so erfolgreich war –, usw. Immer wieder in späteren Berichten das Echo auf diese Monate: Es war Aufbruch. Es war eine herrliche Zeit.

Nicolaus Sombart. Der legendäre erste Abend am Bannwaldsee einmal anders
Die Lesung
„Ich hatte meine deutsche Vergangenheit in dem Niemandsland, das Deutschland nach dem Kriege war. Ich hatte versucht, für meinen Teil am Wiederaufbau der Ruinen mitzuwirken. Das begann, in München, mit der Gründung des RUF, noch bevor Alfred Andersch die Leitung übernahm. Das Treffen in Bannwaldsee gehört zu meinen Pariser Jahren. Man wird verstehen, warum. Ich sehe uns gehen, in der vollmondhellen Nacht, auf der asphaltierten Landstraße, nach dem ersten großen Leseabend im Chalet von Ilse Schneider-Lengyel, auf dem Wege zu unserem Nachtquartier ins wenige Kilometer entfernte Dorf. Die geschwungene Straße, die silbern leuchtet, steigt etwas an zwischen den dunklen Feldern. Wir gingen, unsere Schatten voraus...
Wir diskutierten den Abend, sonderbar erregt, irgendwie irritiert setzten wir die stürmischen Diskussionen der Runde fort. Wir waren uns einig darüber, daß alles, was wir da zu hören bekommen hatten, ziemlicher Mist war. Es ging nicht so sehr um die Inhalte. Was uns provozierte und mißfiel, war ein rüder, fast rüpelhafter Ton, eine grobe Schrumpfsprache, die Vorherrschaft eines knallharten Landserjargons. War das das Idiom der neuen deutschen Literatur? Armes Deutschland. Wir wünschten uns etwas anderes. Unser Urteil war verdorben durch unsere Referenzen: Thomas Mann und Proust. Waren wir Snobs? Der Bruch zur Tradition, der an jenem Leseabend so manifest war, schien uns weniger der Garant einer geistigen Erneuerung als das Symptom einer bedauerlichen Unbildung."
Links von mir Walter Maria Guggenheimer
„Er sah so aus, wie ich mir Stefan Zweig vorstelle. Ein Revenant, der jetzt einen alten französischen Militärmantel über den Schultern trug wie eine Pelerine. Er sprach näselnd mit hoher, feiner Stimme, immer präzise formuliert, immer ironisch, immer spitz, dabei in dem, was er sagte, nie apodiktisch, sondern von anspielungsreicher Undirektheit, das was er behaupten wollte, im gleichen Zuge auch immer schon wieder zurücknehmend, aus Courtoisie mehr, als weil er von dem, was er vorbrachte, nicht recht überzeugt wäre. Eine hohe Intelligenz, für die das Denken in der Kunst der Fragestellung gipfelte und der melancholischen Gewißheit, daß es Antworten nicht gibt."
Ilse Schneider-Lengyel
„Es hatte uns begrüßt eine grazile, dunkelhäutige Frau mit etwas schräggestellten Augen und dichtem, langem, schwarzem Haarschopf, in den ein

buntgewebtes Band geflochten war. Eine Zauberin, wie sich herausstellte, der es gelang, diesen wilden Haufen, der da in ihr Reich einbrach, mit einem sanften, mysteriösen Lächeln zu bändigen. Sie hätte Melusine heißen müssen. Es ist mir wichtig, sie für einen Augenblick der Vergessenheit zu entreißen, in der sie verschwunden ist. Sie hatte ein Atelier in Paris. Dort gehörte sie hin. Sie war völlig anders als wir alle, eine für unsere damaligen Maßstäbe ganz undeutsche Erscheinung, ein Wesen, das einer fremden kosmopolitischen Kultursphäre angehörte. Sie war eine Frau ohne festen Wohnsitz und ohne feste Identität, flüchtig, heimatlos, unfaßbar, undinenhaft. Es schien mir immer eine seltsame Fügung, daß der erste Keim eines literarischen Leben in dem verwüsteten Nachkriegsdeutschland von dieser geheimnisvollen Frau, aus dem ‚Anderswo' gepflanzt wurde. Es wurde etwas anderes daraus...

Sie kam noch ein paarmal in den Männerbund, den sie gestiftet hatte, dann verlor man sie aus dem Blick und ihre Spur." (Nicolaus Sombart, Pariser Lehrjahre 1951-1954, Hamburg 1995, S.253 ff.)

Es war eine herrliche Zeit.

Gut. (In Oberbayern war es im Sommer und Herbst 1947 wirklich besonders schön.) Aber halten wir fest: Ein Grüppchen, das heimkehrt in innere Ödigkeit und Leere (Richter: „Hohlraum", „Vakuum", „Interregnum"), von Aktionismus und Rhetorik zusätzlich gestresst, jedoch intellektuell unterfordert, produziert im schneller werdenden Leerlauf ein Wahrheitsproblem. Was ist unser Gegenstand, Gegenstand für uns als Schriftsteller? Die Heimkehrer antworten programmatisch mit der Rede (oder plappern sie nach) von einem Realismus, die wiederum nur in die Leere und den Leerlauf von Vokabeln führt: „Erfahrung des Erlebnisses" und „natürlicher Kreislauf der Erlebnisse in einem Volk" (Richter, Interregnum): In der Geborgenheit solcher Hülsen gedeiht die Sprache der Illusion. „Unverzerrt" werde man eine Jetztzeit „1947" bannen in geläuterter Sprache, die Zukunft verheißt. Und das ausgerechnet im Hause Odette, einer würdigen Einkehr-Idylle aus den schönen Zeiten der Inneren Emigration! Doch sei dort nach Auskunft eines sozialdemokratischen Frühmitglieds der Gruppe 47 der „Nachweis" geführt worden, „daß innerhalb der deutschen Literatur junge Kräfte unterwegs sind (...), die sich zu wacher Bewußtheit lösen und in kraftvoller Hinwendung zum Leben einen neuen, einen eigenen Weg finden."[46]

Vgl. „Eingestreut": Zeit-Block oder Periodisierung im Kapitel „Einführung".

Aber ein Diskurs, der aus einem geschichtlich freigeräumten Anfang nur nach vorne in die Zeit sprechen will, von einem wirklichen Erlebnis im Jüngstvergangenen dabei begründet sein will – irgendwie aufrufen und reinigen wollte man eine eigene Zeit: die NS-Zeit! –, kann das (Bild-) Gedächtnis, das sich dort gebildet hat, nicht zugleich auslöschen. Sprecher und Epigonen stecken in einer Selbstbegegnungsfalle.

Was hier passiert, klang im Friedrich-Zitat schon an. Er sah die Vernichtung der Juden vor sich, macht daraus einen sprachlichen Konjunktiv und ersetzt die Juden durch die Namen anderer Völker. *Als ihm Celan in Niendorf begegnet, sieht er einen „Rumäniendeutschen" vor sich. Das verzeiht man einem jungen Mann, und es ist extrem unaufgeräumt, daher frühkindlich empfunden, regressiv hingewendet zur geraubten „Volksgemeinschaft". Aber als Metapher der Verdrängung hat diese seelische Operation Bestand in der Gruppe wie im deutschen Kontext der Mißachtung überhaupt. Wir erinnern uns an Yoram Kaniuks Auseinandersetzung mit Günter Grass darüber, ob dessen jüdische Figuren mit Juden und deren Geschichte wirklich etwas zu tun haben.*

Die Wahrheit, auf die die Heimkehrsoldaten in der heimatlichen Ödigkeit getroffen sind, so, daß ein Erinnern in ihren Gemütern erst jetzt, bei Berührung mit dem idyllischen Frieden einer schönen Landschaft, zusammenzuckt, ist eine Wahrheit in den mitgebrachten Inbildern.

Die Gruppe 47 hat es wie alle anderen Sprechergruppen im Nachkrieg (es gab auch woanders schöne Gegenden) mit einem Sprach-, Bild- und Vorstellungsmaterial zu tun, in dem es von den Zeichen wimmelt, vor denen man die Augen schließen möchte. Diese Gruppe aber, die aus einer vorgeblich erfahrenen Erlebnis-Freiheit an der Front und aus einem in Innerer Emigration vorgeblich geläuterten Nationalkonsens ihren Anfang erfindet, hat es besonders schwer. Sie schreibt über den Krieg, *muß* es auch aus politischer Selbsttreue tun gemäß ihrem vernünftigen Beschluß, nicht wie die Altrepublikaner einfach dort weiterzumachen, wo man 1933 aufgehört hat. Sie ist zur Unmittelbarkeit verurteilt kraft ihrer Diskursordnung. So schreiben sie über Tod, Feuer, Terror, Lager, endlose Züge von Menschen mit schlurfendem Gang - - - und fallen von einem Schrecken in den anderen. H. W. Richter, „Literatur im Interregnum", 15. März 1947:

Realismus

Realismus das bedeutet Bekenntnis zum Echten, zum Wahren und zur Wirklichkeit des Erlebten, das bedeutet, daß sich die Sprache dem Gegenständlichen anpaßt wie ein festgeschneidertes Kleid, das bedeutet die unmittelbare Aussage und die lebendige Gestaltung. Das Ziel einer solchen Revolution aber kann immer nur der Mensch sein, der Mensch unserer Zeit, der aus der Verlorenheit seiner zertrümmerten Welt nach neuen Bindungen strebt, der durch die Konzentrationslager und über die Schlachtfelder unserer Zeit ging, der seine Existenz in den Nächten des Massensterbens nur noch wie einen irrationalen Traum empfand ...

Nächte des Massensterbens: Nächte in Hamburg, Kassel, Dresden, Würzburg. Züge: Züge der Flüchtlingstrecks und Displaced Persons. Lager: Kriegsgefangenenlager und KZs vor 1941. Feuer: Deutschland ist leergebrannt.

Lager. Richter ist, wie wir wissen, mehrmals im DP-Lager Hersbruck in der Oberpfalz gewesen und hat für die neue deutsche Literatur die Figur eines verunstalteten jüdischen Menschen mitgebracht. Im Lager in Landsberg bei München, das in seinem Panorama-Roman als feindliches Gelände für die pazifistische Allegorie seines sexuell tumben „Slomon" herhalten muß, kann er nicht gewesen sein. Die Landsberger Romanszene, antisemitisch in ihrem Gemisch aus Zionismuskritik, deutschem Nachkriegspazifismus und Kitsch (geschrieben wie die Kurzgeschichte 1938 im Osnabrücker Tageblatt, „Ein Spiel um Morgenwind"), schreibt über die Ausbildung an der Waffe für den Kampf um Israel, wozu „Slomon" gezwungen wird, als sei das alles, was dort geschah. Kein Wort von der Sheß'erith Hapletah, dem ‚Rest der Geretteten', die dort ‚in nuce', in der Nußschale eines Lagers für bis zu 10 000 Überlebende, auf deutschem Boden fünf Gehminuten entfernt von Hitlers „Mein Kampf"-Zelle eine jüdische Kultur etablierte, in der es endlich keine Trennung von Bildung und Ausbildung einschließlich der zum Kampf um eigenes Land mehr gab, eine Kultur in „vorstaatlichem Stadium"[47] vor der Einwanderung. Kein Thema? Auch nicht der Aufstand, als die Kunde von Pogrom-Toten ins Lager drang? Walter Kolbenhoff, bestes Urgestein der Gruppe, schrieb eine hinreißend ergreifende Story für die Neue Zeitung über die Hinrichtung eines NS-Schergen in Landsberg. Auch sein Kunstwille versagte vor den lebenden Überlebenden von nebenan. Und keine Debatte im Ruf der jungen Generation über die für Deutschland nach 1945 schändliche sozial explosive Differenz-Tragödie vor den Toren Münchens, in Dachau nach der Lager-Befreiung.[48] *Dort hatte Andersch 1933 als Kurzhäftling Wissen gesammelt, und in den „Kirschen der Freiheit" eine retrospektive Angstsprache gefunden, die W.G. Sebald in seinem Andersch-Essay als einen* Moment von Authentizität *beschreibt, der deshalb so eindrucksvoll sei, weil er im literarischen Gedächtnis des Autors als der einzige haften bleibe.*

Im Hinsehenmüssen und Wegschreiben werden einige dieser jungdeutschen Schriftsteller Meister, die deutsche Literatur im Nachkrieg hat in dieser Monade eines restriktiven Schreibprogramms einige ihrer anhaltenden Impulse erhalten. Heute lesen wir die Mühsal mit, die das Wegschreiben gekostet haben mag, jedenfalls unsere eigene, die ‚mitlesende', die Weglese-Mühsal. Relektüren auf diesem weiten Feld sind oft kaum zu ertragen. Meine Andersch-Lektüre zum Beispiel.

EINGESTREUT

~~Die schöne~~ Göhrde 1961

Walser, sein Kritiker und die „Gruppe 47"

Der Antisemitismus-Vorwurf gegen das Buch „Tod eines Kritikers" steht im Raum. Von niemandem ernsthaft ist er gegen die Person des Autors erhoben worden. Das versteht sich angesichts der Antisemiten, die Deutschland im 20. Jahrhundert hervorgebracht hat, von selbst. Aber es geht um Antisemitismus, um den deutschen Antisemitismus „nach Auschwitz". Frank Schirrmacher[49] hat die Weigerung der Frankfurter Allgemeinen Zeitung, den Roman „Tod eines Kritikers" vorabzudrucken, unter anderem damit begründet, der Autor habe gewußt, was er tat, als er nicht den Kritiker sondern den Juden Marcel Reich-Ranicki den Mordphantasien eines deutschen Schriftstellers auslieferte und ihn zu einer Witzfigur herabwürdigte – Reich-Ranicki, der dem Vernichtungskrieg der Deutschen gegen die Juden im Osten als einziger seiner Familie entkommen ist und nun, wie es im Original-Manuskript des Buches heißt, zu den „Niedermachern und Zerfleischern" im Literaturbetrieb gehöre, die „ihr Vernichtungshandwerk" betreiben. Es ist das alte Lied: Einen Antisemitismus-Vorwurf darf man dem Produkt eines Mitglieds der Gruppe 47 nicht machen – gleich sind sie alle da, die

Gruppe gibt es wieder. Der Autor selber reagierte, wie er es bei seinem Ziehvater, wenn er diplomatisch war und nicht lospolterte, gelernt hat.[50] „Es geht um den Kritiker, nicht um den Juden", sagt er im Spiegel-Interview. Diese Lesart ist nicht nur textfern, sie ist falsch. Wie fixiert Walser auf „den Juden" *als Kritiker* ist, fixiert bis zur berüchtigten Opfer-Identifikation, die ihm hilft, den Kritiker als den Uralt-Aggressor zu ‚stellen' und dabei nicht sagen zu müssen, daß er in ihm den Ewigen Juden sieht, das belegen z.b. die Sätze, die Walser im Vorlauf zu seiner Paulskirchenrede im Oktober 1998 zu Protokoll gegeben hat: „In unserem Verhältnis ist er (Reich-Ranicki) der Täter und ich bin das Opfer. (...) Die Autoren sind die Opfer und er der Täter. Jeder Autor, den er so behandelt, könnte zu ihm sagen: Herr Reich-Ranicki, in unserem Verhältnis bin ich der Jude." (Süddeutsche Zeitung 19./20.9.1998). Solche Umkehrung der Verhältnisse ist älter, wie man weiß; 15. April 1933: „**Wehrt euch!**" – Jetzt, Juni 2002, Roman: „Ich werde mich wehren. Schluß mit dem Rachegeplapper." Daß diese Umkehrung schon seit 1946 in der „Gruppe 47" weitergepflegt wurde und der „Begabteste der ganzen Clique" (H. W. Richter), Martin Walser, sie dort gelernt und strategisch perfektioniert hat, das sollte man allerdings auch wissen.

Unterm öffentlichen Druck des sogenannten Antisemitismus-Streits (man könnte ihn mit Möllemann velwechsern) erinnert sich Walser des ‚Schicksals' seiner Gruppe; die hat stets mit dem Antisemitismus-Verdacht leben müssen. Die antijüdische Dynamik dort mitzuverantworten und mitzudecken, hat die dicke Haut einer Selbstdisziplin ausgebildet, die nur ab und zu kraft eines Versprechers geplatzt ist. Wir haben Beispiele hier in der Streitschrift. Walser im Spiegel: „Das Problem", daß der „Vorwurf des Antisemitismus" gegen das Buch kommen werde, sei ihm *klar* gewesen; wäre aber ins Manuskript „auch nur ein Satz in dieser Richtung" geraten, dann hätte er ihn – „rausgestrichen!" Rausgestrichen, *nachdem* die Fertigfassung des Manuskripts ins Internet gegangen war, hat Walser (oder sein Lektor?) den oben zitierten Kleinpassus über des jüdischen Kritikers „Vernichtungshandwerk"! Er hat ihn also in *vollkommener* Klarheit niedergeschrieben.

Es lohnt sich nicht, auf solche Beispiele „raffinierter Heuchelei", wie Sigmund Freud sagen würde, des näheren einzugehen. Nicht immer wieder (weil man Analytiker ist); es wird einem übel. Ich beschränke mich hier auf ein Roman-Segment, dessen antisemitische Brisanz auch der Autor nicht leugnet, die „Herkunftsdebatte" um den Kritiker. Da ist z.B. einem „jüdischen Intellektuellen" (Wortlaut Spiegel-Interview) in den Mund gelegt: Er wisse an Reich-Ranicki „nichts so sehr zu schätzen wie dessen Zurückhaltung in der Herkunftsfrage." Nicht nur in den Memoiren des ‚Hergekommenen' wäre nachzulesen gewesen, welche Gründe der Kritiker zu seiner „Zurückhaltung" auch und gerade in der „Gruppe 47", auf die hier deutlich angespielt ist, gehabt hat. Es ist eine Frage der schlichten Aufmerksamkeit auf den Umlauf antijüdischer Affekte im deutschen Salon überhaupt, ob man solche Gründe kennt oder nicht. Wenn nun ein Echo voll von Dankbarkeit für so viel Rücksichtnahme aus dem Roman hervortönt, so ist das in Erwägung realer Vorgänge in der Gruppe 47 der pure Hohn. Dort mochte man den ostjüdischen Ton dieses Gastes nicht, der als Kritiker im allgemeinen *zu wenig* Rücksicht nahm.

Walser verbirgt hinter seiner Interview-Behauptung, nur im Medienpalaver des Romans sei Reich-Ranickis Judesein erwähnt, seine aktive Rolle beim Stimmungmachen gegen den Kritiker in der „Gruppe 47", als dort seine Herkunft in einen definitiven Zusammenhang mit der Ausübung seines Berufes gerückt wurde. Infolge dieser Zuschreibung hat es Marcel Reich-Ranicki, der seit 1958 als Kritiker zu den Tagungen der Gruppe eingeladen war, dort in kurzer Zeit zum Sündenbock einer internen Entwicklung gebracht, die nach Meinung der Stammgäste zu literaturbetriebsähnlichen Zuständen geführt habe: zuviel Kritik und zu wenig Freundschaft. Man wollte wieder „offen reden" können (Walser). 1961 spitzt sich die Situation zu; Hans Werner Richter moderiert eine „starke Opposition" gegen Reich-Ranicki, der „ein toter und störender Punkt" sei im Innenleben der Gruppe. Auch ihre politische „Strapazierfähigkeit" (Grass) störe er. Wir sind im Wendland[51]:

Vor der Göhrde-Tagung im Oktober 1961 berät der innerste Kreis der Gruppe 47 über den Ausschluß des Kritikers.

Aufgrund der Fürsprache u.a. von Siegfried Lenz und Christian Ferber wird Reich-Ranicki aber eingeladen – unter der Bedingung, nunmehr zu schweigen. („Wir wollen wieder zurück zur Autorenkritik, so wie es früher war", Richter). Der „Fachkritiker" blieb bei seinem Metier und schwieg in Göhrde nicht. So schlug denn die Stunde dessen, der im entscheidenden Moment weiß, daß man von ihm den Part fürs Radikale und Grobe erwartet. Walser, wie wir ihn gegen Ignaz Bubis kennen, in fortgerückter Stunde, „nach dem Genuß einiger Flaschen vortrefflichen Alkohols", wie Reich-Ranicki im Almanach der Gruppe 1962 dann fast liebevoll protokolliert hat, hält dem Kritiker „eine kraftvoll-männliche" Ansprache über den Satz „Die Literaturkritiker aller Länder und Zeiten sind Lumpenhunde". Nur Goethe-Anspielung?

Der Germanist Walser wußte, was er da sagt: Im Figurenbild „Lumpenhund" ist der Sinn-Rückhalt sprachlich einem Angreifer gegeben, der sich gegen Juden „wehren" zu müssen glaubt: Er wehrt sich gegen ein ‚verachtetes Wesen'. Ehe man es von sich entfernen kann, muß man sich über es erheben. Und welche Bedeutung allein „Hund" im antisemitischen Wortschatz habe, hat Walser im Rausch wohl übersehen. „Der Alkohol!", heißt es in solchem Zusammenhang öfters im „Tod eines Kritikers". Wieder nüchtern, kurz später für denselben Almanach, der seinen Auftritt in Göhrde überliefert, hält Walser in seiner maliziös-obszönen, meist verunglückt ironischen Art Reich-Ranicki vor (was er später auch Ignaz Bubis vorhalten wird): Er gehöre zu den Leuten, die nicht verstanden haben, was sie kritisieren. Er hänge sich nur immer an die Argumente seiner Kritikerkollegen, „wiederhole" und „exekutiere" deren Verfahren an seinen Opfern solange, bis denen sein Schmarotzertum nicht mehr auffällt.

Schmarotzertum, wir erinnern uns an Celans Kampf gegen seine Verdrängung aus dem westdeutschen Literaturbetrieb mithilfe einer Kampagne, die mit diesem ‚Argument' operierte, wir erinnern uns an Rühmkorfs Konkampagne („Unfruchtbarkeit"). Es war zur selben Zeit. Es war Gruppe 47 in Aktion. Man war als Jude im Binnenkreis dieser Freunde also gar nicht sicher. Hat Marcel Reich-Ranicki auch an die Göhrde gedacht, als er im Interview 1989 resümiert: „Ich möchte mit den Leuten in Freundschaft leben und bin von Haß umgeben. Ganz wenige Menschen haben ein anderes Verhältnis zu mir"?[52]

Walser porträtiert: Reich-Ranicki wolle die Leute, die er kritisch angehe, zu einer „Familie von solchen" formen, „die nur von ihm getadelt werden wollen", den Aggressor also lieben, zu welchem Zweck er stets im „Oberton einer spröden, fast preußischen Güte" spreche, ohne den er „einfach nicht schimpfen" könne. Und dann die Walser-Variante der schielenden, fabriziert-undeutlichen Bilder aus der Gruppentruhe: „Eine nordöstliche Mutter ist er; in den Westen gekommen" – müsse er wohl „Heimweh" haben, womit Walser nichts anderes insinuiert, als daß dieser Gast *als scharfer Kritiker urteilsfähig* hier im Westen nicht sei: „Unnachsichtig ist er nur gegen die geistigen Gegenden, aus denen er selber stammt."

Wir erinnern uns an Rühmkorf: Celans „Artgenossen".

Kaiser übrigens, der, wie wir gehört haben, diesen „Kakao", durch den der Kritiker gezogen worden sei, toll findet, zitiert zum Beleg seiner Freude über Walser diese Passage.

Solche Portraitkunst weist schon voraus auf „das inhaltslose Großtemperament" im Skandal-Roman, den die Deutschen, denen „das so paßt", gerade zu hunderttausenden lesen. Sie lesen, wie da der jüdische Kritiker auf die „Stichworte" von Walter Jens warte. Aber das ganze Walsersche Imaginatorium einer unkontrollierten Herabsetzungslust ist im Gruppen-Almanach 1962 noch in den Dienst des Gruppen-Interesses gestellt. So „klar" aber, wie Walser jetzt (Spiegel-Interview) selbstverständlich nicht antisemitisch geschrieben haben will, so klar antisemitisch ist sein „satirisches" Reich-Ranicki-Portrait, das er im Auftrag Richters für den Gruppen-Almanach 1962 angefertigt hat. Wer im Interesse „meiner Kollegen" – sie mögen wie er die Macht der *Kritik* verabscheuen – eine Sprechweise wählt, die sich im Haß auf den *Kritiker* der Bilder bedient, die man aus der berühmt-berüchtigten Sammlung von Eduard Fuchs von 1921, „Die Juden in der Karikatur", aber auch aus dem NS-„Stürmer" kennt, der muß wohl den Herkunftsmythos vom Ewigen Juden seiner lumpigen Mißdeutung *allein*-verantwortlich unterwerfen. Die Kollegen damals allerdings haben das kritiklos, wenn nicht zustimmend passieren lassen. Es ist – auch damals war das alles nicht uno sono – die Stimmungslage heute noch, während der Skandal um den „Tod eines Kritikers" abgewickelt wird und im massiven Interesse eines Lesepöbels verrinnt. Pauschal und „problem"-los wird dieser Schundroman vom Vorwurf des Antisemitismus freigesprochen, trotz eines seiner widerwärtigen Leitmotive: Durch den Roman hindurch wird König Ehrls Verhalten und Abstammung zotenreich sexualisiert; auf die Spitze getrieben ist dieses Verfahren mithilfe einer persiflierten Gen-Metaphorik am Ende (von der Potenz einer Taufliege, ‚Drosophila' ist da die Rede). Im Almanach der Gruppe 47 von 1962 heißt der König: „Drosselbart (der Ahnherr aller Kritiker)", also auch so ein „Lumpenhund"; eine deutsche Märchenvariante des Ewigen Juden: verschmähter Liebhaber und „laut"; und „beziehungsunfähig" und mundkrank wie im „Kritiker" (die Krankheit heißt dort u.a. tödliche „Logorrhöe").

Wir müssen die Charakteristik „beziehungsunfähig" geschichtlich wieder ins Lot bringen: Die Gruppe 47 als solche, in ihrer „geheimnisvollen Konstitution" (Walser), war beziehungsunfähig in ihrem Verhältnis zu Reich-Ranicki. Gründe dafür werden durch

Walsers Rollenhandeln in der Folgezeit nach seinem „König Drosselbart" von 1962, der begeistert aufgenommen worden ist (Richter und andere:"großartig!!"), auf beklemmende Weise zur Anschauung gebracht.

Der Kritiker, den man loswerden oder zum Schweigen bringen wollte, kam aus dem Osten, der Region, die im literarischen Gedächtnis der Gruppe von ihren Anfängen her keinen Platz hatte. 1963 begann der Frankfurter Auschwitz-Prozeß. „Unser alle Sache" werde da abgehandelt – wie wir gehört haben; ich wiederhole diese signifikanten Hinweise –, so schreibt der Kritiker am 22. Mai 1964 in der „Zeit". Es ist nicht verbürgt, ob sich jemand im Binnenfrieden der „Gruppe 47" gegen dieses „uns" aufgelehnt habe. Dort konnte der Kritiker nicht „laut" werden. Seine „Zurückhaltung" hielt ihn zurück? Wohl eher das Schweigen der anderen. Mit Ausnahme von Peter Weiss und Horst Krüger war zunächst auch niemand im Gerichtssaal. So wählte der Kritiker das Zeit-Forum (auf dem er hat sagen können, was er wollte, wie er in „Mein Leben" erzählt), um eine Frage zu stellen, die Stephan Braese eine „sehr einfache" genannt hat: *Gehören die deutschen Schriftsteller zu jenen, die zudecken oder zu jenen, die aufdecken?* Er, Reich-Ranicki, habe noch keine prominente deutsche Literaturstimme zum Prozeß gehört. Zwar wolle er niemanden einzeln in eine Soll-Pflicht nehmen, seine Stimme zu erheben. Aber „die deutsche Literatur unserer Zeit" habe diese Pflicht. Da ist sie wieder, die Wir-Rede, diese deutschliterarische „Anmaßung" aus dem Osten - - -

Es gibt keine Reaktion ‚der' Gruppe auf den Prozeß. Konnte aber eine Anmerkung berechtigter sein und deutlicher die Gruppe meinen, als die des Ungeliebten auf dem Zeit-Forum: in Deutschland werde – ganz im Gegensatz etwa zu „Stalingrad" – „Auschwitz" öffentlich umgangen?

Das ‚Herz'-Klima in der Gruppe, ihre kalte Teilnahmslosigkeit gegenüber dem anderen Krieg, dem erklärten Krieg der Deutschen gegen die Juden, der Shoah, wird uns ganz bewußt, wenn wir die ‚menschliche' Frage, die Reich-Ranicki an seine sehr einfache ‚literarische' angefügt hat, in unser Erinnern mit aufnehmen: „Was fühlen und denken eigentlich diejenigen, die damals kleine Kinder waren, wenn erzählt wird, wie ihre Eltern drei Millionen Menschen in Auschwitz ermordet haben?" – und wenn wir dann vergeblich auf eine angemessene Antwort aus der Gruppe 47 warten. Man hat dort die Achseln gezuckt – wieder diese „Kollektivschuldthese"!!!

Martin Walser hat eine unangemessene Antwort gegeben. Er hat den Prozeß besucht und sofort darüber geschrieben (März 1965), und seine Antwort (ich habe ihre Analyse oben eingestreut) ist ein Rufzeichen, unmißverständlich vor dem Hintergrund des hier Erzählten: „Unser Auschwitz"! Der Text (überarbeitet im Kursbuch 1, Juni 1965) legt den Grund zur Entwicklung eines immer armseliger werdenden Gedächtniskonzepts des Schriftstellers Walser, das mit dem „Tod" seines Kritikers vollendet ist. Von einem Ehrl-König Drosselbart läßt sich ein Martin Walser nicht sagen, wie er in „einer deutschen Angelegenheit" (so Reich-Ranickis Titel in der „Zeit") zu schreiben habe, über „unser" Auschwitz. Das heißt: Wir lassen uns seine Deutung nicht aufschwatzen, schon gar nicht „unseren Anteil" an ihm. Auch unsere narzißtische Grübelei, ob unsere Schuld unsere Scham zur Folge haben solle, ist *unsere* Angelegenheit. Ursachen-Erforschung, Systemanalyse heißt der vorgeblich ‚selbst'-kritische deutsche Weg.

Dieser Weg – er wird in einer Fraktion der antiautoritären Bewegung um 1968 unter anderem bald zur gedanklichen Mißbildung „Wirtschaftswunder Auschwitz" führen – rettet in Wahrheit das Ich auf einer Linkskurve um Auschwitz herum in eine „nutzbringende Entfernung" von der „monströsen Wirklichkeit" der Vernichtung. Der Nutzen wird sein: nachhaltige Abschottung vor einem Denkensollen der Qual der überlebenden Opfer, die da im Angesicht ihrer Peiniger Zeugnis vor Gericht ablegen müssen. Auch dieses Zitat sei wiederholt: „Ich verspüre meinen Anteil an Auschwitz nicht, das ist ganz sicher. Also dort, wo das Schamgefühl sich regen, wo Gewissen sich melden müßte, bin ich nicht betroffen." Mit solcher Logik ist Walser 1965 objektiv zum manifesten Sprecher der deutschen Fühllosigkeit in der „Gruppe 47" und der dort kanonisierten literarischen Nachverfolgung herangereift und sein Epigonenschwur (1953) nach Lektüre von Richters „Sie fielen aus Gottes Hand" verständlich: „souveräne Komposition!", und er kann sich subjektiv fortan weiterhin der Frage widmen, wie er das „Naturgesetz des Erzählens" unter „Wahrung" der deutschen Perspektive, wie er es an Richters „Beispiel" studieren konnte, entfalten werde – und was sein „Deutsches" denn sei, das *dort in den Lagern* ohne seine Schuld „zum Ausbruch kam"? Die ergänzende Anregung zur Verdeutschung seines Blicks auf die Vernichtungslager, die Walser von Richter annahm, war dessen Autobiographik. Von ihr hat er namentlich übernommen, was er die „Geschlossenheit des kindlichen Gesichtskreises" nennt: ein geeignetes Rückzugsterrain für das Begehren, literarisch jenseits des Nationalsozialismus zu siedln! Und dort Kind als ein Mensch sein zu dürfen, dem der Erzähler nicht „dauernd dazwischen reden" müsse.[53]

So nimmt 1953 nach Lektüre des antisemitischen Textes von Richter eine Arbeit ihren Anfang, die noch nicht getan zu haben er 1998 Ignaz Bubis in jenem furchtbaren ‚Gespräch' im Hause der FAZ nach seiner Friedensrede in der Paulskirche vorwerfen wird („Einführung"). Die Perspektive dieser Arbeit ist eine deutsche. Sie schließt Schmerz-Erfahrungen aus, die nicht die eigenen sind.

Seine Arbeitsergebnisse trägt Walser nach 1965 von Jahr zu Jahr gereizter vor; ihr Kernpunkt: Aufhebung der Opferkonkurrenz angesichts des 2. Weltkriegs, „Auschwitz" und „Dresden" nicht mehr unterscheiden! Eine Verständigung mit den Juden in Deutschland sei nur um den Preis zu haben, den *sie* entrichten müssen. Das ist Alt-Antisemitismus aus der „Emanzipations"-Periode im 19. und frühen 20. Jahrhundert und heißt in Walserscher *Übersetzung* in den ‚Nach-Holocaust': Ent-schuldet uns anstatt uns immer erneut „hineinzuverwickeln (...) in das großdeutsche Verbrechen" („Unser Auschwitz"). Im Jahre 2002: Es ist genug. Es ist Null Uhr. Wir könnten „zurückschlagen" („Tod"). Die Mordphantasie eines deutschen Schriftstellers macht's möglich.

In der Entwicklung abgeschlossen (es geht jetzt wirklich nichts mehr) ist im „Tod" auch das „Realismus"- als Ausgrenzungs-Konzept der nichtjüdischen Schriftsteller in der „Gruppe 47". Wir haben gesehen, was den West-Emigranten wie Hans Habe oder Hermann Kesten an den Kopf geworfen wurde; George Steiner wird zur Göhrde-Zeit Zielscheibe von Peter Rühmkorf (siehe den Fensterblick hier nebenan). Das Vorhaben 1961, Reich-Ranicki auszuschließen, war damit begründet, er verballhorne unsere schöne literarische Nachkriegsentwicklung. Nun im Roman 2002 wird ihm der Tod auf den Hals gewünscht, weil er als Kritiker auch ohne „Gruppe 47" groß geworden ist. „Befreiung" von ihm, der nur noch die reine Macht sei, „etwas Hohles, Leeres, das nur durch seine Schädlichkeit besteht", so heißt der wahnwitzige Traum. Der Satz „Eine Figur, deren Tod vollkommen gerechtfertigt erscheint, das wäre Realismus" wird im Buch durchvariiert und schließlich so vervollständigt: „Das *ist* Realismus". Daß ein Überlebender der Shoah auch diesen Realismus überlebt, findet der Autor, im Einklang mit seinem Laudator Kaiser in der „Jungen Freiheit", komisch. Wie antisemitisch ist eine solche „Komödie"?

„Mumpitz" (Rühmkorf)
1988, in meinem Buch „Unmittelbar zur Epoche des NS-Faschismus", habe
ich einen Ausschnitt aus der Debatte referiert, die Walter Höllerer 1963 angeregt hatte. Er wollte, daß, unter anderen, auch Mitglieder der Gruppe 47 eine
Kritik beantworten, die George Steiner aus New York 1959 nach Deutschland
hergesandt hatte. Sie ist gegen das hohle Wirtschaftswunder der (west)deut-
schen Nachkriegsliteratur gerichtet.[54] Die Kritik an dieser 1963 veröffentlichten Debatte habe ich aus einer von „1968" her motivierten Polemik gegen eine
deutsche Sprachkritik und *ihre* Kritik geführt, die *beide* mit Volkes Stimme
gegen die studentischen „Radikalinskis" (Richter) nicht umzugehen wußten.
Ohnmächtig gegen die Straße („euch hat man vergessen zu vergasen", „Intellektuellen-Visagen", „rote Sau") hat ihr lässiger akademischer sound die
Frage, die ich stellte, wohl verdient: Ob ihre Prämissen, die dem Pöbel nicht
gewachsen waren, nicht nur „verlogen", sondern nicht auch „antisemitisch"
seien? Gegen ,linke' Schriftsteller, die im sound der Lässigkeit mittönten, war
ich in der Retrospektive von 1988, dem Gedenkjahr, besonders eingenommen
und habe ihnen das große Beispiel eines Franz Mon entgegengehalten, der
nicht Mitglied der Gruppe 47 war, der einsam in der Steiner-Debatte blieb mit
Worten wie:
> Die normale Verfassung der uns anliegenden Sprache ist das unzentrierte,
> kreisende Murmeln aller mit allen. (...) Es ist eine geschlagene Sprache, be-
> denkt man, woran sie beteiligt war und ist. Aber welche Wahl haben wir.
> Allmählich zur Besinnung kommen. Eine Kerbe einschlagen, gleich an
> welcher Stelle, damit wenigstens ein Punkt wiederzuerkennen ist. Fest-
> stellen, nachspielen, wiederholen und feststellen, fallenlassen, markieren,
> abtasten, nachzeichnen, vorwegnehmen. Sprache, diese angefochtene,
> zermürbte Sprache als ,Material' nehmen, wobei auch ihre Erinnerung und
> die Spuren ihres Geschicks mitzählen, um vielleicht im skeptischen
> Umgang mit ihr der Möglichkeiten innezuwerden, die noch immer und
> vielleicht gerade auf Grund ihrer erschreckenden Geschichte bestehen.

Eingenommen noch immer bin ich gegen Peter Rühmkorf, der sich ein Jahr
nach seiner im Auftrag Hans Werner Richters vorgetragenen Ausgrenzung
Paul Celans aus dem „lyrischen Weltbild der Nachkriegsdeutschen" an der
Steiner-Debatte beteiligte mit Worten wie (ich zitiere die Stelle aus meiner
Anmerkung von 1988): „Besser gar nicht debattiert werden sollten" der „kri-
tische Pfusch" und „methodische Mumpitz", die „wahl- und quallose
Vermengung von Gesellschafts- und Literaturkritik" eines „Opfers böser
Mystifkationen", seine „unreflektierten Emotionen", „Wunsch- und Zwangs-
vorstellungen" usw. Die Katze aus dem Sack des literarischen Karriere-Natio-
nalismus jener Jahre läßt Rühmkorf mit einem Selbst-*Lob* der jungen deutschen Intelligentsia, „die schon seit Jahren für die Demokratisierung und
Humanisierung unseres Gemeinwesens sich verwendet, die das wachste Sensorium entwickelt zeigt für alle Anzeichen eines rezidivierenden Faschismus,
die sich dennoch ihre Kritik am eigenen Staatswesen nicht mit retrospektivem
Antifaschismus und Wiedergutmachungspathos billig macht", – Selbstlob von
einem, der den Kritiker aus New York so sieht: Bewußtseinsblind [das könnte
aus J. Kaisers Verteidigung der jüngsten ,kindlichen' Selbst-Entblößung

Walsers stammen: „Ja sind die denn alle verrückt?"] und „kriterienlos" wäh-
le sich da einer aus „dumpfem Unmut" die „kräftige und kraftvoll kritische
Literatur" in Westdeutschland aus, damit sie ihm „ein Schußziel biete".
Das ist bester H. W. Richter. Der „Haß" gegen das Junge Deutschland, der
komme aus Amerika, wo die jüdischen Emigranten auf der Lauer liegen,
gegen die junge deutsche Literatur zu schießen.
Antisemitismus? Gefühlloses Überspringen von Befangenheit, die dem
Schreiber angestanden hätte? Hier nimmt sich ein Ungehobelter nicht einfach
mal einen Juden vor, denn er gehört nicht zum Straßenpöbel, sondern es handelt sich um Selbstverteidigung eines der jüngeren Sprecher der HJ-Generation
in der Gruppe 47, die soeben Einflußrollen in diesem Ex-Landser-Ensemble
übernehmen, Selbstverteidigung eines Sprachwahrers der politischen Kalküle
Hans Werner Richters, der zur selben Zeit seinem anderen jungen Gehilfen,
Raddatz, jenes Bekenntnis ins Stammbuch schreibt: die Gruppe 47 solle die linke Öffentlichkeit repäsentieren und dominieren, usw.; Selbstverteidigung gegen
die kritische Stimme eines jüdischen Emigranten, der nicht ahnen konnte (vielleicht hat es Rühmkorf auch nicht geahnt?), daß ein pommerscher Dickschädel
die Parole ausgegeben hatte: Mit jüdischen Emigranten „gemeinsam" sprechen
wir nicht über unsere Vergangenheit. (Ja hätten sie wenigstens *allein* über sie
gesprochen!). Mehr als Selbstverteidigung ist Rühmkorfs Wortgefasel wohl
nicht. Genug aber ist es, um in den Zusammenhang eines links liegen gelasse-
nen Nachkriegs-Antisemitismus' aufgenommen zu werden im deutschen Kontext der Mißachtung, der Verdrängungen und Vergeßlichkeit.

Was hatte George Steiner eigentlich geschrieben? 1969 hat er es in deutscher
Sprache im Lande selbst nocheinmal vorgelegt („Sprache und Schweigen").
Hat es Rühmkorf vielleicht noch einmal nachgelesen? Auch im Kontext dessen, was wir wirklich nicht selber schreiben können, wir mit unserem „wach-
sten Sensorium"?
    Nach einem Lob der von Richters Crew so verächtlich gemachten
deutschen Literatur der zwanziger Jahre und ihrer Autoren (wir erinnern uns:
verächtlich war jene „goldene" Zeit, weil einige ihrer Größen aus Deutschland „abgehauen" seien und „uns" alleine gelassen haben) heißt es bei Steiner:
    Aber es sollte nur eine kurze Atempause bleiben. Das Obskurantentum,
    die Bildungsfeindlichkeit und die Haßgefühle, seit 1870 im deutschen
    Temperament angelegt, waren schon zu tief verwurzelt. In einem unheim-
    lich prophetischen „Brief aus Deutschland" vermerkte D. H. Lawrence,
    wie „der alte, borstige, heißspornige Geist wieder erwacht ist." Er sah, wie
    dieses Land sich abwandte „aus dem Kontakt mit dem westlichen Europa,
    um in den östlichen Steppen zu verebben". Brecht, Kafka und Thomas
    Mann sollte es nicht beschieden sein, ihre eigene Kultur zu zähmen und ihr
    etwas von der humanen und maßvollen Besonnenheit ihrer eigenen Talen-
    te zu vermitteln. Zuerst sahen sie sich als Sonderlinge, dann als Verfolgte.
    Neue Sprachregler erschienen auf dem Plan, um aus der deutschen Sprache
    eine politische Waffe zu schmieden, totaler und wirksamer als in jedem
    anderen Abschnitt der Geschichte, so daß die Würde der menschlichen
    Sprache auf das Niveau heulender Wölfe degradiert worden ist.

Dabei wollen wir ein Faktum nicht aus dem Auge lassen: die deutsche Sprache war an den Schreckenstaten des Nazismus nicht ganz unschuldig. Es ist kein bloßer Zufall, daß ein Hitler, ein Goebbels, ein Himmler deutsch sprachen. Der Nazismus fand in dieser Sprache genau das vor, was er brauchte, um seiner Grausamkeit Stimme und Nachdruck zu verleihen. Hitler vernahm in seiner Muttersprache die latente Hysterie, das geistige Durcheinander, die Eigenschaft zur hypnotischen Trance, er tauchte mit untrüglichem Gespür ins Unterholz dieser Sprache, in jene Zone des embryonalen Aufschrei und der Finsternis, die der artikulierten Rede vorangehen und sich bilden, bevor das Wort sich einstellt. Er spürte in der deutschen Sprache eine andere Musik als die von Goethe, Heine oder Mann auf; eine rauhe, krächzende Kadenz, halb nebuloses Kauderwelsch, halb Gassenjargon. Und das deutsche Volk, anstatt sich ungläubig und angeekelt abzuwenden, gab dem Gebrüll des Mannes einen massiven Widerhall. Das Echo kam zurück aus Millionen Kehlen und Marschtritten. Ein Mann wie Hitler hätte in jeder Sprache ein Reservoire an Giftstoffen und moralischer Unbildung vorfinden können, nur standen sie ihm nirgends so bequem zur Verfügung, lagen nirgends so nahe an der Oberfläche der Umgangssprache. (...) Wie soll das Wort ‚spritzen' je wieder gesunde Bedeutung gewinnen, nachdem es für Millionen Menschen das Kennzeichen für das vom Messer spritzende Judenblut war?

Gegen das deutsche Denken im Zeit-Block „Neuanfang": In einem Postscriptum zur „Anmerkung zu Günter Grass" (siehe das Fenster „Hundejahre") heißt es über den „Begriff zweier Zeitordnungen", daß „wir die Beziehungen zwischen denen, die dem Tode überantwortet wurden und denen, die damals am Leben waren, erkunden müssen und beider Beziehungen zu uns selber; daß wir so genau wie es die dokumentarischen Aufzeichnungen und die eigene Vorstellung gestatten, das Ausmaß an Nichtwissen, Gleichgültigkeit, Komplizenschaft, begangener Taten feststellen, das den heute Lebenden oder Überlebenden mit dem Erschlagenen verbindet." Schließlich gibt George Steiner bei Erscheinen des Buches „Sprache und Schweigen" 1969 noch eine Anregung zum Hinhören:

Dialog ist ein leichtfertiger Ausdruck, und es ist dafür noch viel zu früh. Vielleicht sollten Deutsche und Juden nicht miteinander sprechen, sondern jeder mit sich selbst, so klar und unerbittlich wie nur möglich. Dann wird der andere zuhören. Und in diesem Hinhören ereignet sich vielleicht aufs neue das verlorene Wunder eines lebendigen Echos.

Die in ihrem vertrauten Diskurs sich geborgen fühlenden Siebenundvierziger, desinteressiert an jenem – „vielleicht" – „möglichen und notwendigen Dialog", sind in die Beziehungsfalle des Kontinuums geraten, in das sie dank der wachsenden Überzeugungskraft eines Hans Werner Richter getappt sind, der den Alleinvertretungsanspruch der Gruppe 47 in Sachen ‚NS-Faschismus und Wir' in ihre Herzen gepflanzt hat. Deshalb sind sie ihm alle so dankbar. Auch die nachrückenden Jahrgänge der Raddatz, Rühmkorf usw. Auch die Jüngeren schreiben in einem stetig anschwellenden Strom des Schuldwissens weiter. Insoweit sie der Fraktion zugehören, die die Kollektivschuldthese auffaßt wie einen persönlichen Angriff der Kultur-Morgenthaus aller Länder auf die Moral der deutschen Schriftsteller, haben sie neben dem Wahrheitsproblem des frühen Realismus-Konzepts, dem Walser z.b. noch anhängt, zunehmend ein Gewissensproblem. Die Metaphernkrämpfe eines Rühmkorf bei der Lektüre Celanscher Chiffren belegen es. Ihr Schreiben unter diesem Doppeldruck führt naturwüchsig – da hilft kein guter Ironiewille – zur literarischen Verdichtung eines Deutschsein-Narzißmus, der in der Mitte ihrer Bilderwelt die Leere läßt, die das Debattenverbot geschaffen und hinterlassen hat: das „hohle Wunder" im Angriffsartikel George Steiners.

Gegen Steiners Kritik ist es kein Argument, auf den Umstand hinzuweisen, daß, als sie publiziert wurde, Grass und Johnson begonnen hatten, Weltliteratur zu schreiben. Was Steiner meinte, ist im späten Hauptwerk Johnsons, den wirklich schönen „Jahrestagen", auf gigantische Weise wieder anwesend: das Herumschreiben um Auschwitz und die Ersetzung der Shoah durch die antifaschistischen Folterzellen der sowjetischen Besatzungsmacht. Gegenüber Grass hat Steiner noch selber das Argument entkräftet, daß etwa die „Hundejahre" seine Kritik entkräfteten.

Hundejahre – Ermüdung – Krebsgang – „absichtsvoller Hang
zum Infantilismus"
Daß Günter Grass überfordert ist beim Versuch, Vernichtungslager einzu-
führen in seine literarischen Alltagsgeschichten, wird George Steiners Kritik,
die hier erinnert werden soll, vor Augen führen. Sie ist deshalb so genau, weil
sie den schriftstellerischen Vitalismus des Autors andrerseits nicht ohne Sympathie zur Kenntnis nimmt, ihm aber auch wirklich *peinlich* genau gerecht
wird, auch, politisch-inhaltlich gesehen, Grass' restaurationskritische Ambi-
tionen im Nachkriegsdeutschland zu würdigen weiß. „Kraft seines makabren
und oft anstößigen Witzes ist es gelungen, seine Leser sozusagen mit der Nase
in den Unflat und das Erbrochene ihrer eigenen Zeit zu stoßen. Wie kein anderer [geschrieben 1967] hat er den Hang zur beruhigenden Vergeßlichkeit
und zum Selbst-Freispruch verspottet und erschüttert, der unter dem materiellen Wiederaufstieg Deutschlands liegt. Vieles von dem, was in dem
Deutschland der Krupps und der Bierkeller an Gewissen lebendig geblieben
ist, liegt in dieses Mannes zotenreicher Obhut." (Anmerkung zu Günter
Grass, in Sprache und Schweigen 1969, vgl. „Mumpitz").
Vor allem in den „Hundejahren" nun aber legt Steiner die unabgelenkt
kritische Aufmerksamkeit auf einen Kernpunkt unseres Themas.
Die Bedeutung des Erzählers Grass dürfte im deutschen Kontext in der Tatsache liegen, daß er sich um das Schweigegebot vor dem großen Tabu nicht im
geringsten schert, daß er zulangt, die Grenze zur Angst vor Juden und vor *un-*
serer Differenz zu ihnen ignoriert und in brutalisierter Unbefangenheit die
Differenz durch einen Mythos von Zusammengehörigkeit ersetzt. Die Gruppe
47 hat ihm fassungslos dabei zugeschaut, ihn begriffslos bewundert und ihn in
allen Grobheiten gewähren lassen, die ihrer Politik nützlich erschienen. Allerdings: Vom neurotischen Affektkern herauf, der dem allen zugrundeliegt,
erregte die Vitalität des Günter Grass im Umgang mit Juden ein durchaus be-
greifendes Vertrauen in der Gruppe, das darauf zurückzuführen ist, daß da
einer macht, wozu einem selber die ‚Unbefangenheit' fehlt. Ist das Vertrauen
zu Stil und Erfolg solchen Umgangs einmal gefaßt, versucht man sich in eigenen Annäherungen an jene Grenze zum Tabu. Das sieht dann aus wie bei
Rühmkorf oder Kaiser, oder schließlich bei Walser. Wer sich mit einem Juden
prügelt, kann kein Antisemit sein. Womit wir wieder bei den „Hundejahren"
sind.
  Auf dem Grunde der *Hundejahre*, sagt Steiner, lauert eine grimmige
Phantasie. Die Fabel dreht sich um Haß-Liebe und Blutsbrüderschaft
zwischen einem Nazi und einem Juden. Walter Matern, der SA-Mann –
Eduard Amsel, der Jude; Brüder im Geiste und Fleisch, zwillingshafte
Schattengestalten in einer grausamen Parabel von Deutschlands Sturz in
die Nacht.
  Die neurotische Vermutung einer verborgenen, vorbestimmten Wechsel-
beziehung zwischen Nazi und Jude, einer heimlichen Bruderschaft oder
gegenseitigen Anziehung, tiefer reichend als das äußere Sichtbarwerden
von Abscheu und Zerstörung, taucht mit immer wiederkehrender Beharr-
lichkeit auf.
  (...) Ähnlich wie schon in der *Blechtrommel* bekräftigen die *Hundejahre*

den Eindruck, daß bei Grass in seiner schriftstellerischen Potenz ein absichtsvoller Hang zum Infantilismus liegt, zu der arglos brutalen Direktheit im Denken und Fühlen eines Kindes.

Das könnte auch über Walser gesagt sein, der sich, konfrontiert mit „Dokumenten" unmittelbar zu Auschwitz, wie ein Kind gebärdet, dem man Schamgefühle aufnötigt. (Siehe das Referat zu Walsers „Auschwitz" in diesem Kapitel.)

In Steiners Beobachtung liegt der Schlüssel zu dem, was Grass im „Krebsgang" die ERMÜDUNG von der Arbeit an seiner und seinesgleichen Literatur zur deutschen Vergangenheit nennt. Der absichtsvolle Hang zum Infantilismus der Danziger Trilogie hat große Anstrengungen gekostet; sie war zur produktiven Bändigung der so mutlüstern entfesselten Protestenergien vonnöten. Der Protest à la Grass und Walser gegen die einzige Instanz, die hier in Frage kommt, die Gedenk-Instanz, die uns jüngere Deutsche nach der Shoah zur Schuldfähigkeit gerufen hat, d.i. zur Arbeit am Erwachsenwerden in kollektiver Schuldhaftung, dieser Protest führt zu keiner Erlösung aus den Flegeljahren der Hitlerjugend und Flakhelfer-Generation. Es hat kein „Entrinnen aus dem Kriegs-Ende" gegeben, wie Joachim Kaiser es für seine deutschen Soldaten-Intellektuellen ausgemacht haben will. Im Gegenteil.

„Ermüdung" ist verständlich. Aber anstatt, was das Tabu-Gespenst zusammenfahren lassen würde, endlich durch die Tür zu jenem „möglichen und notwendigen Dialog" zu gehen – und sei es von Freund Amsel gestoßen, der zur Beleuchtung dort schon „die Stabtaschenlampe quer zwischen den Zähnen" hält, denn die Gruftvorstellung „Schädelstätte, Golgatha, Hünengrab" wird auszuleuchten sein (und man wird sich prügeln) –, stattdessen wird im Jahr 2002 „Ermüdung" von einer Arbeit, die auch noch ins selbstgerecht gezündete falsche Licht gestellt wird, als zureichende Ursache einer erneuten Regression verkündet. Wir sind beim „Krebsgang".

Mit der Erzählung vom „nie gehörten, einem kollektiven Endschrei" beim Untergang der „Gustloff" überdeckt Grass literarisch erneut die wirkliche jüdische Geschichte der Shoah und weicht zum Ausgleich in onkelhaft vorgetragene Ironie gegenüber dem Gerede von der „Opferkonkurrenz" aus. Und dergestalt in Erzählperspektive gestellt, folgsam der *critical correctness* dieser Tage, werden die Hundejahre noch einmal auf den Punkt gebracht und hübsch garniert mit angeblich „heute" erst möglich gewordenen literarischen Bildern von Flüchtlingselend und Unschuldshäufung 1944/1945 (vgl. Fenster „Opferbilanz").

Der Punkt: Feindfreundschaft, die zum Mord am Juden führt – der keiner ist. Die (internet-affirmative) Sprache: „Hallo, du borstiges Nazischwein! Hier flüstert dir deine schlachtreife Judensau ..."

Die novellistische Koketterie mit der Ermüdung des Günter Grass: Keine Kraft mehr für die Vergangenheit! – So muß ein Abkömmling seiner Epoche-Opportunistin Tulla aus den Hundejahren das Schreiben übernehmen, ein mittelmäßig begabter und dto. opportunistischer Journalist. Das Flüchtlingsschiff – „Gleich nach Erscheinen des Wälzers ‚Hundejahre' sei ihm diese Stoffmasse auferlegt worden. Er – wer sonst? – hätte sie abtragen müssen, Schicht für Schicht [seine Tulla war schließlich schon in den Hundejahren auf dem Schiff!] (...)"

Leider, sagte er, sei ihm dergleichen [damals] nicht von der Hand gegangen. Sein Versäumnis, bedauerlich, mehr noch: sein Versagen. Doch wolle er sich nicht rausreden, nur zugeben, daß er gegen Mitte der sechziger Jahre die Vergangenheit sattgehabt, ihn die gefräßige, immerfort jetztjetztjetzt sagende Gegenwart gehindert habe, rechtzeitig auf etwa zweihundert Blatt Papier ... Nun sei es zu spät für ihn.

Vielleicht für ihn. Auf dem Weg von Richters Karikatur eines Rabbiners, der Shlomos Seele nach Israel schickt, über die Figuren-Karikatur in der „Blechtrommel", *Herr Fajngold*, die sich mitsamt der ganzen jüdischen „unsichtbaren Familie" ins entnazifizierte Nest setzt, nachdem sie als Tröster und Grabschaufler zur grotesken Beerdigung des SA-Manns Matzerath mitgezogen war, bis zum Auftraggeber-Autor Grass im „Krebsgang", der, in ausdrücklich enttarnter Autor-Rede, den Vater eines Mörders – (aber) der Gemordete war bloß ein Möchtegern-Jude – einen „verspäteten Vater" nennt, der alles, was er zu sagen und zu beichten hat, „nachträglich und aus schlechtem Gewissen" von sich gebe: Auf diesem Wege ist Versager-Koketterie keine gute Pointe, auch dann nicht, wenn sie von Einsicht in den „absichtsvollen Hang zum Infantilismus" gedeckt sein sollte. Diese ganze Schriftstellerei als die Nachstellerei hinter Juden, die bei Licht keine sind, ist Flucht vor dem nährenden Haß auf jene Instanz, der sich die ,Söhne' im Nachkrieg, um erwachsen werden zu können, hätten unterstellen sollen. Ihnen war aber die Vorstellung, daß sie in dieser Instanz auch ,väterliche' Juden hätten sehen und deren Autorität anerkennen sollen, unerträglich. Joachim Kaisers Reden über die „Väter", zu dem es ihn im Zusammenhang seines Mehring-Verrisses 1953 noch 1988 treibt, ist hier repräsentativ.

Grass läßt seinen autorisierten Autor aus der Generation *seiner* Kinder sich fragen:

Hat mein Sohn mich gehaßt? War Konny überhaupt fähig zu hassen? Haß auf die Juden hat er mehrmals verneint. Ich neige dazu, von Konrads versachlichtem Haß zu sprechen. Haß auf Sparflamme. Ein Dauerbrenner. Ein sich leidenschaftslos, zwitterhaft vermehrender Haß.

Wenn diese Enkel-Befragung eine Art von kritischer Resignation eines Schriftstellers 2002 angesichts des Zustands deutscher Antisemiten aussprechen soll, dann fehlt als *ansprechender* Gestus zu Händen einer neuen literarischen Generation, an die sich Grass so gerne wendet, nur eine Kleinigkeit, ein kleiner selbstreflexiver Zusatz nämlich, der zu bedenken gäbe, daß der jetzt sich so vergangenheitsbewußt gebende Großvater-Autor die überbordende Leidenschaftlichkeit seines kaschubischen Um-Auschwitz-Herumschreibens der Gedächtnisöffentlichkeit in Deutschland stets als eine Arbeit verkauft hat, die dem „Unfaßbaren" selbst und ganz gegolten habe.[55] Also dem ganzen Krieg der Deutschen. Aber eben dieses *Selbstbild* hält der Kritik nicht stand. Zu der bis heute eitel zur Schau getragenen Selbst-*Täuschung* dem Ganzen der deutschen Schuld-Vergangenheit gegenüber paßt die Zerknirschung nun im „Krebsgang" über die gelassene Gedenklücke wahrlich gut. Das Spiel mit Zerknirschung suggeriert (siehe das Zitat aus dem „Krebsgang"), das „Versagen" damals „gegen Mitte der sechziger Jahre" beziehe sich ausschließlich darauf, über den mehrtausendfachen Schrei in dem torpedierten Flüchtlingsschiff aus

Vergangenheits-Müdigkeit und abgelenkt von seiner „jetztjetztjetzt"-Politik („wählt EsPeDe!") nicht geschrieben zu haben. Dieses Ablenkungsmanöver verrät sich selbst, es macht den Fehler der genauen Datierung. „Gegen Mitte der sechziger Jahre" hat Grass den Ruhm der Danziger Trilogie genutzt, auf siebenundvierziger Weise ‚Politik' zu machen und sich als halblinker Praeceptor Germaniae aufzuspielen, anstatt die Arbeit an der deutschen Schuldvergangenheit literarisch fortzuführen (da hätte auch eine Tulla-Fortsetzung und die „Gustloff" Platz gehabt) und dadurch zu berichtigen, daß er sie in den intellektuellen Prozeß einer kritischen Erinnerung überführt, die in Westdeutschland damals begann, die kulturelle Qualität anzunehmen, an der sich zu messen dem Autor der Danziger Grotesken gut angestanden hätte. Und dies dann zur „jetztjetztjetzt"-Politik zu machen, wäre der Weg gewesen, „Lücken" des Gedenkens zu schließen.

Es hätte bedeuten müssen, jene in der Gruppe 47 so wohlbehütete Tür zu öffnen und den deutschen Kontext aufzusprengen. Ein mehr als hypothetischer Konjunktiv! Denn es steht zur Frage, ob es möglich gewesen ist, „gegen Mitte der sechziger Jahre" einem Antisemitismus ins Auge zu blicken, der sich in den Jahrtausenden seiner Geschichte und Erneuerung noch nie so vor sich selbst verborgen hat wie jetzt, in der Epoche nach der Shoah in Deutschland. Was Grass betrifft, so ist eine dem Anschein nach nur terminologische Nuance zu beachten, die auf diese epochale Selbstverborgenheit deutet: In der Selbstkritik, die der Autor der „Hundejahre" in seiner Poetik-Vorlesung 1990 ansatzweise leistet und die mehr Ruhe und Sachlichkeit ausstrahlt, als alles was man sonst von seinen Gruppengenossen im Jahr nach der Wende zu hören bekam, ist vom „angelernten Antisemitismus" die Rede, der sich in den Aufbruchjahren um 1968 „zum angelernten Philosemitismus" habe ummünzen lassen. In diesem Seitenhieb eines Siebenundvierzigers gegen die Achtundsechziger steckt wieder jene Arroganz des Alleswissens, die *„das Vakuum"* (H. W. Richter), das die *eigene* Generation hinterläßt, überspielt. In ihm hat sich in den sechziger Jahren die auffallend typische jungdeutsche Eitelkeitsattitüde der meisten Gruppengrößen herausgebildet, die immer krustiger und törichter wurde, und wenn wir heute in die Gesichter sehen, so erkennen wir noch immer die gähnende Leere des eitlen Stolzes auf ein Nachkriegswissen, das so erbärmlich eng war und geblieben ist. Wer kann sich da ernsthaft wundern, daß aus der in dieser Weise alt gewordenen Gruppe 47 selbst die Kraft nicht kommt, den deutschen Kontext der Mißachtung jüdischer Menschen und Kultur (diesen „Dauerbrenner" eines versachlichten Hasses, wie es im „Krebsgang" heißt) endlich aufzusprengen. Es würde, wenn es darum gehen soll, um den *nicht* angelernten Antisemitismus gehen, den neuen, den deutschen *nach* der Shoah, dem ‚andere', z.B. ein Paul Celan, *allein nicht haben begegnen können.*

„Einigung durch Reinigung" (Ernst Jünger)[56]

Nein es hilft nichts, der Mythos des Anfangs ist das Bett, aus dem
auch die Jungen und heute Alten stiegen, die darin nicht geboren
sind (zur Gruppe erst nach Niendorf 1952 kamen), aber die Dialog-
Unwilligkeit des Anfangs verinnerlicht haben. Im Zentrum des bil-
derreichen Schuldwissens eines Andersch und Richter stand der
Augenschein und ein bißchen die Verwicklung und dann kam das
Dokumentationsmaterial aus der Shoah. Die meisten hatten die
Bilder in ihren Heimkehrköpfen schon mitgebracht, ab 1945 mit
Sicherheit im Nachrichten-, Film- und Buchmilieu aufgenommen.
Die Verhörprotokolle von Rudolf Höß, dem Kommandanten von
Auschwitz, die Bilder von der Befreiung des Lagers Bergen-Belsen
durch die Britische Armee, die Befreiungsdokumente aus Buchenwald und Dachau permanent in der Presse, die Nürnberger Proto-
kolle und Dokumente, Eugen Kogons SS-Staat, der Film „Der lange
Weg" usw. Im Münchner Raum, dem Ursprungsort der Gruppe,
hatte man die Begegnungschance mit den hier besonders häufig
durchkommenden Rückkehrzügen überlebender Juden aus Osteuropa, mit Abertausenden hier zusammengezogener Displaced
Persons und mit Angestellten des UN-Flüchtlingssekretariats usw.;
die Lager-Notiz zu Landsberg sollte darauf hinweisen.

In diesem Anschauungs*raum* mußte es eigentlich *jeder* deutschen
Literatur schwer sein, einen „Neuanfang" zu finden. Der Anschauungs*druck* war so übermächtig, daß niemandem das Wegschreiben
so recht und auf Dauer gelingen wollte. Aber Richter und Andersch
waren wachsam über den „Geist, der unsere Gruppe beseelt"[57], das
Schweigen der schreibenden Jüngeren war offenkundig ein Phänomen, das erklärt werden mußte, da die beiden aber keine Erklärung
hatten, rufen sie Ernst Jünger zuhilfe. Dies geschieht im „Ruf" am
1. September, im Leitartikel: „Warum schweigt die junge Generation?" Von der Shoah wollen sie nicht sprechen, in dieses Vakuum
paßt Jünger, der zwar auch nicht *sprechen* will bei der Ankunft der
ersten Nachrichten, die ihn als Offizier in Paris 1942/43 erreichen.
Aber der Blender hat andere probate Mittel.

In seiner Schrift „Der Frieden. Ein Wort an die Jugend Europas.
Ein Wort an die Jugend der Welt" (beendet 1945, Anderschs Eu-
ropa-Manifest folgt ein Jahr darauf), die in unzähligen Typoskript-
fassungen kursierte, zelebriert er seine Unmittelbarkeit zum Faschismus, indem er auf seine Weise die Unmittelbarkeit zum *NS*-
Faschismus in Worte faßt. Im Handumdrehen ist in seine ihm eigene

rauschhafte Typologie der Kriegsopfer eingefügt, wie er sich vorstellt, was er jetzt vernimmt. Das unbenannte Geschehen: Feier endloser „Bluthochzeiten", sein Urteil: ein „Bild des Leidens (...), wo die Welt sich rein zum Schlachthaus wandelte, zur Schinderstätte, deren Ruch weithin die Luft verpestete."[58]

Wäre es nicht besser gewesen, zum Schweigen aufzurufen, als zum Schreiben unmittelbar zu den Gaskammern nach diesem Vorbild?

Warum schweigt die junge Generation? Nicht, wie die Rufer in der Wüste meinen, weil es ihr so verdammt schlecht geht und sie „wieder" (!!!) so alleine gelassen werde, sondern weil sie, wenn sie in ihrer Lage Literatur machen will, eingeklemmt ist zwischen Bildern, die Jünger anbietet, und der Angst, selber welche zu finden. *Wir sind am Ursprung der Tabu-Bildung in der Gruppe 47.*

Und in dieser Klemme bildet sich das fürchterlichste Symptom der Verdrängungen in einigen Schreibköpfen vom siebenundvierziger Typus aus und verdichtet sich zu einem Konzept des Schreibens nach Auschwitz: Verschlingen wir das Jüdische in den Leidensbildern und ‚retten' es in die imaginierte Subjektivität ‚jüdischer' Kunstfiguren!

Mit Richters Panorama-Roman beginnt es. Alles gleichmachen „wie es den Deutschen so paßt", die jüdische Figur absurd sterben lassen (damit niemand als Mörder dastehe) und seine Seele auf dem Friedensweg in die Heimat Israel von einem Rabbiner einsegnen lassen mit den beflügelnden Worten: „Es gibt Kräfte, die weiter wirken, aus der Vergangenheit in die Gegenwart und vielleicht in die Zukunft." Juden werden in die Literatur überführt und dort symbolisch noch einmal ins Verschwinden verbracht. Der Anfang dazu, für eine deutsche Literatur ohne Juden, ist gemacht.

Schauen wir in die hier zuvor – für ein flüchtiges Vorbeiflanieren – geöffneten Fenster hinein, so ist zu sehen und zum Weiterstudium empfohlen, wie das weitergeht bei Andersch, Grass, Walser - - - Sie führen die finallogische Krieg-in-Frieden-Transformation des Erzantisemiten Ernst Jünger alle auf ihre Weise fort und wissen es vielleicht nur nicht, denn sie sind keine Philosophen. Jüngers Philosophie ist aber ‚einfach'. Der Frieden wird – exakt im Sinne der Berliner Denkmals-Idee – als dem Krieg *innewohnend* definiert. „Vorzeichen der Einigung gibt die Figur des Krieges selbst (...) In diesem Sinne ist es kein Zufall, daß wir im Feuer leben; wir stehen in der Schmelze und in den Schmerzen der Geburt." (1944)[59]

Oder:.: „… daß kein Winkel bleibt, der nicht durch Feuer gereinigt worden ist."[60]

Der Antisemit Jünger vollzieht in seinen schlierig kitschigen *Bildern* die Übertragung seiner Idee vom Friedenskrieg auf das Feuer der Öfen in den Lagern. Den durch Vernichtung erzielten Frieden auch mit den Juden bekommt der Antisemit nicht über die Lippen. Er *chiffriert* diesen NS-Kriegsausgang zureichend genau: Die Vorzeichen der Einigung zwischen Tätern und Opfern nach dem Krieg gibt die Figur der Vernichtung in den Lagern selbst. Die Mahnmal-Idee ist dem adäquat. Das Tätervolk mahnt die Welt im steinernen (begehbaren!) Gedenkbild: Nie wieder! Wehe, denn wir haben doch den Frieden mit den Opfern *gemacht. Wir* werden ihn nicht mehr gefährden. Das ist unser Gelöbnis auf die Verfassung des nach dem Krieg wiedervereinigten Landes jenseits des Nationalsozialismus.

So weit voraus denkt 1947 niemand in der Gruppe. Aber man denkt schon im Zeit-Block. Die siebenundvierziger Jugend beginnt nämlich nach ihrem Gründungsjahr allmählich *in Jüngers Denkfigur der Vernichtung* mitzudenken, wenn auch ein wenig naiver als der Meister: Es ist geschehen. Nie wieder. Frieden! Frieden, den *wir* machen, wir soldatisch befriedeten Ex-Soldaten. Und auf den Zeitgeist achtend bemerkt man, daß man richtig liegt (‚politisch‘: gegen Wiederaufrüstung usw.). Hat man in der Gruppe erst keine Lagerliteratur gemacht – oder als Böll sie ein wenig zu machen versucht, sie weggeschwiegen: Anderschs Rezension von „Wo warst du, Adam?" übergeht lässig das Lager und die Opfer-Jüdin als „zwanghafte Szene", Kaiser ersetzt den abgewehrten jüdischen Kern von Hildesheimers „Masante" durch Bölls Lagerführer und legt sein eingefordertes „Mitleid" mit diesem über sein Desinteresse an den „Opfern"[61] – , so weiß man jetzt gemäß eigenem, jungem Deutsch-Sein allmählich immer besser, daß solche Literatur gar nicht mehr zeitgemäß sei. Friedrich: Eine Haupttendenz der Gruppe 47 sei die „geistige Faszination Ernst Jüngers", über die man „zu einer eigenen Aussage" komme. Er setzt das ab von dem immensen Papierverschleiß durch lizensierte Nachkriegspublikationen. Sie gehen „über den Tag nicht hinaus", meint der Gruppensprecher. Gemeint ist ausdrücklich die Gattung der Aufarbeitungsversuche außerhalb der Gruppe: „das KZ-Buch". Es sei kein „geistiges Werk", das „unserer Gegenwart einen allgemeinverbindlichen (…) Ausdruck" geben könne.[62]

Es ist wie in der Nähe zu einem Gefrier- als einem Kristallisationspunkt: Überkommt die Wachhabenden in der Gruppe 47 eine

297

Nachricht aus dem Tabu-Bezirk der Verdrängungen, vor allem wenn sie übermittelt wird von einem der ihren (Böll, Weiss, Hildesheimer), so erstarrt ihr Geist. Nichts aber hat die westdeutsche literarische Kultur so geprägt, so von Anfang an hart gemacht, wie das Reden aus einer leeren Mitte, das sich in solchen kritischen Augenblicken erhebt. In dieser leeren Mitte, dem Herkunftsbezirk ihres politischen Dominanz-Kalküls, hat sich der Sprachhohlraum der Gruppe, der zur Zeit der Anfänge die Manifeste schauerlich tönen läßt, zur Sprachleerstelle schlechthin vervielfältigt. In ihr hat der siebenundvierziger Diskurs das Schweigen über die Shoah eingekapselt.

Hätten wir nach 1945 besser Goethes Faust II gelesen?

„Du, Erde, warst auch diese Nacht beständig"?

Mit einem ironisch besänftigenden Gestus endete der Zürcher Vortrag 1995, der diesem Kapitel zugrundeliegt. Im Wintersemester 1946/47 hielt Emil Staiger in Zürich eine Vorlesung über „Fausts Heilschlaf"[63], mit diesem Bild zu enden, lag nahe. – Man weiß in Deutschland wohl noch, daß Staigers Einfluß auf die ästhetischen Befriedungstendenzen in Westdeutschland kaum zu überschätzen ist, nicht nur, wenn auch vor allem, in akademischen Kreisen.

„Anmutige Gegend". Sie kennen gewiß jene wunderbaren Verse am Anfang zu Faust II. „Des Lebens Pulse schlagen frisch lebendig. Ätherische Dämmerung milde zu begrüßen; Du, Erde, warst auch diese Nacht beständig ..."

Goethe hatte zu Eckermann gesagt, er habe die Heilung Fausts von seinen Verbrechen in seiner „bisherigen milden Art" ausgesprochen, sich nicht anders zu helfen gewußt. Mit Hinweisen aber wie: „Es ist, als wäre alles in den Mantel der Versöhnung eingehüllt. Wenn man bedenkt, welche Greuel - - -", ... Faust dürfe „in einem tiefen Schlummer die Greuel der verlebten Vergangenheit vergessen". So bekennt Goethe also seinen inneren Widerstreit angesichts dieses Entsühnungstextes. Staiger hat diese Skrupel nicht. In *seiner* milden Art feiert er den Willen der Natur, die den Schuldigen in den Schlaf versenkt, wo er das Denken aufgibt. In Jüngers Friedensschrift heißt es: Im Frieden seien „die Ziele zu erfassen, die im Krieg als Ganzem eingeschlossen sind. Die Erde wird an ihm teilhaben, (...) sie drängt in ihm zu neuen Formen..."[64] „Irgendwie schuldig", sagt Staiger, „ist jedermann", die Gnade der Erdnatur schenkt den Schlaf des Vergessens. Das uns allen empfohlene Rezept: zwar Schuld bekennen, dann den Geist entspannen; den Schuldschreck in Demut gewähren lassen, dann „das Haupt neigen, schließlich verdämmern, entschlafen und alles Vergangene vergessen – nur dieser Mensch darf zu neuem Leben erwachen."

Anmerkungen

Mißachtung. *Einführung in einen deutschen Kontext* (Seite 19-110)

1 Schluß seines Kommentars zum Streitgespräch über jüngere Literatur zwischen Robert Neumann und Alfred Andersch am 21. 8. 1959 auf dem ‚Zeit-Forum', in: Die Zeit, 23. 10.1959.

2 Am 25./26. Mai 1990 auf Schloß Dobris bei Prag.

3 Die Zeit, 19. 11. 1988.

4 Holger Gehle analysiert in diesem Zusammenhang kritisch Walsers Victor-Klemperer-Konzept, das dem Autor noch nach 5 Jahren auch in der *schlechten* Presse nach dem Skandal um seinen „Tod eines Kritikers" zu-*gute*-gehalten wurde. Vgl. H. Gehle, Gedächtnis-Wechsel. Martin Walsers „Unser Auschwitz" im Werkkontext, in: Peter Weiss Jahrbuch 8 (1999). – Vgl. mittelbar zur Frage, ob die Tagebücher Klemperers in Walsers jüdisch-deutsches Nationalismus-Konzept überhaupt passen, Paola Traverso, Gott behüte mich vor den Freunden. Wie Victor Klemperer durch seine Rezensenten vereinnahmt wird – Ein Nachtrag, in: Die Zeit, 28. 11. 1997, S. 66. – Zu Walsers Laudatio bei der Vergabe des Geschwister-Scholl-Preises für Klemperers „Tagebücher" vgl. auch Hanna Leitgeb, Wunschdenken, in: Süddeutsche Zeitung, 29.11. 1995, S. 17.

5 Yoram Kaniuk, Dreieinhalb Stunden und fünfzig Jahre mit Günter Grass in Berlin, Die Zeit, 21. 6. 1991, S.53f.

6 Vgl. Hans A. Neunzig (Hg.), Hans Werner Richter und die Gruppe 47, München 1979, S. 225 ff.

7 Richter hat sogar vom „moralischen Halt" wissen wollen, der die bloße Existenz der Gruppe „für viele Schriftsteller (und nicht nur für sie) drüben hinter der Mauer" bedeute (an Walter Jens v. 21. 1. 1965; vgl. Sabine Cofalla (Hg.), Hans Werner Richter. Briefe, München 1997, S. 555). – Künftig zitiert: Cofalla, Seitenzahl (vgl. zur Entstehung, S. 320).

8 Yoram Kaniuk, Dreieinhalb Stunden, a.a.O. (Anm. 5).

9 Vgl. das Editorial zu: Babylon. Beiträge zur jüdischen Gegenwart, Heft 2 1987.

10 Wiedergegeben von Kaniuk a.a.O.; von Grass gibt es m.W. keinen Bericht.

11 Vgl. Celans Motto aus Heines „(An Edom!)" im Mandelstamm-Zyklus, Neue Rundschau 1963, H. 1, S. 52.

12 Frankfurter Allgemeine Zeitung, 14. 12. 1998. Wieder abgedr. in: Frank Schirrmacher (Hg.), Die Walser-Bubis-Debatte. Eine Dokumentation, Frankfurt am Main 1999, S. 438 ff. Das Walser-Zitat dort S. 448 und 455.

13 Erfahrungen beim Verfassen einer Sonntagsrede, Wortlaut u.a. in Schirrmacher a.a.O., S.7 ff.

14 Ausführliche Analyse des Walser-Skandals um die Friedensrede siehe bei Amir Eshel, Vom eigenen Gewissen. Die Walser-Bubis-Debatte und der Ort des Nationalsozialismus im Selbstbild der Bundesrepublik, Deutsche Vierteljahrsschrift für Literaturwissenschaft und Geistesgeschichte, 74. Jg., H. 2, Juni 2000, S. 333 ff. – Die soeben verwendeten Zitate sind dort belegt.

15 Sonntagsrede a.a.O.

16 Schirrmacher a.a.O., S. 446. – Nunmehr fortlaufend im Text belegt: (Seiten-zahlen).

17 Walser November 1988, siehe Hansers Sozialgeschichte der deutschen Literatur, Bd 12, S. 376.

18 Beleg bei Eshel a.a.O. (Anm. 14), S. 356.

19 Martin Walser, Unser Auschwitz (1965), zitiert nach M.Walser, Heimatkunde. Aufsätze und Reden, Frankfurt am Main 1968, S. 12.

20 Schirrmacher a.a.O. (Anm. 12), S. 442, 455 u.ö..

21 Walser November 1988, a.a.O. (Anm. 17).

22 Süddeutsche Zeitung, 24. Dezember 1998. Tage zuvor im FAZ-Gespräch: „Wenn es Antisemiten gibt, dann ist es mir lieber, sie bekennen sich dazu, als daß sie mit diesem Haß im Bauch rumlaufen. Das ist ein Stück Normalität." (a.a.O., S.464.)

23 Vgl. Salomon Korn in: Ute Heimrod, Günter Schlusche, Horst Seferenz (Hg.), Die Debatte um das „Denkmal für die ermordeten Juden Europas". Eine Dokumen-tation, Berlin (Philo) 1999, S. 528. Im folgenden zit. als Philo-Dokumentation, und im Text: (Seitenzahl).

24 Vgl. den Kommentar der Goebbels-Verlautbarung von Siegfried Maruhn: „Wer lesen konnte, hätte es wissen können: Schon 1941 gab Goebbels der Öffentlich-keit den Massenmord an den Juden bekannt. Das deutsche Volk war eingeweiht." In: Die Zeit, 26. 5. 1995, S. 52.

25 Schirrmacher a.a.O. (Anm. 12), S. 8.

26 Vgl. ebd., 7. 12. 1998.

27 Aus dem Gedächtnis zitiert.

28 Vgl. Philo-Dokumentation, S. 52.

29 Vgl. z.B. ebd., S. 510-541.

30 Tagesspiegel, 7. 2. 1998; vgl. Philo-Dokumentation, S. 538.

31 Vgl. Robert Antelme, Das Menschengeschlecht (frz. 1957), München 1987, S. 405 f.

32 Die Weltuhr stand still. Schreiben nach Auschwitz, in: Die Zeit, 7. 5. 1993, S. 61.

33 Siehe dazu H. Bastian a.a.O.

34 Eberhard Jäckel, Tagesspiegel, 8. 3. 1991; vgl. Philo-Dokumentation, S. 73.

35 Vgl. dazu Stephan Braeses großes Studienwerk: Die andere Erinnerung. Jüdische Autoren in der westdeutschen Nachkriegsliteratur, Berlin 2001. Vgl. auch: Zeit-Block oder Periodisierung, „eingestreut" in diesem Buch, S. 99.

36 Salomon Korn, Frankfurter Allgemeine Zeitung, 17. 7. 1997 (Philo-Dokumenta-tion 530 ff.)

37 Vgl. Heinrich Heine, Zur Geschichte der Religion und Philosophie in Deutsch-land, Sämtliche Schriften III, S. 545.

38 Vgl. den in den Denkmal-Dokumenten in der Resümierphase zitierten Vorwurf an Lea Rosh, sich die Identität der Opfer anzuverwandeln (Philo-Dokumentation. 650).

39 a.a.O. (Anm. 32).

40 Vgl. a.a.O. (Anm. 5).

41 Gabi Dolff-Bonekämper, Philo-Dokumentation, S. 650.

42 Vgl. Philo-Dokumentation, S. 568 ff. und S. 589 ff.

43 Zit. nach Frankfurter Rundschau (7. 11. 88), Bericht vom Grünen-"Kongreß gegen Antisemitismus", 5./6. November 1988, in der Frankfurter Universität, S. 4.

44 Heinrich Böll, Porträt eines Rabbiners. Zum Problem der Juden im Nachkriegsdeutschland, in: Hans Werner Richter (Hg.), Bestandsaufnahme. Eine deutsche Bilanz 1962. Sechsunddreißig Beiträge deutscher Wissenschaftler, Schriftsteller und Publizisten, München, Wien und Basel 1962, S. 196 ff.

45 Vgl. im Zusammenhang H. D. Kittsteiner in Philo-Dokumentation, S. 511 ff. und 520 ff.

46 Vgl. dazu Holger Gehle a.a.O. (Anm. 4). Auch in diesem Buch kommt der Niveau-Verfall Walsers zum Thema „Unser Auschwitz" nocheinmal zur Sprache.

47 Schirrmacher a.a.O. (Anm. 12), S. 12.

48 Aus dem Beitrag Heinsohns auf dem „Kongreß gegen Antisemitimus" am 4./6. November 1988 in der Frankfurter Universität (Anm. 43).

49 Titelformulierung der Süddeutschen Zeitung für Hanno Loewys Rez.: Stephan Braese, Erinnerung (siehe Anm. 35), 20. 8. 2002. Sie bezieht sich u.a. auf den Satz bei Braese: „Die Frist, in der die historisch singuläre Chance eines Gesprächs zwischen Deutschen und Juden unmittelbar zur NS-Epoche bestanden hatte, eines Gesprächs im Medium deutschsprachiger Literatur – diese Frist ist verstrichen." Loewy spricht sodann von der „Chance zu einem Gespräch – danach."

50 Vgl. die schöne Idealfallstudie von Daniele Dell'Agli in der Philo-Dokumentation (S. 1195 ff.): „Wo Es war, soll Wir werden".

51 Vgl. „Mumpitz" im Kapitel „Anfang".

52 Protokolle eines Interview-Seminars zur Gruppe 47 an der Universität Göttingen (Leitung Heinz Ludwig Arnold) 1976, hier: 15. 10. 1976, S. 6, zitiert nach Cofalla, S. 128 (Kommentar).

53 M. Walser, Sozialisieren wir die Gruppe 47, in: Die Zeit, 3. 7. 1964; vgl. die Briefe dazu mit Kommentar bei Cofalla, u.a. S. 5o7 ff.

54 German Literary Letter, in: The New York Times Book Review, 10. 10. 1965; vgl. die Briefe dazu bei Cofalla u.a. S. 551 ff.

55 An den politischen Vertrauten Fritz J. Raddatz am 3. 8 .1966, Cofalla, S.623.

56 Ebd., S. 554.

57 Ebd., S. 541.

58 Ebd., wie auch das folgende Zitat.

59 Zitiert nach Stephan Braese a.a.O. (Anm. 35), S. 84.

60 Dies ausgerechnet in einem Brief an Erich Fried, womit die angeschnittene Frage der Loyalität jüdischer Gruppenmitgieder wiederum beleuchtet ist (vgl. Cofalla, S. 617).

61 Mit dem typischen Gestus: „Nach unserem Telefongespräch noch ein paar Worte..." (Cofalla, S.622).

62 Cofalla, S. 619.

63 Die Zeit, 15. 7. 1966.

64 Cofalla, S. 619.

65 Nachwort in Ziermann a.a.O. (Anm. 66), S. 149 f.)

66 Am 3. 8. 1966, Cofalla, S. 623 f. Wie der Schreibdienst dieses Helfers aussah, siehe z.B. in: konkret, August 1966 (wieder abgedr. in: Horst Ziermann [Hg.], Die Gruppe 47. Die Polemik um die deutsche Gegenwartsliteratur. Eine Dokumenta-

tion, Frankfurt am Main 1966, S. 126 ff.) oder in: Sprache im technischen Zeitalter, H. 20, 1966, S. 269 ff.

67 Siehe Heft 20, 1966.

68 Cofalla, S.526 f.

69 Cofalla, S. 535 f.

70 Cofalla, S. 622.

71 Z.B. Ziermann (Anm. 66), S. 84.

72 Vgl. Neunzig a.a. O. (Anm. 6), S. 111.

73 Der Spiegel, Nr. 23, 2002.

74 Cofalla, S. 137.

75 Ebd., S. 336.

76 Ziermann a.a.O. (Anm. 66).

77 Ebd., S.9o.

78 Cofalla, S. 624.

79 Ebd., S. 631 f.

80 Ebd., S.622.

81 Ebd., S.673.

82 Vgl. den bewegenden Passus darüber bei Braese a.a.O. (Anm. 35), S. 252-254.

83 Siehe Anm. 1.

84 Vgl. Paul Schallück, Der 20. Juli 1944?, in: Die Kultur [unter Richters Redaktion], 1. 8. 1956. Zit. nach Cofalla, S.235.

85 Zitiert nach Erich Gottgetreu, Paul Schallück in memoriam. Erinnerungen an einen Freund Israels und Mitbegründer der Germania Judaica, 12. 3. 1976 (KLG Textdienst).

86 Heinz von Cramer, Kein Platz für Emigranten?, in: Die Zeit, 6. 3. 1964.

87 Braese a.a.O. (Anm. 35).

88 Vgl. Neunzig a.a.O. (Anm. 6), S. 111 f.

89 Ebd., S. 207.

Ein Preis für literarische Nachverfolgung (Seite 112-163)

1 Aus der Totenrede auf Alfred Neumann im Kurt Desch Verlag München am 3. 10. 1952, zitiert nach dem Typoskript im HWR-Archiv Berlin, Stiftung Archiv Akademie der Künste, S. 2.

2 Von Richter überliefert, ebd.

3 Zitiert nach Peter de Mendelssohn (Hg.), Thomas Mann. Alfred Neumann. Briefwechsel, Heidelberg 1977 (= Veröffentlichungen der deutschen Akademie für Sprache und Dichtung, Bd. 52). Im folgenden abgek.: Briefwechsel.

4 Der Gruppenbeginn ist hier nicht wie üblich datiert nach dem Lese-Treffen bei Ilse Schneider-Lengyel am Bannwaldsee bei Füssen im Allgäu, 6.-7. September 1947, sondern nach dem Diskussions-Wochenende im Kreis um die ‚inneren Emigranten' Gräfin Ottonie von Degenfeld, Rudolf Alexander Schröder, Bernt von Heiseler, Heinrich Ringleb u.a., 25.-28. Juli 1947 in Altenbeuern bei Rosenheim.

5 Briefwechsel, S. 82.

6   Er äußert sich darüber im Briefwechsel ähnlich wie zur selben Zeit Hannah Arendt, wenn auch weniger einläßlich: „Besuch in Deutschland 1950. Die Nachwirkungen des Naziregimes." Siehe Hannah Arendt, Zur Zeit. Politische Essays, hg. von Marie Luise Knott, Berlin 1986, S. 43 ff.

7   Daß es eine endgültige Rückkehr (in die Schweiz) sein könnte, stand noch gar nicht zur Erwägung. 1947 war Thomas Mann das erste Mal wieder in Europa, in Zürich zur Teilnahme am ersten Nachkriegstreffen des Internationalen PEN, 2.-6. Juni (vgl. Werner Berthold und Brita Eckert [Hg.], Der deutsche PEN-Club im Exil 1933-1948, Frankfurt am Main 1980 [= Sonderveröffentlichungen der Deutschen Bibliothek, Bd. 10], S. 383 ff.; vgl.auch „Anfänge" in diesem Buch), dann 1949 in Deutschland (zu den Goethe-Reden in Frankfurt und Weimar); 1952 schließlich die Rückkehr in die Schweiz.

8   Die Lesungen aus der Gruppe 47 nach ihrer Tagung in Niendorf im Hamburger Funkhaus des NWDR, Mai 1952, sind, wenn wir M. Walsers im Auftrag von Radio Stuttgart in Welzheim/Laufenmühle aufgenommene Lesung im Oktober 1951 nicht zählen wollen (vgl. Cofalla, S. 156), das Datum für die ersten zählbaren Aufmerksamkeitspunkte, die die Gruppe im Literaturbetrieb erzielt hat.

9   Vgl. Thomas Koebner, „Die Schuldfrage. Vergangenheitsverweigerung und Lebenslügen in der Diskussion 1945-1949", in: Ders., Unbehauste. Zur deutschen Literatur in der Weimarer Republik, im Exil und in der Nachkriegszeit, München 1992, S. 320 ff.

10 Frankfurter Hefte 1947, Heft 1, S. 17 ff.

11 An Neumann, 18. Februar 1950. Briefwechsel, S. 84.

12 An Thomas Mann, 3. März 1950. Briefwechsel, S. 86.

13 Ebd.

14 Ebd.

15 Zur historischen Analyse dieser Kategorie im zeitlichen Kontext der hier betrachteten Episode, nämlich anläßlich der PEN-Veranstaltung „Die Aufgaben der Literatur" 1953 in den Münchner Kammerspielen, vgl. Verf., „,Das Freie Wort' – Berlin 1933. München 1953", in: Verf., Unmittelbar zur Epoche des NS-Faschismus. Arbeiten zur politischen Philologie 1978-1988, Frankfurt am Main 1989, S. 139-159.

16 Der Stiftungsgedanke schloß eine Fortführung der Verleihungen ein. Dazu kam es nicht. Thomas Mann hätte nach eigenem Bekunden (Korrespondenz und Tagebuch-Eintragungen nach 1952) auf keinen Fall mehr mitgemacht, Neumann war dann tot, ein mögliches Interesse Hermann Kestens an einer Kontinuität des Preises habe ich nicht recherchiert.

17 Vgl. dazu „Anfang", S.127 ff.

18 Ob Andersch, der im Gegensatz zu den anderen hier Genannten in der Reihe der „Ehrungen" in der Preis-Urkunde nicht erwähnt worden ist, seine Kirschen der Freiheit eingereicht hatte, habe ich nicht ermittelt, ist aber wahrscheinlich. In der Gruppe munkelte man über seine diesbezügliche Enttäuschung. Daß er bei der Preisverleihung unbedingt ein Wort mitreden wollte, belegt ein Brief an Richter vom 29. 4. 1950.

19 Briefwechsel, S. 86.

20 Als die erste Frist gesetzt wurde, war mit rechtzeitiger Fertigstellung des Richter-Romans offenbar noch gerechnet worden. Die Frist wurde später auf den 31. Dezember 1951 verlängert.

21 Am 3. März 1950. Briefwechsel, S. 86.

22 Thomas Mann, Briefe 1948-1955 und Nachlese, hg. von Erika Mann, Frankfurt am Main 1965, S. 235 f.

23 Der Roman wird im folgenden zitiert nach der ungekürzten Taschenbuchausgabe München 1988.

24 Vgl. „Nachwort" zu: Sie fielen aus Gottes Hand, München (Neuausgabe), 1976 und die Quellenangabe überm Impressum des Buches. Fertiggestellt hat es Richter im Sommer 1951.– Genauere Recherchen zum journalistisch-dokumentarischen Entstehungs- und Verwertungskontext stehen noch aus. Feststeht, daß die ‚Auswertung' des Materials über Spiegeltext und Roman hinaus weiterging (u.a. mit einer Hörspielfassung Gert Westphals, die vom jüdischen Schusterjungen keine Notiz nimmt).

25 An Neumann am 13. Dezember 1951. Briefwechsel, S. 236.

26 Ich spiele hiermit auf die unsterbliche, von Heine schon gegeißelte deutsche Disputdummheit an, die die beiden ‚Klassiker' seit ihren Lebzeiten in einer Alternativstellung erblickt, aus der eine wahnhaft politische Urteilsnot folgt. Von Einlassungen auf Fragen der Literarizität unbeeindruckt hat sich solcher Disput auf dem Höhepunkt des präfaschistischen Nationalismus in Deutschland dann auf die Alternation ‚Goethe oder Herder' verschoben.

27 Dies ist nur *fast* eine Metapher, denn Mann blieb nach seiner Rückkehr 1952 in der Schweiz.

28 H. W. Richter, Literatur im Interregnum, in: Der Ruf. Unabhängige Blätter für die junge Generation, Nr. 15, 15. 3. 1947, S. 10.

29 Vgl. auch „Anfang".

30 Hier bisher benützt und im folgenden zitiert nach dem Katalog Dichter und Richter. Die Gruppe 47 und die deutsche Nachkriegsliteratur, hg. von Jürgen Schutte, Elisabeth Unger und Irmtraud Gemballa, Berlin (Akademie der Künste) 1988, S. 203.

31 Cofalla, S. 97 ff. und S. 137 ff.

32 Ebd., S. 33 ff., 70 u.ö.

33 Die Literatur. Blätter für Literatur · Film · Funk und Bühne. Mit der Beilage: Die Bibliographie des Monats = Verzeichnis rezensierter Titel. Besorgt von Walter (und Inge) Jens, hg.v. H. W. Richter. Redaktion: Hans Georg Brenner, Stuttgart (Deutsche Verlagsanstalt). Büro: Klaus Heller, München. Jg. I (1952), Nr. 1-16 [mehr nicht erschienen].

34 Cofalla, S. 141.

35 Ebd., S.140.- Über die Aktivitäten an dieser Frontlinie (Vorträge, Stellungnahmen u.ä.) waren sich ohne genauere Differenzierung Richter und Kesten lange Jahre einig. Vgl. dazu Sabine Cofalla, Der „soziale Sinn" Hans Werner Richters. Zur Korrespondenz des Leiters der Gruppe 47, Berlin 1997, S. 19 ff.

36 Cofalla, S. 141 f.

37 Vgl. Sigrid Weigel, Ingeborg Bachmann. Hinterlassenschaften unter Wahrung des Briefgeheimnisses, Wien 1999, S. 464 ff.

38 Zitiert nach der erschöpfenden, ebenso objektiv-ruhig wie subtil durchdifferenziert geschriebenen Dokumenten-Studie zur gescheiterten Beziehung Kestens zur Gruppe, vorgelegt von Stephan Braese: „... nicht uns zugehörig" – Hermann Kesten und die Gruppe 47, in: Ders. (Hg.), Bestandsaufnahme. Studien zur Gruppe 47, Berlin 1999, S. 175 ff.

306

39 Interregnum a..a.O. (Anm. 28), S. 10. Und vgl. „Anfang"; siehe auch Alfred Andersch dort im Zusammenhang.

40 Cofalla, S. 165.

41 Ebd.

42 Ebd., S. 164.

43 Der Ruf (Anm. 28), S. 11.

44 Cofalla, S. 141.

45 Ebd., S. 540 f.

46 Kat. Dichter und Richter a.a.O. (Anm. 30), S. 205.

47 Die Literatur, Nr. 2, 1. 4. 1952, S. 3.

48 Cofalla, S. 156 und 162.

49 Vgl. Ziermann a.a.O. (Anm. 66 zu „Einführung"), S. 9o.

50 Briefwechsel, S. 236.

51 Nach freundlicher Auskunft von Sabine Cofalla und Ursula Hummel befindet sich der Redetext nicht im Nachlaß Alfred Neumanns, weder in der Akademie der Künste Berlin noch in der Münchner Stadtbibliothek (Monacencia). Die beiden folgend zitierten Sätze sind einer Münchner Kulturnotiz in der *Süddeutschen Zeitung* vom 1./2. März 1952 bzw. einer Anmerkung Peter de Mendelssohns im *Briefwechsel*, S. 117 f., entnommen.- Relativ ausführlich - wie authentisch? - zitiert H.W.Richter in seiner Totenrede auf A. Neumann aus dessen Preisrede; vgl. Anm. 1 und 2.

52 Tagebuch-Eintrag vom 21. Februar 1952. Siehe Thomas Mann. Tagebücher 1951-1952, hg. von Inge Jens. Frankfurt am Main 1995. Vgl. hierzu auch I. Jens, S. 481.

53 Vgl. dazu Verf., Diskursanalytische Variationen, in: Klaus Briegleb, Unmittelbar zur Epoche des NS-Faschismus. Arbeiten zur politischen Philologie 1978-1988, S. 29 ff.

54 Zu Hildesheimers „Masante" vgl. Stephan Braese, Die andere Erinnerung, S. 388 ff. und zu Kaiser vgl. u.a. auch „Eingestreut" im Kapitel „Anfang".

55 Vgl. Cofalla, S. 138 und Kommentar.

56 Walter Jens, „Gleichgültigkeit oder Verrat?", in: Die Literatur a.a.O. (Anm. 33), Nr. 2, 1. 4. 1952, S. 3.

57 Vgl. Walter Benjamin, Über den Begriff der Geschichte, These III ff., in: Ges. Schr. I/2, S. 694 ff.

58 Der hier skizzierte Sachverhalt ist selbstredend nicht ohne Widersprüche. Der mir nahegehendste ist in der intellektuellen Beziehung des theoretischen Kopfes der Gruppe 47 in ihrer Frühzeit, Alfred Andersch, zu Thomas Mann zugänglich. Das Nebeneinander von Ressentiment und Thomas Mann-Lob siehe in: Alfred Andersch, Deutsche Literatur in der Entscheidung. Ein Beitrag zur Analyse der literarischen Situation (Erstdruck 1947). Heute erreichbar in: Alfred Andersch Lesebuch, Zürich 1979, S. 111-134. Sodann: Alfred Andersch, „Thomas Mann als Politiker", in: Ders., Norden Süden rechts und links. Von Reisen und Büchern 1951-1971, Zürich 1972, S. 111-129, und Manns Antwort in den Briefen (siehe Anm. 22).

59 Wie Anm. 1 und 2.

60 [Anonym], Ein Buch wirbt für Deutschland. H. W. Richters *Die Geschlagenen* wurde ein französischer Best-Seller, in: Die Welt, 2. 11. 1950.

61 Vgl. „Anfang".

62 Frankfurter Hefte 1947, Heft 1, S. 35.

63 Ich benütze die Kategorie des „historisch Bösen" nach Peter Brückner, „Über linke Moral", in: Ders., Vom unversöhnlichen Frieden. Aufsätze zur politischen Kultur und Moral, Berlin 1984, S. 8-10.

64 Ich gebe den Text im getreuen Nachdruck des Typoskripts, mit freundlicher Genehmigung der Stiftung Archiv Akademie der Künste, Hans-Werner-Richter-Archiv Berlin, Signatur 72/86/566.

Auf dem Weg nach Niendorf an der Ostsee (Seite 164 -196)

1 Hans Werner Richter, Im Etablissement der Schmetterlinge. Einundzwanzig Portraits aus der Gruppe 47, München 1986: „Im Etablissement der Schmetterlinge. Ilse Aichinger" und „Radfahren im Grunewald. Ingeborg Bachmann". Sowie Richters Nachwort, zuerst als Radio-Essay (HR) 1974, in: Neunzig a.a.O. („Einführung", Anm. 6).

2 Der Begriff stammt aus einem Portrait, das die einsame Singularposition Richters erkennt, sie als Voraussetzung seiner Literaturpolitik aber ganz verkennt; so ‚gut' funktioniert Richters Politik! Vgl. Harro Zimmermann, Ein Erzvater der Nachkriegsliteratur. Hans Werner Richter wird 80, in: Frankfurter Rundschau, 12. November 1988, S. 10. („Richters Insistenz auf dem Literarischen, auf der Ausgrenzung jeder Politik...")

3 Einige Nachweise der spärlichen, dann ganz abreißenden Würdigung dieser seltenen Frau durch Richter in: Katalog Dichter und Richter a.a.O. („Nachverfolgung", Anm. 30), vgl. dort auch Irmela von der Lühe, „Schriftstellerinnen in der Gruppe 47", S. 94; und vgl. S. 275 in diesem Buch.

4 Vgl. „Anfang".

5 Vgl. ebd.

6 Vgl. dazu die Zugehörigkeits-Analysen in Cofalla, Sozialer Sinn a.a.O. („Nachverfolgung", Anm. 35).

7 Vgl. Sigrid Weigel, „Konkurrierende ‚Entdecker'-Legenden", in: Bachmann a.a.O. („Nachverfolgung", Anm. 37), S. 304 ff.

8 Fritz J. Raddatz, Literatur ist Gedächtnis. Die Gruppe 47 tagte (...), in: Die Zeit, 8. Juni 1990.

9 Ilse Aichinger, „Der 1. September 1939" in: Kleid, Moos, Fasane, Frankfurt am Main 1987, und vgl. Simon Wiesenthal, Flucht vor dem Schicksal, München 1988, S. 52.

10 Wahrscheinlich gemeint die Prosa-Arbeiten „Internationale Zone" oder „Der unterirdische Strom".

11 Richter selber ging voran, nicht nur seine Fragebogen-Biographie ist entsprechend geschönt; siehe Kat. Dichter und Richter a.a.O. („Nachverfolgung", Anm. 30), S.159f.

12 Vgl. im Kapitel „Nachverfolgung".

13 Anders im Gesprächstext Richter-Bachmann an der Ostsee (siehe Fenster „Politisch sprechen", S. 195). Vgl. zu Richters Bachmann-Entdeckung im Zusammen-

hang Weigel a.a.O. („Nachverfolgung", Anm. 37), S. 304 ff. („Konkurrierende ‚Entdecker'-Legenden").

14 Cofalla, S. 127 f.

15 Richter, Niendorf, Mai 1952, in: Neunzig a.a.O. („Einführung", Anm. 6), S. 112.

16 Zu dieser von Ernst Tugendhat geprägten Kategorie vgl. Verf., 1968. Literatur in der antiautoritären Bewegung, Frankfurt am Main 1993, S. 92 u.ö.

17 Gottfried Bermann Fischer, Brigitte Bermann Fischer, Briefwechsel mit Autoren, hg. von Reiner Stach unter redaktioneller Mitarbeit von Karin Schlapp, Frankfurt am Main 1995 (abgek.: Fischer Briefwechsel).

18 Vgl. „Anfang", in diesem Buch.

19 So Niklas Luhmann in seinen Erörterungen zur Systemtheorie einer autonomen Kunst in der Moderne; vgl. z.b. „Das Kunstwerk und die Selbstreproduktion der Kunst", in: Hans U. Gumbrecht, Stil. Geschichten und Funktionen eines kulturwissenschaftlichen Diskurselements, Frankfurt am Main 1987.

20 Vgl. Frederic Jameson, Das politische Unbewußte. Literatur als Symbol sozialen Handelns, Reinbek 1988, z.B. S. 29 u.ö. Jameson verbindet die Kategorie mit einer anderen, der Kategorie der „abwesenden Ursache", die er in einer Rezeption Althussers diskutiert, die wir aber wohl tragfähiger aus Spinozas Vorüberlegungen zur ETHIK herleiten können: über die Arroganz des ganzen Wissens und über die den Wissenden abwesende Ursache ihres Irrtums.

21 Vgl. Wolfgang Hildesheimer. Briefe, hg. von Silvia Hildesheimer und Dietmar Pleyer, Frankfurt am Main 1999, S. 308.

22 Paul Celan – Giséle Celan-Lestrange. Briefwechsel. Mit einer Auswahl von Briefen Paul Celans an seinen Sohn Eric, aus dem Französischen von Eugen Helmlé, hg. und kommentiert von Bertrand Badiou in Verbindung mit Eric Celan. Anmerkungen übersetzt und für die deutsche Ausgabe eingerichtet von Barbara Wiedemann, Bd 1, Frankfurt am Main 2001, S. 141.

23 Siehe Anm. 55 zu „Mißachtung".

24 Siehe Rolf Schroers in seiner kritischen Charakteristik „Gruppe 47 und die deutsche Nachkriegsliteratur" (Merkur, Mai 1965), zit. nach Reinhard Lettau (Hg.), Die Gruppe 47. Bericht, Kritik, Polemik. Ein Handbuch, Neuwied und Berlin 1967, S. 383.

25 Im Gegensatz zu Walser, der auch mal im Gerichtssaal saß (vgl. ‚eingestreut': „Walsers Auschwitz").

26 Im Verlag des Gruppenmitglieds Klaus Wagenbach: Atlas zusammengestellt von deutschen Schriftstellern, Berlin 1965.

27 Siehe im Zusammenhang Verf. a.a.O. (Anm. 16), S. 196-205 mit Anm. 34.

28 Siehe Fenster „Milo Dors Einwerbung Celans".

29 Paul Celan, in: Dietlind Meinecke (Hg.), Über Paul Celan, Frankfurt am Main 1970, S. 283.

30 Kat. Dichter und Richter a.a.O. („Nachverfolgung", Anm. 30), S. 193 f.

31 Rolf Schroers, Gruppe 47 und die deutsche Nachkriegsliteratur, in: Merkur 1965, S. 384.

Nach Niendorf (Seite 198-226)

1 Für das folgende Kapitel habe ich ausführlich im Hans Werner Richter Archiv ‚geblättert'; es liegt in der Natur der Sache, daß in Personalangelegenheiten nichts stets akkurat zitiert werden kann. Fakten-Belege sind daher teilweise kursorisch; vom Typ: Dr. Mannzen notiert im Konzept für den Almanach, wenn Celan dazugehöre, dann... – Bisher noch nicht veröffentlichte Briefe habe ich nach den Regeln benützt. Für die Genehmigung, sie einzusehen und aus ihnen zu zitieren, danke ich neben Eric Celan dem Hans Werner Richter-Archiv Berlin (Stiftung Archiv Akademie der Künste) und der Handschriftenabteilung des Deutschen Literaturarchivs Marbach. Es handelt sich um Briefe folgender Datierungen: 27. 8 . 54; 3. 2., 4. 3., 5. 4., 26. 7., 27. 7. (Telegramm), 22. 9., 1. 12. 62; 26. 1. 65.

2 So Alfred Andersch nach einem Besuch bei Celan am 9. März 1954 an Richter.

3 In älterer Fachforschung ist man von keiner oder einer ausschließlich negativen Beziehung Celans zur Gruppe 47 ausgegangen; meinen eigenen Beitrag dazu vgl. in Verf., 1968 a.a.O. („Auf dem Weg...", Anm. 16), S. 132 mit Anm. 73, S. 335 oder S. 244. Seidem ich die hier verarbeiteten Nachforschungen veröffentlicht habe (1997), ist das korrigiert, jedoch will eine emphatisch plädierende Celan-Philologie von Celans ernsthaftem Motiv einer Annäherung nichts wissen. Einem verantwortlichen Umgang mit dem Antisemitismusproblem der Gruppe dient das nicht.

4 Siehe den Briefwechsel Fischer-Celan im ganzen (a.a.O., „Weg nach", Anm. 17). Zur Goll-Affäre vgl. die Gesamt-Dokumentation von Barbara Wiedemann, Paul Celan – Die Goll-Affäre, Frankfurt am Main 2000.

5 Z.B. über einen sehr langen Briefbericht an Alfred Andersch schon am 27. 7. 1956, den er sich als Multiplikator wünschte (u.a. erhalten auf diese Weise Paul Schallück, Rolf Schroers und Günter Grass den Brief); bezeichnenderweise schickte Andersch den Brief nicht an Richter. Das Nähere bei Wiedemann a.a.O., S. 234 ff. Der Brief ebenda S. 226-234.

6 Neue Rundschau 4, 1960, S. 547ff. Celans Entwurf im Nachlaß, Deutsches Literaturarchiv Marbach.

7 Die Welt, 16. 12. 1960; Die Zeit, 9. 6. 1961.

8 Vgl. Paul Celan und Franz Wurm in: Briefwechsel, hg. von Barbara Wiedemann in Verbindung mit Franz Wurm, Frankfurt am Main, 1996, 8. u. 26. Juni 1963; sowie Celan an Bermann Fischer, a.a.O. („Auf dem Weg", Anm. 17) , 14. Dezember 1963.

9 Kolumne *Aus gegebenem Anlaß*: „Kulturskandal", in: Vorwärts, 26./28. 6. 1961, S. 16.

10 An Walser, Cofalla, S. 395.

11 Ebd.

12 Hermann Kesten, „Andere Völker, andere Sitten", in: *Filialen des Parnaß*, München 1961, S. 270.

13 Vgl. „Ein Preis für literarische Nachverfolgung" und die dort herausgestellte Studie Stephan Braeses (siehe Anm. 38).

14 zit. nach Braese a.a.O. (Anm. 13), S. 192.

15 Vgl. Kesten, Der Richter der Gruppe 475, Deutsche Zeitung, 13/ 14. Juli 1963, nachgedr. in Lettau a.a.O. („Weg nach...", Anm. 24), S. 320ff.

16 Anm. 4. – Ich konnte meinerseits dieses Material in meine hier versuchte Darstellung noch nicht einbeziehen. Was es allerdings, eingeschlossen die Kommentare, zur Klärung der Richter-Affäre (der noch viele weitere „47er"- Namen beigefügt werden müssen) beiträgt, kann Wiedemanns Edition nicht deutlich machen. Im Gegenteil, sie läßt hier eine Lakune, die wenigstens ins Auge zu fassen, das Material hätte anregen können; es ist erheblich ergiebiger im Gruppen-Kontext, als die Edition suggeriert. Die Crux ist, Wiedemann problematisiert in Material-Sicht und Kommentar die Gruppe 47 nicht. Meine hier vorgelegte, im materiellen Kern 1994 erarbeitete Studie (deren sich Wiedemann in der Erstfassung allerdings dann munter ohne Nachweis im Kommentar zum Briefwechsel Celan – Celan-Lestrange bedient [siehe z.B. dort, a.a.O.<Anm.19>, S. 140]), geht anders mit den offenen Fragen zu Celans Geschicken in der Gruppe 47 um und führt weiter ins Herz des Antisemitismus-Problems dieser Gruppe, deren assoziiertes Mitglied Celan immerhin gewesen ist. – Vgl. als solide gearbeitetes Beispiel den komprimierten Kommentar zu einem Brief an Raddatz bei Cofalla, S. 406 f.

17 Goll-Affäre (Anm. 4), S. 571 und S. 578.

18 Vgl. Fischer Briefwechsel a.a.O. („Weg nach Niendorf", Anm. 17). Die Veröffentlichung schließlich: Paul Celan, Gedichte. Eine Auswahl, Frankfurt am Main (Oktober) 1962 (= S. Fischer Schulausgaben. Texte moderner Autoren).

19 Briefwechsel a.a.O. („Auf dem Weg nach Niendorf", Anm. 22), Bd 1, S. 141, und Bd 2 (Kommentar), S.140.

20 Vgl. Vgl. dazu Celan über die Werbeabteilung des S. Fischer Verlages, die einen wohlmeinend als Verteidigung Celans angelegten Artikel von Jürgen P. Wallmann in der Literatur-Revue 6, 62 („Plagiat im deutschen Blätterwald. Der ‚Fall Celan'", mit einem Nachspiel) stur ausgeschlachtet hatte, in: Fischer-Briefwechsel a.a.O. (Anm. 18), 9. August 1962.

21 Affäre Goll a.a.O. (Anm. 4), S. 578.

22 Peter Rühmkorf, „Das lyrische Weltbild der Nachkriegsdeutschen", in: Hans Werner Richter (Hg.), Bestandsaufnahme. Eine deutsche Bilanz 1962 (...), München 1962, S. 465.

23 Mit einer Ausnahme: Ich wiederhole nicht meinen Irrtum, die Wendung von dem „Sortiment von Nachschlüsseln", das Celans „System der Schlüsselwörter" bloß sei, habe der Autor erst später, 1972, in seinen „Jahren die Ihr kennt", hämisch ins Zwielicht der Goll-Affäre rückend, wie ich behauptet habe, verwendet. Er hat sie schon im Original 1962, also direkt gegen den noch Lebenden verwendet.

24 a.a.O. („Auf dem Weg nach Niendorf", Fenster, S. 195)

25 Anm. 22.

26 Siehe Originalversion (Nachweise), S. 56.

27 Bei Bedarf siehe in: Peter Rühmkorf, Schachtelhalme. Schriften zur Poetik und Literatur. Werke 3, hg. von Hartmut Steinecke, Reinbek 2001, S. 7 ff. (Anmerkungen des Herausgebers mit Verweisen auf des Autors spätere Änderungen „mit leichter Hand" S. 350 ff.).

28 Der Eindruck wird suggeriert, diese Chiffre käme bei diesem Dichter nicht nur epigonal, sondern auch inflationär vor ... Dieses Überrestewort kommt bei Celan insgesamt (nicht schon bis 1961) nur 25 mal vor! (Vgl. Nielsen/Pors, Index zur Lyrik Paul Celans, München 1981).

29 Diesen Passus hat Celan in seinem Leseexemplar als einzigen unterstrichen, vgl. Wiedemann a.a.O. (Anm. 4), S. 663 u.f. (Kommentar).

30 Vgl. „Mumpitz", S. 287 ff.

31 a.a.O. (Anm. 9).

32 Cofalla, S. 94.

33 Ein ausgefertigter und zugeklebter, aber nicht abgeschickter Brief vom Tag zuvor, gleichen Inhalts wie das Telegramm, hätte den Affront noch eisiger gemacht: Nicht dem Chef, sondern Richter *und Andersch* wird die Zugehörigkeit aufgekündigt.

34 Hans Werner Richter (Hg.), Plädoyer für eine neue Regierung oder Keine Alternative, Reinbek 1965 (= rororo aktuell).

35 Fischer-Briefwechsel a.a.O. (Anm. 18), 14. Dezember 1963.

36 Alexander Blok, Die Zwölf, Frankfurt am Main 1958.

37 Er bleibt dieser Hoffnung noch nachträglich treu, indem er seine „kleine Notiz" des Anstoßes aus der Neuausgabe, die soeben vorbereitet wird, herausnimmt. In den Ausschnitten, die er jetzt in einer Anmerkung zu Blok (S. 137) wiederverwendet und die im Frontispiz („Über dieses Buch") eingefügt sind, fehlen die Sätze aus der Erstausgabe über die Ödnis. Das ist seine Art von „Freundschaft"! Vgl. Drei russische Dichter – Alexander Blok, Ossip Mandelstam, Sergej Jessenin. Übertragen von Paul Celan, Frankfurt am Main 1963.

38 An Gottfried Bermann Fischer, Briefwechsel, S.641.

39 Mandelstam-Zyklus (Neue Rundschau 1, 1963).

Anfang: Mythos und Leere (Seite 227-299)

1 Zit. nach W. G. Sebald, Luftkrieg und Literatur. Mit einem Essay zu Alfred Andersch, München 1999, S. 143. Vgl. dazu Urs Widmer, 1945 oder die neue Sprache, Düsseldorf 1966.

2 Gerd Klaas, Der Snobismus der Armseligen, in: Der Ruf, Nr. 15, 15. 3. 1947, S. 12.

3 Die Kriegsgefangenen, Licht und Schatten. Eine Bilanz, ebd., Nr. 5, 5. 10.1946, S. 6.

4 Das Stück sei für den Schickele-Preis geeignet, meint Andersch. Cofalla, S.113.

5 Der Ruf, Nr. 16, 1. 4. 1947.

6 Hans Mayer, Beim Anblick des Katalogs, in: Antiquariat Hubert Blank (Hg.), Gruppe 47, Stuttgart 1988, S. 3 f.

7 Vgl. F. J. Raddatz, Literatur ist Gedächtnis, in : Die Zeit, 8. 6. 1990, S. 62. Vgl. dazu Verf., 1968 a.a.O.(„Auf dem Weg nach Niendorf", Anm. 16), S. 26 f.

8 Hanno Loewy, Ein Ende der Anmaßung? Zum geplanten Holocaust-Denkmal, in: Süddeutsche Zeitung, 10. 11. 1995.

9 Richter hat in all seinen Retrospektiven die Wendung benützt, meist mit der Bezeichnung „sogenannt"; wahrscheinlich ist sie früh ‚aufgekommen' und geläufig geworden, öffentlich aufgegriffen, so weit ich sehe, zuerst 1956 nach der Tagung in Niendöcking in der Frankfurter Allgemeinen Zeitung: Hans Schwab-Felisch [Gruppenmitglied], „Dichter auf dem ‚elektrischen Stuhl'", siehe Lettau a.a.O. („Auf dem Weg nach Niendorf", Anm. 25), S. 116.

10 Leitartikel. Nr.1, August 1946, S. 1 f. Zit. nach: Hans A. Neunzig (Hg.), Der Ruf (usw.). Eine Auswahl, Vorwort von H. W. Richter, München 1976, S. 19 ff.

11 Siehe zum folgenden jetzt Sigrid Weigel, Die ‚Generation‘ als symbolische Form. Zum genealogischen Diskurs im Gedächtnis nach 1945, in: Figurationen. gender literatur kultur, Nullnummer 1999, S. 158 ff.

12 Der Ruf Nr. 9 (redaktionelle Vorbemerkung Andersch).

13 Z. (d. i. Herbert Zachäus): [Bericht über die Tagung in Herrlingen] in: Du, 24.11.1947. Zit. nach Kat. Dichter und Richter a.a.O. („Nachverfolgung“, Anm. 30), S. 147. Herrlingen bei Ulm, 8./9.11.47.

14 Vgl. z.B. Richters „Lebenslauf“, München 13. 8. 1946, in: Kat. Dichter und Richter a.a.O., S. 159 ff.

15 Andersch stellt den Antrag am 16.2.1943, Richter am 26.7. 1938 (Vgl. Reinhardt, Andersch, S. 84, und Rhys W. Williams, Deutsche Literatur in der Entscheidung. Alfred Andersch und die Anfänge der Gruppe 47, in: Fetscher u.a. (Hg.), Gruppe 47, S. 42.

16 „Hat die junge Dichtung eine Chance“, zit. nach Lettau a.a.O., S. 27.

17 Siehe Anmerkung 58 in „Nachverfolgung“.

18 In: Abendpost (Frankfurt 13.3.1965) und überarbeitet in: Kursbuch 1 (Juni 1965). (Vgl. Gehle, Gedächtnis-Wechsel a.a.O. [„Einführung“, Anm. 4].) Wieder in: M. Walser, Heimatkunde. Aufsätze und Reden, Frankfurt am Main (Suhrkamp) 1968, S. 7 ff.

19 M. Walser in: Christ und Welt 42 (18.10.1968), S. 17.

20 Widmung zu M. Walser, „Tod eines Kritikers“ 2002 (Suhrkamp).

21 Mai 2002 auf dem Wahlkampfpodium im Berliner SPD-Haus.

22 Vgl. dazu die Kontroverse zwischen Gunnar Heinsohn und Hanno Loewy, Das Warum von Auschwitz – ein Wettbewerb?, in: Frankfurter Rundschau Dokumentation, 1. 9. 1995.

23 Vgl. zur fairen Überprüfung dieser Lesart die gründliche Analyse bei Gehle, a.a.O. („Einführung“, Anm. 4).

24 Peter Weiss, Meine Ortschaft (1965), Die Ermittlung (1965), Horst Krüger, Das zerbrochene Haus (1966), Grete Weil, B sagen (1968).

25 Marcel Reich-Ranicki, In einer deutschen Angelegenheit, in: Die Zeit, 22. Mai 1964. Nachgedr. in: Derselbe, Wer schreibt, provoziert – Kommentare und Pamphlete, Frankfurt am Main 1993, S. 109 ff. (Vgl. „Eingestreut“: Walser, sein Kritiker und...“).

26 Ebd.

27 Stephan Braese, „In einer deutschen Angelegenheit“ – Der Frankfurter Auschwitz-Prozeß in der westdeutschen Nachkriegsliteratur, in: Irmtrud Wojak (Hg.), „Gerichtstag halten über uns selbst ...“ Geschichte und Wirkung des ersten Frankfurter Auschwitz-Prozesses, Frankfurt am Main 2001, S. 217 ff. Und insgesamt: Ders., Die andere Erinnerung a.a.O. („Einführung“, Anm. 35). Vgl. ebenfalls Holger Gehle, a.a.O. (Anm. 18).

28 Kat. Dichter und Richter a.a.O. („Nachverfolgung“, Anm. 30), S. 8 ff.

29 Süddeutsche Zeitung 30./31. 8. 1997 (SZ am Wochenende).

30 Peter Weiss, Notizbücher 1960 – 1971, Zweiter Band, Frankfurt am Main 1982, S. 492.

31 Joachim Kaiser, Plädoyer gegen das Theater-Auschwitz, in: Süddeutsche Zeitung, 4./5. 9. 1965.

32 Joachim Kaiser, Mehr und weniger als ein Roman. H. M. Enzensbergers „Kurzer Sommer der Anarchie", in: Süddeutsche Zeitung, 27. 9. 1972.

33 Ders., Stilleben mit Häschern – Plauderton und Verzweiflung, in ebd., 14./15. 4. 1973.

34 Vgl. a.a.O., S. 388 ff.

35 Süddeutsche Zeitung, 10./11. 10. 1959.

36 Süddeutsche Zeitung, 13./14. 2. 2001, Sammelüberschrift „Ein Fakt der Gewalt. Was wir sehen, wenn wir den Straßenkämpfer Fischer sehen", S. 15.

37 Martin Walser, Unser Auschwitz, in: Heimatkunde, Frankfurt am Main 1968, S. 12 ff.

38 Ebd., S. 18.

39 Zit. nach dem erhellendsten Beitrag zum Disput um Walser im Sommer 2002: Thomas Assheuer, In den Fesseln der westlichen Schuldmoral. Martin Walser hadert schon lange mit der jüdisch-christlichen Tradition. Sein Kritikerroman ist keine Überraschung, in: Die Zeit 24 (6.6.'o2), S. 38.

40 Ruf, Nr. 15, 15. 3. 1947, S. 10 f.

41 Anm. 15.

42 Der Ruf Nr. 14, 1. 3. 1947.

43 Meine Gedanken zur geistigen Lage der jungen Generation, in: Ruf der Jugend. Treffen in Altenbeuern ,Hinterhör' 26.-28. Juli 1947, Karlsruhe (1947), S. 74 ff. Vgl. Ders., Vereinigung junger Autoren, in: Hessische Nachrichten, Kassel, 22.9.1948, zit. nach Lettau a.a.O., S. 261 ff. und Ders., Das Jahr 47, in: Almanach, S. 15 ff. oder Ders., Jagdszenen aus Oberfranken. Zur Tagung der Gruppe 47, in: Neue Züricher Zeitung, 14.10.1967.

44 Zit. nach Helmut Peitsch, Die Gruppe 47 und die Exilliteratur – ein Mißverständnis?, in: Fetscher u.a. (Hg.). Gruppe 47, S. 110.

45 Vom 25.-29. Juli. Siehe Programm und Gästeliste in: Ruf der Jugend, Karlsruhe 1947, S. 89 ff. Zu Geschichte und Bedeutung des Treffens für die Anfänge der Gruppe 47 siehe Jochen Meyer, „Ruf der Jugend" – Das Autorentreffen in Altenbeuern: ein Vorspiel zur Gründung der Bücher des Stahlberg Verlages, Karlsruhe (1994) (=rheinschrift.1. Begr. von Hansgeorg Schmidt-Bergmann), S. 14 ff.

46 Friedrich Minssen, Notizen von einem Treffen junger Schriftsteller, in: Frankfurter Hefte, 1948, zit. nach Lettau a.a.O., S. 30).

47 Vgl. das Themenheft der Bürgervereinigung „Landsberg im 20. Jahrhundert" (Postfach 1132, 86881 Landsberg) 1996.

48 Siehe Sybille Steinbacher, „... daß ich mit der Totenklage auch die Klage um unsere Stadt verbinde". Die Verbrechen von Dachau in der Wahrnehmung der frühen Nachkriegszeit, in: Norbet Frei und Sybille Steinbacher (Hg.), Beschweigen und Bekennen. Die deutsche Nachkriegsgesellschaft und der Holocaust, Göttingen 2001, S. 11 ff.

49 Frankfurter Allgemeine Zeitung, 29. 5. 2002, S. 49.

50 Der Spiegel Nr. 23, Interview mit Volker Hage.

51 Am 29. Juni 2002, dem Tag, als der hier (durchgesehen) wiederabgedruckte Text in der „Literarischen Welt" erscheint, besucht eine Celan-Arbeitsgruppe, die in Göhrde tagt, das Europahaus, in dem die Gruppe 47 versammelt war. Wir entdecken eine sorgfältige Dokumentation der Tagung an der Wand der Treppenstiege – und einen kritischen Zeitungsbericht, den wir nicht kannten. Er nimmt

vieles vorweg, von dem ich glaubte, es erstmals dargestellt zu haben. Leider war es zu spät, das in meinem Artikel zu sagen. Vgl. Axel Kahrs in: „Heimatkundliche Beiträge der Elbe-Jeetzel-Zeitung", 34. Jg. / Nr. 6 (25. 10. 1997).

52 Mit Herlinde Koelbl, Die Zeit, 15. 9. 1989, S. 61.

53 An Richter am 7.12. 1953 (Cofalla, S. 163).

54 Verf. a.a.O. („Nachverfolgung", Anm. 15), S. 325 ff. (Anmerkung 37). George Steiner, The Hollow Miracle, in: The Reporter, Februar 1960; übers. Kurzfassung in: Sprache im technischen Zeitalter 6, 1963. Im einzelnen siehe bei Braese, a.a.O., S. 75 ff. Und siehe Amir Eshel, Die hohle Sprache. Die Diskussion um George Steiners „Das hohle Wunder", in: Stephan Braese, Holger Gehle, Doran Kiesel, Hanno Loewy (Hg.), Deutsche Nachkriegsliteratur und der Holocaust, Frankfurt am Main 1998, S. 317 ff.

55 Günter Grass, Schreiben nach Auschwitz. Nachdenken über Deutschland (: ein Schriftsteller zieht Bilanz nach 35 Jahren) / Die Frankfurter Poetik-Vorlesung, in: Die Zeit, 23. 2. 1990, Extra S. 17.

56 Der Friede, II. Teil, 9. Absatz.

57 Richter im Bericht über die Gruppe an Hans Sahl, August 195o, Cofalla, S. 121.

58 Typoskript Friedensschrift, 4. Absatz.

59 Der Friede, II. Teil, 5. Absatz.

60 Ebd., II, 1. Abs.

61 Andersch in den Frankfurter Heften, Nr. 12/1951, S. 939 ff. Kaiser a.a.O., vgl. dazu Braese, S. 390.

62 Heinz Friedrich, Vereinigung junger Autoren, zit. nach Lettau a.a.O., S. 261 ff.

63 Gedruckt in: Hamburger Akademische Rundschau, Jg.2, Heft 6/1948, S. 251 ff.

64 Der Friede a.a.O., Teil II, Absatz 6.

Notizen zur Entstehung der Streitschrift und Nachweise

Dieses Buch reicht mit seinen Wurzeln in frühere Versuche vor 1988 zurück, als es schwieriger war als heute, die deutsche Literaturwissenschaft zu bewegen, sich gedenkhistorisch zu verstehen und ihre ‚alten' Gegenstände anders zu entwerfen, als seien sie unverändert aus der Geschichte des Nationalsozialismus hervorgegangen. Noch schwieriger war es, die ‚linke' Germanistik davon abzubringen, ihr Lieblingskind in der Gegenwartsliteratur, die Gruppe 47, liebevoll zu hätscheln anstatt kritisch zu untersuchen. Die ersten Veröffentlichungen aus der Arbeit dieser Zeit gehören in den Untersuchungszusammenhang, den diese Streitschrift nun abschließt. – (1989:) Unmittelbar zur Epoche des NS-Faschismus. Arbeiten zur politischen Philologie 1978 – 1988, Frankfurt am Main (suhrkamp taschenbuch wissenschaft. 728.), darin u.a.: „Vorbemerkung" und „Einleitung", „‚Das freie Wort' Berlin 1933 München 1953", „Debatten im logischen Raum" und „Fragment über politische Lyrik"; (1991:) Über die Nicht-Rezeption der deutschen Exilliteratur nach 1933 in der westdeutschen Gegenwartsliteratur, in: Begegnung mit dem Fremden. Emigranten- und Immigrantenliteratur, München (Akten des VIII. Internationalen Germanisten-Kongresses. 8.); (1992:) Gegenwartsliteratur seit 1968 (hg. zusammen mit Sigrid Weigel), München (Hansers Sozialgeschichte der Literatur. 12.), darin u.a.: „‚Negative Symbiose'", „Weiterschreiben"; (1993:) „1968" · Literatur in der antiautoritären Bewegung, Frankfurt am Main (edition suhrkamp. Neue Folge. 1669).

Aus den folgenden drei Studien sind Stücke in das Buch übernommen. Ich habe sie zur Neuverwendung gekürzt, überarbeitet und in den meisten Fällen für den neuen Zusammenhang stark verändert: (1.) Ingeborg Bachmann, Paul Celan. Ihr (Nicht-)Ort in der Gruppe 47 (1952 – 1964/65). Eine Skizze, in: Bernhard Böschenstein und Sigrid Weigel (Hg.), Ingeborg Bachmann und Paul Celan. Poetische Korrespondenzen, Frankfurt am Main [1]1997 [Symposion an der Universität Zürich 1994]; (2.) „Neuanfang" in der westdeutschen Nachkriegsliteratur – Die „Gruppe 47" in den Jahren 1947 – 1951, in: Sigrid Weigel und Birgit R. Erdle (Hg.), Fünfzig Jahre danach. Zur Nachgeschichte des Nationalsozialismus, Zürich 1996 ([Vorlesungszyklus an der Universität Zürich 1995] Zürcher Hochschulforum. 23.); (3.) Literarische Nachverfolgung. Zu Hans Werner Richters *Sie fielen aus Gottes Hand*. (Mit einer Quellen-Konteredition und einer These zur Periodisierung der westdeutschen Nachkriegsliteratur), in: Robert Weninger und Brigitte Rossbacher (Hgg.), Wendezeiten · Zeitenwenden. Positionsbestimmungen zur deutschsprachigen Literatur 1945 – 1995, Tübingen 1997 ([Symposion an der Washington University St. Louis 1996] Studies in Contemporary German Literature. 7.). Ebenfalls (überarbeitet) aufgenommen ist meine Walser-Polemik aus der Literarischen Welt vom 29. Juniu 2002, wieder abgedruckt in: Michael Naumann (Hg.), „Es muß doch in diesem Lande wieder möglich sein ..." Der neue Antisemitismus-Streit, München 2002. (Vgl. „Eingestreut" im letzten Kapiel: Walser, sein Kritiker und die Gruppe 47".)

Die Entscheidung, dieses Buch herauszubringen, hat Phasen durchlaufen, ehe sie mir begründet genug erschienen ist. Die drei Einzel-Studien, entstanden in den Jahren 1994 bis 1996, sollten zunächst nur zum Zweck ihrer besseren Zugänglichkeit und ihrer inneren Einheit wegen gesammelt werden und unverändert neu erscheinen. Das war kein starkes Motiv. Dann bot sich ein anderes an: Die Studien könnten geeignet sein, aus der literarhistorischen Fachforschung heraus auf Martin Walsers berüchtigte Rede in der Paulskirche (1998) zu antworten, mehr noch auf seine sich anschließende sogenannte Kontroverse mit Ignaz Bubis. Dennoch nahm ich die Sache nicht in Angriff; irgendwie hatte ich genug von dieser Gruppe 47. Und lohnten sich denn überhaupt der verlegerische Aufwand und die erneute Arbeit für den Autor angesichts eines ‚Materials', dessen *literarischer* Nutzen für eine moderne, junge Leserschaft als höchst gering zu veranschlagen ist? Außerdem zweifelte ich jetzt, angesichts der breiten öffentlichen Zustimmung zu Walsers Nationalismus, ob der deutsche Antisemitismus nach 1945 an *diesem* Material angemessen diskutiert werden kann? Die Zweifel wurden von zwei Veröffentlichungen im Jahr 2002 zerstreut. Sowohl die autoepigonale Erzählung „Krebsgang" von Günter Grass (ein später Ableger der „Hundejahre") als auch Walsers erneute Attacke gegen einen deutschen Juden, „Tod eines Kritikers", dieses Mal in Romanform, haben meiner Buchidee eine so nicht erwartete *literar*-historische Rechtfertigung im Verbund mit der Nötigung zugespielt, die literatur-*politischen* Prinzipien der Gruppe 47 im deutschen Kontext der Vergangenheitsverweigerung überhaupt zu sehen. In dieser Doppel-Perspektive müßten die Gewichtungen im Buch umgeschichtet, der Charakter einer Streitschrift verschärft und zugleich vermittelt werden von Momenten historischer Darstellung. So entstand eine neue und doppelte Fragestellung, und sie auszuarbeiten entschloß ich mich nun: Welcher ,vergangenheitspolitische‘ Zusammenhang besteht zwischen dem deutschen Nachkriegs-Antisemitismus und einer Literatur, die um Auschwitz herum geschrieben hat? und: Welcher *logische* Zusammenhang besteht in dieser Epoche zwischen der Gedenkschwäche von Schriftstellern und dem Niveau ihrer Arbeit?

Ich möchte mit diesen Hinweisen zur Entstehung und Aktualität des Buches von Ästheten nicht mißverstanden werden: Sie pflegen zu Recht darauf hin zu weisen, daß es große Literatur von leidenschaftlichen Antisemiten gibt. Aber eben dies ist auch der Punkt. Sollte es überhaupt Antisemiten im Umkreis der Gruppe 47 geben – leidenschaftliche, positiv bekennende sind es nicht. Ich erinnere an meine Ankündigung im Vorwort, daß es im Buch um den deutschen Antisemitismus nach 1945 und um den Tatbestand geht, daß die Gruppe 47 sich um ihn nicht gekümmert hat. In dieser objektiven Negativität allerdings bekundet sich viel subjektive ,Leidenschaft‘, wie nachzulesen war. Mißt man sie aber an der Vitalität eines subjektiv und offen vertretenen literarischen Antisemitismus vom Format eines Louis Ferdinand Céline (Voyage au bout de la nuit), so wird deutlich, daß sie eine gefährliche Pseudo-Leidenschaft ist: Ihre Energien stammen aus dem wahnhaften Begehren, eine heile nationale Gefühls-Identität in der deutschen Literatur gegen Juden und Judentum zu verteidigen. Die Trugbilder solchen Begehrens wurden und werden von Aktivsprechern der Hitlerjugend- und Flakhelfergeneration in der Gruppe 47 formuliert. Demnach hat eine ganze Generation schreibender Kriegs-Heimkehrer geglaubt, „dem Kriegs-Ende entronnen" zu sein (J. Kaiser). Bemerkenswerterweise haben sich keine Vertreter dieser Generation in der Gruppe eine solche Deutung offen je verbeten. Ein Zeichen absoluten Einverständnisses? Das wohl nicht. Aber ein Kennzeichen der im Buch dokumentierten Debatten-Abstinenz. Es hat unter diesen neoteutonischen Deutschen keine dramatischen Auseinandersetzungen darüber gegeben, was es für Folgen haben mußte, ein „realistisches" Literaturprogramm auf das paradoxe Gefühl zu bauen, *dem Ende* einer Geschichte entronnen zu sein, die man zugleich permanent verdrängt. In Deutschland entrinnt dem „Kriegs-Ende" nicht, wer damals einen Schlußstrich gezogen hat und ihn immer nur wiederholen kann auf dieser falschen Suche nach Erlösung von der Schuld seines Landes. Es sei denn, er tritt ein in jenen „notwendigen und möglichen Dialog". Dann zumindest wäre er erlöst vom dauernden Schweigezwang, der ihn vom Dialog mit Juden und Judentum nach 1945 wahrscheinlich deshalb immer abgehalten hat, weil es zuerst ein Dialog mit den fremden Toten sein müßte.

Auf zwei Publikationen möchte ich abschließend hinweisen, die meinen Entschluß, ein aktuell neukonzipiertes Buch zu schreiben, mit ihrem Geist und ihrer Materie gestärkt haben.

Zuerst: Hans Werner Richter, Briefe. Herausgegeben von Sabine Cofalla, München 1997.

Diese detailliert kommentierte Ausgabe (es handelt sich um Richters ausgewählten Brief-*Wechsel*) hat – im Rahmen des Möglichen, den Toni Richters Druckerlaubnis gezogen hat – den fortan unentbehrlichen Fundus gelegt für die historische Forschung auf den Gefilden der Gruppe 47. Auch diese Streitschrift legt davon auf Schritt und Tritt Zeugnis ab. Folgerichtig werden alle Briefzitate – es sei denn, sie stammen nicht aus dieser Ausgabe (sondern verdanken sich einer Einzelgenehmigung der Archive oder Eric Celans) – durch diejenige Form ausgewiesen, die dem benützten editorischen Werk am angemessensten Respekt zollt, d.i. durch die auffälligste, die kürzeste: die Chiffre. („Cofalla, S.- -")

Sodann: Stephan Braese, Die andere Erinnerung. Jüdische Autoren in der westdeutschen Nachkriegsliteratur, Berlin 2001.

Auf die Unentbehrlichkeit dieses Standardwerkes habe ich im Buch wiederholt hingewiesen. Es führt in aller möglichen Konkretheit in die positive Sphäre jener Literatur, die aus dem innersten Kreis der Gruppe 47 heraus abgewehrt wurde, deren tabuisiertes Unbegriffene aber im Kalkül der literaturpolitisch handelnden Siebenundvierziger auch gar keinen Platz gefunden hätte. Auf diesen negativen Aspekt der jüdisch-deutschen Literaturbeziehung läuft Braeses Darstellung *auch* hinaus; dabei figuriert die Gruppe 47 nicht als Hauptbeleg. Dies ist der Fall in meiner Streitschrift. Insofern erscheint sie an Braeses Arbeit geknüpft, als verstärke sie aus der Sicht einer Spezialuntersuchung seine negativen Befunde. Dies ist jedoch eine Sicht ohne besondere Relevanz, denn daß die Deutschen die Chancen zum deutsch-jüdischen Literaturdialog nach 1945 verspielt haben, ist eine von Braeses unabweislichen Folgerungen. Sie sind als solche nicht zu widerlegen und bedürfen also keiner ergänzenden Stützung. Unter einem anderen Gesichtspunkt möchte ich meine Anknüpfung an Braese bewerten: Die Streitschrift macht die Gruppe 47 zum Fall, an dem im Kontext des Themas, genau untersucht, nichts Positives mehr zu sehen ist. Gerade dies aber rückt die Verhältnisse, wie sie gemeinhin betrachtet werden, auf eine sehr einfache Art zurecht: Diese literarische Agentur beruft sich zu Unrecht auf ihre Autorität in Sachen deutsche Vergangenheit. Haben wir diesen Tatbestand einmal durchschaut, können wir die Gruppe 47 künftig als nonexistent betrachten und ihren hohlen Vergangenheitsbezug ihrem Selbstlob überlassen. Nach dieser Klarstellung könnten wir auf dem literaturgeschichtlichen Terrain noch einmal neu beginnen, uns zu befragen, welchen Anteil an der Beschönigung des deutschen Nachkriegs-Antisemitismus wir selbst in dem Maße haben, als wir möglicherweise ähnlich gedacht haben oder noch denken wie diese unverbesserlichen Neoteutonen. Ihr Beispiel aber gehört jetzt endlich in die Rumpelkammer der Geschichte. Es wäre selbst dann nichts Anregendes oder gar Kreatives mehr von ihnen zu erfahren, wenn man sie als ‚Gruppe 47 in uns selbst‘ begriffe und nützen möchte, insoweit wir damit beschäftigt sind, unseren geschichtlichen Stand ‚anders‘ orientiert zu suchen, anders als nationalzentriert, im Gedenken nämlich an die fremden Toten und endlich neugierig auf ihre Kultur im Wissen, daß *deren Teil die unsere* ist. Diese Hoffnung steckt in beiden hier betrachteten negativen Befunden als ihr Anderes und verbindet die Streitschrift mit dem Standardwerk. Dieser Hoffnung also gehört in diesen Notizen über die Entstehung der Studien mit dem überaus negativen Generalbefund „Mißachtung und Tabu" das letzte Wort.

Der Bogen, der die Studien zusammenhält, schließt sich mit einem letzten Zitat, welches, wie das erste am Anfang des Buches, ein Zitat des Tages ist: Es fiel mir heute zu, nachdem ich diese letzte Passage verfaßt hatte. Der Tag, dem die Texte gelten, aus denen zitiert ist, trägt das Datum der Nacht vom 9. zum 10. November:

Die Deutschen dürfen nicht aufhören, von sich aus anzuerkennen, daß ihre Geschichte am historischen Leiden der Juden teilhat. Und daß eine solche Anerkennung auch bereitwillig vollzogen werden muß. Güte, Hochherzigkeit und eine Anerkennung der Gemeinschaft, die durch jene, die diese Güte einfordern, konstituiert wird – das ist das Geforderte. Vielen Deutschen ist das offenbar bewußt. Doch gibt es auch deutliche Anzeichen für das Gegenteil.
(C. K. Williams, Das symbolische Volk der Täter, in: Die Zeit, 7. 11. 2002, S. 37 f. Aus dem Englischen von Walter Thümler)

Gebrauchsnotiz

Die wissenschaftliche Form der drei zugrundeliegenden Studien, insoweit sie im Buch verwendet sind, habe ich bewußt verwischt. So ist der dort streckenweise ausführliche Anmerkungsapparat aufgelöst; Teile davon sind in den neuen Text als Zwischenbemerkungen eingefügt. Sie ergänzen dergestalt die anderen Formen der Unterbrechung, die ich gewählt habe, um in einigen Fällen die Differenz zwischen älterem und neuem Text offenzuhalten, vor allem aber, um der Lektüre überhaupt Spielräume für frei assoziatives Mitgehen und nachdenkendes Innehalten anzubieten. Zum Beispiel, neben kürzeren Zwischenrufen und Einwürfen, sind erörternde oder dokumentierende Textstücke „eingestreut", oder es sind „Fenster" eingerichtet für besonders gewichtete Hinweise und ausgestellte Zitate oder für Abschweifungen. Die Leserinnen und Leser werden nicht im Unklaren darüber gelassen, welche Wendung der Text gerade mit ihnen gehen möchte, und sie können sich entscheiden, ob sie mitgehen wollen. Sie sehen, wo ihr Hauptweg verläuft, wenn sie auf ein „Eingestreut" nicht achten oder in ein „Fenster" (oder aus ihm heraus) nicht blicken wollen. Das letzte Kapitel ist nach strengerem Anfang dann bald, in der angedeuteten Weise, besonders aufgelockert und bunt und klingt erholsam aus, während das erste, essayistische Kapitel, das in den „deutschen Kontext der Mißachtung" vorweg und zusammenhängend einführt, strenger gebaut sein mußte als die folgenden, die einen eher erzählerischen Charakter haben.

Danknotiz

Für rasche Hilfe beim Schreiben meist fern von Bibliotheken und Archiv danke ich Dorothea Renz (Literaturwissenschaftliches Seminar, Universität Hamburg) und Uta Wagner („Die Zeit", Dokumentation). Besonderen Dank schuldet das Buch dem anregenden Lektorat von Helga Gläser, Berlin.

Vom Schaden eines Personenregisters

Diejenigen, welche irgendeine Partikularität, von der man ihnen gesprochen, in dem Buche nachsehn möchten, sollen sich gefälligst die Mühe geben, das ganze Buch durchzulesen, und wenn sie vielleicht nicht finden, was sie suchten, werden sie hoffentlich manchen Fund machen, den sie nicht erwarteten.

(Heinrich Heine an seinen Verleger Julius Campe am 3. August 1854)

Ebenfalls im Philo Verlag erschienen:

Stephan Braese
Die andere Erinnerung
Jüdische Autoren in der westdeutschen
Nachkriegsliteratur
606 Seiten, kt.
ISBN 3-8257-0277-8

„Stephan Braeses Studie über jüdische Autoren in der westdeutschen Nachkriegsliteratur stellt die Frage nach den Chancen einer Konfrontation unterschiedlicher Erfahrungen von ‚Deutschen und Juden'.
Welche Möglichkeiten hatten Versuche jüdischer Autoren, ihre Erfahrungen geltend zu machen? Wie wurden ihre Werke rezipiert?
Und vor allem, welchen diskursiven Bedingungen, welchen Tabus war ihr Zustandekommen abgerungen, durch welche Zurichtungen, mit welcher Begleitung erreichten sie ihr Publikum, wenn überhaupt?
Braese zentriert diesen Gang durch die bundesrepublikanische Literaturgeschichte um drei Autoren, deren Biographien vor und nach 1945 in hohem Maße als exemplarisch gelten können: Wolfgang Hildesheimer, Grete Weil und Edgar Hilsenrath. Auf einer reichen Quellenbasis von Briefen, Tagebüchern, Verlagsakten, Rezensionen und Textfassungen erschließt Braese die Geschichte einer Beziehung, die keine werden sollte."

Hanno Loewy in der Süddeutschen Zeitung